河南省"十四五"普通高等教育规划教材

董红杰 ◎ 主编

财务共享虚拟仿真实训教程

Financial Sharing Virtual
Simulation Training Course

中国财经出版传媒集团
经济科学出版社
·北京·

图书在版编目（CIP）数据

财务共享虚拟仿真实训教程/董红杰主编. -- 北京：经济科学出版社，2025.8. -- （河南省"十四五"普通高等教育规划教材）. -- ISBN 978-7-5218-7275-0

Ⅰ.F232

中国国家版本馆CIP数据核字第20251VM318号

责任编辑：杜　鹏　郭　威
责任校对：靳玉环
责任印制：邱　天

财务共享虚拟仿真实训教程

CAIWU GONGXIANG XUNI FANGZHEN SHIXUN JIAOCHENG

董红杰 ◎ 主编

经济科学出版社出版、发行　新华书店经销

社址：北京市海淀区阜成路甲28号　邮编：100142

会计分社电话：010-88191441　发行部电话：010-88191522

网址：www.esp.com.cn

电子邮箱：esp_bj@163.com

天猫网店：经济科学出版社旗舰店

网址：http://jjkxcbs.tmall.com

固安华明印业有限公司印装

787×1092　16开　27.5印张　600000字

2025年8月第1版　2025年8月第1次印刷

ISBN 978-7-5218-7275-0　定价：59.00元

(图书出现印装问题，本社负责调换。电话：010-88191545)

(版权所有　侵权必究　打击盗版　举报热线：010-88191661

QQ：2242791300　营销中心电话：010-88191537

电子邮箱：dbts@esp.com.cn)

前　言

在《中华人民共和国国民经济和社会发展第十四个五年规划和 2030 年远景目标纲要》中，"数字经济核心产业增加值占 GDP 比重"首次成为体现创新驱动的指标。2022 年 1 月，《"十四五"数字经济发展规划》指出要"大力推进产业数字化转型"，即加快企业数字化转型升级。财务共享服务中心建设是企业实现财会工作数字化转型的主要载体，将有力地推动企业管理工作的数字化转型。

财务共享是集团企业加强财务管控的重要手段，是企业实现会计、财务管理、审计等相关工作数字化转型的必由之路。2014 年财政部发布的《关于全面推进管理会计体系建设的指导意见》（以下简称《意见》）中提出，鼓励大型企业和企业集团充分利用专业化分工和信息技术优势，建立财务共享服务中心，加快会计职能从重核算到重管理决策的拓展，促进管理会计工作的有效开展。该《意见》明确了我国大中型企业践行共享服务理念的方向，同时从政策层面予以大力支持。2016 年发布的《会计改革与发展"十三五"规划纲要》中提出，积极融合新技术、新手段，推动会计核算技术的优化升级。2021 年发布的《会计改革与发展"十四五"规划纲要》（以下简称《规划》）强调，要积极推动会计工作数字化转型，做好会计、审计和会计管理工作数字化转型顶层设计。《规划》提出修订《企业会计信息化工作规范》，实现会计信息化对单位会计核算流程和管理的全面覆盖，加强会计数据标准体系建设，进一步健全对企业业务全流程数据的收集、治理、分析和利用机制，推动统一的企业会计数据标准应用。财务共享服务中心建设将有力地推动《规划》目标的顺利实现。

财务共享服务的特点是，经过业务流程再造，集中处理不同分支机构的简单重复业务，通过规模经济效应提高企业的工作效率，减少冗余成本费用，分散和降低风险等，这种管理模式已经被越来越多的跨国公司和集团企业所接受。财务共享服务中心覆盖的业务流程全面化到费用报销、采购到付款、资金结算、总账到报表、固定资产核算、成本核算、订单到收款、档案管理、发票开具、成本管理、纳税申报、预算管理、绩效经营分析、员工信用管理等，其中的核心流程是财务核算流程。各个业务单元承担着不同的业务职能，相互提供协作和支持。根据业务性质不同，财务共享服务中心设立了业务操作岗和财务岗，业务操作岗负责财务业务操作，业务操作岗划分单据档案、资金管理、收入成本、费用核算、档案管理等财务职能。财务岗按照财务流程环节设置单独的岗位，每个岗位的操作工序是不同的。由此可见，财务共享服务中心的人员要求具备复合型能力。而传统财务人员的职业发展路径是紧紧围绕专业知识和技能向前演进的，除了传统的会计和财务管理知识之外，缺乏资本市场、融资管理、战略管理、公司治理、风险管理等方面的专门知识与经验，这将会直接影响财务共享服务中心的建设与实施效果。新的财务模式的应用促使财务人员面临转型。

随着财务共享服务中心建设浪潮的涌现，对复合型财务人才的需求越来越强烈。当前，全国开设财务共享实训课程的高等院校较少，相配套的教材更是稀缺，培养出的人才也是参差不齐，这就迫使高等院校人才培养必须升级。本教材以培养学生专通结合的综合实践能力、研究思维、前瞻与创新思维为主要目标，让学生认知财务共享服务的前沿趋势、理论与技术，深度理解"财务数字转型"的方法论与价值，掌握财务共享服务中心的规划与运营过程及通过团队组建、沙盘实战推演、角色扮演、电子发票、电子影像、电子档案、共享作业等当前财务领域先进的相关技术应用，能够开展基于共享服务下财务信息化的分析、优化设计与价值创新，从而培养学生在财务共享服务中心的规划、业财流程设计与优化、业务处理、运营管理等方面的核心能力。

本教材的基本内容是：（1）财务共享概述篇，主要对财务共享建设背景和建设路径进行阐述；（2）财务共享沙盘篇，介绍沙盘盘面规划，并以鸿途集团建设沙盘为例进行模拟练习；（3）财务共享软件篇，以 VBSE 财务共享教学软件为工具，通过财务共享中心基础信息设置、费用报销共享业务处理、应收共享业务处理、应付共享业务处理、薪资发放共享业务处理、资金结算共享业务处理、固定资产共享业务处理、总账共享业务处理等实验操作，指导学生由易到难、由点到面地去完成企业财务共享中心的核心业务处理。

本教材由董红杰教授主编，负责大纲的拟订、编写和总纂工作。具体编写分工如下：第 1 章、第 2 章、第 3 章、第 4 章由董红杰老师撰写；第 5 章、第 6 章、第 7 章由李芳老师撰写；第 8 章、第 9 章、第 10 章由王一轲老师撰写；第 11 章、第 12 章由王思懿老师撰写；第 13 章、第 14 章、第 15 章及附录由娄鹏震老师撰写。

本教材从前期框架体系设计、大纲编写，到后期的定稿，得到了编写人员所在高校和用友新道科技有限公司各级领导和专家的精心指导，主编及参编人员在编写本教材过程中深入领会 VBSE 财务共享实训的内在精髓，熟练掌握实训步骤并参阅了大量的相关资料。在实训教学过程中，团队成员理实合一地进行了一系列的教学研究探索。本教材是以下教学改革项目的阶段性成果。河南省教育科学规划重点项目：高等教育推动河南省新质生产力水平提升的机制和路径研究（2025JKZD24），河南省高等学校重点项目：河南省企业数字化转型对新质生产力影响的机理及提升路径研究（25A790009），河南省哲学社会科学教育强省规划项目：科教融合赋能河南省新质生产力发展的机制与路径研究（2025JYQS0024）。

本教材力求结构合理、内容完善和操作便捷，适用于开设财务共享实训课程的高校选用，由于编者的时间和经验有限，教材中难免有疏漏之处，恳请读者批评指正。

编者

2025 年 3 月 26 日

目 录

第1篇 财务共享概述篇

第1章 财务共享概述 ... 3
- 1.1 课程介绍 ... 3
- 1.2 财务共享的相关概念 ... 5
- 1.3 财务共享产生的背景 ... 9
- 1.4 财务共享中心的模式 ... 13
- 1.5 财务共享中心的发展 ... 15

第2章 财务共享服务黑科技 ... 18
- 2.1 IT技术推动财务共享 ... 18
- 2.2 用友FSSC的黑科技 ... 29

第2篇 财务共享沙盘篇

第3章 沙盘简介 ... 35
- 3.1 沙盘概述 ... 35
- 3.2 认知沙盘盘面和卡片 ... 36
- 3.3 沙盘教学教具介绍 ... 36

第4章 沙盘案例企业——鸿途集团 ... 41
- 4.1 案例企业背景 ... 41
- 4.2 案例企业概况 ... 43
- 4.3 案例企业战略目标 ... 44
- 4.4 案例企业FSSC建设动因 ... 45
- 4.5 案例企业FSSC项目现状 ... 46

第5章 沙盘模拟实践 ... 48
- 5.1 沙盘初始摆盘 ... 48
- 5.2 沙盘推演实践 ... 50
- 5.3 沙盘模拟方案呈现及点评 ... 73
- 5.4 沙盘模拟总结报告 ... 74

5.5 沙盘模拟评分 ··· 75

第3篇　财务共享软件篇

第6章　系统认知 ··· 83
6.1 系统介绍 ··· 83
6.2 FSSC构建测试 ··· 108

第7章　费用共享业务 ··· 120
7.1 费用共享相关知识 ··· 120
7.2 操作流程现状 ·· 123
7.3 差旅费用报销业务 ··· 129
7.4 专项费用——市场会议费用报销业务 ································· 138
7.5 智能商旅服务 ·· 149

第8章　采购管理——应付共享 ·· 162
8.1 采购管理相关知识 ··· 162
8.2 鸿途集团采购业务 ··· 165
8.3 采购付款现状 ·· 166
8.4 操作流程现状 ·· 167
8.5 备品备件采购业务 ··· 173
8.6 原燃料采购业务 ··· 187

第9章　销售管理——应收共享 ·· 208
9.1 销售管理相关知识 ··· 208
9.2 鸿途集团销售管理现状 ··· 210
9.3 操作流程现状 ·· 211
9.4 产成品销售业务 ··· 216
9.5 其他商品销售业务 ··· 235

第10章　资金结算共享 ·· 251
10.1 资金结算相关知识 ·· 251
10.2 鸿途集团收付款合同结算的现状 ····································· 252
10.3 操作流程现状 ··· 253
10.4 收款/付款合同结算 ·· 258
10.5 资金结算业务 ··· 276

第11章　财资管理共享 ·· 284
11.1 财资管理业务概述 ·· 284
11.2 鸿途集团财资管理现状 ·· 291
11.3 操作流程现状 ··· 292

11.4 资金上收下拨业务 …… 294
11.5 外部委托付款业务 …… 317

第12章 固定资产共享 …… 325
12.1 固定资产管理过程 …… 325
12.2 鸿途集团固定资产管理现状 …… 327
12.3 操作流程现状 …… 328
12.4 新增固定资产业务 …… 331
12.5 固定资产变动业务 …… 343

第13章 总账共享 …… 347
13.1 总账与RPA应用业务 …… 347
13.2 总账月末处理 …… 349
13.3 RPA总账月结 …… 356
13.4 电子会计档案 …… 366

第14章 税务共享 …… 373
14.1 税务云基本知识 …… 373
14.2 税务云与FSSC融合场景 …… 374
14.3 税务云产生的价值 …… 378
14.4 税务共享业务 …… 379

第15章 报表共享 …… 394
15.1 报表共享基本内容 …… 394
15.2 合并报表概述 …… 395
15.3 报表共享应用 …… 396
15.4 报表共享前流程 …… 397
15.5 报表共享后流程 …… 399
15.6 集团报表业务 …… 399
15.7 合并报表业务 …… 406

附录1 本科课程标准 …… 416
附录2 高职课程标准 …… 420
附录3 财务共享软件操作篇实验报告模板 …… 429

第1篇
财务共享概述篇

第1章 财务共享概述

[学习目标]

理解财务共享服务中心的含义；

了解财务共享服务中心产生的内因和外因；

了解财务共享服务中心的五种模式；

掌握单中心模式的特征、适用范围。

1.1 课程介绍

1.1.1 课程目标

本课程以培养学生专通结合的综合实践能力、研究思维、前瞻与创新思维为主要目标，让学生认知财务共享服务的前沿趋势、理论与技术，深度理解"财务数字转型"的方法与价值，掌握财务共享服务中心的规划与运营过程及电子发票、电子影像、电子档案、共享作业等云会计的相关技术应用，能够开展基于共享服务下财务信息化的分析、优化设计与价值创新，从而培养学生在财务共享服务中心的规划、业财流程设计与优化、业务处理、运营管理等方面的核心能力。课程目标示意如图1-1所示。

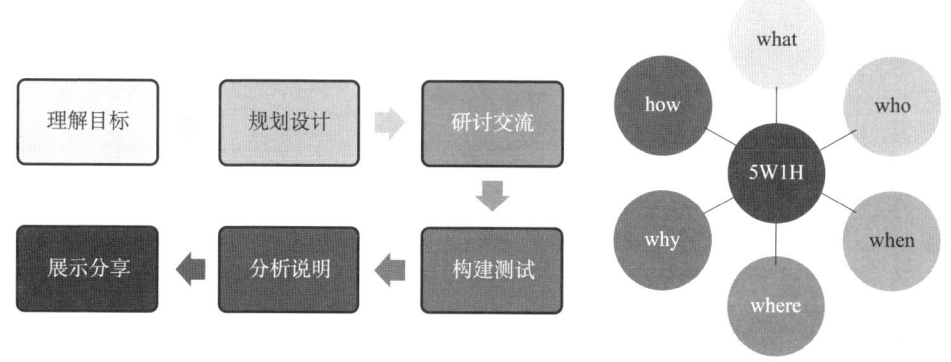

图1-1 课程目标示意

1.1.2 课程简介

本课程共设置了五个环节:课前准备、认知财务共享服务、共享服务中心规划与设计、端到端业财流程共享服务、共享服务中心运营与绩效。在课前准备阶段,由教师向学生布置预习作业,了解教学案例现在的业务情况,学习财务共享服务的知识,了解拥有财务共享服务企业的典型案例,初步掌握财务共享的相关知识及特点。在认知财务共享服务阶段,向学生介绍本次课程的主要环节,进行团队组建,形成以小组为单位作业的案例公司,并向学生讲解财务共享服务和本课程用友软件所使用到的技术。在共享服务中心规划与设计阶段,主要从战略定位、组织岗位的选择、服务中心地址选择、业务流程的确定、运营管理的修改、IT技术的配套支持等方面展开,此阶段主要置于沙盘篇予以练习。在端到端业财流程共享服务阶段包括费用共享业务、采购管理—应付共享、销售管理—应收共享、资金结算共享、固定资产共享、总账共享等业务的操作与练习。在共享服务中心运营与绩效阶段包括财务共享作业绩效、财务共享作业稽核、课程总结等模块(见图1-2)。

图 1-2 课程流程示意

1.1.3 团队组建

1.1.3.1 组长的义务和权利

(1) 组长的主要义务。
① 分配组员职责分工,完成本团队的课内、课外任务。
② 帮助组员学习进步,解决组员学习困难。
③ 协助教师组织课堂上的研讨和分享活动。

(2) 组长的主要权利。
① 招聘心仪的组员。
② 有额外加分（例如，如果没有被弹劾，结课时 80 分起评）。
(3) 设置组长。

查看班级里的全部小组、小组信息和未分组成员，将鼠标悬停到小组成员的头像上可以增删组员，设置组长（见图 1-3）。

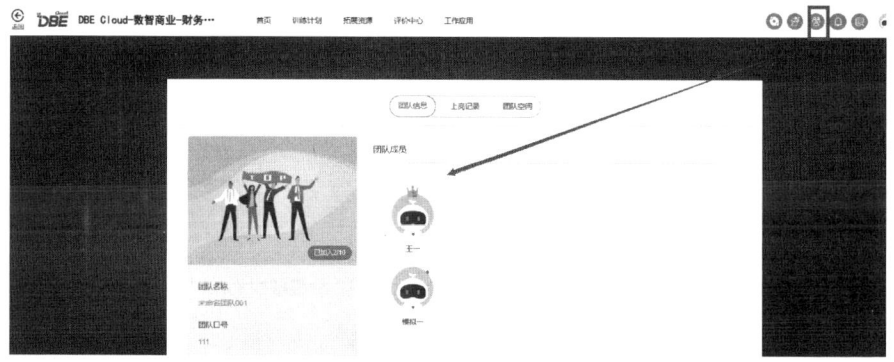

图 1-3 设置组长和增加组员

1.1.3.2 组员的义务

组员在组长的授权下执行相应的操作，超权限的业务将无法进行。

1.2 财务共享的相关概念

1.2.1 共享服务的概念

共享服务 = 以客户为中心 + 服务收费商业经营

——1998 年芭芭拉·奎因《分享服务：挖掘公司财富》

共享服务是一种将一部分现有的经营职能（business function）集中到一个新的半自主的业务单元的合作战略，设有专门的管理机构，目的是提高效率、创造价值、节约成本，以及提高对母公司内部客户的服务质量。

——2004 年布莱恩·伯杰伦《服务共享精神》

1.2.2 财务共享服务中心的概念

财务共享服务中心（financial shared seruice center，FSSC）是一个独立的运营主体。它的经营运作模式是通过信息化手段，把集团企业分散在各成员单位的同质化、重复性和易于标准化的财务工作剥离出来，通过规范其财务制度、流程再造等手段进行集中处理，进而实现降低集团企业运营成本，提高企业管理效率，以及为企业财务战略决策层提供数据支持等。这个集中处理的组织即被称为财务共享服务中心。

简单地讲，财务共享服务中心就是把成员单位的部分基础财务工作抽取出来集中处理，为成员单位提供财务相关服务。财务共享服务中心的概念示意如图1-4所示。

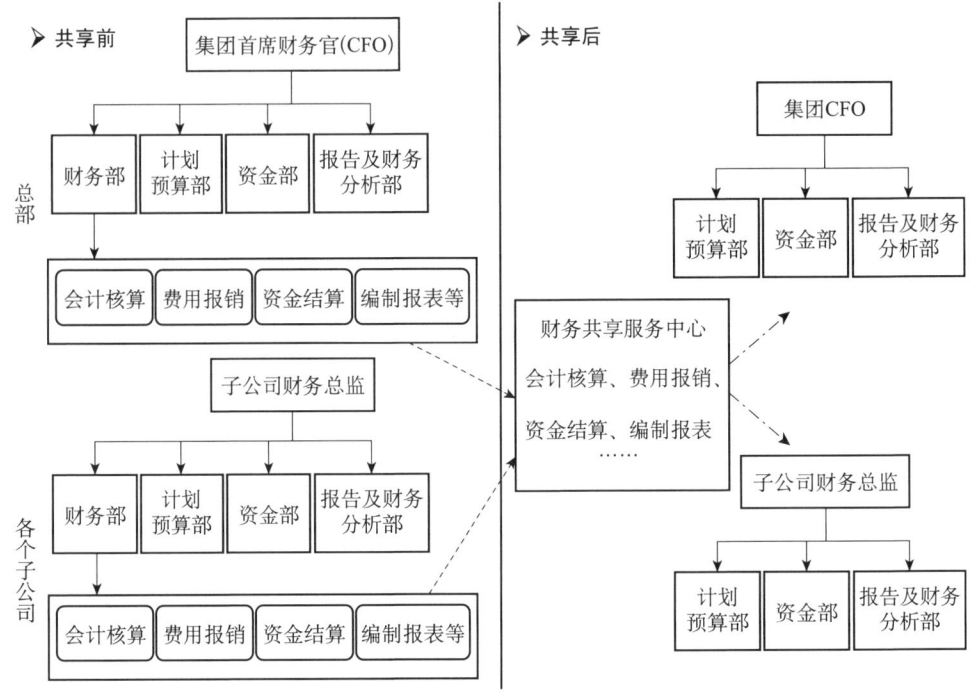

图1-4 财务共享服务中心的概念示意

1.2.3 财务共享服务中心的实质

财务共享服务中心的实质是依托信息技术，以财务业务流程处理为基础，以优化组织结构、规范工作流程、提升管理效率、降低运营成本和创造服务价值为目的，将不同地域、不同法人、同一时间范围内的会计业务上传到一个平台来统一报账、统一核算和报告，从而保证会计记录和报告的标准规范与结构统一。

财务共享服务的具体做法是将财务数据采集、处理、应用的责任清晰区分归属到三类组织，如图1-5所示。

采集：通过业财系统集成与报账实现，源数据的质量责任归属于采集它的业务发生部门。

处理：财务共享服务中心记账、审核、形成定制财务报告，并对这些财务数据的质量负责。

应用：财务管理岗位在财务决策分析中调用各类数据（包括财务共享服务中心提供的数据），并对其分析结论负责。

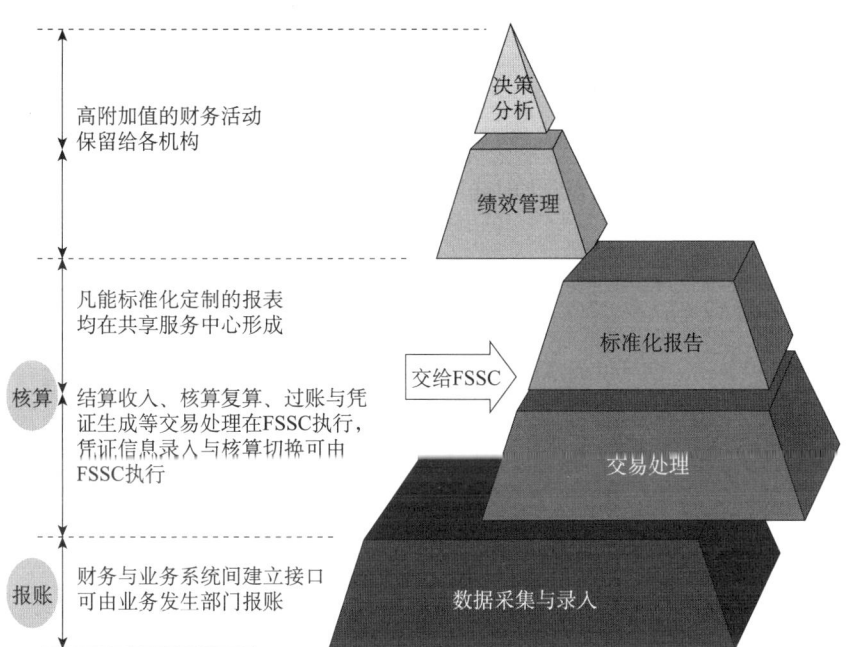

图1-5 财务共享的实质

1.2.4 财务共享服务中心的定位

财务共享服务中心是集团的财务服务平台,是各成员单位的会计业务运作中心、财务管理中心和服务中心(见图1-6)。

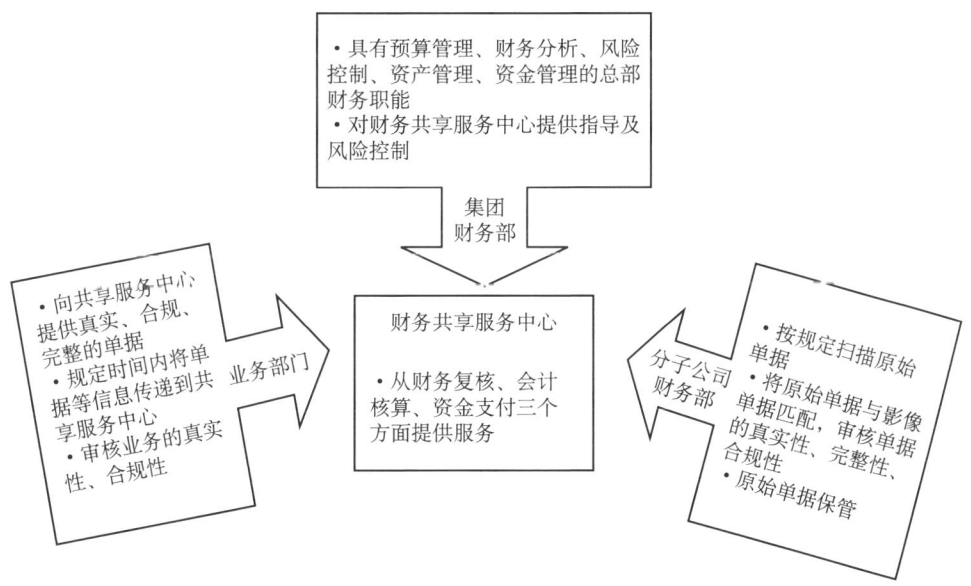

图1-6 财务共享服务中心的定位

1.2.5 财务共享服务实施给大型企业带来的价值

集团财务公司建立财务共享服务中心,不仅能够优化流程、规范管理、加强管控、节约财务人力资本、优化财务部门结构、提升财务职能价值,让财务政策更加合理有效地贯彻落实,而且还能够挖掘企业潜在的附加价值,提升企业的决策能力等(见图1-7)。

提升集团管控力
- 业务过程透明化
- 业务财务一体化
- 线上时时监管
- 集团对分散营业网点管控加强

标准化规范化
- 标准统一
- 口径一致
- 流程优化
- 有效执行财务政策
- 有效解决会计水平不一带来的风险

资源共享平台
- 核算共享、结算共享
- 数据分析中心
- 以"存"为主,变为以"用"为主
- 企业后援中心,支持营业网点快速扩张

降本增效
- 减少重复岗位
- 专业化提升效率
- 人员要求降低

图1-7 财务共享服务中心的价值

(1)价值体现1——职责清晰、流程规范、有效管控,如图1-8所示。

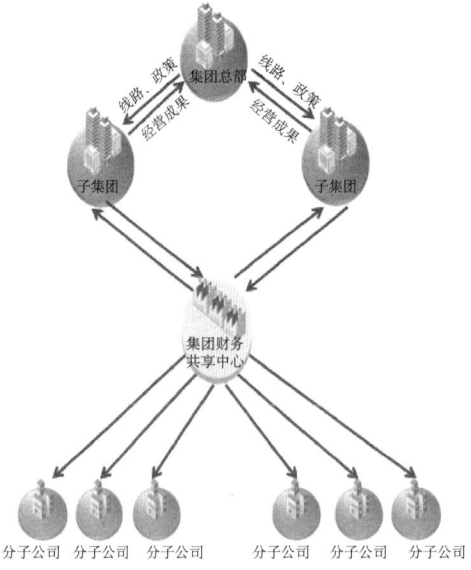

集团管控

财务规划和管控
- 为CEO/CFO提供决策支持
- 制定财务战略和规划
- 制定财务制度、规范和政策
- 资金和投融资管理
- 风险管控和绩效管理
- 税务筹划

高效服务

财务交易处理
- 会计业务处理
- 财务信息管理
- 总账关账和财务报表
- 内部会计稽查
- 会计档案

风险防范

业务分析和支持
- 为各业务单元提供经营决策支持
- 管控业务经营过程中的风险
- 支持业务单元的计划、预算和预测
- 支持业务单元的投资分析、成本费用分析、盈利性分析以及其他财务分析

图1-8 价值体现1——职责清晰、流程规范、有效管控

（2）价值体现2——适应形势、财务转型、决策支持，如图1-9所示。

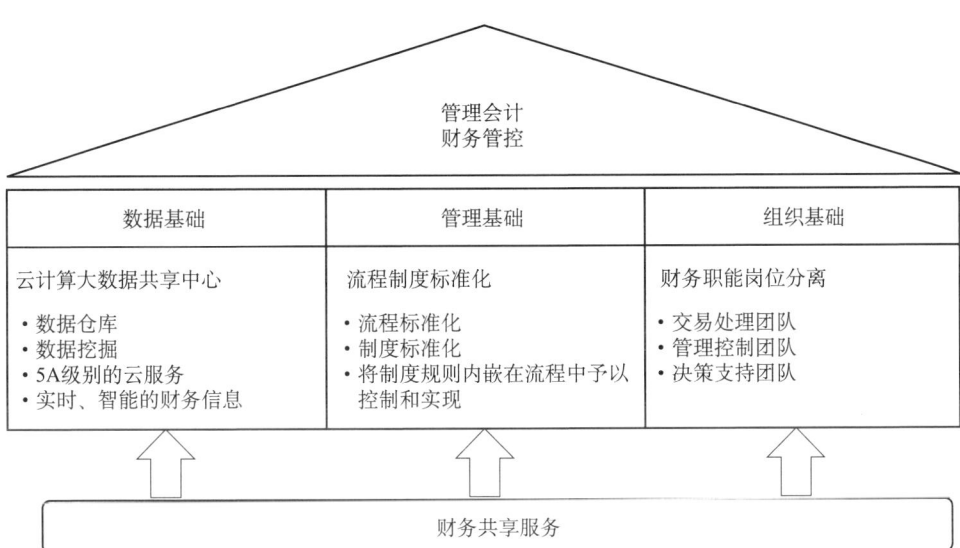

图1-9　价值体现2——适应形势、财务转型、决策支持

1.3　财务共享产生的背景

1.3.1　财务共享的产生

随着全球经济一体化的产生以及信息技术的飞速发展，集团企业所掌控的业务规模越来越大，内部部门结构越来越复杂，导致企业管控难度加大。为了在激烈的市场竞争中取得优势，获取更多市场份额，各类集团企业都在积极地寻求更加有效的管控模式以降低成本、创造收益。因此，财务共享模式应运而生，这给集团财务管理带来了颠覆性的变革。

集团财务管理变革受公司内部发展的需要和外部环境因素推动的双重影响，其财务共享服务中心建设的目标旨在提高财务的整体管理水平，为战略扩张和业务发展提供强有力的支撑，以及推进财务管理职能的全面转型。

1.3.2　集团财务管理变革的内因

随着集团企业的快速发展，传统的财务管理模式已经无法满足公司管理的需要，而且区域的差异性日益凸显，跨区域的财务管理成本不断增加，管理难度加大，财务风险不断增加，因此，企业降低成本、提高管控力度、降低风险的要求使得财务管理模式转型刻不容缓。共享服务模式可保障企业在全球范围内运用各种能力，使整个集团的运作能力比各分散部门独立运作更加有效。集团财务管理变革的内因如图1-10所示。

成本不断增加	管控难以统一	集团知情权受到挑战	经营和财务风险不断增加
如果每个分子公司都需要设立一套财务部、人力资源部等职能机构，公司的成本将居高不下，这必然对公司的发展造成影响	不同地区分子公司的财务管理、人力资源管理、资源配置等都各自为政，没有统一的标准和规范进行协调，企业集团难以实现统一管控，难以做大做强，难以实现扩张	处在不同地域的分子公司财务、绩效如果得不到正确反映，股东就无法预测投资结果，从而不愿意盲目投资，会使企业的扩张受阻	一个分子公司出现问题，可能牵涉其他分子公司的连锁反应，集团的发展扩张受到制约

图1-10 集团财务管理变革的内因

1.3.3　集团财务管理变革的外因

集团财务管理变革的外因如图1-11所示。

图1-11 集团财务管理变革的外因

1.3.3.1　集团财务管理的新发展

随着互联网经济的发展，信息技术不断进步，财务共享依托互联网而存在，充分利用互联网信息技术平台，搭建财务共享系统，可实现数据采集前端化、核算处理自动化、财务档案无纸化、会计职能服务化、会计核算智能化。

（1）商业基础技术换代：互联网时代。在"互联网+"时代，电子商务平台是财务共享服务中心搭建的基础，财务共享服务中心通过采用企业资源计划

（ERP）管理系统、办公自动化（OA）系统等，运用大数据技术、云计算技术进行数据统计和分析，应用智能票据识别光学字符识别（OCR）技术、人脸识别技术、语音识别技术，进行智能识别与匹配，运用财务机器人、移动互联网、电子档案等技术集合而成，从而建立了安全性及效率较高的财务共享服务平台，为企业的业务扩展和可持续发展提供了高质量的服务（见图1-12）。

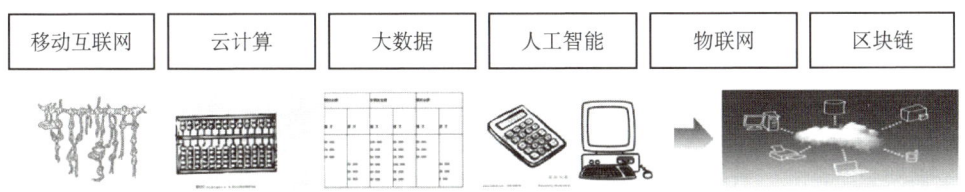

图1-12 技术进步推动集团财务管理新发展

（2）财务相关政策制度颁布：促进转型升级。2004年8月28日，第十届全国人民代表大会常务委员会第十一次会议通过了《中华人民共和国电子签名法》，用于规范电子签名使用环境，确立其法律效力，对于电子合同的有效性提供了政策保障。

2015年11月30日，国家税务总局发布《关于推行通过增值税电子发票系统开具的增值税电子普通发票有关问题的公告》，决定自2015年12月1日起在全国范围推行增值税电子发票系统。

2016年8月29日，国家质量监督检验检疫总局与国家标准化管理委员会联合发布了新的国家标准《电子文件归档与电子档案管理规范》（以下简称2016年《规范》），并于2017年3月1日开始实施，该文件规定了电子文件的归档管理流程以及电子文件的存储载体和存储格式，对于规范我国电子文件的归档管理发挥着重要作用。

财务共享服务中心的建设，促进了管理会计和财务会计的相分离。2014年10月27日，财政部印发《关于全面推进管理会计体系建设的指导意见》。该意见分为全面推进管理会计体系建设的重要性和紧迫性，指导思想、基本原则和主要目标，主要任务和措施，工作要求4部分。其主要任务和措施是，推进管理会计理论体系建设；推进管理会计指引体系建设；推进管理会计人才队伍建设；推进面向管理会计的信息系统建设。

《企业会计信息化工作规范》第三十四条明确指出，大型企业要积极探索，建立财务共享服务中心。《企业会计信息化工作规范》的颁布，为集团公司建设财务共享服务中心，进行财务转型升级的工作，在政策上提供了支持。

财务政策与制度颁布促进企业转型升级如图1-13所示。

| 电子发票 | 电子票据 | 电子档案 | 电子合同 | 管理会计体系建设 | 营改增/收入准则系列政策准则调整 |

图1-13 财务政策与制度颁布促进企业转型升级

1.3.3.2　集团财务管理的新趋势

集团财务管理的新趋势如图1-14所示。财务共享服务中心通过将集团企业的现有资源进行重组以达到提高企业管理效率的目的，因此需要企业全员参与。同时，在移动互联网的运用下，财务共享服务中心具有终端多元化的特点，以满足不同的人员在不同的地点、不同的环境可以顺利地完成工作，能够提高企业的工作效率。

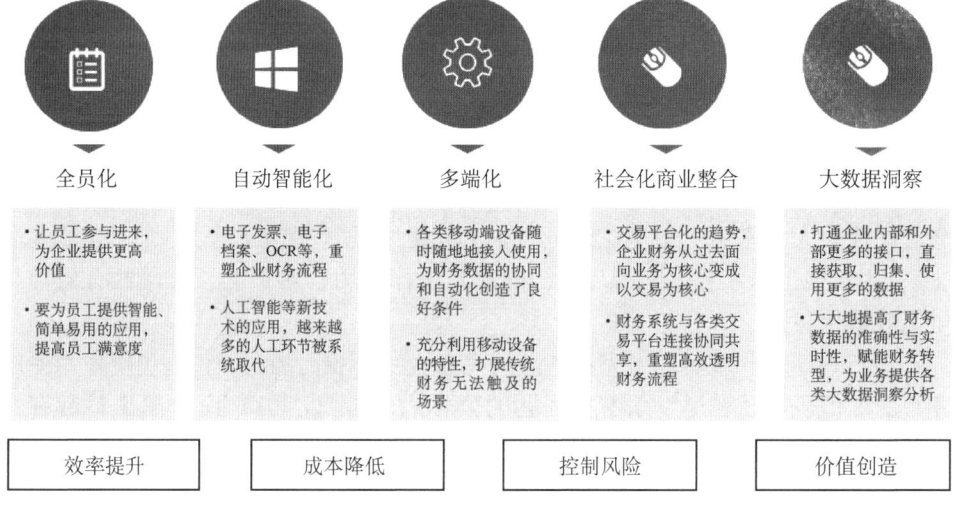

图1-14　集团财务管理的新趋势

1.3.3.3　企业互联网模式下的财务变革与创新

企业互联网模式下的财务变革与创新如图1-15所示。

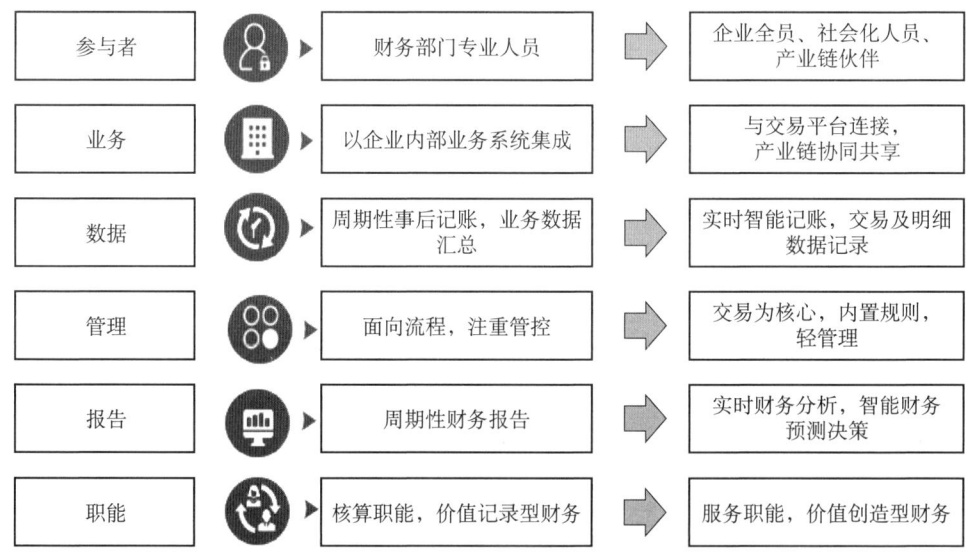

图1-15　企业互联网模式下的财务变革与创新

1.4　财务共享中心的模式

财务共享服务中心建设是一次财务变革，难度大、风险高；不同企业根据不同的管理基础、业务重点、行业特点以及风险偏好来选择不同模式的财务共享中心。财务共享服务模式的选择奠定了整个项目的基本框架和大方向，对于财务共享业务基地的顺利设置及发展具有重大意义。

1.4.1　中国企业财务共享中心的模式

中国企业财务共享中心的模式如表1-1所示。

表1-1　中国企业财务共享中心的模式

类型	特征说明	典型案例	考虑因素	客户画像
多中心模式	• 多套作业系统，多个FSSC，相互间没有关联及协作关系 • 一套作业系统，多个FSSC，相互间没有关联及协作关系	• 中国铝业 • IBM、中国移动	管控力度：较弱； 地域分布：广； 业务独立性：强； 集中难度：大； 各中心业务差异性：大	多为超大型集团，有多个子集团，集团对于子集团是战略管控或财务管控。 (1) 各子集团业务相同，按照行政区域管理； (2) 各子集团业务差异大，按照业务线管理
单中心模式	一套作业系统，一个FSSC，内部组织按照先业务、后业态或地域设置	国家开发银行、陕西移动、中国国旅、信发集团、博天环境、天瑞集团	管控力度：强； 地域分布：广； 业务独立性：较弱； 主业明显，其他业态比例较小	集团体量规模小于上一类，管控力度强，多为运营管控。以单一集团较为常见
	一套作业系统或其他财务系统，一个FSSC，内部组织按照先业态或地域、后业务设置	中兴通讯、北控水务	管控力度：强； 地域分布：广； 业务独立性：较弱； 多业态平行发展	
专业化中心	• 多中心模式下设专业化中心 • 单中心模式下设专业化分中心	• 运通公司 • 海尔集团	某类单一业务量足够大； 其余同多中心或单中心模式	可按多中心模式或单中心模式建FSSC，对税务、资金等某类业务有独立管理需求
灾备中心	一套作业系统或财务系统，多个FSSC，同时作业，同时备份	中国平安	考虑资料备份，预防自然灾害； 其余同多中心模式	企业对资料灾备安全要求极高； 其余同多中心模式
联邦模式	一套作业系统，多个FSSC（按业态、区域）	TCL、鞍钢集团	各中心业务差异性：比较大； 人员集中难度：大； 业务统一难度：大	多为考虑实际情况后建设共享中心的过渡方案，将来一般会合并为一个

1.4.2 单中心模式——业态模式

定义：按照不同产业细分财务共享服务中心，共享服务中心（SSC）负责本产业单位财务共享业务处理。

适用条件：集团多业态并存，且每种业态内的业务单位多。

优点：可以根据产业单位的业务特点进行体系定义，体现产业业态的特点。

单中心模式——业态模式如图1-16所示。

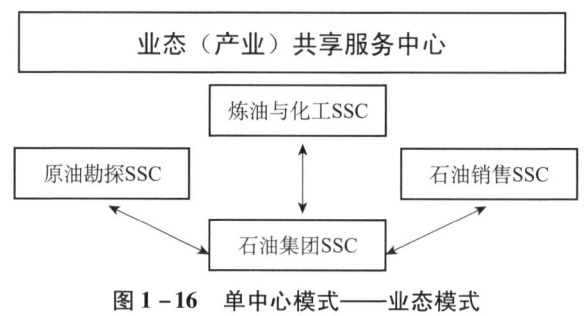

图1-16　单中心模式——业态模式

1.4.3 单中心模式——区域模式

定义：在区域设置共享服务中心，负责该区域内不同产业单位财务共享业务处理。

适用条件：集团规模超大，区域内可服务的单位多。

优点：距离服务对象较近，业务响应快，便于沟通交流。

单中心模式——区域模式如图1-17所示。

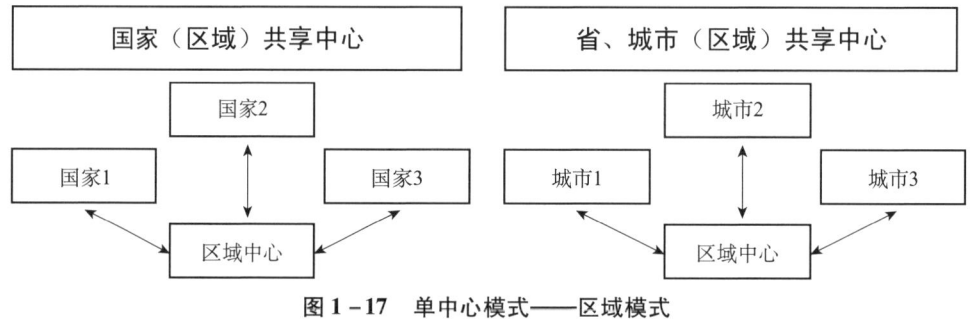

图1-17　单中心模式——区域模式

1.4.4 在总部财务部下设立一个共享中心

优点：财务管理权限集中，便于与下属企业财务协同，政策执行力度强。

缺点：对多种业态管理需求没有针对性。

总部财务部下设财务共享服务中心，如图 1-18 所示。

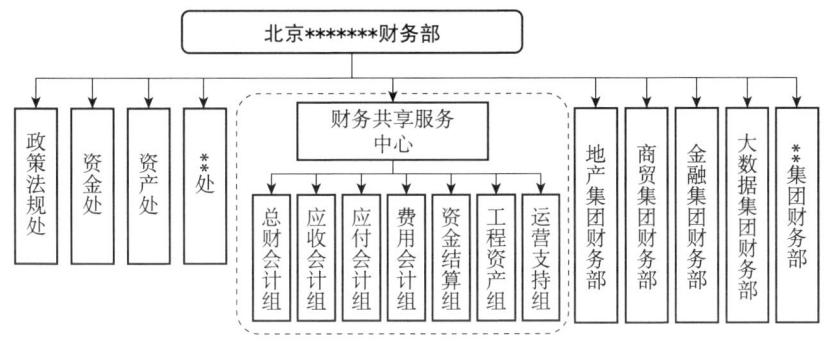

图 1-18　总部财务部下设财务共享服务中心

1.4.5　多中心模式

联邦模式：在各集团财务部下按照业态建立共享中心。
优点：多种业态针对性强，贴近客户，便于进行专业服务和业务监督。
缺点：财务管理权限分散，多个共享中心协同性差。

多中心模式如图 1-19 所示。

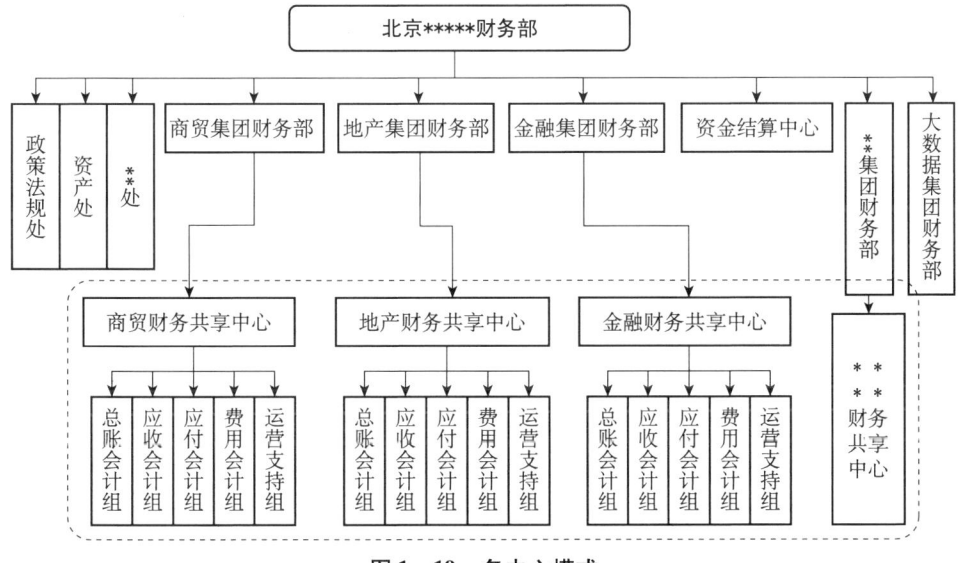

图 1-19　多中心模式

1.5　财务共享中心的发展

财务共享服务是集团财务管理应对挑战而采取的集权管控模式的变革。

1.5.1 财务共享服务是企业集团财务管理发展趋势

企业集团财务管理发展趋势如图1-20所示。

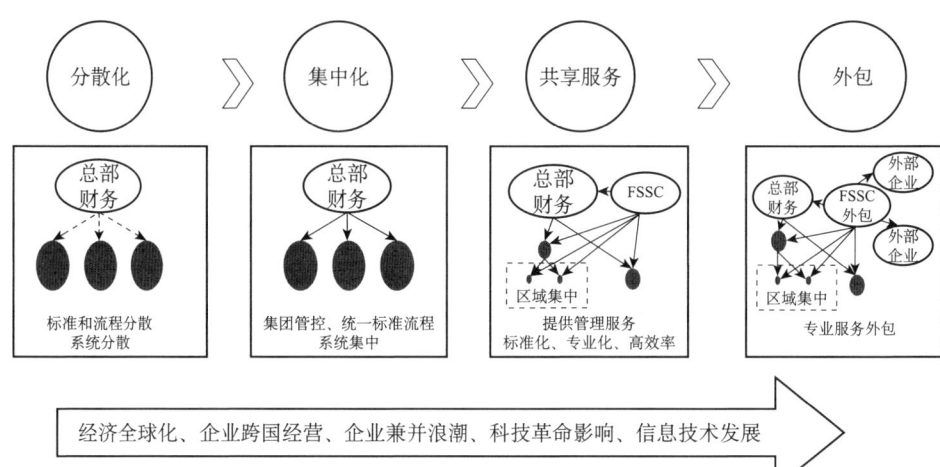

图1-20 企业集团财务管理发展趋势

1.5.2 财务共享服务是大型企业财务管理的发展方向

财务共享服务中心的运营模式如图1-21所示。

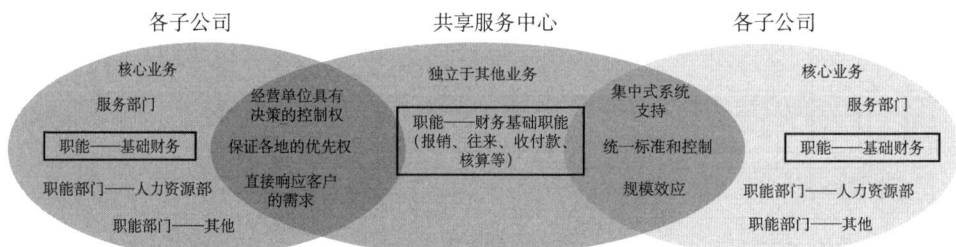

图1-21 财务共享服务中心的运营模式

（1）各业务单位被视为内部"客户"；
（2）以"服务级别协议"来定义客户的需求；
（3）收入来自为各业务单元提供的服务。

备注：各子公司的基础财务工作均被剥离，全部由集团内独立的共享中心提供相关服务。各子公司可以聚焦主业，集中精力发展业务。

1.5.3 共享服务中心发展历程

共享服务中心在我国尚处于初级阶段，随着集团型企业的管控需求加强和互联网信息技术的更新换代,学者埃森哲总结,共享服务中心的发展和变化大致可以分为四个阶段,即单职能共享服务、多职能共享服务、全球化业务服务和综合性业务服务,不同的阶段有着不同的运营目标以及适应达成目标的运营特点(见图1-22)。

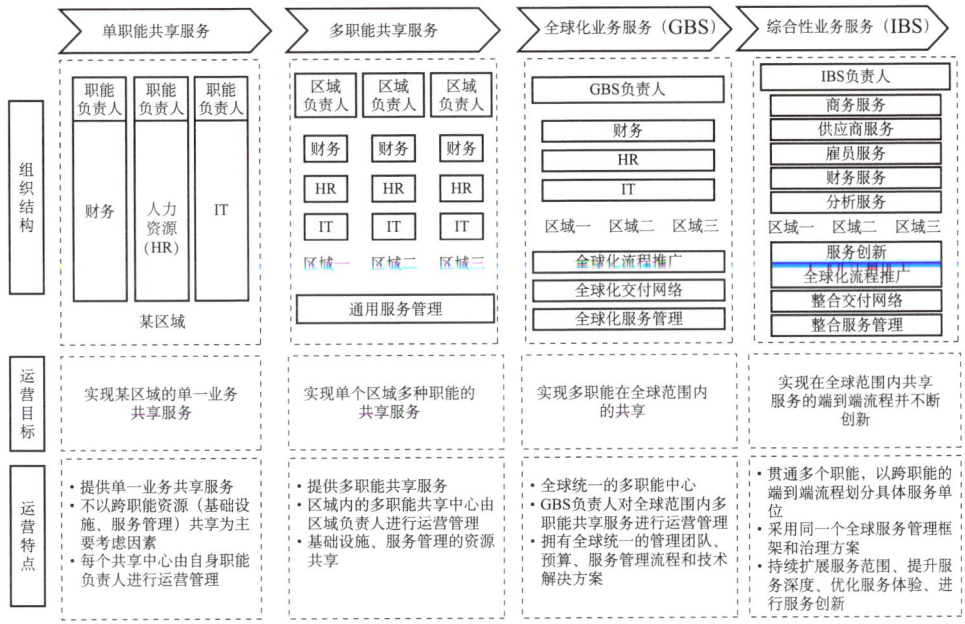

图1-22 共享服务中心发展历程

1.5.4 数据共享、云服务、全球化业务服务(GBS)是SSC趋势

财务共享服务中心发展趋势如图1-23所示。

图1-23 财务共享服务中心发展趋势

第 2 章 财务共享服务黑科技

[学习目标]

了解财务共享服务中心的各种技术支撑;
掌握影像管理、移动报账的方法;
了解小友机器人和人脸识别在财务共享服务中心的地位和作用。

2.1 IT 技术推动财务共享

2.1.1 "互联网+新技术"推动了财务共享服务发展

习近平主席在 G20 杭州峰会开幕式的讲话中明确指出,以互联网为核心的新一轮科技和产业革命蓄势待发,人工智能虚拟现实等新技术日新月异,虚拟经济与实体经济的结合,将给人们的生产方式和生活方式带来革命性变化。①

会计作为商业语言,随着商业环境和科技革命的变化,财会行业也将发生革命性的变化,共享服务中心即是其中之一。随之而来,未来的财务工作和财务运作模式也将发生革命性的变化。"互联网+新技术"推动财务共享服务发展如图 2-1 所示。

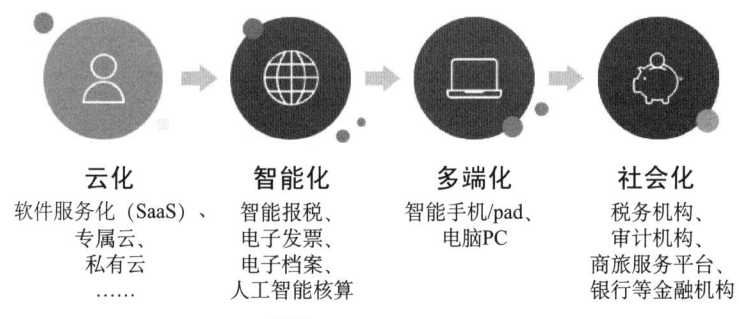

图 2-1 "互联网+新技术"推动财务共享服务发展

---

① 创新,推动世界经济增长 [EB/OL]. (2016-09-11). http://theory.people.com.cn/n1/2016/0911/c40531_28706503.html.

2.1.2 财务共享服务需要 IT 技术强有力支撑

信息系统的有效支撑是保证财务共享服务中心高效运转的必备条件,合理的信息系统平台规划设计能够有效地提升共享服务中心的工作效率,降低企业财务风险,加强企业的财务管控力度。用友财务共享服务中心主要包括两类 IT 平台:一类是消息平台;另一类是主数据平台(见图 2-2)。

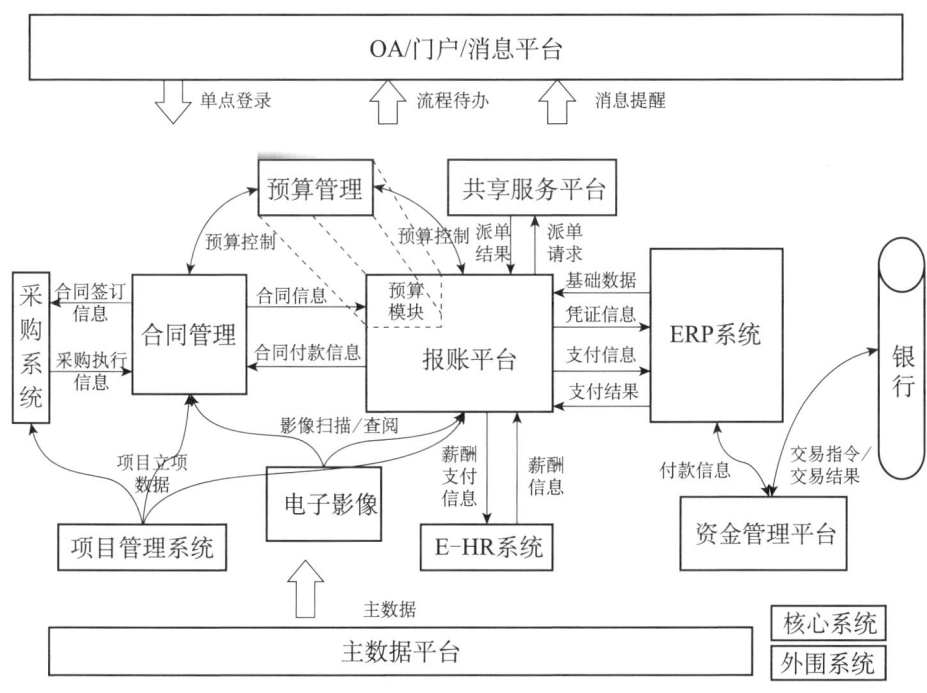

图 2-2 财务共享服务 IT 平台

2.1.2.1 消息平台

OA 系统是一种办公自动化系统,俗称无纸化办公系统。该系统主要面向企业的日常运作和管理,随着信息技术的不断发展,OA 系统成为企业不可或缺的核心应用系统。对于财务共享服务中心而言,通过 OA 系统可以与 ERP 系统进行数据集成、信息集成、门户集成,实现了企业内部沟通的简易化,使审批流程更具效率性和精准性。

2.1.2.2 主数据平台

主数据平台的统一是构建财务共享服务中心的重要内容,其主要包括影像系统平台、报账平台、资金管理平台、共享服务平台、合同管理平台、采购系统、项目管理系统、ERP 系统、E-HR 系统、预算管理等。

(1)影像系统。影像系统是纸质单据转化为电子单据的重要平台,也是保证财务共享服务中心开展审批业务、凭证生成及款项收付的重要入口。

（2）报账平台。报账平台能够监控集团企业各项费用的支出业务，为集团企业明确梳理各项费用支出的制度及流程，为管理者准确、实时地提供费用预算执行、费用支出、报表统计等信息，实现完整的从报销到收付款申请与报账的流程监控。

（3）资金管理平台。资金管理平台为集团企业的资金结算业务提供了统一的办理平台，通过参数设置，能够实现报账、结算、线上支付的一体化管理。

（4）共享服务平台。共享服务平台类似单据池，其将各业务单元的电子单据在此平台进行汇聚，财务共享服务中心的财务人员依据派单规则进行抢单并进行后续业务操作。该平台能够监控财务共享服务中心财务人员的工作效率和质量，进而对其能力进行评价。

（5）合同管理平台。合同管理平台旨在借助现代信息技术实现流程的自动化、数据的标准化，为集团员工提供一个统一、便捷的合同管理服务窗口。申请人将合同正文通过该平台进行在线提交，系统自动根据合同类型发起相应的流程，如在线审批、在线复核等，待审核完毕之后方可通过系统打印合同。

（6）采购系统。采购系统是在供应链运作过程中面向核心企业及其共赢下构建的供应业务协作平台。通过在线协作，能够提高双方的工作效率，降低人工成本，有效简化订单处理流程，缩短业务处理周期，减少采购业务成本。

（7）项目管理系统。项目管理系统是对项目预算、进度、合同、采购、材料、设备、质量、安全等进行全面综合管理的业务系统，通过对项目成本、进度、资金、质量、安全等方面的控制，以及对合同、变更、结算、支付等要素的流程化管理，提高企业对项目的综合管理能力。

（8）ERP 系统。ERP 系统包括采购管理、销售管理等，其是围绕核心企业，通过对信息流、物流、资金流的控制，从原材料采购开始，制成中间产品以及最终产品，最后由销售网络把产品送到消费者手中的将供应商、制造商、销售商直至最终用户连成一个整体的功能网链结构。通过该平台，管理者可以随时了解采购、销售等业务处理状态，并且及时做出相对应的改善措施以提高效率，增加企业的效益。

（9）E-HR 系统。E-HR 系统包括人事日常事务、薪酬、招聘、培训、考核，以及对组织和人员的管理，对企业人力资源管理的方方面面进行分析、规划、实施、调整，提高企业人力资源的管理水平。

（10）预算管理。预算管理涉及从预算编制到预算分析整个管理过程，其实施效果的实现必须建立在严密的控制和管理基础之上。财务共享服务中心的数据基础依托于信息技术，可以有力地支持预算管理的编制、分析以及调整等环节的实施，并且为预算的控制与执行提供保障。例如，将预算的审批、控制以及执行过程融入应付、应收流程汇总，以对刚性预算进行控制，从而实现对成本费用控制的自动审批。通过对预算与执行之间的数量差异进行对比分析,实现对预算执行过程的总体把握。

2.1.3 财务共享服务中心 IT 应用架构示意

财务共享服务中心 IT 应用架构如图 2-3 所示。

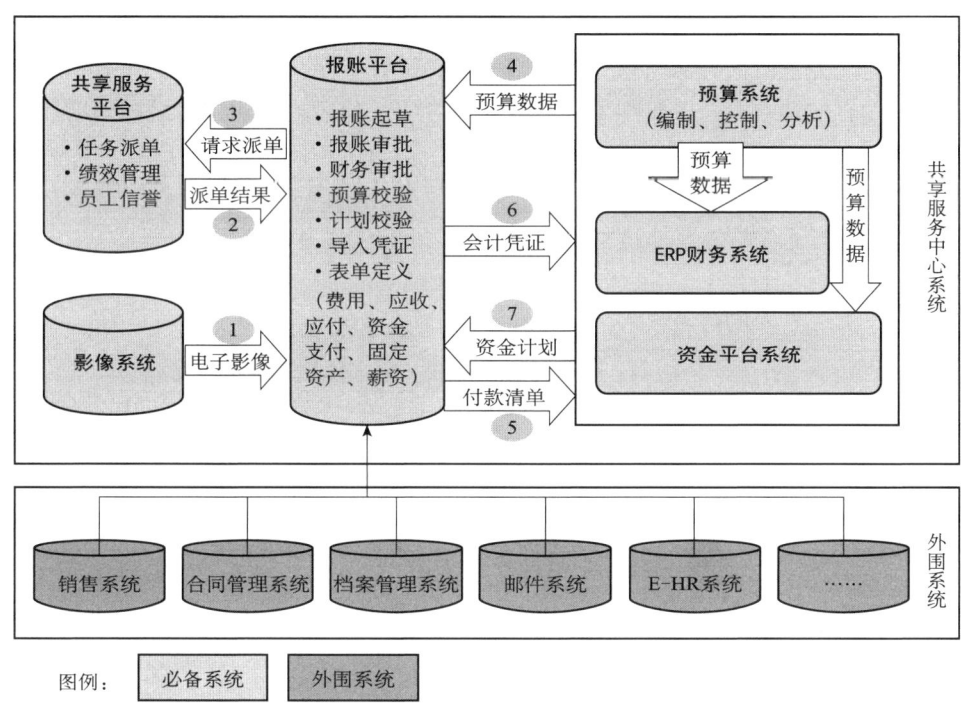

图 2-3 财务共享服务中心 IT 应用架构

财务共享服务中心 IT 应用主要包括必备系统和外围系统。必备系统主要包括影像系统、共享服务平台、报账平台、资金平台系统、预算系统和 ERP 财务系统等;外围系统主要包括销售系统、合同管理系统、档案管理系统、邮件系统和 E-HR 系统等。

以费用共享为例,当业务单位或者集团公司发生一笔费用报销业务时,业务单位或者集团公司的业务人员或者财务人员将纸质版的原始单据通过影像扫描系统扫描成电子单据,经过业务单位的业务经理及财务经理审核之后,该单据将会流转到报账平台;财务共享服务中心的费用审核人员将会依据派单规则进行请求派单;派单之后,财务共享服务中心的费用审核人员重点审核的是该电子单据与企业的财务预算标准是否一致;如果一致,则依据审批权限的设置,经过相关人员审批通过之后会上传到资金平台系统;与此同时财务共享服务中心的会计人员依据费用报销电子单据进行凭证生成上传到 ERP 财务系统;在资金平台系统,财务共享服务中心的出纳人员依据资金计划,针对审核通过后的费用报销电子单据通过银企直联系统进行款项支付；当所有业务流程结束之后，需要进行原始单据和记账凭证的归档。

2.1.4 财务共享关键技术

2.1.4.1 自助服务

自助服务是指用户通过企业或第三方建立的网络平台或终端，实现对相关产品的自定义处理。该技术与财务共享服务中心进行相连，能够提高工作效率，保证单据的真实性，对企业管理者加强管理提供较大的便利性。移动端自助平台如图 2-4 所示。

图 2-4 移动端自助平台

2.1.4.2 流程平台

工作流对于共享服务中心之所以重要，主要原因在于：首先，共享服务流程再造的特点就是标准化、自动化，以此来提高工作效率；其次，实现流程标准化、自动化的技术基础就是工作流；最后，通过工作流平台，将各项业务流程固化，并通过消息平台，实现自动任务驱动、任务找人。流程平台示意如图 2-5 所示。

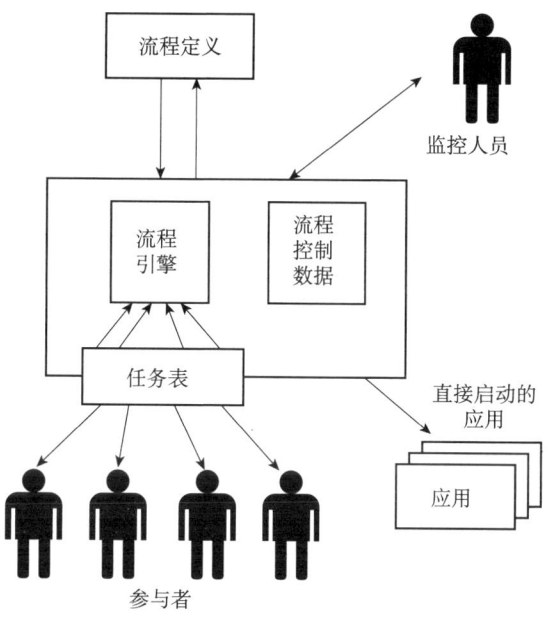

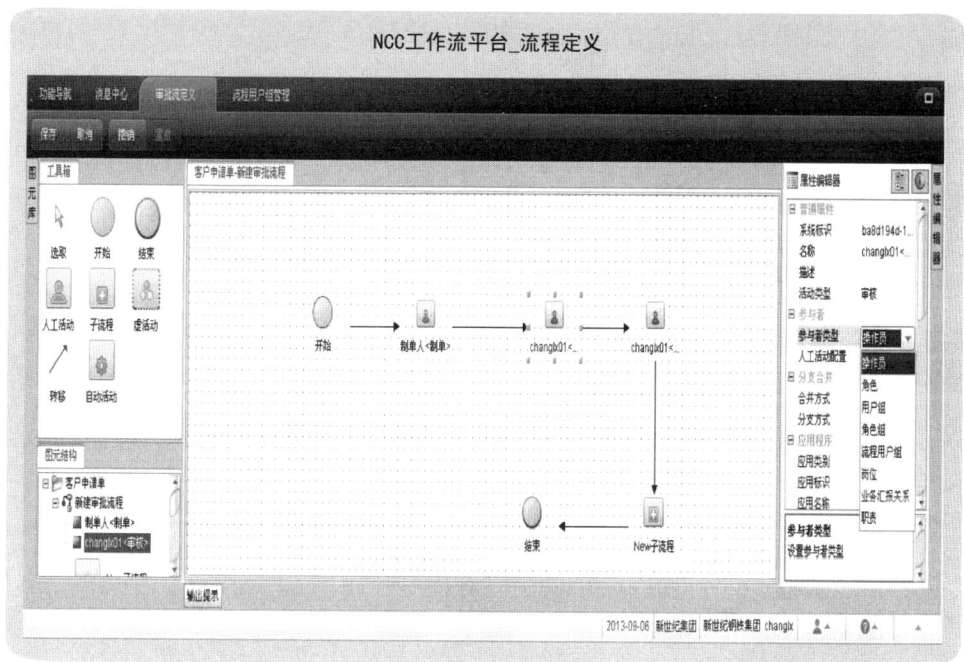

图 2-5 流程平台示意

2.1.4.3 动态组织建模

动态组织建模是建立共享服务中心的关键环节。建立共享服务的一个目的就是支撑企业快速发展，收购、兼并、重组、拆分等。通过动态组织建模，可以快速应对组织机构变化。通过服务委托关系设置，业务单位发起的请求，可以由对应的共享服务中心快速响应（见图 2-6）。

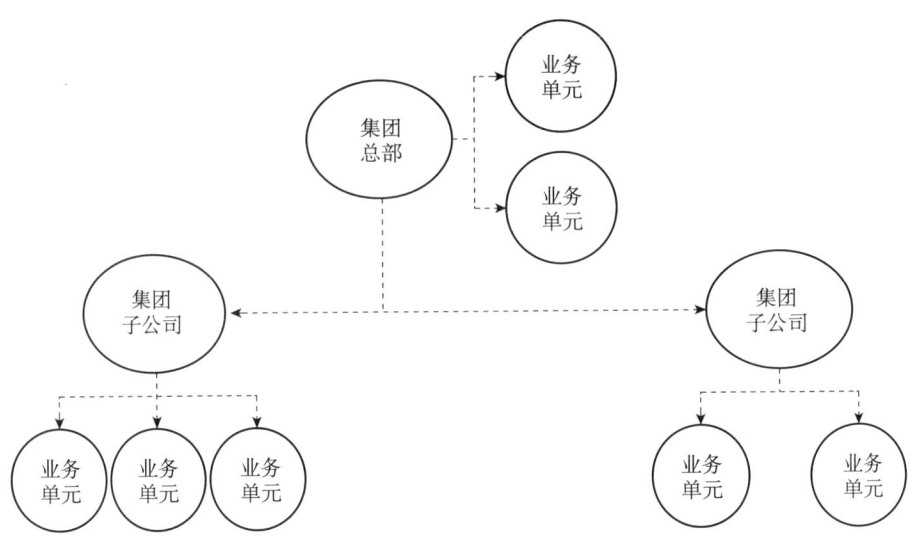

图 2-6　集团公司建立财务共享服务中心前的业务单元设置

按业务单位 + 共享服务内容，设置对应的财务共享服务中心（见图 2-7）。

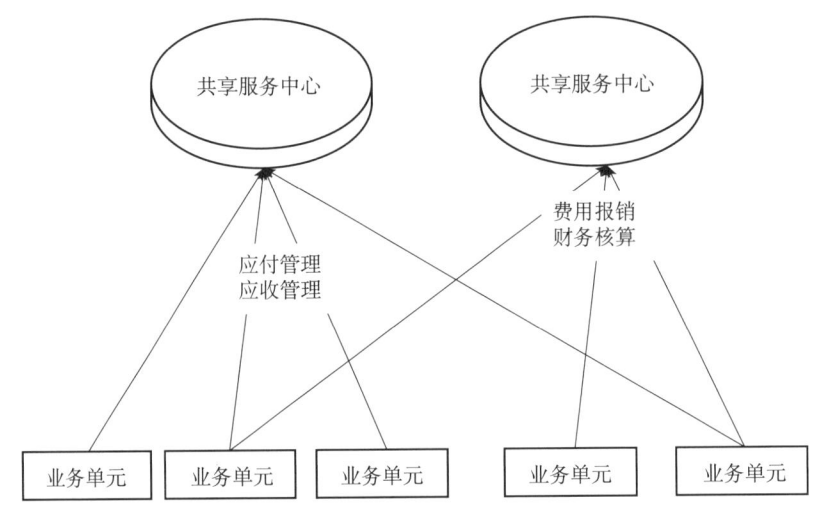

图 2-7　集团公司建立财务共享服务中心后的业务单元设置

2.1.4.4　影像管理

影像是共享服务中心的重要技术之一。影像管理系统进行扫描设备的管理，统一分辨率设置及扫描规范，进行影像缓存及分时上传管理。由于所有纸质原始单据存放在业务单位处，需要业务单位的相关业务人员通过影像扫描等技术将纸质原始单据进行扫描上传，便于共享服务中心人员查看原始单据影像。影像技术的运用解决了业务单元与财务共享服务中心之间的原始单据流转问题、原始凭证调阅问题、离岸处理问题、业务处理的分工和效率问题。影像技术流程示意如图 2-8 所示。

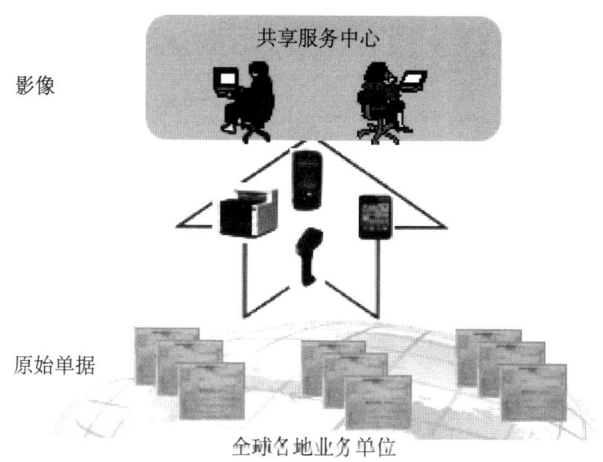

图 2-8　影像技术流程示意

影像管理包括以下两种方式。

一是与专业影像系统集成。首先，将扫描仪或高拍仪与财务共享服务中心系统进行链接；其次，进行纸质单据扫描，即影像采集；最后，进行影像传输，便于后续业务处理和信息调用（见图 2-9）。

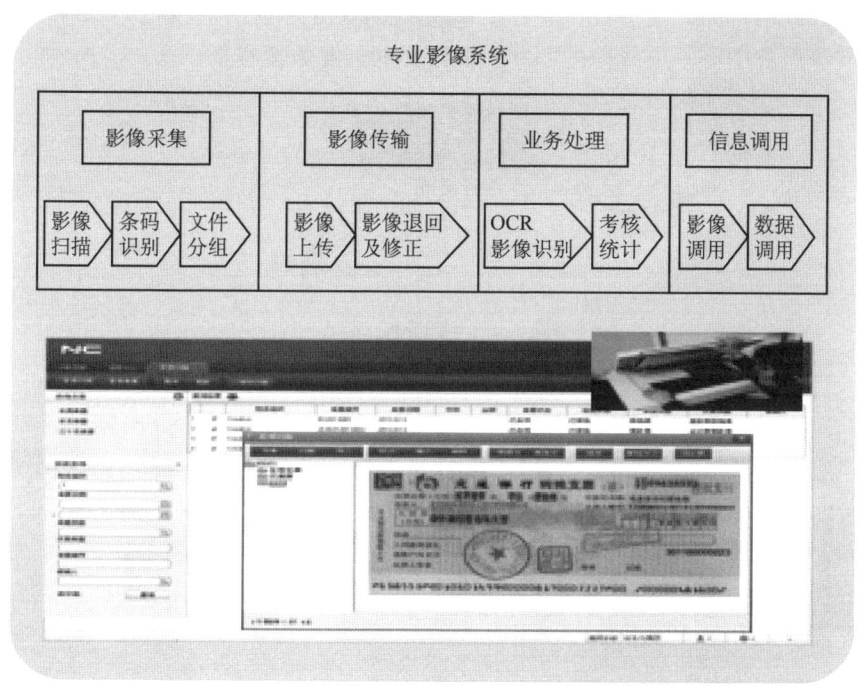

图 2-9　专业影像系统集成流程

二是手机拍照/扫描 + 附件管理。首先，将原始单据通过手机拍照或者手机下载扫描王 App 进行扫描成电子版单据；其次，上传到计算机保存；最后，通过附件的形式进行上传，并进行对应的审核以及业务核算和处理（见图 2-10）。

图 2-10　手机上传电子单据流程

2.1.4.5　二维码/条码

二维码/条码的识别可离线快速获知报销人、金额、原始单据数量等信息，单据在归档时能够借助二维码快速实现凭证及审批流程打印，相对于影像扫描，粘贴单二维码打印，便于混乱单据的批量扫描及分拣提醒。因此，二维码/条码也是共享服务中心不可或缺的部分。二维码助推业务流程如图 2-11 所示。

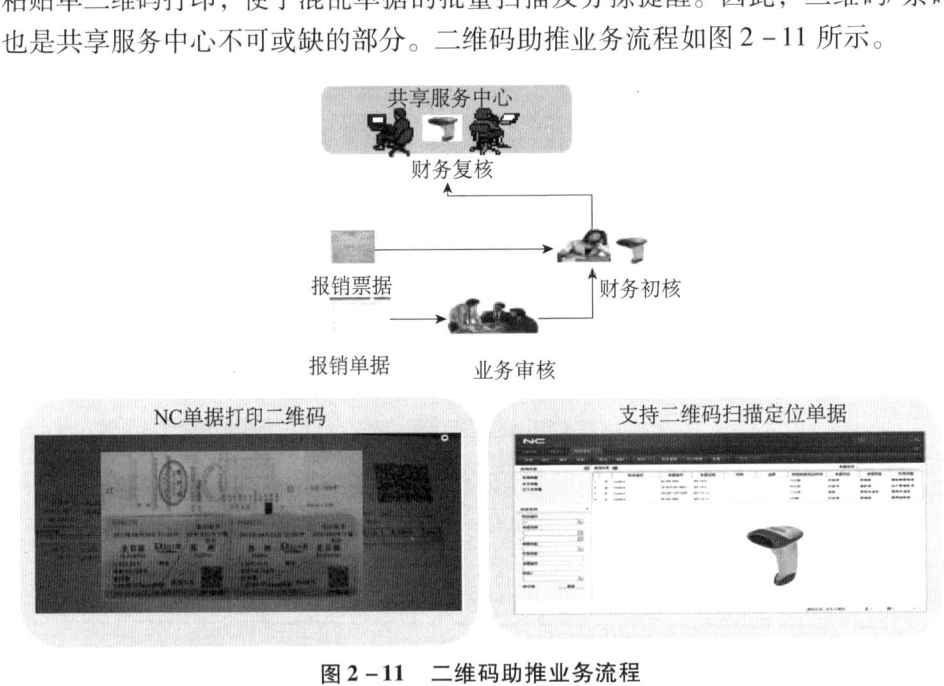

图 2-11　二维码助推业务流程

2.1.4.6　作业平台

财务共享服务中心进行业务审核时采用的是双屏模式，经过审核、复审之后，方可进行资金结算。其中，审核岗审核的要点在于业务是否符合财务制度、生成凭证的业务数据及影像文件是否完整等；复核岗复核的要点在于是否符合会计制证要求、是否符合内审要求等；资金结算岗支付结算的要点在于付款信息完整性以及是否符合企业当期资金计划等。审核作业平台示意如图 2–12 所示。

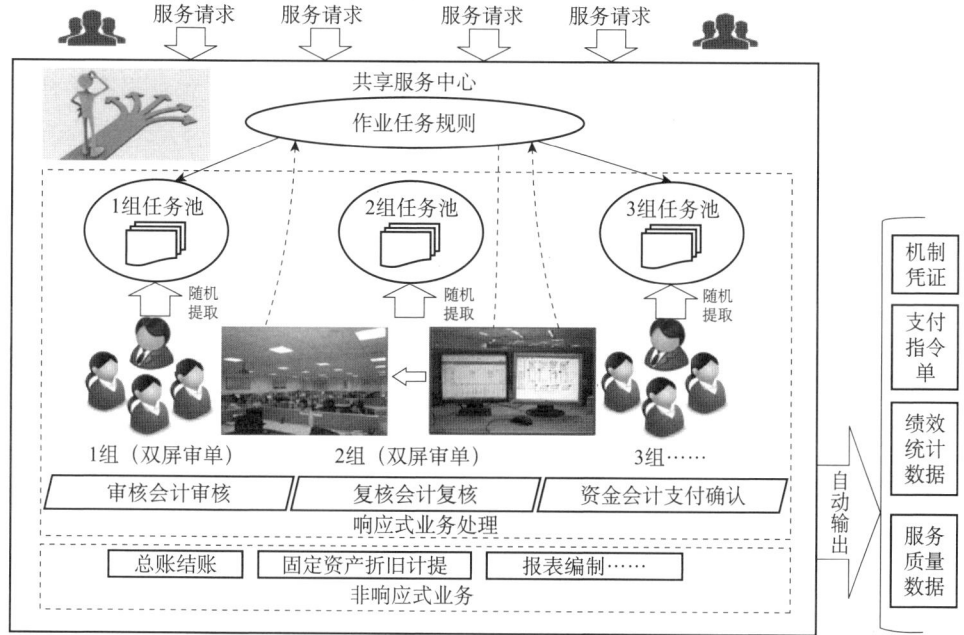

图 2–12　审核作业平台示意

2.1.4.7　国际化

财务共享服务中心产生的背景之一在于经济全球化，由于集团公司的业务单位全球布局，因此财务共享服务中心不仅需要多语言、多时区、多数据格式的支持，而且还需要符合当地的政策、法规。因此，国际化对于共享服务中心也非常重要。为了满足公司当地报告需要以及满足集团预算管控、统计分析的需要，集团公司一般选择多主币（见图 2–13）。

图 2–13　国际化的重要性

2.1.4.8 移动报账

移动报账平台作为财务共享服务中心采集数据的重要平台之一，其支持企业员工从业务申请到员工报销、领导审批、财务稽核的全过程管理，实现了单据信息自动推送并生成报账单的模式，支持业务单据联查、所有数据可追溯，为加强企业业财融合的管控提供了平台支撑，同时也提高了工作效率。移动报账平台如图 2 – 14 所示。

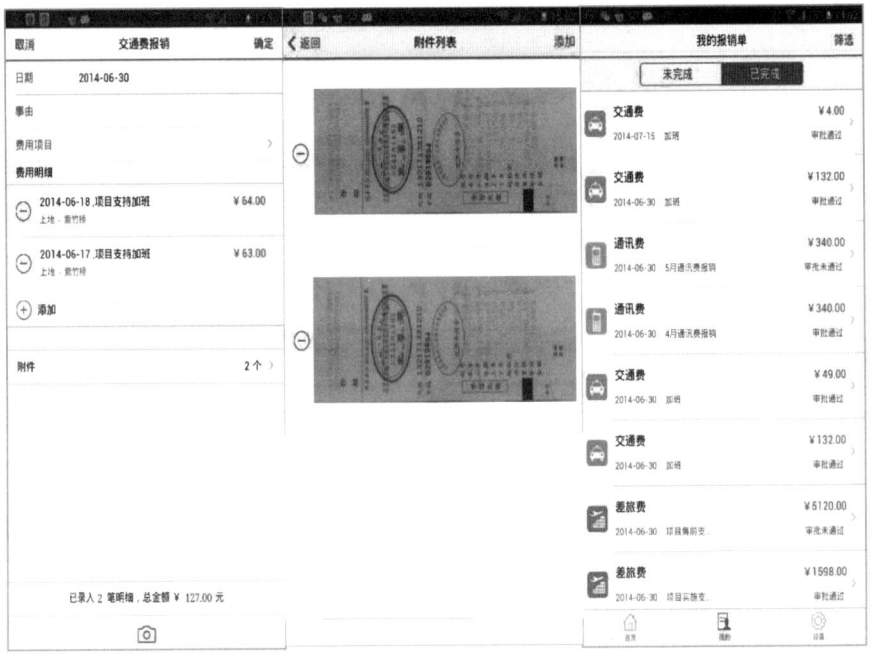

图 2 – 14　移动报账平台

2.1.5　信息技术是共享服务中心数字化转型的动力

财务共享服务中心的信息化建设，有助于工作的开展，可以有力保证财务数据的安全、有效和及时，能够提升财务的效率，挖掘财务管理的价值，为企业管理者做出有效决策提供支持。

（1）FSSC 的系统支持平台。FSSC 取得成功的关键组成部分是有共同的或相关的系统平台。为 FSSC 运作模式提供系统支持的有网上报账、工作作业平台、影像系统、丰富的财务信息系统以及资金结算系统等。

（2）FSSC 常用的信息系统如表 2 – 1 所示。

表 2 – 1　　　　　　　　　　FSSC 常用的信息系统

信息系统	财务核算系统	电子报账系统	银企互联	电子影像系统	资金管理系统	电子档案系统
使用率（%）	100	100	77.4	75.8	69.0	52.4

2.2 用友 FSSC 的黑科技

2.2.1 互联网技术更新换代

移动互联网简单来说就是移动网络中的互联网信息技术的应用，移动互联技术的工作流程需要通过终端、软件和应用来实现。电脑、手机和 iPad 等是移动互联网的终端，软件是指企业依据自身需要而开发的信息技术软件，将软件与终端进行对接，方可实现移动互联。移动互联网的运用，具有便捷、多样、智能、个性化等优势，同时也能够实现数据的实时共享，使得信息的及时性和有效性得到保证。互联网技术如图 2-15 所示。

图 2-15 互联网技术

2.2.2 用友 FSSC 的黑科技内容

（1）用友 FSSC 的黑科技主要包括以下内容：

第一，人工智能（AI）、区块链（blockchain）、云计算（cloud computing）、大数据（big data）等新技术；

第二，基于社会化商业的新商业范式；

第三，建立连接、融合、共享、智能新特性的云平台，以智能报账、智能核算、智能共享为核心的财务服务场景。

（2）黑科技已经全面融入用友 FSSC 系统（见图 2-16）。

① 小友机器人——多端协同应用，如图 2-17 所示。财务共享服务中心能够应用财务机器人在既定的操作规则下做一些标准化的、重复率较高的、繁杂的业务工作，而且与人工智能的结合，能够实现票据的自动识别、智能核验、票据分类汇总以及实现凭证的自动生成等，既提高了工作效率和管理效率，也降低了人工成本。

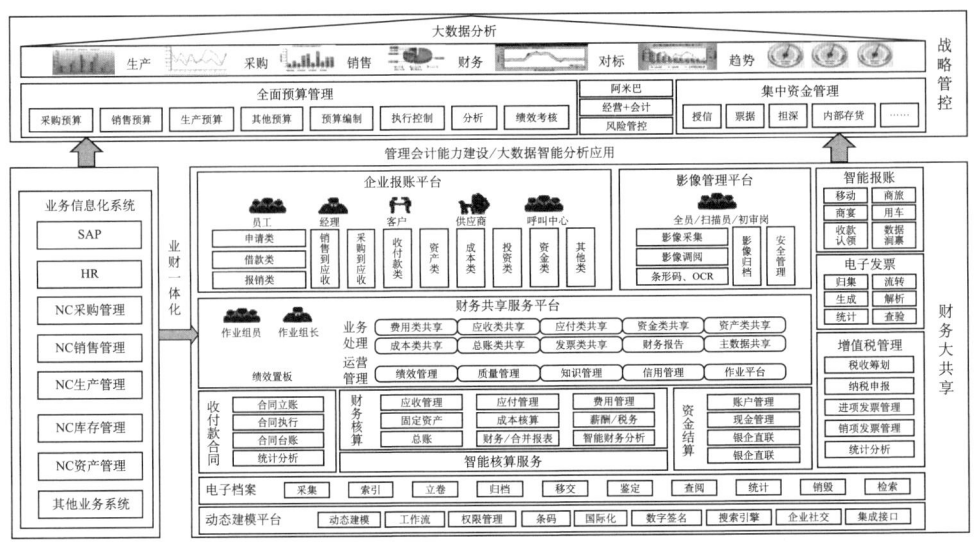

图 2-16 互联网运用于 FSSC

图 2-17 小友机器人的多端运用

② 人脸识别——移动端考勤打卡，如图 2-18 所示。人脸识别是对人的脸部特征信息进行身份认证的生物特征识别技术。近年来，人脸识别迅速成为市场热点。通过人脸识别技术，严格规范了员工的考勤管理，规避了传统考勤产品存在的代替打卡等弊端，对于提高集团企业的管理效益具有重要的作用。

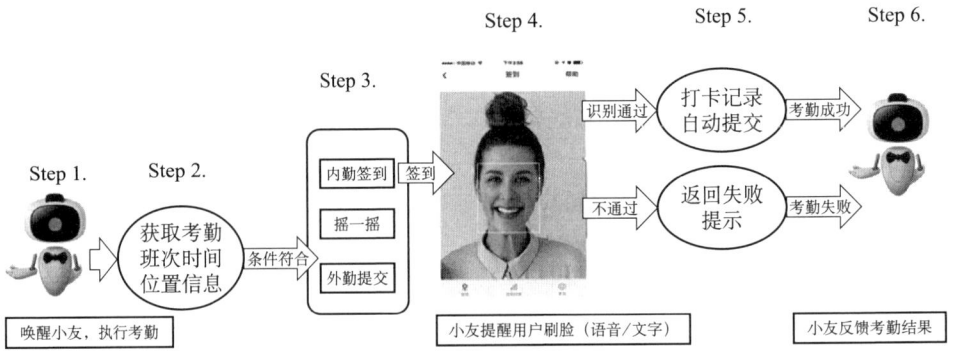

图 2-18 人脸识别考勤

③ 移动应用与 OCR 识别。一是用友报账与用友电子发票平台集成，实现了电子发票验伪、下载，下载后生成结构化的数据，并实现报账。二是支持发票拍照、扫描识别、验伪，通过后可生成记账信息。同时，发票影像能上传到共享服务影像系统。

第2篇
财务共享沙盘篇

第3章 沙盘简介

[学习目标]

了解沙盘的作用；

了解沙盘盘面类型和各类卡片使用方法。

3.1 沙盘概述

模拟沙盘各职能中心涵盖了企业运营的所有关键环节：战略规划、资金筹集、市场营销、产品研发、生产组织、物资采购、设备投资与改造、财务核算与管理等，将其作为设计主线，把企业运营所处的内外环境抽象为一系列的规则，由受训者组成小组而每一个小组的成员各司其职，共同完成对企业的经营。通过这种方式使学员对企业各个部门的职能有所了解，有利于提升团队凝聚力，掌握管理技巧，提高管理素质。其教学计划如表3-1所示。

表3-1　　　　　　　　　　　沙盘环节教学计划

教学主题	教学内容
沙盘认知	（1）熟悉沙盘学习目标； （2）了解沙盘盘面以及卡片； （3）了解沙盘规划流程
案例公司认知	阅读案例公司资料，分析案例公司构建财务共享服务中心的内外部影响因素
沙盘初始摆盘	（1）结合案例完成沙盘初始摆盘，包括组织架构现状及具体业务流程现状； （2）根据各组摆盘结果，对成果进行讲解与反馈
沙盘运营推演	（1）战略规划区推演及摆盘，包括战略定位、模式设计、选址设计； （2）组织规划区推演及摆盘，包括职责切分、人员三定以及组织架构重组； （3）流程规划区推演及摆盘，包括流程优化路径、业务职责切分以及流程优化设计
方案总结与汇报	每组学生针对推演完后的沙盘进行方案撰写及汇报
教师点评	教师针对沙盘推演结果进行点评与讲解

3.2 认知沙盘盘面和卡片

(1) 挂盘。适用于没有专门沙盘实训空间的院校。在学生机房的座位旁分组设置白板将磁性沙盘盘面垂直吸附在白板上，辅助以能在盘面上可靠固定的磁性卡片。

(2) 摆盘。适用于有专门沙盘实训空间的院校，沙盘实训桌面上没有干扰物，学生将摆盘盘面平铺在沙盘实训桌面上，辅助以质量足够大、不会被学生无意识挪动的卡片。

两种盘面除了材质不同外，在布局上也略有差别，但组成要素基本一致，以下内容以挂盘为例进行学习。该沙盘以财务共享中心构建方法论为依据，将盘面提炼为"3区9要素"，具体包含战略规划区、流程规划区、组织规划区3个区域（见图3-1）。

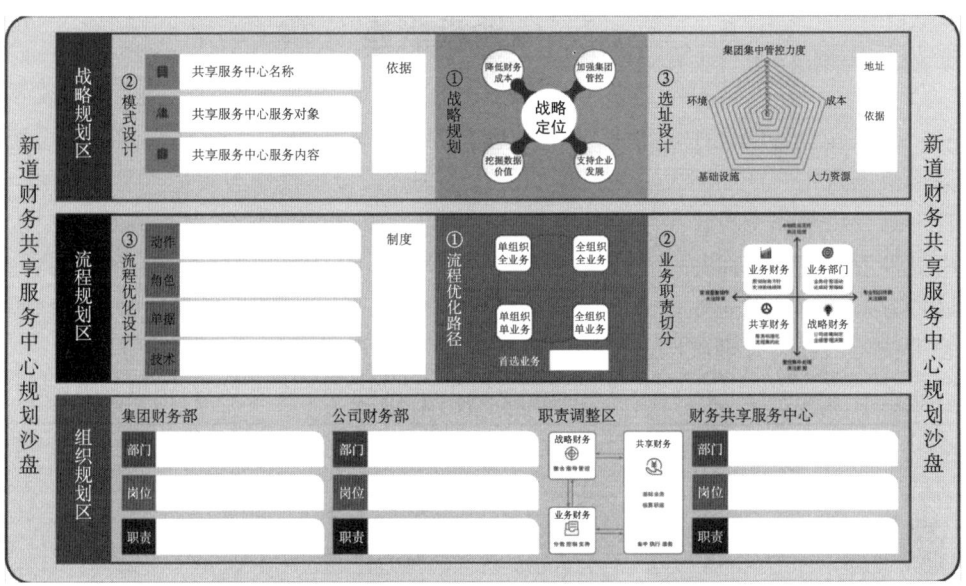

图3-1 新道财务共享服务中心规划沙盘（挂盘）盘面

沙盘的3个规划区使用的卡片，用不同的分类色条来区分。战略规划区卡片分类色条为红色，组织规划区卡片分类色条为橙色，流程规划区卡片分类色条为蓝色。卡片的样式及其他信息，如图3-2所示。

3.3 沙盘教学教具介绍

组长向教师申请盘面和卡片，分发给每个规划区的负责人，由后者对卡片进行清点。卡片清单详见表3-2～表3-4。

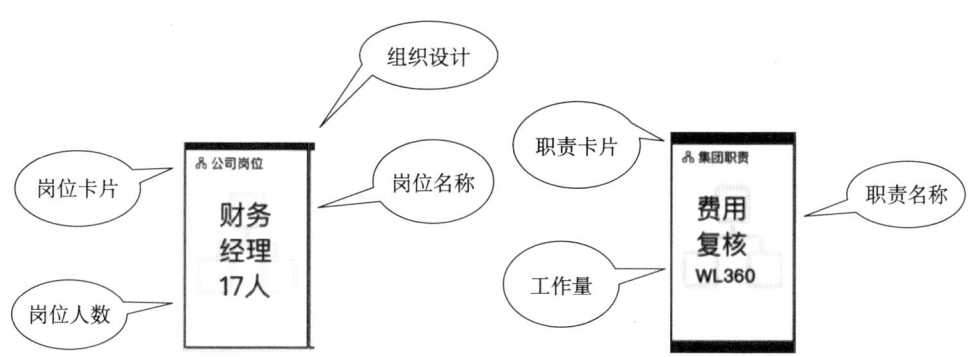

此卡片为组织设计使用　　　　　此卡片中WL360表示费用复核工作量
岗位类卡片，表示板块　　　　　为360笔/月；在公司职责中工作量使
公司财务部的17名财务　　　　　用EWL表示17家水泥公司财务应付核
经理岗　　　　　　　　　　　　算工作平均工作量

图 3-2　新道财务共享服务中心规划沙盘卡片

表 3-2　　　　　　　　　　战略规划区的教具

	战略规划区：28个				小计（个）
职能定位	成本中心	利润中心	财务服务公司		3
建设模式	单中心	多中心—业态	多中心—区域	专长中心	4
服务对象	鸿途集团水泥有限公司	鸿途集团股份有限公司	金州鸿途煤焦化有限公司	鸿途集团万象商贸物流有限公司	12
	鸿途集团水泥中部区4家公司	鸿途集团铸造板块4家公司	鸿途集团水泥北部区12家公司	鸿途集团旅游板块3家公司	
	中国鸿途（香港）有限公司	金州市火电厂	金州鸿途实业有限公司	中原大福国际机场有限公司	
服务内容	费用共享	采购到应付共享	销售到应收共享	总账报表共享	6
	固定资产共享	资金结算共享			
选址设计	大连	郑州	天津		3

表3-3 组织规划区的教具

组织规划区：80个

	预算与考核管理处	税务与资金管理处	信息化与综合处	结算审核处	会计核算处	资产管理处	小计(个)
集团部门							6
集团岗位	财务总监 出纳	预算与考核管理处()人 资产会计	税务与资金管理处()人 结算会计	信息化与综合处()人 资产管理处处长	结算审核处长	会计核算处长 核算会计	11
集团职责	财务战略 费用核算 WL360	预算管理与业绩考核 资产核算 WL25	纳税筹划与资金运作 资金支付 WL650	信息化与财务监督 付款审核 WL650	资产管理政策 付款复核 WL650	费用复核 WL360 财务政策	12
公司部门	鸿途集团水泥财务部	鸿途集团旅游财务部(50人)	鸿途集团铸造财务部(45人)	鸿途煤焦化财务部(40人)			4
公司岗位	财务经理()人 税务会计()人	总账会计()人 预算会计()人	采购会计()人 出纳()人	结算会计()人 成本会计()人	销售会计()人	资产会计()人	10
公司职责	费用核算 EWL353 财务分析	应收审核 EWL294 成本分析	应收对账 EWL23.5 税务筹划	预算编制 EWL3 应付核算 EWL353	资产核算 EWL23.5 应付对账 EWL29.4	成本核算 EWL23.5 收款付款 EWL639.7　总账核算 EWL13	13
FSSC部门	FSSC部门×8						8
FSSC岗位	FSSC岗位×8						8
FSSC职责	FSSC职责×8						8

表 3-4　流程规划的教具

流程规划区：132 个

类别													小计(个)
单据	实物单据×6	实物档案×2	影像单据×4	电子档案									13
角色	业务人员	业务经理	分管副总裁	本地财务	财务经理	本地出纳	本地归档员	FSSC财务审核岗	FSSC财务复核岗	FSSC出纳	FSSC归档员	扫描员	12
动作	填单报账	业务审批×2	财务审核	财务复核	财务经理	线下支付	录入凭证	本地纸质档案归档					17
技术	线上业务审批	影像扫描	资金结算系统	财务核算系统	商旅服务平台	影像管理系统	自动生成单据	线上集中结算	档案邮寄	电子档案	纸质档案归档	电子档案归档	企业报账平台	税务云		财务机器人	采购云	业务系统	条码/二维码	15
制度与审核依据	费用制度：报销业务范围	费用制度：报销填报时间	费用制度：住宿标准	费用制度：出差补助	费用制度：出差借款	费用制度：报销支付时间	审核依据：影像与原始凭证一致性	审核依据：业务真实性					26
	应收制度：应收入账依据	应收制度：应收入账对账方式	应收制度：应收入账要求	应收制度：结算方式	应收制度：结算银行账户	应收制度：应收账龄区间	应收制度：坏账比例	应收制度：应收结账日期					
	应付制度：应付入账日期	应付制度：应付对账方式	应付制度：应付入账步骤	应付制度：信用等级	应付制度：应付暂估入账	应付制度：应付银行等级	应付制度：付款流程	应付制度：结算方式	应付制度：付款时间				

续表

流程规划区：132 个

															小计（个）
采购到付款（PTP）业务	签订采购订单	审批采购订单	采购入库	录入采购发票	审批应付单	审核应付单	审核记账凭证	生成应付账龄分析表	审定采购财务政策	扫描发票上传	提交付款单	提交应付单	审批付款单	审核付款单	支付应付款	15
销售到收款（OTC）业务	录入销售订单	审批销售订单	销售发货出库	录入销售发票	扫描发票上传	提交应收单	审核应收单	审核记账凭证	生成应收账龄分析表	录入收款单	扫描银行回单并上传	审核收款单	确认收结算			13
固定资产业务	审核政策合规性	初步审核申请单	资产相关账务处理申请	资产相关账务处理	资产折旧入账	制定固定资产管理政策										6
费用业务	制定费用政策与制度	填制报销单	业务审批	本地初审报销凭证	审核报销凭证	审核记账凭证	报表	分析	报销支付							9
总账报表业务	预提需求审核	预提需求申请	月结关账	月结申请	会计政策	财务制度										6

第4章 沙盘案例企业——鸿途集团*

[学习目标]

了解鸿途集团公司概况；
了解鸿途集团公司的战略目标；
了解鸿途集团公司 FSSC 的建设动因。

4.1 案例企业背景

4.1.1 鸿途集团简介

鸿途集团始创于 1987 年，经过 30 余年的发展，已成为集水泥、旅游、铸造为主体的多元化股份制企业。2018 年，鸿途集团以 160 亿元的营业收入进入 2018 年中国企业 500 强，列第 380 位。各板块营业收入中水泥 80 亿元，旅游 32 亿元，铸造 24 亿元，煤焦化 22.4 亿元，其他 1.6 亿元。近三年来，集团提出"产业多元化、产品专业化、管理现代化、市场国际化"的总体发展战略，借助于现代化、信息化手段，全力打造"数字鸿途"。2019 年初，集团制定了营收提高 20% 的经营目标，即将实现 192 亿元的总营收。其组织架构如图 4-1 所示。

4.1.2 鸿途集团水泥有限公司简介

鸿途集团水泥有限公司（以下简称鸿途水泥），是国家重点支持的前三家水泥企业（集团）之一，是工信部重点支持兼并重组的五大水泥企业之一，2011 年 12 月 23 日，鸿途水泥在港交所主板成功上市。目前，鸿途水泥总产能超 15 亿吨，旗下公司覆盖河南、辽宁、山东、安徽、山西、内蒙古、新疆、天津等省份。鸿途水泥积极适应国家及行业政策的变化，通过先进的技术装备、合理的区域布局、充足的资源储备、规范的管理及品牌优势、致力环境保护及可持续发

---

* 相关信息均来自天瑞集团有限公司财务共享建设历程脱敏案例。

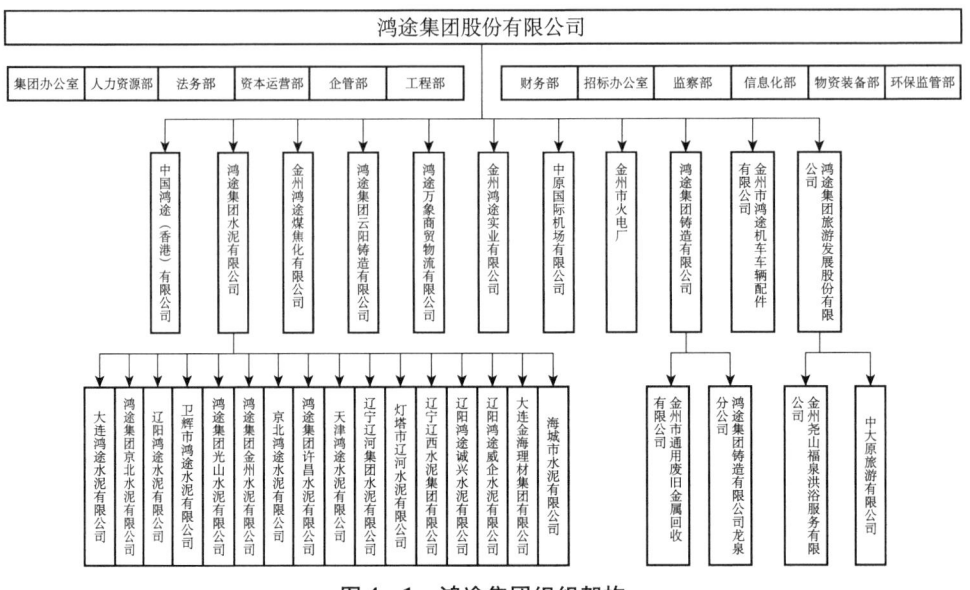

图 4-1 鸿途集团组织架构

展，鸿途水泥得以实现快速发展，并维持及加强河南和辽宁两省的市场领导地位。

（1）先进的技术装备。截至 2018 年 6 月 30 日，鸿途水泥熟料生产线全部采用先进的 NSP 技术，且全部配备余热回收发电技术，可有效节省电力成本即减少污染。

（2）合理的区域布局。鸿途水泥主要布局于河南、辽宁两地，以及在天津、安徽亦有涉及。在河南，鸿途水泥沿"两纵三横"的高速公路及环郑州大都市生活圈布局；在辽宁，鸿途水泥沿"哈大高速"及环渤海湾经济带布局。这样使鸿途水泥主要生产设施布局于石灰石资源、终端市场、交通线的结合处，进而长期受益。

（3）充足的资源储备。鸿途水泥在河南和辽宁等主营业区内拥有丰富的石灰石资源及混合材供应。各熟料生产线均配套单独的石灰石矿山且资源储备可供生产线使用 30 年以上。

（4）规范的管理及品牌优势。鸿途水泥采用规范的管理模式，为其产品质量和运营安全管理奠定了基础。同时，在母公司及运营子公司层面拥有 ISO 品质、环境和职业健康安全三大管理体系和产品品质认证。凭借卓越的产品质量，鸿途水泥在国内多个大型基建项目中成功中标并成为合格主要水泥生产商，如南水北调、哈大（哈尔滨—大连）高铁、石武（石家庄—武汉）高铁、郑徐（郑州—徐州）高铁等。

（5）致力环境保护及可持续发展。鸿途水泥致力于先进环保技术的研发及废弃物再利用。先进投资建设余热回收发电设施，投资改造粉尘回收设施，投资建设矿山废石回收再利用及企业的废弃物回收再利用等。鸿途水泥一如既往地提升竞争力及可持续发展能力。

4.2 案例企业概况

4.2.1 鸿途集团信息化现状

鸿途集团重视信息化建设，2013年开始全面实施信息化，先后投入使用了多个业务系统。集团、各级子公司进行了不同程度的信息化建设，所涉应用系统如图4-2所示。

图4-2 鸿途集团企业信息化现状

集团及各级子公司信息系统没有完全实现互联互通，数据标准不一致导致信息多口录入。

4.2.2 鸿途集团财务管理现状

2013年，鸿途集团全面信息化后，ERP使用用友NC，在多年使用过程中给企业带来了管理效益，希望通过财务共享能够使企业的财务管理更上一个台阶，降低企业的财务管理成本，同时能够加快企业收购兼并时的财务运转。

财务管理系统部分处于基础应用阶段，例如核算向管理会计延伸、供应链向产业链延伸、信息化向智能化延伸等，都存在大幅提升空间，尽管应用深度在行业中处于领先地位，但从"数字鸿途"的战略发展方向来看，有提高空间。鸿途集团各级财务组织定位模糊，财务人员整体聚焦基础核算工作，管理会计职能的发挥有所不足。

（1）财务会计基础工作：会计核算标准化、入账规则统一化、业务流程标准化及自动化有待提高；业务、财务分工与职责边界有待进一步厘清；业务流程需增加监控点；成本核算需减少因成本会计能力差异造成的成本核算标准、成本分析质量差异。

（2）战略财务与决策支持能力：财务管理需要从风险控制、效率提高进一步向业务支持和决策分析转变；培训、提升基层财务人员能力和水平，做好业务决策、财务监督、管理会计工作。

（3）财务管控体系建设：从依靠人工审批控制向利用系统工具自动控制转变；从业务源头上解决下属企业普遍存在的业务处理与财务控制界限模糊、分工不清、多环节重复问题。

鸿途集团财务组织架构如图 4-3 所示。

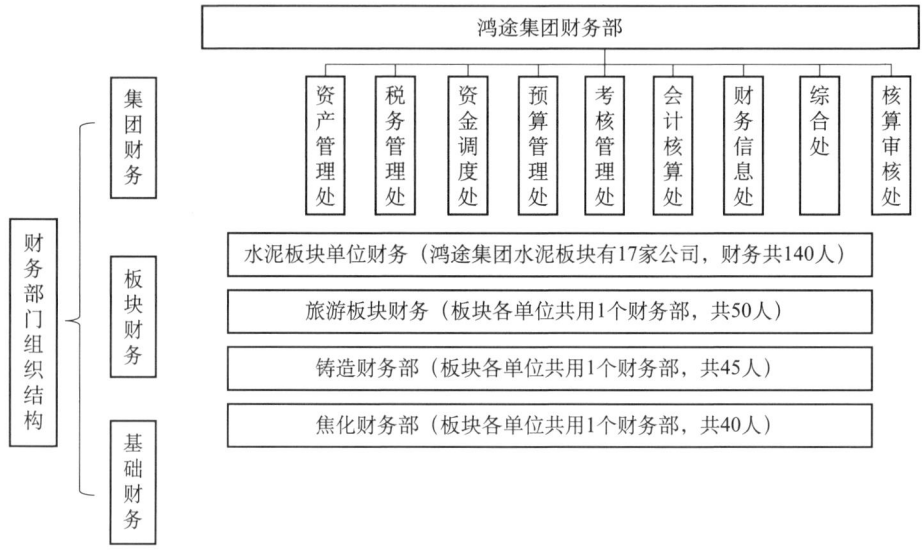

图 4-3 鸿途集团财务组织架构

4.3 案例企业战略目标

4.3.1 企业战略目标

总体目标：在战略指引下探索、实践新的财务管理模式。

鸿途集团坚持"产业多元化、产品专业化、管理现代化、市场国际化"的总体发展战略，借助现代化、信息化手段，全力打造数字鸿途。目前，水泥板块已在国内率先实现"物流自动化、生产可视化、资产标准化、成本精细化、客商电商化、办公移动化、财务一体化、决策可视化"的数字水泥，进一步延伸到数字铸造、数字焦化以及数字旅游等其他板块，如图 4-4 所示。

4.3.2 企业财务战略目标

秉承"数字鸿途"的总体信息化发展方向，探索适合鸿途的新型财务管理模式。

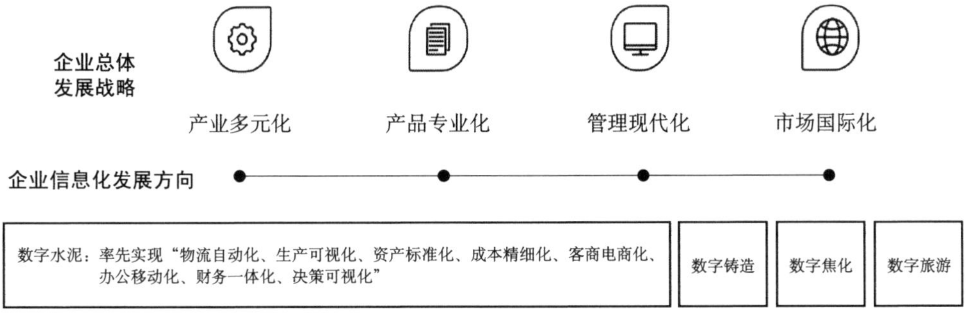

图 4-4 鸿途集团总体发展战略

4.4 案例企业 FSSC 建设动因

4.4.1 FSSC 建设动因之外部趋势

2013 年,财政部印发的《企业会计信息化工作规范》第三十四条规定:"分公司、子公司数量分布广的大型企业、企业集团应当探索利用信息技术促进会计工作的集中,逐步建立财务共享服务中心。"

2014 年,财政部发布的《关于全面推进管理会计体系建设的指导意见》中指出:"鼓励大型企业和企业集团充分利用专业化分工和信息技术优势,建立财务共享服务中心,加快会计职能从重核算到重管理决策的拓展。"

《2018 年中国共享服务领域调研报告》(ACCA 与中兴新云及上海财经大学联合发布,213 份有效问卷)指出:"规模百亿元以上的企业,有更强的动力建立财务共享服务中心。"

4.4.2 FSSC 建设动因之内在因素

当前,鸿途集团财务管理面临着巨大压力,各级财务组织定位模糊,集团财务人员整体聚焦基础核算工作,管理会计职能发挥有所不足。

4.4.2.1 财务人员配备现状及需求

目前,鸿途集团财务人员共 300 人,其中集团财务部 25 人,水泥板块 140 人,旅游 50 人,铸造 45 人,煤焦化 40 人;财务管理人员占比 14%,基础核算财务人员占比 86%,亟须提高管理型财务人员占比。

集团财务部高级人员紧缺,很多集团政策、制度都是匆忙制定,无人研究,问题百出,目前财务专家缺编 2 人。

集团财务核算处各处长忙于核算工作,对相关财务政策、财务流程建设等工作无暇顾及。

2018年鸿途集团的营业收入为160亿元,其中水泥板块有80亿元。水泥板块特点:业态相同、人员分散、重复机构多。集团水泥业务规模进一步扩大,2019年拟新建1家水泥板块公司。

4.4.2.2 战略财务与决策支持能力

集团财务部财务管理工作对于财务管控、决策分析、数据价值应用远远不足;公司财务人员能力和水平的工作重点为基础会计核算,在业务支持、财务监督、管理会计工作上能力水平不足以支撑。

4.4.2.3 财务管控体系建设

当前审批流程仍然有很多环节为人工审批控制,自动化不足,导致财务管控力度弱,风险高;下属企业普遍存在业务处理与财务控制界限模糊,分工不清,多环节重复现象。

4.4.2.4 财务会计基础工作

会计核算标准不统一、入账规则不统一,业务流程标准化、自动化程度低,监控点不足;财务人员专业能力不足,成本核算因成本会计能力差异造成成本分析质量差。

根据上述鸿途集团建设动因及财务管理现状分析,结合集团股东期望,通过对问题进行提炼并解析,确定鸿途集团建立财务共享服务中心的定位及战略目标,并填写表4-1。

表4-1	问题分析与对策
问题概述(建设动因)	
领导期望(建设要求)	
解决对策(共享中心定位)	
确定目标(战略定位)	

4.5 案例企业 FSSC 项目现状

秉承"数字鸿途"总体信息化战略,鸿途集团提出了"一个中心两个基本点"的财务共享服务中心建设战略定位,希望通过财务共享服务探索新型财务管理模式,同时确定了"统一规划、分段建设"的分阶段建设路径,共享一期先就水泥板块进行试点建设,上线成功后逐步推广至其他业态。

集团成立了"财务共享建设"小组,由集团财务部财务总监带队,从集团财务部、水泥财务部、集团人力抽调精兵强将,全面推进集团财务共享服务中心的规划建设工作,小组将利用财务共享建设沙盘对集团财务共享服务中心建设高阶设计方案进行推演,并最终形成建设汇报文件,向集团董事做整体汇报。

第5章 沙盘模拟实践

[学习目标]

了解沙盘初始摆盘方法；

掌握战略规划区摆盘方法；

掌握组织规划区重构设计方法；

掌握流程规划区优化设计方法。

5.1 沙盘初始摆盘

初始摆盘，就是将鸿途集团的现状信息在沙盘盘面上进行复盘。初始摆盘既是一个熟悉沙盘盘面和卡片的过程，更是一个复习和加深对案例企业现状理解的过程。

5.1.1 组织规划区初始摆盘

集团财务初始摆盘：根据案例资料，将共享前集团财务部组织结构进行摆盘，包含部门、角色、职责，统计现有财务角色的人数并写在角色卡片的括号内，具体可参考表5-1。

表5-1 鸿途集团财务部岗位职责

序号	处室	岗位名称	级别	职责
1		财务总监	M3	财务战略、财务政策
2	预算与考核管理处	预算与考核管理（6人）	M4、M5	预算管理、业绩考核
3	税务与资金管理处	税务与资金管理（4人）	M4、M5	纳税筹划、资金运作
4	信息化与综合处	信息化与综合（7人）	M5、M6	信息化与财务监督
5	结算审核处	处长	M4	付款复核
6		会计	M6	付款审核
7		出纳	M7	资金支付
8	会计核算处	处长	M4	费用复核
9		会计	M6	费用核算

续表

序号	处室	岗位名称	级别	职责
10	资产管理处	处长	M4	资产管理政策
11		会计	M6	资产核算

公司财务初始摆盘：在"公司财务部"区内，将水泥板块各公司财务组织现状包含部门、角色、职责在内的全部卡片摆放完毕，统计现有财务角色的人数并写在角色卡片的括号内，具体可参考表 5-2。

表 5-2　　　　　　　　　　鸿途水泥财务部岗位职责

序号	岗位名称	工作职责	级别	职责
1	财务经理	财务分析	M4	17
2	总账会计	总账核算	M6	17
3	采购会计	应付审核、应付对账	M6	17
4	结算会计	费用核算	M6	17
5	销售会计	应收审核、应收对账	M6	17
6	资产会计	资产核算	M6	15
7	成本会计	成本分析、成本核算	M6	9
8	税务会计	税务筹划	M6	8
9	出纳	收款付款	M6	15
10	预算会计	预算编制	M7	8

组织规划区初始摆盘示例如图 5-1 所示。

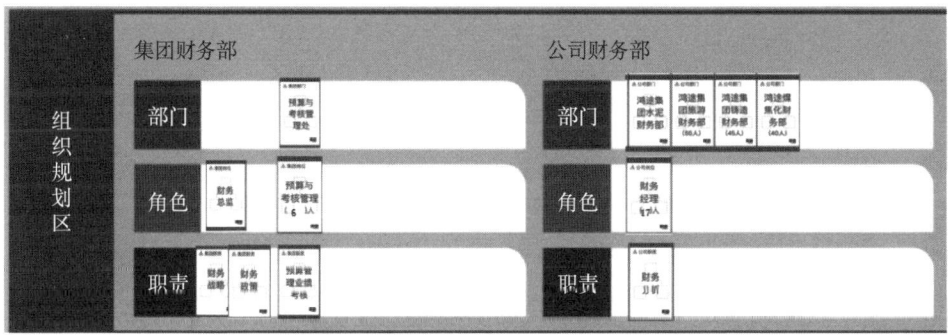

图 5-1　组织规划区初始摆盘示例

5.1.2　流程规划区初始摆盘

财务共享服务中心以企业实际业务场景为切入点，通过组织变革和流程再造，达成降低成本、强化管控、创造价值等管理目标。在本环节实践操作中，各小组可围绕案例企业费用报销、采购、销售等具体业务流程现状进行摆盘，包含动作、角色、单据卡片，如图 5-2 所示。

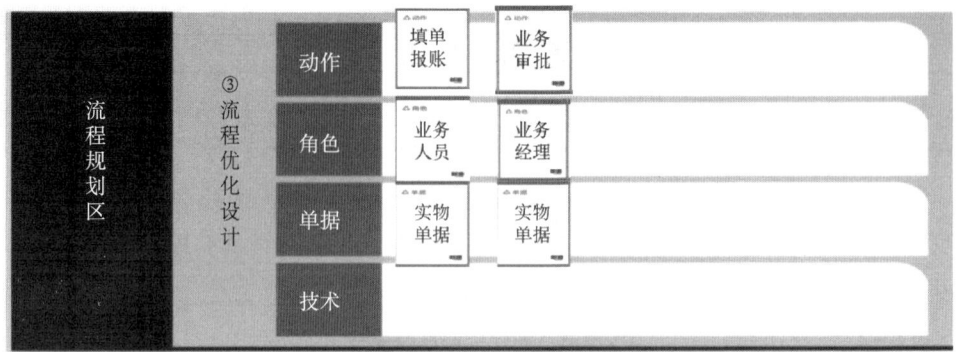

图 5-2　流程规划区初始摆盘示例

5.2　沙盘推演实践

5.2.1　FSSC 战略规划区推演

结合案例企业未来的战略目标，完成 FSSC 战略定位、FSSC 模式、FSSC 选址等要素的规划与设计，具体推演步骤如表 5-3 所示。

表 5-3　战略规划推演步骤

步骤	战略规划区	具体工作内容
1	战略定位	各小组召开 FSSC 战略规划会议，围绕案例企业确定财务共享服务中心建设目标及职能定位；小组将确定的战略定位在战略规划区按照顺序标注出来，同时将确定的职能定位卡片摆放到战略定位区
2	模式设计	结合案例企业管控方式及业态构成特点，设计财务共享中心建设模式，并将确定模式的对应卡片摆放到沙盘对应区域
	服务对象	根据共享中心模式及案例企业信息，确定共享中心服务对象，并对应卡片摆放到服务对象区
	服务内容	根据案例企业具体业务流程，确定应纳入财务共享服务中心的服务内容即业务内容，并对应卡片摆放到对应的服务内容区
3	选址设计	根据财务共享选址的决策分析表对候选城市进行分析，并将分析结果使用雷达区在沙盘选址区域画出来，将最终确定的城市卡片放置到对应区域

战略规划区沙盘推演如图 5-3 所示。

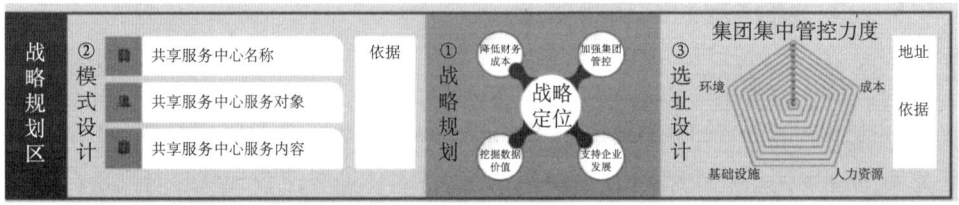

图 5-3　战略规划区沙盘示例

5.2.1.1　FSSC 的建设目标

FSSC 建设应该先立足于财务本身,与企业财务管理战略目标保持一致,纵向服务于企业发展战略,横向匹配企业 IT 信息化建设战略规划,在此基础上明确 FSSC 战略定位,定义 FSSC 建设的短期目标、中期目标和长期目标(见表 5-4)。

表 5-4　FSSC 建设目标

类别	1~2 年短期目标	3~5 年中期目标	6~10 年长期目标
公司发展战略	向平台化管理转型,提升效率	并购扩张,全球化	持续盈利,稳健增长
财务战略规划	从核算监督向管理型财务转型	搭建财务共享平台,支持业务扩张,并购整合	从管理型向价值提升型转变
IT 信息化规划	达到企业级应用水平,业财税系统贯通	实现集团集成性应用,业务财税一体化	升级到社会级应用,实现企业内外系统互联互通
FSSC 战略定位	集团管控	集团管控兼财务服务	财务服务兼集团管控
FSSC 建设目标	标准化建设,推动企业财务转型(责任中心)	财务内包服务,降本增效(成本中心)	协议收费,提供"财务内包+外包服务"(利润中心)

5.2.1.2　确定 FSSC 的战略定位

FSSC 战略定位有以下四个方面,企业需要根据自身的企业战略来进行优先排序和选择。

(1) 加强集团管控。这种战略定位的财务共享服务中心更侧重于其管理职能,通过制定统一的流程制度、建设统一的管理信息系统,形成集团集中化和标准化管理模式,整合财务管理和风险控制资源,对集团下属公司实施财务全程化、实时性监控,提高集团的综合掌控能力、支撑集团公司的发展战略。

(2) 降低财务成本。通过对基础性、事务性工作的集中处理,一个财务人员可以处理几个公司相同岗位的业务,从而使公司在业务量不变的同时减少了人员,使得原来成百上千人在不同的子公司完成的工作由一个财务共享服务中心完成,提高了财务核算的效率,降低了原先分散在各单位工作量的处理费用,节约了人工成本。

(3) 支持企业发展。企业在新的地区建立子公司或收购其他公司,财务共享服务中心能马上为这些新建的子公司提供服务。同时,企业管理人员更集中精力于企业的核心业务,而将其他的辅助功能通过财务共享服务中心提供的服务完成。同时,使更多财务人员从会计核算中解脱出来,能够为企业业务部门的经营管理和高层领导的战略决策提供高质量财务决策支持,促进核心业务发展。

(4) 挖掘数据价值。随着企业体量的增大、层级的增多,管理决策的复杂性也越来越高，因此，财务需要发挥更多的管理职能，才能为决策层提供具有参考价值的决策分析数据和报表。财务核算也必须更加细致化和专业化，才能为企业提供更加具有管理价值的财务分析数据，而 FSSC 是企业集聚数据资源的最佳平台。

5.2.1.3　FSSC 的组织职能定位

从组织维度来看，共享中心可以经历三个阶段的发展（见图 5-4、表 5-5）。

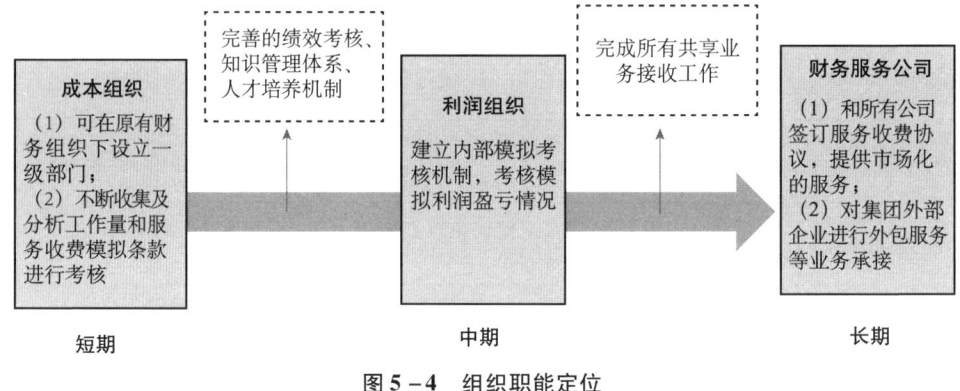

图 5-4　组织职能定位

表 5-5　　　　　　　　　　　不同职能定位的特点

组织属性	组织特点	考虑因素
成本组织	只对集团内部提供服务，无额外收益	（1）集团的性质：是否上市、是否有上市意向或准备、是否属于金融公司； （2）战略发展：财务共享中心长期战略发展规划是否考虑成为利润中心或财务公司
利润组织	对集团内部提供服务，可以对外部提供部分服务，并获得收益	
财务服务公司	作为独立运营的公司，自负盈亏	

（1）成本组织：隶属于财务组织，完成财务核算的工作，不进行独立考核。

（2）利润组织：建立内部模拟考核机制，和被服务组织之间需要进行内部结算。

（3）财务服务公司：提供市场化服务，不仅服务于集团内部，也对外承接业务，提供市场化服务。

5.2.1.4　FSSC 战略模式的选择

分析案例企业管控方式及业态构成特点，选择合适的共享中心模式，将对应模式卡片摆放在中心名称区，并给出设计依据。FSSC 模式选择的考虑因素如图 5-5 所示。

5.2.1.5　FSSC 的服务对象

根据共享中心模式及案例企业信息，由各小组同学确定共享中心服务对象，并将对应卡片摆放到服务对象区。

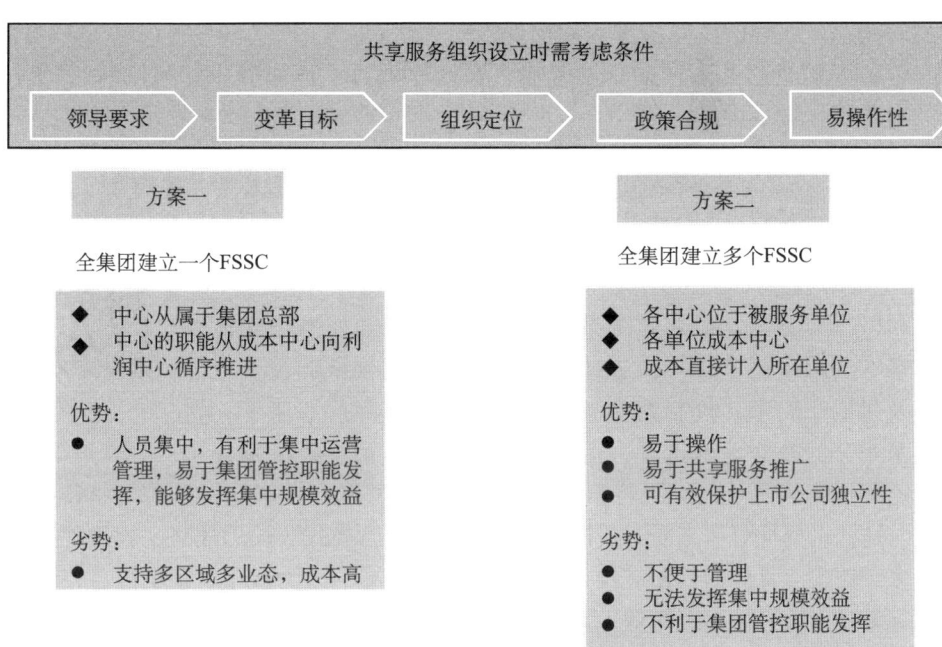

图 5-5 FSSC 模式选择的考虑因素

5.2.1.6 FSSC 的服务内容

纳入共享中心的服务范围可参照《2018 年中国共享服务领域调研报告》（见图 5-6）确定；权威机构调查显示，80% 的核算业务都能够纳入共享服务中心。

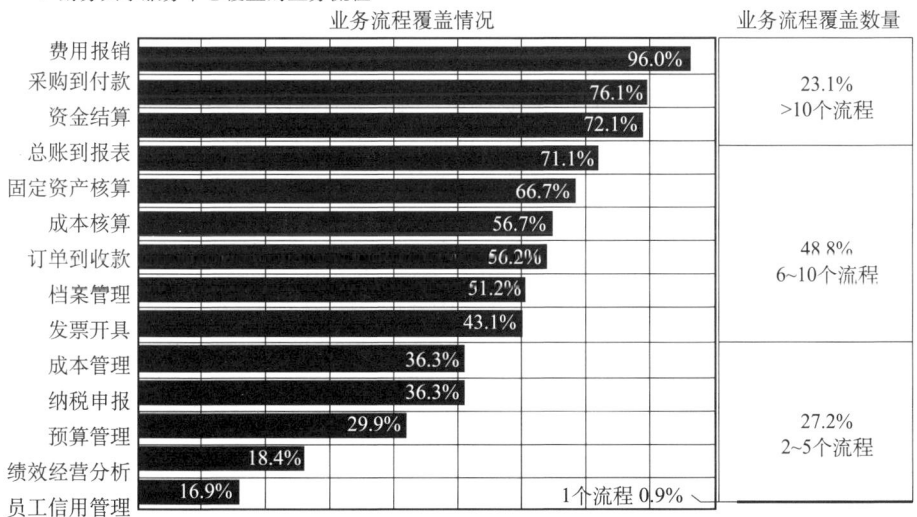

图 5-6 财务共享服务中心覆盖的业务流程

纳入共享服务中心业务的筛选原则如下所述。

（1）从集中管控的维度来看，筛选原则有：集中管理的必要性，集中管控力度的要求，业务的重要程度，异地处理的业务。

（2）从减少财务工作的维度来看，筛选原则有：占财务工作时间最长的业务，财务工作量最大的业务。

（3）从成本效益原则的维度来看，筛选原则有：考虑管理成本的增幅，对管理水平的提高。

5.2.1.7 FSSC 选址

（1）规划方法。确定财务共享中心所在地，需要考虑地区经济水平、公司运营模式等，选择的正确与否将直接影响能否充分共享及投资产出率，且制约业务执行情况。从国际经验来看，财务共享中心的办公地址选择，需要兼顾地区的政治、经济及公司的战略等因素，选址的结果将直接影响能否充分共享和投产比，且限制业务执行情况。这些选择从总体来看，受制于中心定位、运营模式、长远战略、企业规模大小等多个因素。具体的因素有投入产出分析、高效益的人力数量、薪酬待遇、网络资源等基础设施、优惠政策等。

以上具体因素由总体因素决定，总体因素根据财务共享服务的战略定位确定。

① 若战略定位主要是控制成本，将更多地考虑选址的成本因素，具体有人力成本等。其中，对于人力资源的成本要求也很低，不会过多投入。

② 若战略定位主要是加强集团管控或提升业务服务质量，则人力成本可能就不是最重要的考量因素。

事实上，能够兼顾所有标准的办公地址基本不存在，故而在决策时应进行排序，选择其中最适合的即可。地震、飓风、洪水等自然灾害都有可能引起业务中断，必须在选址时也加以考虑。

实际操作时可以先确定几个备选城市，然后按照如表 5-6 所示的 FSSC 选址决策评分表对每个备选城市进行数据资料收集、分项评分、加权汇总得到综合评分，以综合评分作为最终选址决策的重要依据。而因素的选取、权重的设计，均受到 FSSC 战略定位的重大影响。

表 5-6　　　　　　　　　　FSSC 选址决策评分表

因素	方向	权重（%）	影响因子	备选城市××		
				数据资料来源	评分	得分
成本	▲人力成本：考虑当地薪资水平、现有财务人员的搬迁安置成本等	7	薪酬	（1）政府相关网站；（2）权威机构报告；（3）招聘网站相关岗位薪资水平		
		5	房价	（1）政府相关网站；（2）权威机构报告；（3）房屋中介公司网站		

续表

因素	方向	权重(%)	影响因子	备选城市××		
				数据资料来源	评分	得分
成本	▲交通成本：考虑人员业务沟通的往返差旅成本、单据运输或邮寄成本等	2	铁路	（1）政府相关网站；（2）权威机构报告		
		2	公路	（1）政府相关网站；（2）权威机构报告		
		2	机场	（1）政府相关网站；（2）权威机构报告		
	▲办公成本：考虑办公固定成本，如办公大楼购买成本或办公室租金	7	房价或房租	（1）政府相关网站；（2）权威机构报告；（3）房屋中介公司网站		
人力资源	▲人员技能及知识水平：可通过市场调查、公开数据等渠道获得相关信息；	3	财务培训机构数量	（1）政府相关网站；（2）权威机构报告		
	▲人才供给及流动性等：人才供给不足或人员流动性大会造成FSSC用人困难。例如，强生在苏州建立FSSC时就曾因为人员招聘困难，严重影响其业务的开展	10	财经类院校数量	（1）政府相关网站；（2）权威机构报告		
		2	城市人口	（1）政府相关网站；（2）权威机构报告		
基础设施	▲IT、通信设备的可靠性：FSSC的有效运营非常依赖强大技术的支撑，这就要求畅通、安全、稳定的主干网络；▲通信成本：较高的通信成本会抬高FSSC的运营成本，尤其是在一些通信网络不发达的地区	8	5G试点城市	（1）政府相关网站；（2）权威机构报告；（3）设备服务商报告		
		2	信息化试点城市	（1）政府相关网站；（2）权威机构报告；（3）设备服务商报告		
	▲国际便利度：与国外市场联系是否方便也是众多有海外业务的公司需要考虑的因素	2	世界500强在所在城市设立机构的数量	（1）政府相关网站；（2）权威机构报告		
		1	吸引外商投资的额度	（1）政府相关网站；（2）权威机构报告		
	▲基础设施质量：考虑当地的高校、道路及其他配套设施的发展情况	1	配套的教育资源	（1）政府相关网站；（2）权威机构报告；（3）高校官网		
		1	配套的医疗资源	（1）政府相关网站；（2）权威机构报告		
环境	▲政府政策：如税收政策、发票管理政策、数据安全要求等	4	税收及优惠政策（购买土地、引进人才、购房等）	（1）政府相关网站；（2）权威机构报告		
		4	所在城市政府政策是否支持金融、生产服务业发展	"十三五"规划		

续表

因素	方向	权重（％）	影响因子	备选城市××		
				数据资料来源	评分	得分
环境	▲发展能力：如市场潜力。部分跨国企业选择将其FSSC建立在中国，就是看重中国巨大的市场容量； ▲城市竞争程度、人文环境等，在竞争较为激烈、压力比较大的城市，人员的稳定性会受到影响	4	城市发展能力	（1）政府相关网站； （2）权威机构报告		
	▲客户群体集中度：目标市场区域	3	面向客户服务	（1）政府相关网站； （2）权威机构报告		
集团管控力度	▲与总部（或区域总部）的沟通便利程度	20	选址在总部所在地			
	▲总部（或区域总部）的影响，如战略发展定位	10	选址在主管单位所在地/创始人祖籍所在地/客户所在地			

（2）案例企业沙盘推演。根据案例企业鸿途集团的业务版图，鸿途集团的业务主要集中在中原地区和辽宁省。因此，集团初选了郑州、大连和天津这3个候选地点。

① 每个小组的战略规划区负责人登录教学平台，在"快捷入口>>下载中心>> xlsx"处下载"财务共享选址的决策评分表"（即财务共享选址的决策分析表）模板。

② 团队通过各种渠道自行收集3个候选地点的相关信息，并在"财务共享选址的决策评分表"中进行分析和评分。

在"财务共享选址的决策评分表"中，将分析结果使用雷达图在沙盘选址区域画出来，并将最终确定的财务共享服务中心选定的城市卡片放置于沙盘盘面对应区域。

5.2.2 FSSC组织规划区推演

5.2.2.1 规划方法

（1）财务组织的总体结构。大型集团企业基于共享服务中心的财务管理体系建设蓝图，如图5-7所示。

（2）职责调整。当基于财务共享的财务组织向三角财务组织转换后，势必要对相关岗位和职责进行调整，即依据三角财务组织转型，明确划分战略财务、共享财务与业务财务职能的边界。

图 5-7 大型集团企业财务管理体系建设蓝图

总体上的做法，是通过适当的财务工作专业分层、分工，形成三角财务组织：战略财务、业务财务、共享财务，如图 5-8 所示。

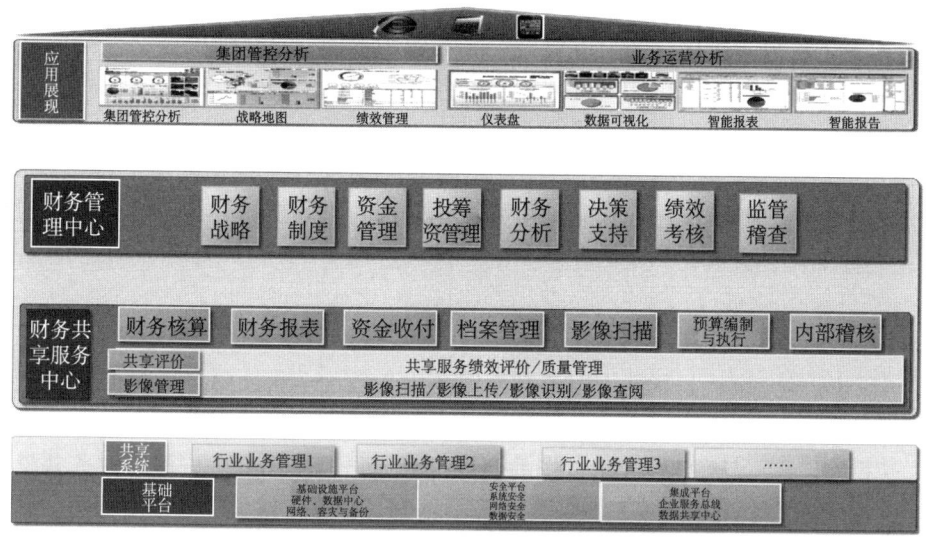

图 5-8 共享模式下的三角财务组织及其职责划分

① 战略财务。集团财务部作为战略财务负责集团运营监控和决策支持，行使对下属企业财务管理职能，包括制定和监督财务会计政策、支撑集团投资决策、进行风险控制，对集团税务筹划、全面预算、成本进行统筹管理等管控型、专家型财务工作。

② 业务财务。各业务板块或业务单元的财务部门作为业务财务参与到业务全过程，作为业务前端合作伙伴及时发现经营问题，基于财务角度对业务过程进

行支持和控制，承担业财融合职责。其中，总部财务部门受集团财务领导，负责本公司及下属分支机构一般财务监督、成本费用审核、总部纳税筹划、经营财务分析与决策支持；分支机构财务部负责财务业务监督控制、决策支撑和高附加值的运营管控型及现场型财务工作。

③ 共享财务。财务共享中心负责集团各公司及分支机构的会计基础核算、费用、资金结算等规模型、重复性可标准化处理的财务工作。共享财务要做到专业化、标准化、流程化、集约化。

5.2.2.2 FSSC人员三定

所谓人员三定，是指建立财务共享服务中心后，全集团财务人员的定责、定岗、定编。

（1）定责。将从事标准化工作的会计核算人员分离出来，调整到财务共享中心，将财务核算工作和财务管理工作分开，使会计核算工作集中后按专业岗位进行分工作业，实现由财务共享中心集中处理基础性核算服务，有效控制成本与风险。

（2）定岗。财务共享服务中心岗位设置的原则及设置模式如图5-9所示。

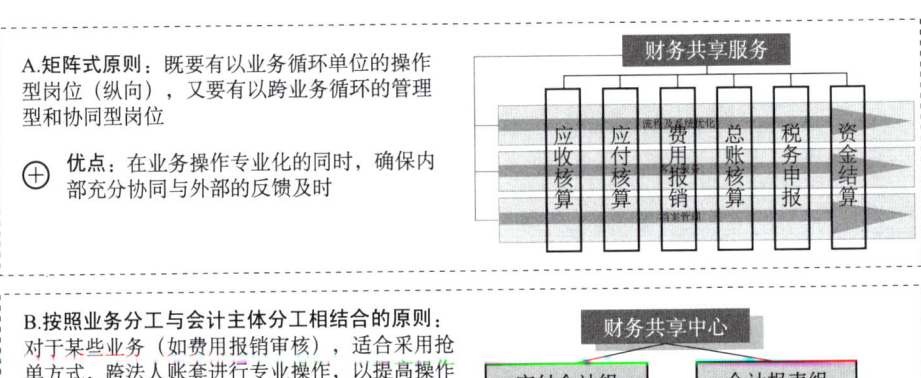

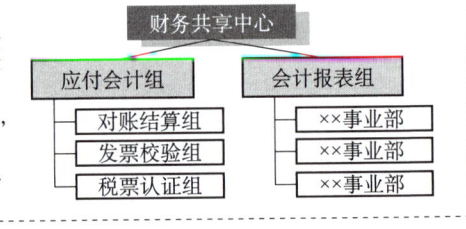

图5-9 财务共享服务中心岗位设置模式

集团财务部、原板块及业务单位财务部的岗位中，如果职责保留则岗位保留；否则将取消相应岗位，人员待转岗。

（3）定编。财务共享中心岗位人员配置测算方法有三种：业务分析法、对标评测法与数据测算法。

① 业务分析法，是基于对业务性质的特点，并结合现有管理人员及业务人员经验，进行分析评估，最终确定人员需求数量的方法。

② 对标评测法，是对于原先没有岗位设置，无经验值参考、无法进行数据测算的业务，选取相近口径其他单位的业务进行对标，并在此基础上进行估测。

③ 数据测算法，又称工时法，是在业务量和工作效率（人均业务量）确定

的基础上确定人员需求数量的方法。此方法适用于能够提取到可靠业务量,并能够对单笔业务量所用时间进行测量的项目。

5.2.2.3 案例企业沙盘推演

(1) 设定部门。

① 依据战略规划—模式—服务内容,设置鸿途集团财务共享服务中心的交易类部门,将部门名称写在部门卡片上(或用即时贴书写并粘贴在部门卡片上),并放置于沙盘对应区。

② 鸿途集团财务共享服务中心除交易类部门外另需设置运营管理部,将该部门名称写在部门卡片上(或用即时贴书写并粘贴在部门卡片上),并放置于沙盘对应区。

(2) 职责调整。

① 鸿途集团共享后财务职能分工。根据鸿途集团财务职能现状,集团设计了共享后的财务职能,如表5-7所示。

表 5-7　　　　　　　　共享后财务职能分工

职能类别	职能细分	战略财务	板块财务	企业财务	共享财务
基础业务核算职能	交易处理与会计核算			△	▲
	财务报表管理			△	▲
	薪酬税务及财务其他事项			▲	△
	资金收付			△	▲
	票据与档案管理			△	▲
财务运行监控	财务政策与制度	▲	△		
	财务内部控制与风险管理	△	▲		△
	财务监督检查	▲	▲		
价值创造	投筹资管理	▲	△	△	
	资金运作	▲	△		
	纳税筹划	▲	△		
决策支持	财务战略	▲			
	全面预算管理	▲	△	△	
	业绩考核与报告	▲	△	▲	
	公司经济运行监控	▲	△	▲	
	财务状况分析	▲	△	▲	

注:▲表示主导职能,△表示辅助职能。企业财务及板块财务统称公司财务。

② 职责分类调整。依据鸿途集团共享后的财务职能分工,将当前集团财务、公司财务职责卡片逐一进行职责类型判断,将规模型职责纳入职责调整区、管控型职责纳入战略财务、经营型职责纳入业务财务。

对调整区职责卡片合并同类,与共享中心下设部门比对,将可纳入中心的职责卡片摆放到对应部门下方职责区。

职责调整后,将财务关系卡片摆放到三角财务组织转型区,标注战略财务、业务财务、中心财务之间的关系。

根据战略财务、业务财务、共享财务的定义及标准,将鸿途集团现有的职责类型进行重新分类,为后期财务共享中心构建之后的企业组织结构重组做准备。具体划分方法参考表5-8。

表5-8 判断财务组织职责类型

机构类型	序号	岗位	工作职责	战略财务管控型、专家型	业务财务经营型、现场型	共享财务规模型、核算型	是否纳入FSSC	人数	可保留岗位现有人数	纳入FSSC的岗位现有人数
集团财务部	1	财务总监	财务战略、财务政策							
	2	预算与考核管理处	预算管理、业绩考核							
	3	税务与资金管理处	纳税筹划、资金运作							
	4	信息化与综合处	信息化与财务监督							
	5	结算处处长	付款复核							
	6	结算处会计	付款审核							
	7	结算处出纳	资金支付							
	8	核算处处长	费用复核							
	9	核算处会计	费用核算							
	10	资产处处长	资产管理政策							
	11	资产处会计	资产核算							
		小计								
板块及公司财务部	1	财务经理	财务分析							
	2	总账会计	总账核算							
	3	采购会计	应付审核							
	4		应付对账							
	5	结算会计	费用核算							
	6	销售会计	应收审核							
	7		应收对账							
	8	资产会计	资产核算							
	9	成本会计	成本分析							
	10		成本核算							
	11	税务会计	税务筹划							
	12	出纳	收款付款							
	13	预算会计	预算编制							
		小计								
		总计								

(3)人员三定。

① 定责。在上一步骤完成的情况下,对于共享后职责为0的原集团或板块(企业)财务人员全部撤到调整区,等待优化调岗。

② 定岗。

ⅰ）鸿途集团共享前财务岗位职级现状如下。

ⅱ）鸿途集团共享后财务岗位职级薪酬设计如表5-9所示。鸿途集团在同时考虑共享后的职责分工、财务人员职级薪酬现状后，设计了共享后财务岗位职级和薪酬水平。

表5-9　　　　　　　　　　共享后财务岗位职级薪酬设计

集团职级	战略财务职级序列		板块财务职级序列		共享财务职级序列		年薪（万元）
	经营管理序列M	专业技术序列P	经营管理序列M	专业技术序列P	经营管理序列M	专业技术序列P	
3级	财务总监/部长	首席专家					20
4级	集团财务处长	高级专家	财务经理/部长	高级专家	总经理/主任	高级专家	18
5级	集团财务主管	专家	财务处长	专家	共享财务处长	专家	15
6级	集团财务主办	助理专家	主管	助理专家	主管	助理专家	12
7级	业务员		主办		主办		10
8级					业务员		8

注：3~5级为财务管理人员。

③ 定编。

ⅰ）定编方法。

a. 集团财务。战略财务全面向管控指导型高端财务人员转型，拟增2名财务专家。

b. 业务财务。共享后，水泥公司业务财务全面向业财融合的管理会计及成本管控专家转型，初期每家公司（包含拟新建公司）保留3名财务编制，包含财务经理1人、专家2人。

c. 共享中心财务。鸿途集团财务共享中心人员包含管理人员、业务人员、运营人员，其中管理人员包含中心主任及各处长。业务交易处理人员采用工时法定编；运营人员采用对标评测法定编；管理人员采用业务分析法定编。

ⅱ）数据调研。

a. 鸿途集团财务工作总量调研结果。

• 集团财务部月度工作量统计如表5-10所示。

表5-10　　　　　　　　集团财务部月度工作量统计　　　　　　　　单位：单/月

应收核算	应收对账（月度发生业务的客户数量）	应付审核	应付复核	应付对账（月度发生业务的供应商数量）	费用核算
300	28	350	350	30	360
费用复核	资产核算	成本核算	总账报表	资金结算	
360	25	0.3	15	650	

- 中部地区鸿途水泥相关财务工作月度工作量明细如表5-11所示。

表5-11　　　　中部地区鸿途水泥相关财务工作月度工作量明细　　　　单位：单/月

公司名称	应收核算	应收对账（月度发生业务的客户数量）	应付审核	应付复核	应付对账（月度发生业务的供应商数量）	费用核算	费用复核	资产核算	成本核算	总账报表	资金结算
鸿途集团水泥有限公司	500	40	600	600	50	600	600	40	0.5	26	1087
卫辉市鸿途水泥有限公司	400	32	480	480	40	480	480	32	0.4	21	870
鸿途集团光山水泥有限公司	400	32	480	480	40	480	480	32	0.4	21	870
京北鸿途水泥有限公司	150	12	180	180	15	180	180	12	0.2	8	326
鸿途集团许昌水泥有限公司	225	18	270	270	25	270	270	18	0.225	12	490

- 北部地区鸿途水泥相关财务工作月度工作量明细如表5-12所示。

表5-12　　　　北部地区鸿途水泥相关财务工作月度工作量明细　　　　单位：单/月

公司名称	应收核算	应收对账（月度发生业务的客户数量）	应付审核	应付复核	应付对账（月度发生业务的供应商数量）	费用核算	费用复核	资产核算	成本核算	总账报表	资金结算
大连鸿途水泥有限公司	475	36	540	540	45	540	540	36	0.45	24	988
鸿途集团京北水泥有限公司	350	28	420	420	35	420	420	28	0.35	18	760
辽阳鸿途水泥有限公司	300	28	350	350	30	360	360	25	0.3	15	650
鸿途集团金州水泥有限公司	500	40	670	670	50	660	660	40	0.5	26	1182
天津鸿途水泥有限公司	250	20	300	300	25	300	300	20	0.25	13	543
辽宁辽河集团水泥有限公司	300	22	330	330	28	330	330	22	0.275	15	607
灯塔市辽河水泥有限公司	200	16	240	240	20	240	240	16	0.2	11	435
辽宁辽西水泥集团有限公司	125	10	150	150	13	150	150	10	0.125	7	272

续表

公司名称	应收核算	应收对账（月度发生业务的客户数量）	应付审核	应付复核	应付对账（月度发生业务的供应商数量）	费用核算	费用复核	资产核算	成本核算	总账报表	资金结算
辽阳鸿途诚兴水泥有限公司	175	14	210	210	18	210	210	15	0.175	9	380
辽阳鸿途威企水泥有限公司	175	14	210	210	18	210	210	16	0.175	9	380
大连金海建材集团有限公司	200	16	240	240	20	240	240	16	0.2	11	435
海城市水泥有限公司	275	22	330	330	28	330	330	22	0.275	14	600

假设：2019年拟新建水泥公司纳入中心各项工作月度工作量按17家平均工作量估算，即等于卡片中平均工作量（EWL）。

b. 同行业标杆企业调研结果。

• 财务共享服务中心各岗位人均业务量如表5-13所示。

表5-13　　　　　　财务共享服务中心各岗位人均业务量　　　　　　单位：笔/月

序号	业务类型	人均业务量
1	应收核算	1000
2	应收对账（月度发生业务的客户数量）	2000
3	应付核算	800
4	应付复核	2000
5	应付对账（月度发生业务的供应商数量）	16000
6	费用核算	1000
7	费用复核	2000
8	资产核算	500
9	存货成本核算	80
10	成本分析	160
11	总账报表	80
12	资金结算（收付款）	2000
13	单据归档	7000

• 财务共享服务中心定岗如表5-14所示。

表5-14　　　　　　财务共享服务中心定岗

部门	岗位	测算方法			全面上线		需求人数
		业务分析法	工时法	对标评测法	总工作量	人均工作量	
中心领导	主任	√					1
销售核算处	处长	√					1
应收审核岗			√		5500	1000	6

续表

部门	岗位	测算方法			全面上线		需求人数
		业务分析法	工时法	对标评测法	总工作量	人均工作量	
……	……	……	……	……	……	……	42
经营管理处	处长	√					1
	呼叫服务岗			√			1
	票据综合岗		√				1
	质量稽核岗			√			1

注：该标杆企业共享中心交易处理人员规模为 50 人，运营组为 4 人，可支撑中心日常运营工作开展。

ⅲ）定编计算。

第一步，根据上述调研结果，采用指定的人员测算方法，计算并完成财务人员定岗设定；

第二步，将岗位名称及人数填写到岗位卡片上并摆放到沙盘对应位置。

根据表 5-10、表 5-11、表 5-12、表 5-13 以及表 5-14，填写表 5-15、表 5-16。

表 5-15　　　　　　　　FSSC 月工作量统计

服务内容	工作职责卡片	集团职责工作量	公司职责工作量	总工作量
费用报销核算	费用核算			
	费用复核			
	成本核算			
应付核算	应付审核			
	付款审核	650		650
	应付复核			
	付款复核	650		650
应收核算	应收核算			
固定资产核算	资产核算			
资金结算	资金支付	650		650
	收款付款		10875	10875
总账报表	总账核算			

注：表中已填数据为已知数据。

表 5-16　　　　　　　财务共享服务中心人员编制测算

部门	岗位	测算方法			全面上线		需求人数
		业务分析	工时法	对标评测法	总工作量	人均工作量	
中心领导	中心主任						1
运营管理处	处长						1
	流程管理岗						1
	质量稽核岗						1
	呼叫服务岗						1
	票据综合岗						1

续表

部门	岗位	测算方法			全面上线		
		业务分析	工时法	对标评测法	总工作量	人均工作量	需求人数
销售核算处	处长						1
	应收核算岗				5300	1000	6
采购核算处	处长						1
	应付核算岗（应付审核、付款审核）						
	应付复核岗（应付复核、付款复核）						
费用资产处	处长						1
	费用审核岗						
	费用复核岗						
	资产核算岗						
总账成本处	处长						1
	总账核算岗						
资金结算处	处长						1
	中心出纳资金结算收款付款						
合计							

注：工时法：人员数 = 月工作量/人均业务量；
业务分析法：按经验每岗位人数取1；
对标评测法：当FSSC中业务人员为50左右时，运营管理人员为5。

ⅳ）人员定岗。

a. 职责为0的岗位，原岗位人员需要转岗。

b. 转岗方向：对待岗财务人员基于其能力、经验竞聘上岗，可以转岗方向包含战略财务（财务专家）、业务财务（财务经理、财务专家）、共享中心财务（中心主任、部门负责人、主办、运营岗）、业务（营销人员）。

c. 内部优先：优先考虑内部转岗。将新岗位名称、人数填写到即时贴上并粘贴到原岗位卡片上。

d. 外部招聘：财务管理人员（财务经理、财务专家、高级专家、处长、中心主任）外部招聘薪酬较内部转岗上调10%；将新招聘岗位名称、人数填写到即时贴上并粘贴到空白岗位卡片上。

e. 辞退原则：人员辞退按照法规，需要给予N+1赔偿（N为工作年限）。

根据上述计算结果，填写2019年鸿途集团共享后各板块财务人员数量测算表，如表5-17、表5-18所示。

表 5-17　　　　　　　　集团财务部组织架构表（共享后）

部门	岗位	职责	编制
	财务总监	财务战略确定、财务政策制定	1
预算与考核管理处	预算与考核管理岗	预算管理、业绩考核	6
	合计		

表 5-18　　　　　　　　公司财务部组织架构表（共享后）

部门	岗位	职责	编制
公司财务部	财务经理	财务分析	17
	合计		

根据集团要求：共享后，公司财务部保留 3 个岗位，所以需要对表 5-18 中公司财务部组织架构继续进行优化。详见表 5-19。

表 5-19　　　　　　　　公司财务部组织编制（17 家子公司）

部门	岗位	职责	编制人数
公司财务部	财务经理		
公司财务部	业务财务		
公司财务部	综合会计		
	合计		

为了方便学生对财务共享服务中心建设前后岗位人员数量进行对比分析，需分别按照职责、编制等标准将调整的岗位人数进行详细列示，具体见表 5-20 ~ 表 5-24。

表 5-20　　　　　　　财务组织岗位人数调整统计表（按职责）（9）

组织	共享前总人数	组织区现有人数	调整区人数
集团财务	25		
公司财务	140		
	依据现有人数进行调整		

表 5-21　　　　　财务组织岗位人数调整统计表（按编制）

组织	组织区现有人数	编制人数	调整区人数
集团财务		19	
公司财务		51	
依据现有人数进行调整			

表 5-22　　　　　　　　共享后财务岗位需求

组织	编制人数	现有人数	需求人数
集团财务	19		
公司财务	51		
财务共享中心	0		

表 5-23　　　　　　　　财务人员调整建议（10）

按职责调整划入调整区的总人数		共享后岗位需求总人数	
按编制划入调整区的总人数			
岗位调整后，需优化人数＿＿＿人			

表 5-24　　　　　　　　组织设计价值分析

投入	新增人员	0		
收益	（1）直接人员节省			
	可纳入财务共享中心人数	按职责划入＿＿＿人	实际纳入共享中心人数	＿＿＿人
		按编制划入＿＿＿人		
	因共享节省人员	＿＿＿人		
	（2）转岗人员增效			
	需转岗人数	调整区待转人数＿＿＿人	实际转岗人数	共享中心转岗＿＿＿人
		分公司岗位调整人数＿＿＿人		分公司转岗＿＿＿人

说明：分公司财务经理岗位没有变动，业务财务、综合会计两个岗位，名称及业务职责均发生变化，属于新岗位，入职这两个岗位人员属于转岗，分公司 17 家乘以 2 个岗位为 34 人。

（4）价值分析。小组讨论财务共享过程中组织优化设计为企业带来的价值，使用即时贴贴到沙盘盘面上的价值分析区。

5.2.3　FSSC 流程规划区推演

5.2.3.1　规划方法

所谓流程优化路径，是指企业采取怎样的计划，将财务共享的业务范围和组织范围逐步扩大。流程优化路径的选择，要考虑以下因素。

① 对现有业务、组织和人员的影响。
② 人力资源和技能的就绪度。

③ 财务共享的实施周期。
④ 项目推进难度。
⑤ 系统和基础设施就绪度。
假设：
"1"代表单一业务、单一组织实施共享；
"2"代表单一业务、全组织实施共享；
"3"代表全业务、单一组织实施共享；
"4"代表全业务、全组织实施共享。
常见的流程优化路径选择如表5-25所示。

表5-25 常见的流程优化路径选择

路径选择	概要描述
3-4	从单一公司开始试点，将全部业务纳入共享服务中心进行试点； 等试点公司全部业务稳定运行后，再扩展到全部公司
2-4	将全部公司的某一业务纳入共享服务中心进行试点； 等试点业务稳定运行后，再逐步将其他业务纳入共享服务中心
1-3-4	先将单一公司的某一业务纳入共享服务中心进行试点； 等试点业务稳定运行后，再将试点公司的所有业务纳入共享服务中心，再扩大范围将其他子公司纳入共享服务中心
1-2-4	先将单一公司的某一业务纳入共享服务中心进行试点； 等试点业务稳定运行后，将这项试点业务推广到所有子公司，再逐步将其他业务纳入共享服务中心

5.2.3.2 业务职责切分

FSSC流程梳理和优化的核心是对于财务共享服务中心产生业务交互的流程进行重新评估与再造。借助财务共享服务中心所带来的组织和业务交互模式变革，改善企业在成本、质量服务与响应速度方面的绩效。

（1）职责切分工作步骤。

① 流程梳理分类。基于各成员单位的业务模式，对财务核算流程进行梳理分类，整理会计核算流程并逐级细分。

② 流程节点拆分。拆分至每个流程节点，对不同组织的同质流程每个节点的业务规则进行对比分析。

③ 属地分析。对每个流程节点的归属地、岗位和职责进行识别，分析其属地、岗位和职责的合理性以及将其纳入共享的可行性。

④ 关键问题分析。结合财务共享需要，平衡流程效率和风险，根据流程清单梳理结果，对差异和问题进行总结分析，识别影响流程的关键因素和影响共享实施的关键问题。

⑤ 信息系统分析。根据流程中的信息传递分析每个流程环节的系统支撑是

否到位和合理，结合财务共享服务项目目标，识别系统功能的改进方向。

（2）可纳入财务共享服务中心的业务选择。

通过一系列包括"复杂、风险和专业程度""规模经济收益""与业务紧密程度""技术可行性""经济可行性"的特质分析，可以确定组织内适合建立共享服务的财务工作/流程。如图 5-10 所示，企业现有的流程通过该滤镜层层过滤，可以找出适合共享的流程。

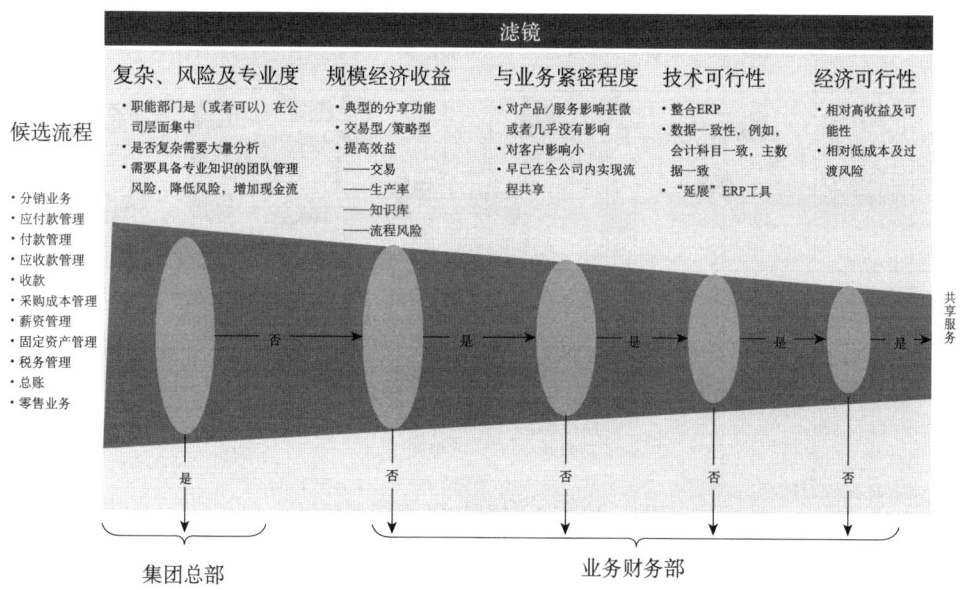

图 5-10　流程是否适合纳入共享范围的滤镜

财务共享流程设计，需要结合财务共享业务范围（如费用共享、核算共享、资金共享、报表共享等）进行梳理，建议需要重点设计的流程如图 5-11 所示。

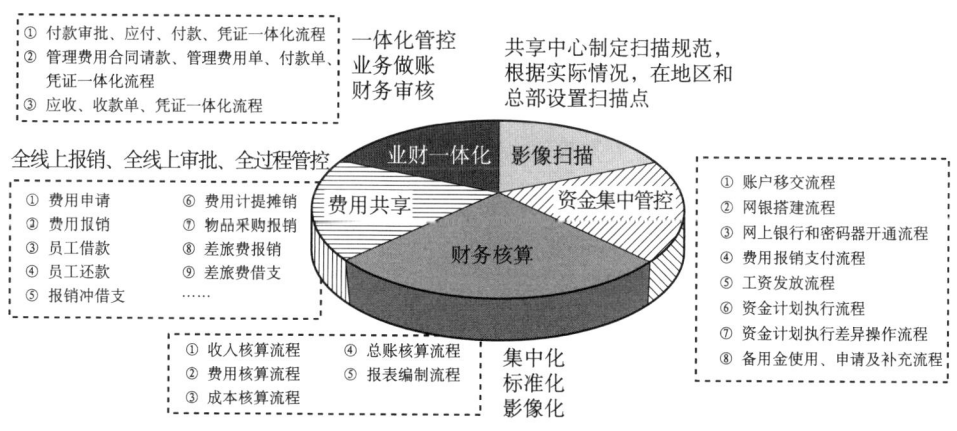

图 5-11　财务共享需要重点设计的流程

5.2.3.3　端到端业务流程设计原则

"端"指企业外部的输入点或输出点，这些外部的输入点或输出点包括客户、市场、外部政府或机构以及企业的利益相关者。"端到端流程"指以客户、市场、外部政府或机构及企业利益相关者为输入点或输出点的，一系列连贯、有序的活动的组合。

图5-12是一个企业端到端业务流程的示例。

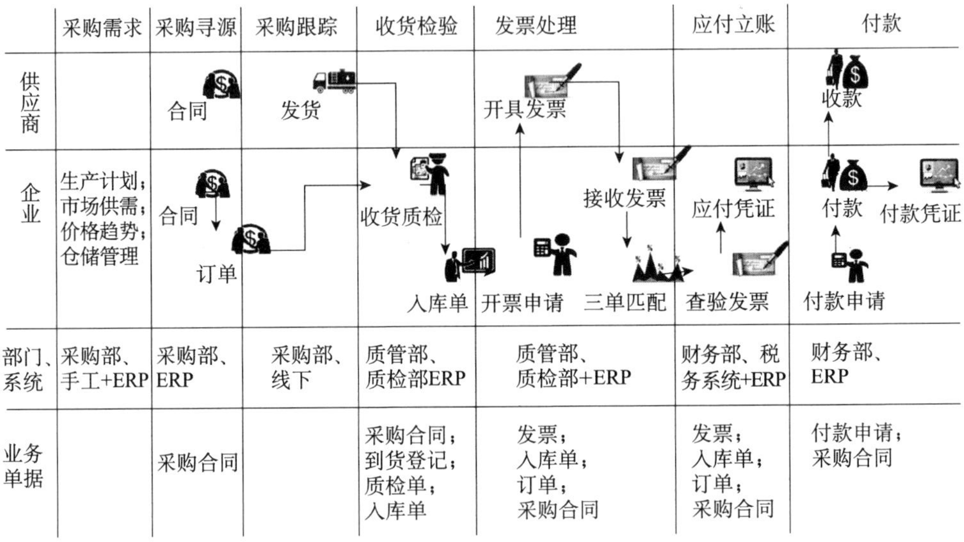

	采购需求	采购寻源	采购跟踪	收货检验	发票处理	应付立账	付款
供应商		合同	发货		开具发票		收款
企业	生产计划；市场供需；价格趋势；仓储管理	合同；订单		收货质检；入库单	接收发票；开票申请；三单匹配	应付凭证；查验发票	付款；付款申请；付款凭证
部门、系统	采购部、手工+ERP	采购部、ERP	采购部、线下	质管部、质检部ERP	质管部、质检部+ERP	财务部、税务系统+ERP	财务部、ERP
业务单据		采购合同		采购合同；到货登记；质检单；入库单	发票；入库单；订单；采购合同	发票；入库单；订单；采购合同	付款申请；采购合同

图5-12 企业端到端业务流程示例

（1）业务组织与财务组织地域分离原则。

第一，原始单据的传递：需要对影像扫描进行设计，包括制单人扫描、专岗扫描。

第二，原始单据的归档：需要对档案管理进行设计，包括本地归档、共享中心归档、电子档案、纸质档案等。

第三，内控的管理要求：由于地域分离带来的对内控的管理设计。

（2）跨业务组织流程的标准化原则：业务形态不同、信息系统差异、审批流程差异、业务环节差异、主数据差异等的标准化。

（3）信息系统的现状与集成原则：业务系统与FSSC系统一体化与异构化。

（4）新技术应用原则：共享服务模式是在信息技术支持下的管理变革，实现业务财务、流程财务的有效协同，推动财务管理向更高价值领域迈进。

5.2.3.4 案例企业沙盘推演

（1）流程优化路径规划。在沙盘上用彩笔标注出流程优化路径（1~4），确定首选流程优化业务，写在沙盘盘面上如图5-13所示的对应位置。

（2）业务职责切分。对不同业务流程进行职责切分，将某一业务卡片（如费用）按照矩阵进行切分，在沙盘盘面上将动作卡片与部门匹配（见图5-14）。

另外，将业务职责切分结果在业务职责切分表中标注。

图 5-13 流程优化路径及首选业务沙盘区

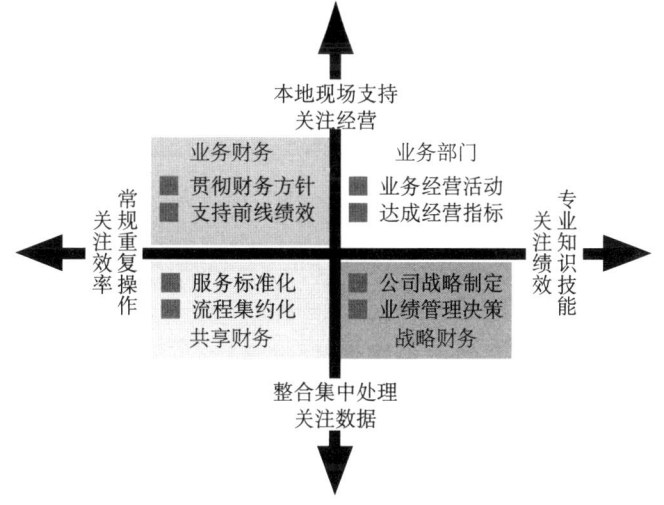

图 5-14 沙盘的业务职责切分区

① 采购到应付（PTP）业务（见表 5-26）。

表 5-26　　　　　采购到应付（PTP）业务职责切分表

业务流程：动作	公司业务部门	公司业务财务	共享中心财务	战略财务
审定采购财务政策				
签订采购订单				
PTP 业务：审批采购订单				
PTP 业务：采购入库				
PTP 业务：录入采购发票				
PTP 业务：扫描发票上传				
PTP 业务：提交应付单				
PTP 业务：审批应付单				
PTP 业务：审核应付单				
PTP 业务：审核记账凭证				
PTP 业务：生成应付账龄分析表				

续表

业务流程：动作	公司业务部门	公司业务财务	共享中心财务	战略财务
PTP 业务：提交付款单				
PTP 业务：审批付款单				
PTP 业务：审核付款单				
PTP 业务：支付付款单				
PTP 业务：审核记账凭证				

② 销售到应收（OTC）业务（见表 5 - 27）。

表 5 - 27　　销售到应收（OTC）业务职责切分表

业务流程：动作	公司业务部门	公司业务财务	共享中心财务	战略财务
PTP 业务：录入销售订单				
PTP 业务：审批销售订单				
PTP 业务：录入销售发票				
PTP 业务：扫描发票上传				
PTP 业务：提交应收单				
PTP 业务：审批应收单				
PTP 业务：审核应收单				
PTP 业务：审核记账凭证				
PTP 业务：生成应收账龄分析表				
PTP 业务：录入收款单				
PTP 业务：扫描银行回单并上传				
PTP 业务：提交收款单				
PTP 业务：审批收款单				
PTP 业务：审核收款单				
PTP 业务：确认收款结算				
PTP 业务：审核记账凭证				

③ 费用报销业务（见表 5 - 28）。

表 5 - 28　　费用报销业务职责切分表

业务流程：动作	公司业务部门	公司业务财务	共享中心财务	战略财务
费用业务：制定费用政策与制度				
费用业务：填制报销单				
费用业务：业务审批				
费用业务：本地初审报销凭证				
费用业务：审核报销凭证				
费用业务：报销支付				
费用业务：审核记账凭证				
费用业务：报表				
费用业务：分析				

④ 固定资产业务（见表 5-29）。

表 5-29　　　　　　　　　固定资产业务职责切分表

业务流程：动作	公司业务部门	公司业务财务	共享中心财务	战略财务
固定资产业务：审核政策合规性				
固定资产业务：初步审核申请单				
固定资产业务：资产相关账务处理申请				
固定资产业务：资产相关账务处理				
固定资产业务：资产折旧入账				
固定资产业务：制定固定资产管理政策				

⑤ 总账报表业务（见表 5-30）。

表 5-30　　　　　　　　　总账报表业务职责切分表

业务流程：动作	公司业务部门	公司业务财务	共享中心财务	战略财务
总账报表业务：预提需求审核				
总账报表业务：预提需求申请				
总账报表业务：月结关账				
总账报表业务：会计政策				
总账报表业务：月结申请				
总账报表业务：财务制度				

（3）流程优化设计——动作、角色、单据。对初始状态摆盘所摆的财务核算流程，做共享后流程优化设计，注意扫描设置、档案管理等，将优化后的财务核算流程（业务动作、角色及单据）用卡片摆出。

（4）价值分析。小组讨论财务共享过程中流程优化设计为企业带来的价值，使用即时贴贴到价值分析区。

5.3　沙盘模拟方案呈现及点评

5.3.1　沙盘呈现

以小组为单位，由每组学员代表对本组的沙盘模拟结果进行课堂展示，对沙盘盘面的每个环节进行讲解和说明。

5.3.2　沙盘展示点评

由教师对每组学生的沙盘模拟实验结果进行点评，并进行打分，作为最终成绩中沙盘呈现的分数，同时，对每组学生沙盘模拟中存在的问题进行总结和分析。

5.4 沙盘模拟总结报告

沙盘模拟实验总结是学生在完成了财务共享中心的建设规划方案之后进行的，是沙盘模拟实验的最后一个阶段。总结报告主要是对沙盘模拟战略规划、流程规划、组织规划的总结，能够清晰地阐述小组在战略规划区选择的战略定位及模式选择，流程规划区的流程优化路径以及业务责任划分的设计，组织规划区中的部门、岗位、职责的调整依据，并分析财务共享服务中心规划的预期效果。以小组为单位整理总结报告，并提交给教师。

5.4.1 小组成员及分工

总结报告的第一部分介绍小组成员的分工，每个学生分别在鸿途集团和鸿途水泥业务单位的不同岗位角色。小组讨论决定每个成员分别扮演的角色，以及在团队合作中负责的实验任务，将结果填入表5-31。

表5-31　　　　　　　　　　　小组成员及分工

序号	学生姓名	角色分工	实验任务分工
1			
2			
3			
4			
5			
6			
7			
8			

5.4.2 财务共享中心构建规划总结

学生从"快捷入口>>下载中心"，下载PPT模板"财务共享服务中心高阶方案设计汇报模板"，然后进行分工撰写、组长汇总。

（1）战略定位总结。

最终选择：

_____

_____

选择依据：
_____
_____

（2）战略模式选择总结。
最终选择：
_____
_____

选择依据：
_____
_____

（3）战略选址设计总结。
最终选择：
_____
_____

选择依据：
_____
_____

（4）流程优化路径总结。
最终选择：
_____
_____

选择依据：
_____
_____

（5）职责调整总结。
最终选择：
_____
_____

选择依据：
_____
_____

5.5 沙盘模拟评分

该教学活动是让每个组的学生上传本组撰写的总结报告，由教师发起学生互评或教师评价，从而实现财务共享服务规划与设计教学项目的阶段性考核。

【注意】只有组长登录教学平台后才可以上传规划方案。

教学平台上具体的教学交互过程如下：

首先，学生上传作业（见图5-15）。

图5-15　学生上传方案终稿的入口

其次，教师发起作业评价。

（1）教师进入"作业评价菜单"，查看所有作业，找到相应的作业（见图5-16）。图5-16中的作业状态为"未完成"，说明教师尚未发起评价或尚未结束评价。只要教师没有结束评价，学生就可以继续上传作业。

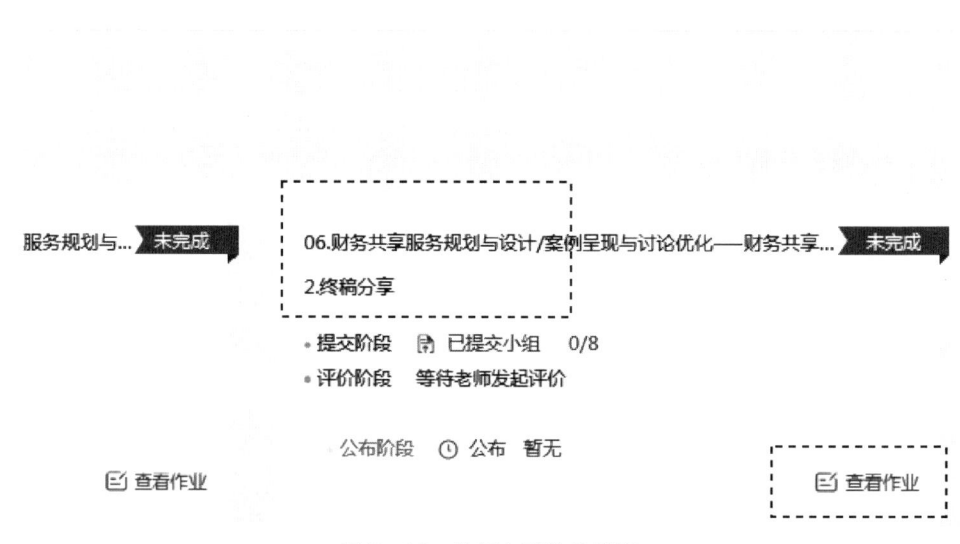

图5-16　教师查看作业情况

（2）教师点击图5-17中的"查看作业"链接，查看此次作业各个小组的提交详情，并点击"点评"按钮发起评价，系统将询问教师是否发起学生互评（见图5-17）。以下我们用发起学生互评为例讲解后续交互动作。

图 5-17　作业提交详情

① 查看作业。分未完成、已完成展示和已推送任务的作业信息。

② 发起评价。点击"查看作业"按钮进入详情页,点击"点评"按钮发起评价。弹框提示"是否发起学生互评",选择"是"学生互评,选择"否"则教师评价(见图 5-18、图 5-19、图 5-20),老师可以操作。

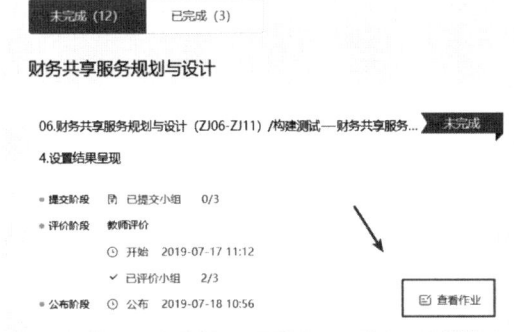

图 5-18　查看作业

图 5-19　作业点评

图 5-20　学生互评

③ 结束评价。发起评价方式是学生互评时,需单击"结束互评"结束互评,学生和教师才能看见得分(见图 5-21、图 5-22)。发起评价方式是教师评价时,老师评价完所有小组即表示结束此次作业评价。

(3) 学生通过"课程作业"菜单,或在作业活动的学习界面,将收到系统随机派发的匿名小组作业。学生可根据学习界面的"互评量表—财务共享沙盘"教学资源查看评分标准,进行在线评分(见图 5-23)。

图 5-21　结束互评

图 5－22　查看分数

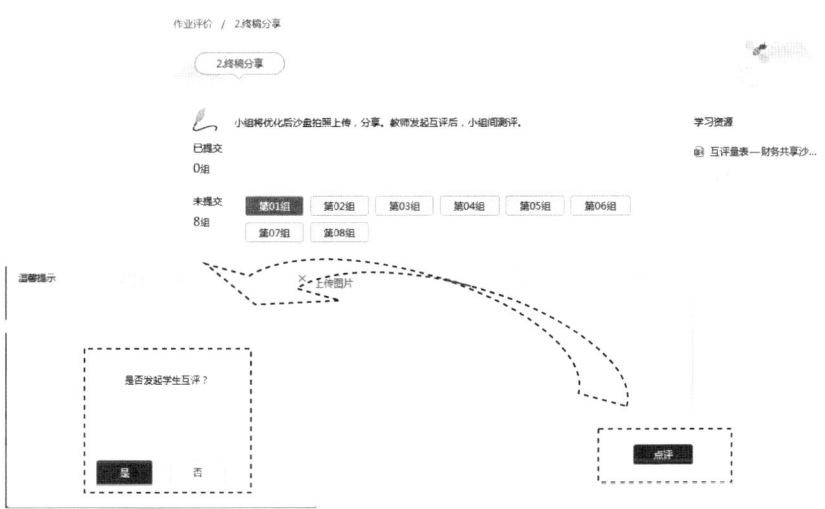

图 5－23　教师发起作业评价

教师可以控制结束评价的时机，在教师结束评价前，此次作业的评分工作尚未完成，所以还无法看到最终成绩。当教师结束评价后，学生可以看到本组作业的受评得分（但看不到评价人信息），教师可以查看每组作业平均得分情况、详细得分及评分人信息。

第 3 篇

财务共享软件篇

第 6 章 系统认知

[学习目标]

了解财务共享实践教学平台系统操作步骤；

掌握 FSSC 构建测试的内容和操作步骤。

6.1 系统介绍

6.1.1 管理员操作端

新道云管理平台的初始系统管理员须由新道实施服务人员设置并提供账号和密码（设置好之后，可由各学院课程负责人保管），专人通过登录对应账号进入系统进行新道云管理平台的后台设置。

操作步骤：

（1）管理员输入账号和密码，登录系统（见图 6-1）。

图 6-1 管理员登录界面

温馨提示： 服务器域名由新道实施服务人员提供，不同学校的服务器域名有所不同，请根据实际服务器域名进行操作。

（2）登录系统以后，单击右上角的位置，会出现"门户管理""用户管理""课程管理"等模块，管理员可以根据需要进行各个模块的设置（见图6-2）。

图6-2 管理员登录系统模块明细

（3）添加教师。选中"用户管理"，然后单击"教师管理"，进入教师管理界面之后，单击"添加教师"，系统会弹出"添加教师"对话框，在"添加教师"对话框中填写教师相关信息（带＊号的为必填项），填写完毕之后，单击"保存"（见图6-3）。

图6-3 添加教师信息

第6章 系统认知

温馨提示1：添加教师也可以通过"批量导入"方式进行，先下载《用户批量导入模板》，按照模板内容正确填写，填写完毕之后点击"上传"，单击"开始导入"，将填写好的模板上传系统，如若信息无误，系统会提示"导入成功"，至此教师添加成功。

温馨提示2：在"添加教师"界面，手机号是必填项，可以是虚拟手机号，但是前三位必须为正常手机号的前三位，后面八位可以是虚拟号。

温馨提示3：除正在授课的教师外，其他教师需要删除的，可以勾选需要删除的教师姓名前面的方框，然后点击"批量删除"，系统会弹出"请确认是否要删除此用户"，点击"确认"即可将对应教师在本系统中删除，点击"取消"则放弃删除教师，或者单击教师后面"操作"栏第二个"删除"按钮进行单独删除；如需修改教师个人信息，可以单击"操作"栏中的"编辑"按钮，系统会弹出"编辑教师"对话框，除了手机号以外的信息均可修改（见图6-4）。

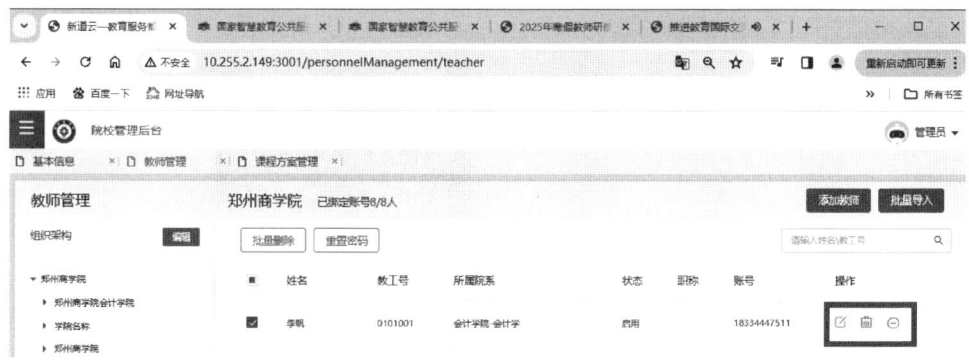

图6-4 教师信息修改

（4）重置密码。管理员可以对新加入的教师修改个人密码或批量重置登录密码，先勾选需要重置密码的教师，单击"重置密码"，系统会弹出"重置密码"对话框，在对话框中输入管理员密码以及用户新密码、确认密码，最后单击"确定修改"，则新加入教师重置密码成功（见图6-5）。

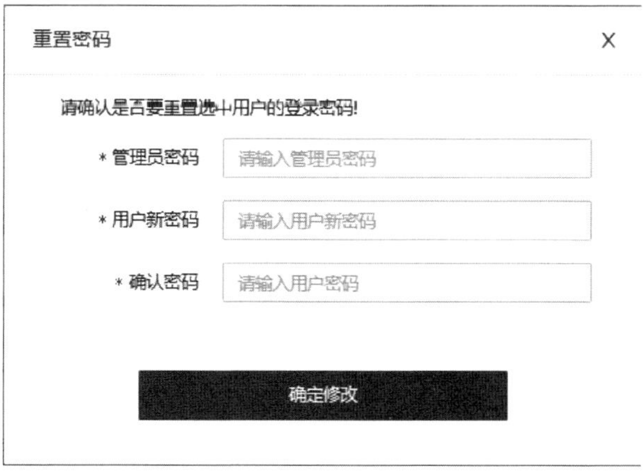

图6-5 重置密码

温馨提示：用户登录密码设置为 8~20 位密码，须包含数字、英文及符号。

（5）课程授权。添加完教师和重置密码后，返回基础设置界面，选中"课程管理"中的"课程方案管理"，系统会默认出现"推荐课程方案"界面，在此界面单击"授权方案"（见图 6-6），系统会自动跳转到新的界面，新界面会显示"已授权"和"未授权"两个模块，单击"未授权"，系统会显示未授权教师信息统计表，针对需要授权的教师，管理员可以单击教师后面的"授权"按钮（见图 6-7），则授权成功，并在"已授权"界面显示。

图 6-6 授权方案

图 6-7 课程授权

温馨提示 1：管理员为授课教师授权之后，已授权教师才可以教授该门课程，即创建教学班。

温馨提示 2：可设置课程的共享，对于共享的课程，全校教师都可以使用授权，无须使用课程授权即可使用课程开课。新加入学校的教师也可以直接用共享课程开课。关闭共享后，不影响已授课教师的教学班，需要重新授权课程给教师后才能开课。

学生管理操作步骤：

管理员输入登录账号和密码之后，单击右上角的位置，选中"用户管理"，然后单击"学生管理"，进入"学生管理"界面，单击右上角"添加学生"或"批量导入"可以添加学生信息（见图6-8、图6-9）。

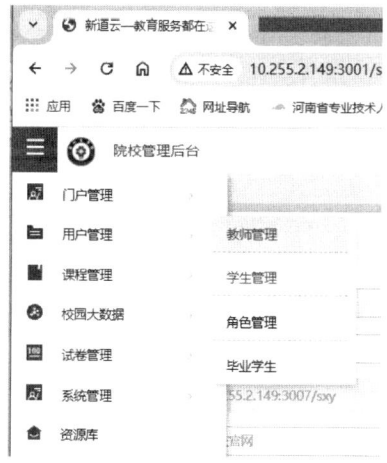

图6-8 "学生管理"界面

图6-9 添加学生信息

6.1.2 教师操作端

任课教师根据教学安排进行增加教学班级、设置教学大纲以及学生管理等基础设置，便于后期各班课程正常开始。

操作步骤：

（1）任课教师登录平台。授课教师在浏览器中输入院校专属域名，打开平台首页，界面如图6-10所示。

图6-10 任课教师登录系统平台

教师输入账号密码登录系统，系统界面为"新道云"账户设置（见图6-11）。在此界面，教师可以单击"账号安全"进行修改密码、绑定手机等操作；单击"我的课堂"或"切换学校"可进入"教学中心"新建教学班。

图6-11 任课教师进入教学课堂

(2) 新建教学班。

① 单击"我的课堂",进入"教学中心"界面,单击右上角"新建教学班"开始创建教学班。此时系统弹出"新建教学班"界面,选中"课程方案",并单击"下一步"(见图 6-12)。系统会自动弹出课程方案"DBE Cloud - 数智商业 - 财务共享"(如果没有自动弹出课程方案,原因是管理员没有为授课教授进行课程授权),单击选中,单击"下一步"。

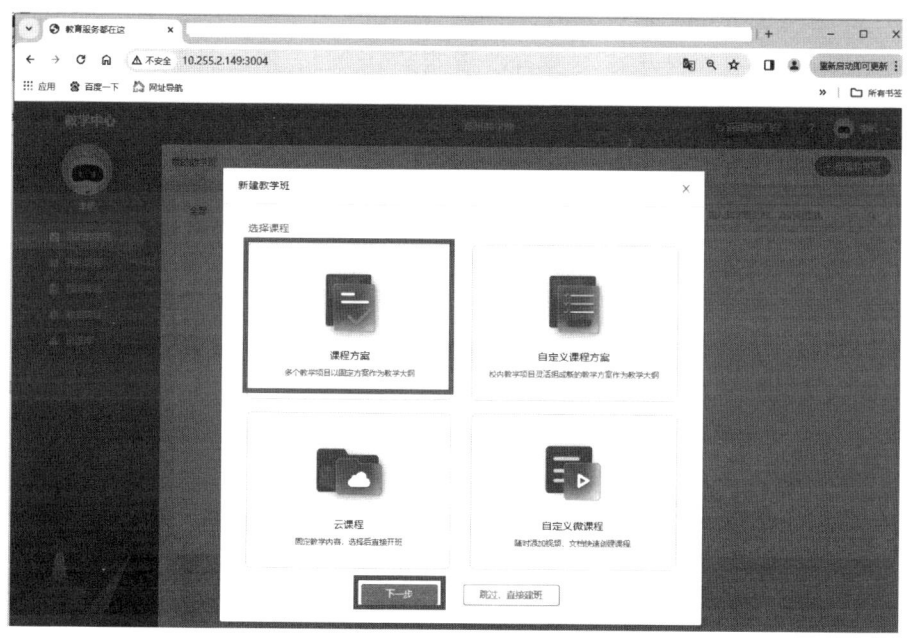

图 6-12 设置课程方案

② 设置教学班基本信息。选中课程方案之后,单击"下一步"系统会自动弹出"基本信息"界面,教师需要手动修改教学班名称、开始时间、结束时间等信息,填写完成以后单击"下一步"(建议课程开始时间为对应班级正式上课当天),如图 6-13 所示。

图 6-13 设置教学班级基本信息

温馨提示1：之所以勾选"课程方案"建立教学班，目的是避免教师对所购买的 DBE Cloud 产品进行大幅度调整，提高创建班级的效率。

温馨提示2：当教师希望组合多个 DBE Cloud 产品中的项目，或自行选择项目进行授课时，建议使用"自定义课程方案"或点击右下角的"跳过，直接建班"，这两种方式允许教师自行选择项目，并添加到教学班中。两者的区别是"自定义课程方案"需要先选好项目再建班，"跳过，直接建班"可以在建完教学班后，在教学班—教学大纲中再进行项目添加。

点击"自定义课程方案"，选择所需的多个项目，然后点击"下一步"，按照"2. 使用已授权课程方案建班"的操作步骤完成建班。

点击"跳过，直接建班"，直接完成班级设置后，按照"5. 发布教学班""6. 进入教学班"的步骤进行后续操作。

温馨提示3：自定义微课建班。教师可以建设只包含视频文档的翻转课题（自定义微课程），其课件可以随时更新，学生可实时学习到最新的内容。选中"自定义微课程"，点击"下一步"，进入设置课程基本信息页面，填写对应的课程名称、推荐课时、适用对象后，点击"下一步"，设置课程名称、开始时间、结束时间。操作步骤与课程方案设置步骤一致。

③ 设置学生加入方式。基本信息填写完毕之后，系统会进入"授权学生"界面，在此界面的授权方式有两种，分别为"直接授权"和"邀请码授权"，"直接授权"需要将班级和学生信息提前导入，在此勾选即可，如果没有提前导入，则可使用"邀请码授权"，针对"邀请码授权"会出现"是否审批加入"，教师可以根据实际情况设置。设置完成以后，单击"保存"（见图6-14）。

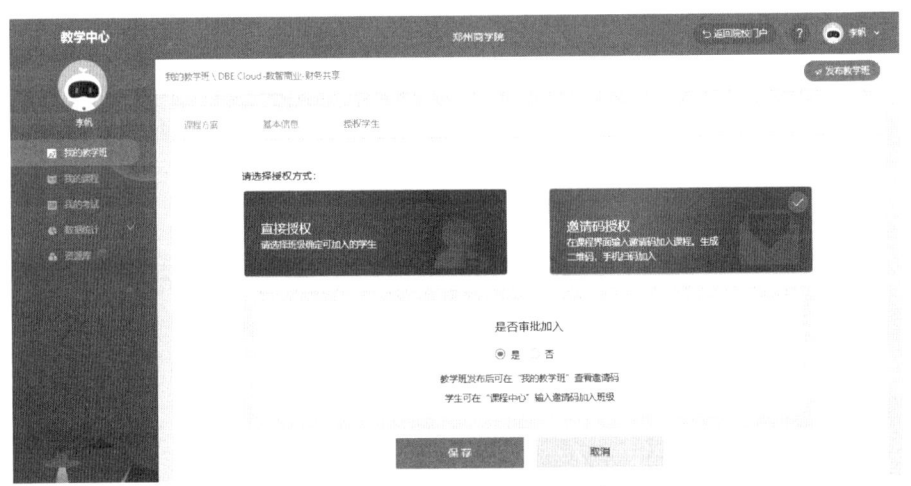

图6-14 设置学生加入方式

温馨提示：授权方式为"邀请码授权"时，教师需要将保存后系统自动生成的邀请码、邀请链接、二维码发给想要参加本课程的学生，学生在学习中心通过授权码加入本课程，不受班级的限制。如果教师选择"是否审批加入"，"是"需要老师在"学生管理"审批学生通过，"否"则学生输入邀请码或通过邀请链接可直接进入教学班。

班级新建成功后,需要单击"发布"(见图6-15),发布之后单击"教学班级管理"方可对相应班级的教学大纲、教学资源、教学管理、学生管理、成绩管理等内容进行详细设置。

图6-15 班级发布

温馨提示:教学班级一旦发布,除了开始时间和结束时间以外,其他信息不得更改,请谨慎发布;如若发布成功之后发现对应班级存在不能修改的问题,可以单击班级右边"…"下拉"关闭"选项,重建新的教学班级。

(3)教学管理。

① 教学大纲。新建教学班发布成功之后,对应班级右边会出现"教学班管理"功能键,单击"教学班管理",可进入教学班,当前系统会展示"教学大纲"模块(见图6-16)。授课教师可以根据人才培养方案中的学时分配选中需要讲授的实验项目,并进行推送,如果单击"批量推送"前面的方框,则代表选中所有的实验项目,如果只推送部分实验项目,则需教师逐一选择,并单击"批量推送"。确定推送后,学生方可进入系统进行学习。

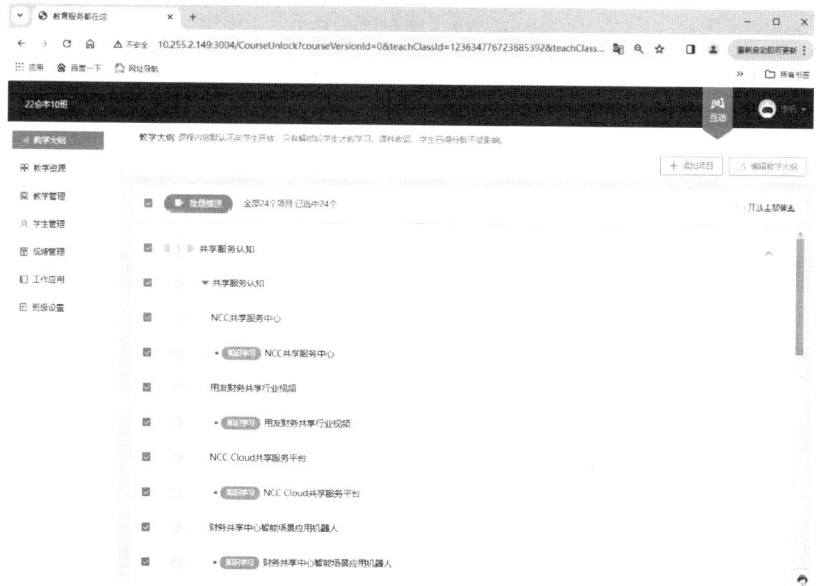

图6-16 设置教学大纲

温馨提示 1：如果勾选右边"开放全部答案"，学生在答题后可以看见答案；如果只想开放部分内容的答案，需要教师逐一勾选来开放答案。

温馨提示 2：教学大纲编辑。教师可对课程进行自定义，通过教学大纲编辑可增加、删除组件内容或者调整各组件的顺序。在添加组件时可选择本地资源上传或资源库上传；已推送后收回的组件不可以删除，当某一个单元下所有组件都删除时，可以删除该单元。

温馨提示 3：任务推送后，每个团队仍可以更换组员、添加组员；如果某个任务忘记推送，授课教师可随时通过教师端进行推送。

② 教学资源。DBE Cloud 所提供的教学资源可分为三部分，其中教学资料是用于教师备课上课参考的资源，仅教师可见；学生资源是用于学生下载的资源，教师学生均可下载；拓展资源是针对当前技术领域所提供的产业前沿、市场洞察等拓展资讯资源，供教师学生拓展参考，如图 6-17 所示。

图 6-17　教学资源模块

温馨提示：当前教学资源只有拓展资源有相关内容，暂不支持下载。

③ 教学管理。教学管理模块包括考勤、进度、作业、测验、团队成果、总结等内容。

"考勤"是用来管理教学班学生的出勤情况，可以通过"班级签到""学生签到"两个模块来组织和查看学生签到结果。如果选择"学生签到"，先点击右上角"发起签到"，系统会出现随机签到口令，点击"发布签到"，并将随机生成的签到口令发给学生，学生输入签到口令后点击"签到"则签到成功。与此同时教师端会出现"签到"界面，教师可以点击"刷新"查看学生签到状况，待学生全部签到完毕，教师可以点击"终止签到"结束本次签到，结束之后，学生无法签到，如图 6-18~图 6-20 所示。

温馨提示 1：选择"学生签到"时，可以设置签到发起时间。

温馨提示 2：签到结束之后，如果有学生因为系统反应较慢等问题没有及时签到，教师可以通过"班级签到"，找到对应学生进行手动补签。

第 6 章　系统认知　93

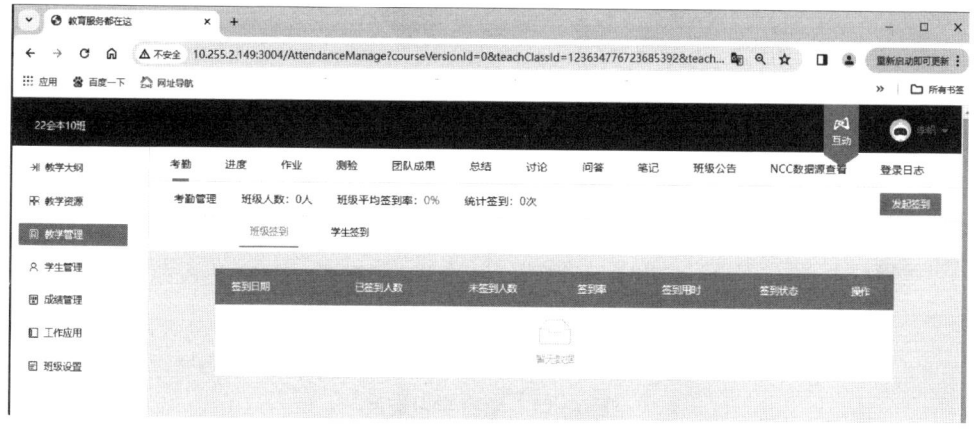

图 6－18　班级签到

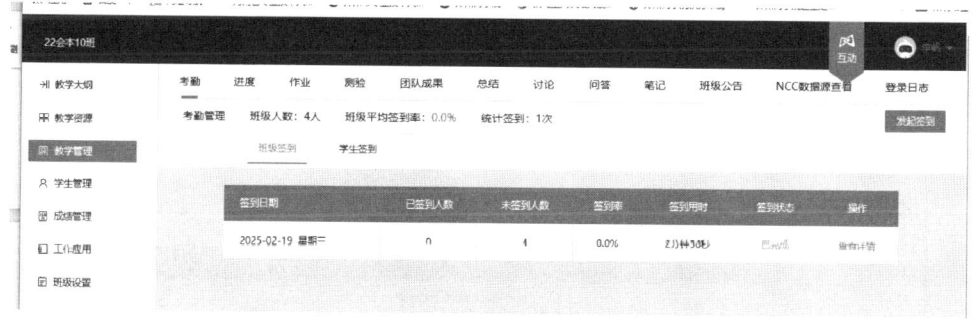

图 6－19　签到指令

图 6－20　签到信息

"进度"支持按照学生、教学大纲两个维度查看学生的学习进度。按照学生查看进度，显示学生姓名、学号、班级、课程进度、学习时长和查看详情，通过"查看"，可以看到该生的详细学习进度（见图 6－21）；按照教学大纲查看，可以统一查看每一个任务组件的完成进度，页面显示每一个任务组件的类型、名称、已完成人数和全班人数，点击"查看详情"可以查看该任务下，班级每个学生的完成状态，包括学习次数、学习时长和状态等（见图 6－22）。

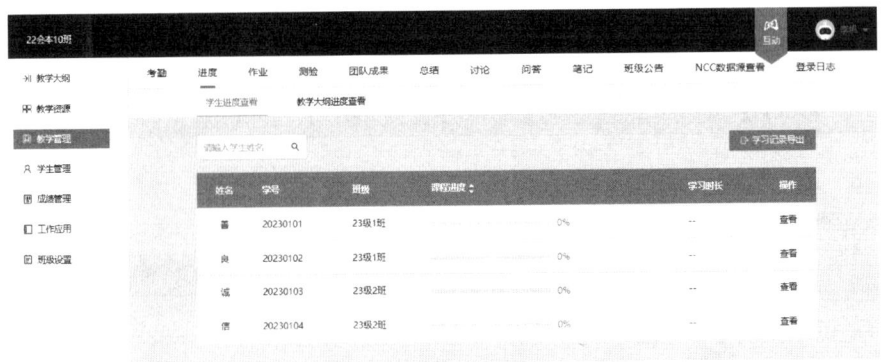

图 6-21 查看学习进度

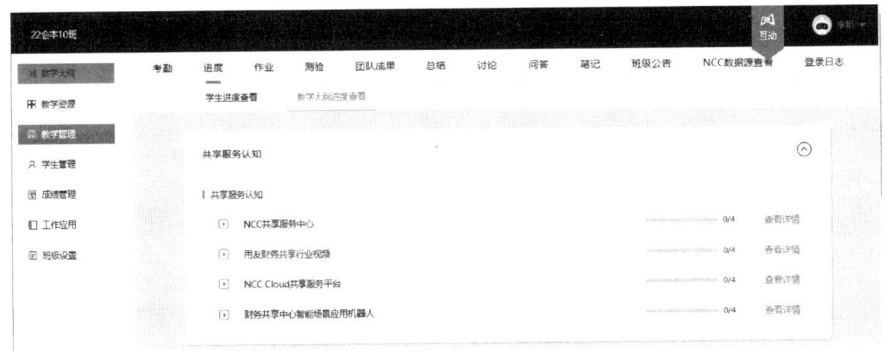

图 6-22 查看学习进度明细

"作业"是按照所属项目进行展示，教师可以查看作业的提交状况，并进行打包下载或者评分操作。在评分时，点击"进入评分"进入需要批改作业的清单，针对 PDF 格式可以进行在线预览，针对其他格式可以下载查看，查看后可进行批量评分或单独评分（见图 6-23）。

图 6-23 查看作业

温馨提示：如果学生提交有误，无论是否评分，均可以进行退回，让学生重新提交；如果已评分作业被退回后重新提交，需重新评分。

在"测验"界面，教师可以查看测验所在项目、测验名称、状态、题数、完成人数、平均分数、详情等（见图 6-24）。通过"详情"，可以查看到每个学生的得分情况，包括正确率和答题时长，通过每个学生的答题"详情"，可以看到学生每道题的答案（见图 6-25）。

图 6-24 班级测验完成度

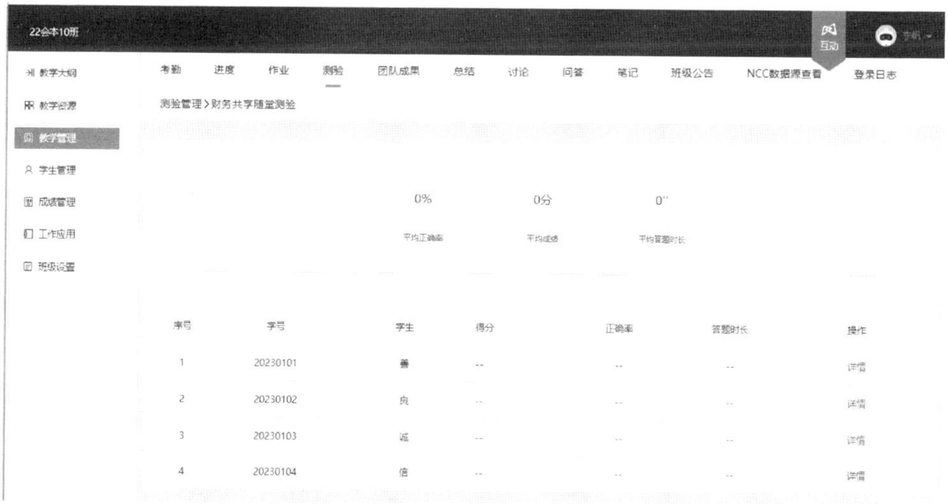

图 6-25 班级测验明细

"团队成果"可以展示课程内容中历次的团队成果提交状况，通过点击"查看"进行成果评分（见图 6-26）。如果启用系统右上角"开启互评"（见

图6-27），根据系统设置的评分项不同，团队成果的评分方式是"教师评分、组间互评、组内互评"三种评分模式任意组合的其中一种。各团队可以互评打分，教师可以进行教师评分，同时查看评分情况，教师可查看组间互评及组内互评的评分详情，当组间互评全部完成时，教师可以查看分数。

图6-26 团队成果完成情况

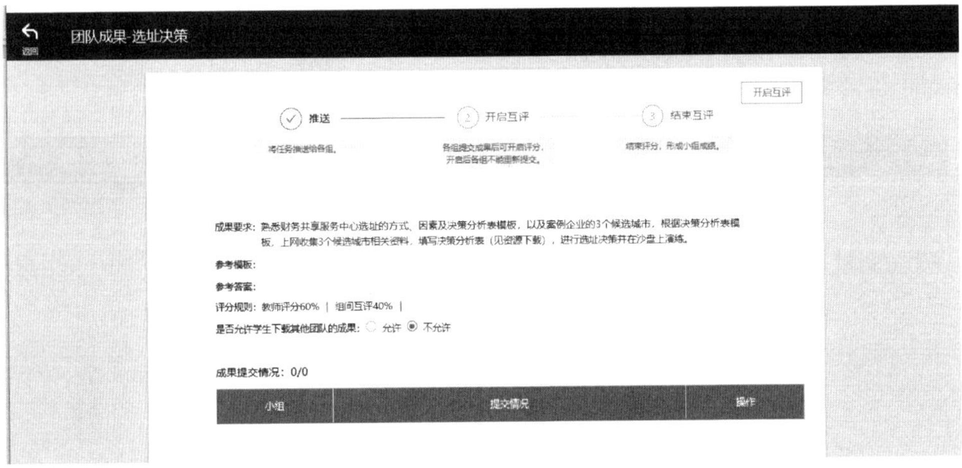

图6-27 团队成果评分

温馨提示：如果学生提交的团队成果存在问题，教师可以退回学生团队成果，让学生重新提交。

"总结"管理界面可以查看个人和团队总结，系统支持批量导出学生总结内容，可以给学生的总结进行评分/批量评分（见图6-28）。

"班级公告"界面可以发布新的公告，也可以查看已发布公告，已发布的公告支持实时编辑和删除，也可以随时新建公告（见图6-29、图6-30）。

图 6-28　总结

图 6-29　班级公告

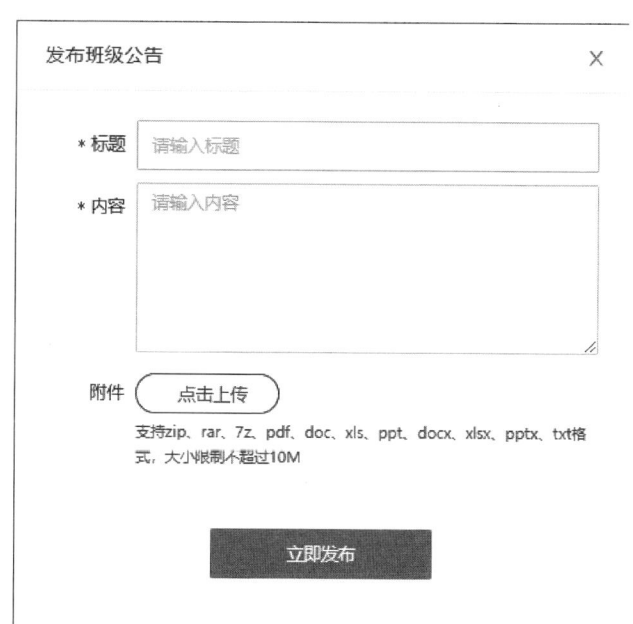

图 6-30　发布公告

温馨提示：系统支持上传公告文本。

"登录日志"管理，教师端可以查看学生、教师、助教的登录日志，支持按照时间段搜索，可以查看每日登录详情（见图 6-31）。

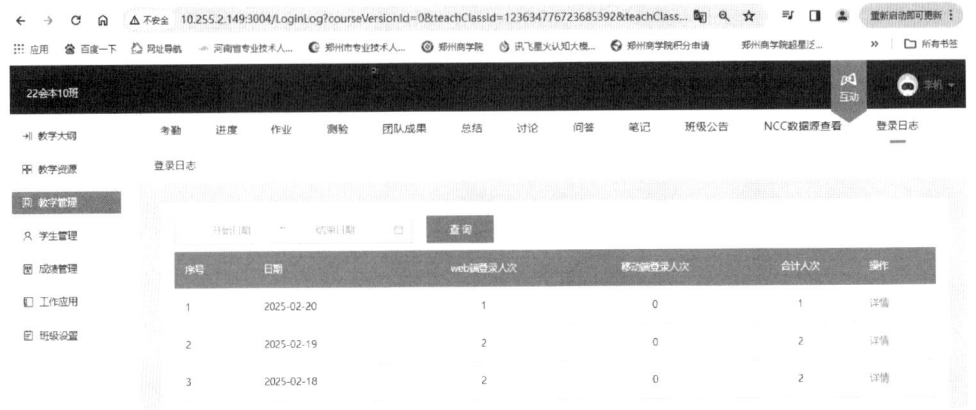

图 6-31 登录日志

（4）学生管理。

① 加入学生。管理员输入登录账号和密码以后，单击右上角的位置，选中"用户管理"，然后单击"学生管理"，进入"学生管理"界面，该界面包含两个内容，分别是"加入管理"和"团队分组"，进入界面默认为"加入管理"界面（见图 6-32）。

图 6-32 "学生管理"界面

"加入管理"用来管理参加课程的学生，可以审核学生的加入课程申请，点击"移出本班"，可以把学生从本教学班里清除。单击右上角"添加学生"或"批量导入"，可以添加学生信息。以"批量导入"为例，需要先下载"学生导入模板"，按照对应字段信息填写，手机号为必填项。信息输入完毕，单击"点击上传"，选中填好信息的学生导入模板，单击"开始导入"，系统提示导入成功，则学生信息添加成功（见图 6-33）。

第 6 章　系统认知

图 6 - 33　批量导入学生

温馨提示：在导入学生信息时，如果信息有误，系统将会在导入的模板中标注错误内容，教师自行下载错误报告，更正后可将正确的信息按照上述步骤重新导入。

② 重置密码。授课教师可以修改本班学生的登录密码，授课教师登录系统确认身份，输入学生密码和再次确认密码后，修改学生密码成功。全选表示选择本页学生，支持批量修改（见图 6 - 34）。

图 6 - 34　学生登录密码重置

③ 团队分组。先设置本教学班预计设置的组数、每组最多人数（见图 6 - 35）。分组设置好以后，不可修改。根据设置的小组数量，教师团队管理页面会显示 N 个团队，教师在各团队中，通过"添加人员"，添加团内学员，默认第一个加入的学生为团队小组长（见图 6 - 36）。当学生端完成团队设置后，教师可查看团队封面、组长、团队入职情况以及团队成员上岗情况。教师点击上方"查看"可以查看未加入团队的学生。

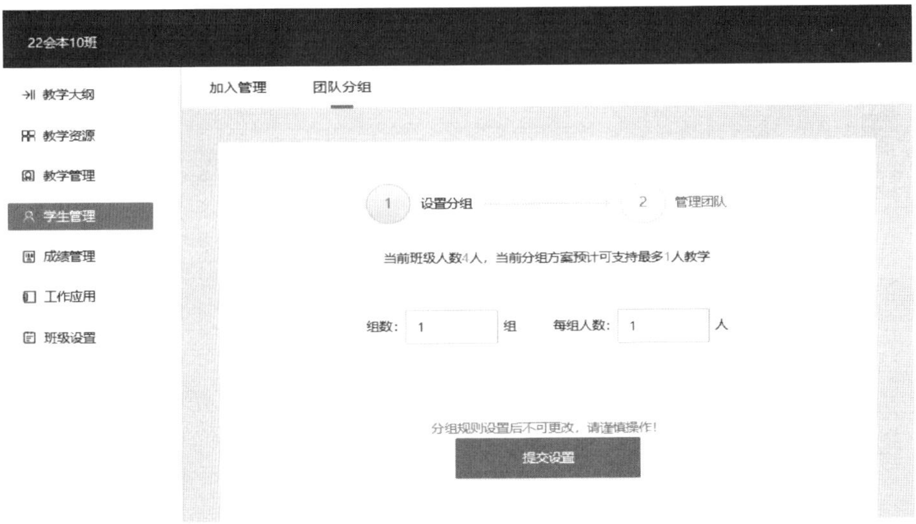

图 6-35 团队分组

图 6-36 团队成员添加

温馨提示 1：如果需要修改组长，教师可点击拟设为组长的成员姓名后的小三角，点击"设为组长"可将该成员身份修改为组长。

温馨提示 2：如果某个学生想要更换团队，教师可以先点击"删除成员"将其从原来团队中删除，再在新团队中单击"添加人员"添加到对应的团队中。如果需要删除已上岗学生，教师可以通过点击成员姓名后的小三角，在下拉框中点击"强制下岗"，完成该成员下岗。

(5) 成绩管理。为方便统计学生学习成绩，教师可在"成绩管理"模块提前设置好考核方案。

① 考核方案。系统提供默认考核方案，授课教师可以针对课程设置个性化考核方案，可以调整平时成绩、考试成绩、教师评分、实践成绩的分值比例（见图 6-37）。

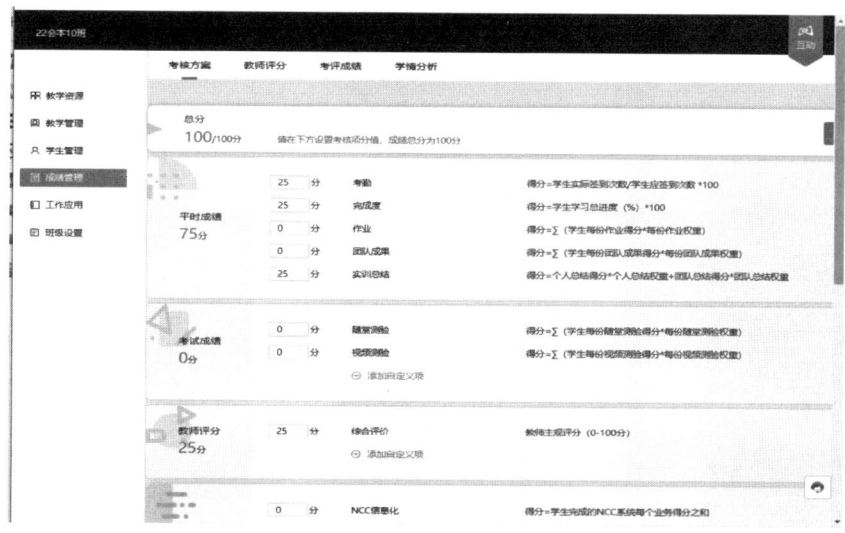

图6-37 考核方案界面

i)"平时成绩"包含考勤、完成度、团队成果,可以设置比例,其中团队总结可设置每个章节下团队成果的比例,以及团队成果中,教师评分、组间互评、组内互评的比例。其中每一个团队成果的教师评分、组间互评、组内互评的比例之和为100。权重根据课程设计中勾选的评分方式进行设置(见图6-38)。

项目	总结名称	设置权重 (100/100)	设置评分权重		
			教师评分	组间互评	组内互评
财务共享服务规划与设计_FSSC战略规划	团队成果-选址决策	5 %	60 %	40 %	0 %
财务共享服务规划与设计_FSSC流程规划	团队成果-现状流程演练	5 %	60 %	40 %	0 %
财务共享服务规划与设计_FSSC流程规划	团队成果-规划流程演练	5 %	60 %	40 %	0 %
财务共享服务规划与设计_技术实现	团队成果-规划方案终稿分享	15 %	60 %	40 %	0 %
费用共享-差旅费报销_方案设计	团队研讨交流:规划差旅报销共享后流程	5 %	60 %	40 %	0 %
费用共享-商旅报销_方案设计	团队研讨交流-服务商选择	5 %	60 %	40 %	0 %
费用共享-商旅报销_拓展学习	团队研讨交流-商业策划方案	5 %	60 %	40 %	0 %
费用共享-专项费用报销_方案设计	团队研讨交流-专项费用报销共享后流程	5 %	60 %	40 %	0 %

图6-38 考核方案明细

ii）考试成绩，包含随堂测验、视频测验，测验支持针对每个章节下的测验进行比例设置，比例之和为100。在考试成绩中，可以自定义添加考核项，设置考核项名称、分值占比。定义后，可以在考评成绩中，通过批量导入的方式导入自定义考核项的学生得分（见图6－39、图6－40）。

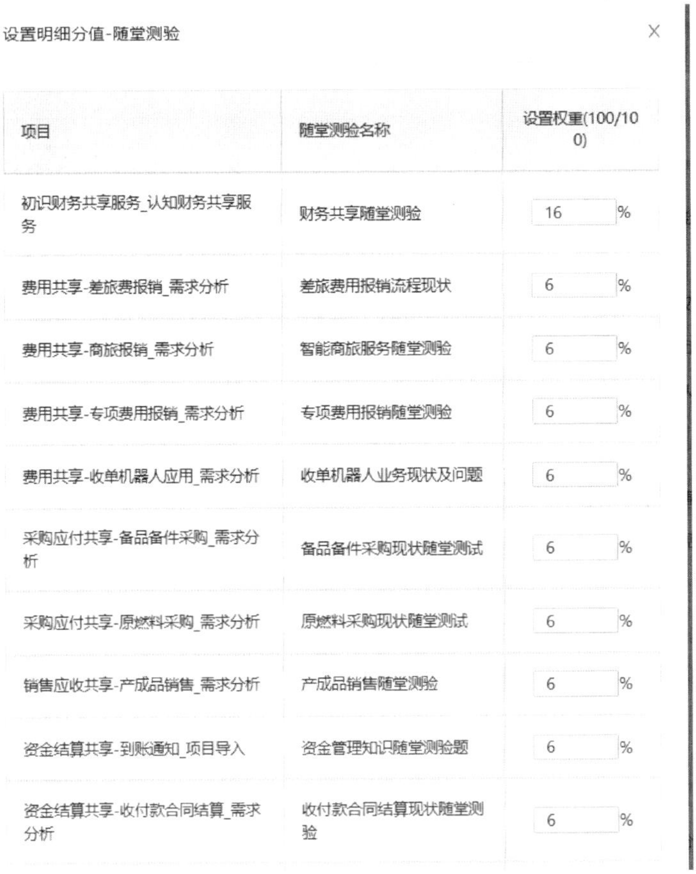
设置明细分值-随堂测验

项目	随堂测验名称	设置权重(100/100)
初识财务共享服务_认知财务共享服务	财务共享随堂测验	16 %
费用共享-差旅费报销_需求分析	差旅费用报销流程现状	6 %
费用共享-商旅报销_需求分析	智能商旅服务随堂测验	6 %
费用共享-专项费用报销_需求分析	专项费用报销随堂测验	6 %
费用共享-收单机器人应用_需求分析	收单机器人业务现状及问题	6 %
采购应付共享-备品备件采购_需求分析	备品备件采购现状随堂测试	6 %
采购应付共享-原燃料采购_需求分析	原燃料采购现状随堂测试	6 %
销售应收共享-产成品销售_需求分析	产成品销售随堂测验	6 %
资金结算共享-到账通知_项目导入	资金管理知识随堂测验题	6 %
资金结算共享-收付款合同结算_需求分析	收付款合同结算现状随堂测验	6 %

图6－39　考试成绩权重设置

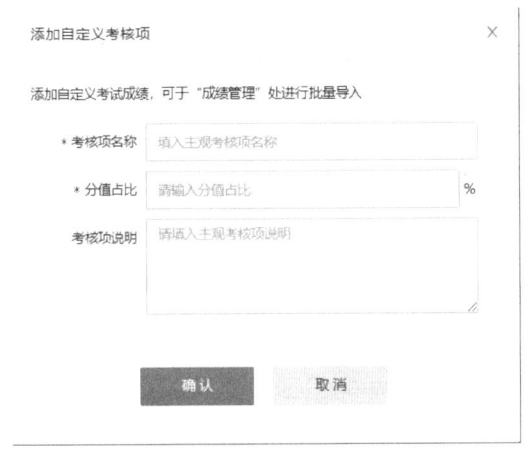

图6－40　添加自定义考核项

ⅲ) 其他。教师评分模块可以设置教师主观评分的分值；实践成绩，设置各项实践成绩的得分比例，本课程不包含的内容，比例设置为0。

② 教师评分。系统支持教师批量或单独为学生打分（见图6-41）。

图6-41 教师评分

③ 考评成绩。进入"考评成绩"模块，系统会展示班级学生成绩，需要注意的是，学生的汇总成绩需要通过"计算分数"进行计算，否则会出现分项成绩与总成绩不匹配的情况。点击"计算分数"，刷新学生最终成绩。点击查看下的眼睛图片可以查看学生的详细成绩评价，包括成绩报告和能力报告。可以设置是否公开给学生，公开后学生可以自己查看自己的成绩，公开的成绩也可以进行关闭，关闭后学生将无法查看各项成绩最终得分，但仍然可以查看成绩报告和能力报告的其他内容（见图6-42）。

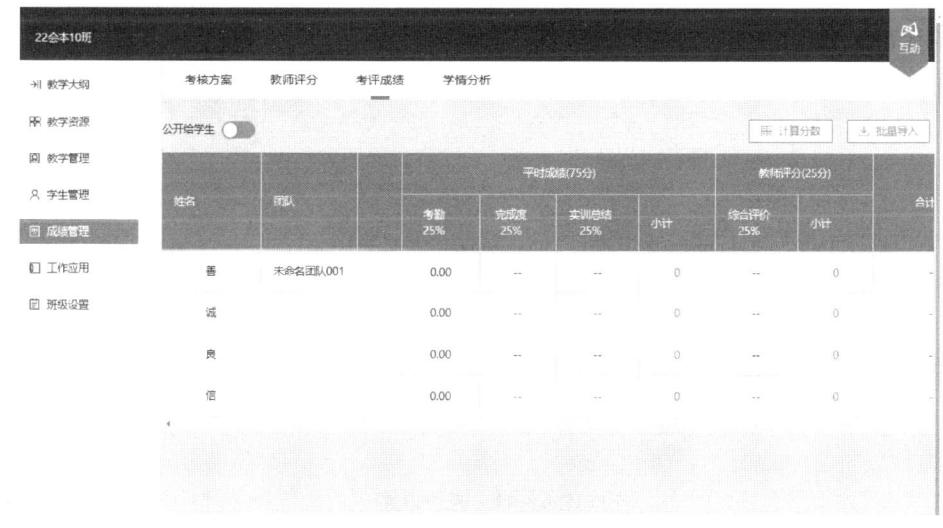

图6-42 学生考评成绩

④ 学情分析。进入学情分析，可以查看教学班整体学情分析状况（见图6-43）。

图 6-43　学生学情分析

（6）班级设置。班级信息，可以调整教学班名称，修改教学班开班时间（一般修改结束时间），修改教学班封面。当学生加入方式为邀请码方式时，可以查看邀请码以及链接地址，发送给学生后快速加入班级。可以设置学生首页开放设置的 4 个入口是否开放，如果关闭，学生不可进入。

可以添加、删除主讲教师和助教，创建教学班的主讲教师不可删除。

使用邀请码方式时将生成班级二维码，教师可将二维码分享给学生，学生可使用新道云课堂手机端扫码加入班级。新道云课堂手机端需单独授权（见图 6-44）。

图 6-44　班级设置

（7）教学互动。教学互动可以帮助师生更好地进行线上授课。教学互动入口即教学班管理界面右上角的互动标记（见图 6-45）。

图 6-45　教学互动界面

① 投票。点击"互动—投票",教师可以发起投票。单击"创建投票",输入"投票名称""每人可投票数""时间限制""投票选项"等,填写完毕后,点击"立即发布"即可发起投票(见图 6-46)。单击"投票结果",可以查看投票详情;如果想立即结束投票,可单击"结束投票"选项。教师可随时发起互动投票,学生端同步进行投票,教师端查看结果(见图 6-47)。

图 6-46　投票界面

图 6-47　投票结果示例

② 弹幕。点击"互动—弹幕",教师可以在教学班里发起弹幕。点击"发起弹幕",进入弹幕管理,设置好弹幕活动时间、是否匿名选项,单击"保存"(见图6-48)。单击"发言",输入消息,单击"发射",弹幕则会出现(见图6-49)。

图6-48 弹幕界面

图6-49 弹幕设置界面

温馨提示1:教师可以随时进行弹幕管理,查看班级内发言记录,并可将学生禁言。

温馨提示2:为防止出现不雅发言,可以进行屏蔽词管理。

③ 讨论。教学班提供讨论模块,教师点击"互动—问答",或"教学管理—问答",均可进入。

教师可发起讨论话题,由学生进行研讨,或者查看学生发起的讨论话题并进行答复。教师进入"讨论"界面后,在方框里面输入需要讨论的内容,并勾选对应的项目,最后单击"发起讨论"(见图6-50)。

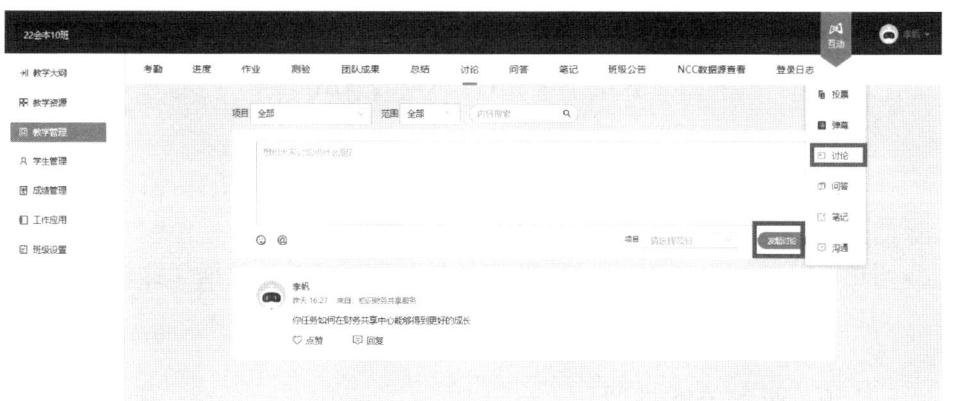

图 6-50 "讨论"界面

系统自动屏蔽部分敏感词,教师也可手动删除不当言论。

教师可置顶精华讨论,或点赞、回复学生。

教师还可根据项目、@我的、我回复的等条件针对讨论进行筛选或搜索。

④ 笔记。教学班提供笔记模块,教师点击"互动—笔记",或"教学管理—笔记",均可进入。

笔记模块中教师可查看学生的公开笔记,并进行点赞、回复。

教师也可置顶优秀笔记,或删除不当笔记内容。

系统自动屏蔽部分敏感词。

⑤ 沟通。教学班提供实时沟通工具,点击"互动—沟通"进入(见图 6-51)。

图 6-51 "沟通"界面

教师可在班级群中发布消息,并进行群发言管理。

教师可撤回班级群中的发言,或删除自己的发言记录。

教师也可点击沟通中的通讯录,随时发起与班级任意一名学生或其他老师的实时沟通。

6.2 FSSC 构建测试

此教学任务，是让学生分工协作，每个小组都在用友 NCC 中完成 FSSC 规划结果的建模工作。所谓构建，就是将规划设计结果在信息系统中进行初始设置、加以固化；所谓测试，就是用一个假想的经济事项或业务数据（称作"测试用例"）在信息系统中进行试跑，来验证构建的正确与否。

6.2.1 业务单据类型

业务单据用于记录企业发生的各项经济业务，属于企业的内部凭证。FSSC 单据类型如表 6-1 所示。

表 6-1　　　　　　　　　　FSSC 单据类型

业务	单据类型	单据用途
档案综合类业务	供应商申请单	新增供应商申请，审批通过后系统中即会增加该供应商信息
	供应商银行账号申请单	新增供应商银行账号，以供后续该供应商支付款项使用
	付款合同	根据合同事项生成的记录付款相关信息的合同内容
	收款合同	根据合同事项生成的记录收款相关信息的合同内容
付款类业务	付款申请	付款前的申请，一般用于专项款项支付的事前申请
	应付单	一般采购发票到了以后会形成企业对外部的应付义务，该单据审批通过后一般会生成应付账款的会计记录
	付款单	一般支付应付的款项或预付供应商的款项时，使用该单据进行审批
费用类业务	费用申请单	对费用的事前申请，一般用于专项费用的申请，专款专用
	费用预提单	对预提类费用的申请与审批
	主借款单	一般用于员工借款或对公业务借款
	主报销单	一般用于费用报销的填报与审批
结算类业务	划账结算	一般用于一个单位不同账号之间的转账
	主收款结算单	对于主营业务外的收款业务填报与审批
	主付款结算单	对于主营业务外的付款业务填报与审批
资产类业务	资产变动	固定资产变动事项记录与审批
	资产报废	固定资产报废事项记录与审批
	资产减少	固定资产减少业务填报与审批
	新增资产审批表	固定资产新增业务记录与审批，审批通过后，可根据该单据进行固定资产卡片的新增
销售收款类业务	应收单	销售商品后，形成企业对外部的应收的权利，该单据审批通过后一般会生成应收账款和收入相关的会计分录
	收款单	一般收到应收的款项或预收客户的款项时，使用该单据进行审批
总账类业务	通用凭证单	该单据一般用作总账共享转账类或其他特殊事项的凭证
其他	自定义单据	其他没有枚举的业务单据，可通过该单据进行审批并纳入共享审核

注：若不选交易类型，默认为单据类型下的全部交易类型。

6.2.2 FSSC 系统平台预置角色

DBE Cloud - 数智商业—财务共享教学平台已经内置好业务操作人员，包括用户编号、用户名称、组织以及部门和角色等。具体信息如表 6-2 所示。

表 6-2　　　　　　　　　　　　　　系统预置角色

用户编码	用户名称	组织	一级部门	二级部门	角色
z0**001	张春艳	共享中心	采购核算处		应付审核岗
z0**002	王希	共享中心	销售核算处		应收审核岗
z0**003	龚紫琪	共享中心	费用资产处		费用初审岗
z0**004	郑云琪	共享中心	总账成本处		总账主管岗
z0**005	贾萌	共享中心	资金结算处		中心出纳岗
z0**006	丁军	共享中心	运营管理处		档案综合岗
z0**007	刘飞	共享中心	费用资产处		资产核算岗
z0**008	李兆林	共享中心	采购核算处		应付复核岗
z0**009	刘涛	共享中心	费用资产处		费用复核岗
z0**031	谭定珍	成员单位	综合办公室	办公室	综合办公室专员
z0**032	杨天波	成员单位	综合办公室	办公室	综合办公室经理
z0**033	王玉兰	成员单位	财务处	财务处办公室	业务财务
z0**034	王彬	成员单位	财务处	财务处办公室	财务经理
z0**035	范海亮	成员单位	供应处	供应处办公室	采购员
z0**036	常松	成员单位	供应处	供应处办公室	采购经理
z0**037	罗成	成员单位	供应处	仓库	仓管员
z0**038	李军	成员单位	销售处	销售服务办公室	销售员
z0**039	王燕	成员单位	销售处	销售服务办公室	销售经历
z0**040	陈岩	成员单位	质控处	物检组	质检员
z0**041	郭小明	鸿途集团公司	结算中心		结算中心主任
z0**042	刘志高	鸿途集团公司	结算中心		资金审核岗
z0**043	曲宁	鸿途集团公司	结算中心		资金结算岗
z0**044	李玉	鸿途集团公司	总账成本处		共享中心作业组组长
z0**045	张强	鸿途集团公司	运营管理处		共享中心运营管理
z0**046	刘金涛	成员单位	董事会		总经理
z0**998	李杰	鸿途集团公司	运营管理处		全权用户
z0**999	郑鸿	鸿途集团公司	运营管理处		集团管理员
z0**996	智能审核	鸿途集团公司	费用资产处		岗位智能审核岗

6.2.3 FSSC 构建测试

所谓构建，就是将规划设计结果在信息系统中进行初始设置、加以固化；所谓测试，就是用一个假想的经济事项或业务数据（被称作"测试用例"）在信系统中进行试跑,来验证构建的正确与否。

操作步骤:

(1) 进入 FSSC 构建配置。

① 由组长遴选一人担任管理员角色,管理员单击"4 财务共享服务规划与设计"中的"02 FSSC 构建配置"(见图 6-52),进入 FSSC 构建配置任务开始界面。

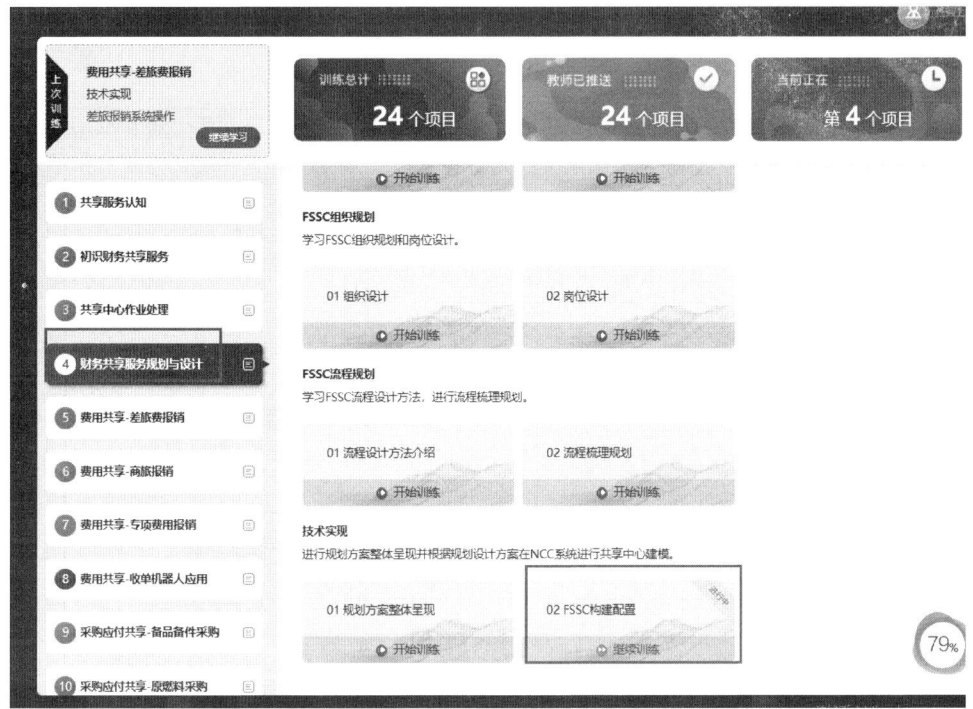

图 6-52 FSSC 构建配置界面

② 管理员选中"任务实践",并单击"开始任务"(见图 6-53)。

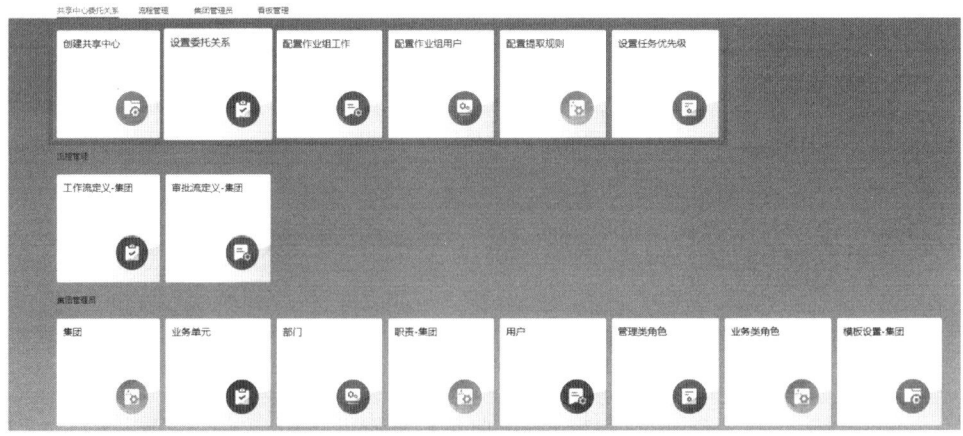

图 6-53 FSSC 构建配置任务开始界面

(2) 创建共享中心。管理员单击"创建共享中心",并点击"新增",在"共享中心管理"界面输入编码、名称,勾选业务单元(见图6-54)。

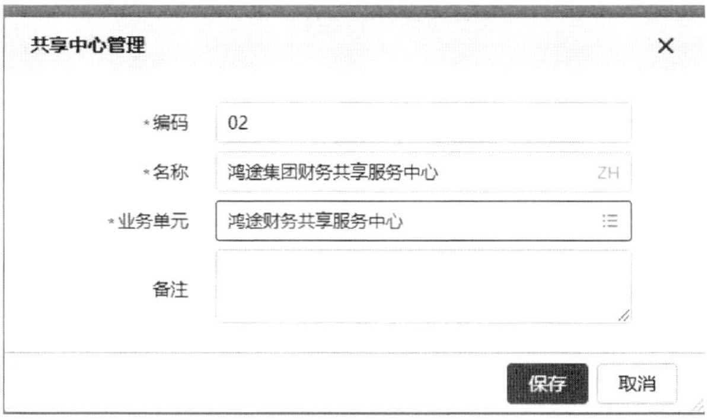

图 6-54 创建共享中心

温馨提示:编码可以用组号设置,例如第一组为01等,名称为"鸿途集团财务共享服务中心",业务单元选择1003"鸿途财务共享服务中心",后面会自动地带有组号,案例是以第二组为例。

(3) 设置委托关系。管理员单击"设置委托关系",首先选择共享中心,并单击"新增",在新增共享委托关系界面选择业务单元;其次勾选除工单、销售管理、采购管理以外的所有系统;最后单击"保存"(见图6-55)。

图 6-55 设置委托关系

温馨提示:勾选业务单元时,把所有的业务单元都选上。

(4) 配置作业组。

① 增加作业组。管理员单击"配置作业组工作",先选择对应共享中心;然

后将鼠标放在"作业组"上,单击右边⊕,依照表6-3中的信息,增加作业组(见图6-56)。

表6-3　　　　　　　　　　　创建作业组

编码	作业组名称	作业组职责
01	应付组	处理应付款类单据(假设不需要复核环节)
02	应收组	处理应收款类单据
03	费用组	处理费用报销类单据
04	档案综合组	处理收付款合同

图6-56　增加作业组

② 设置作业组规则。管理员选中"应付组",并单击右上角"新增",新增作业组规则,以应付组为例:规则名称为"应付审核"等,共享环节为"共享审核",单据类型为"应付单""付款单""主付款结算单",交易类型不选,单位范围选择全部的业务单元(先勾选包含下级),单击"保存"(见图6-57)。其他作业组依次类推,资料如表6-4所示。

图6-57　配置作业组规则

表 6-4 单据类型

作业组	单据类型
应付组	应付单
	付款单
	主付款结算单
应收组	应收单
	收款单
	主收款结算单
费用组	主报销单
档案综合组	收款合同
	付款合同
	供应商申请单

温馨提示：在共享环节可以设置共享复核，但是需要对系统内置流程图进行修改，因此建议此处暂时不设置。

（5）配置作业组用户。管理员单击"配置作业组用户"，先选择共享中心；然后单击"+组员"，单击"用户"，勾选"包含下级"，并单击"确定"，选中"张春艳"等（详细信息见表 6-5），单击"确定"；其他用户的增加参考此步骤进行（见图 6-58）。

表 6-5 作业组用户

用户编码	用户名称	作业组	角色
z0**001	张春艳	应付组	应付初审岗
z0**002	王希	应收组	应收审核岗
z0**003	龚紫琪	费用组	费用初审岗
z0**006	丁军	档案综合组	档案综合岗

图 6-58 配置作业组用户

温馨提示：如果系统中未出现某个人名，例如丁军，可以在搜索用户中输入名字并选中。

(6) 配置提取规则。管理员单击"配置提取规则",首先选择共享中心;其次单击"新增",在"新增提取规则"界面输入编码(例如006等)、名称(规则),选择提取方式、每次提取数量等;最后单击"保存"(见图6-59)。

图 6-59 设置提取规则

温馨提示1:各个属性含义如下所述。

第一,提取方式。对作业人员提取任务时的控制方式,支持以下三种控制方式。

不限制提取,即作业人员可以无限次地提取任务;

处理完毕后提取,即作业人员必须把当前任务处理完后才能提取下一次任务;

阈值限制,即当作业人员当前在手任务数量不大于阈值时,可再次提取。

第二,每次提取任务量。作业人员每次可以提取到手的最大任务数。

第三,在手任务量阈值。该字段与提取方式配合使用,当提取方式限制选择"阈值限制"时,限制在手任务量必填,且必须为正整数;当提取方式限制选择其他两种方式时,限制在手任务量不可用。

第四,管理层级。该提取规则的使用范围支持以下两种级次。

共享服务组织,适用于整个共享服务中心内的所有岗位;

岗位,适用于该规则所包含的岗位。

如果两个层级都定义了,优先匹配岗位级。

温馨提示2:

第一,创建共享服务组织业务单元时,系统会自动创建一条共享服务组织级的提取规则。

第二,一个共享服务组织只能定义一条共享服务组织级提取规则。

第三,每个共享服务都必须定义相应的提取规则,当某岗位的作业人员匹配不到提取规则时,他在作业平台将无法提取任务。

(7) 设置任务优先级。设置在同一作业任务池中,用友 NCC 允许设置任务提取的优先级,保障重要紧急的任务能被优先提取。

① 按末级作业组设置优先级规则。
② 支持设置优先级的条件范围,如收款单优先级高、金额大的优先级高等。
③ 支持设置晋级模式:不晋级、按天晋级、按小时晋级、按分钟晋级。
④ 按优先级规则列表的序号顺序排优先级,第"1"行为最高优先级。支持调整优先级顺序。

(8) 启用工作流。管理员返回基础设置页面,单击"工作流定义—集团",单击右边 🔍,将工作流全部启用,启用后关闭"工作流定义"界面(见图 6-60)。

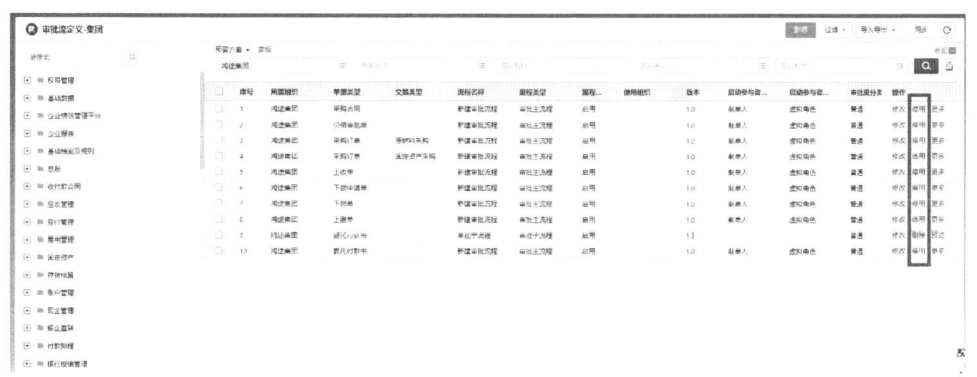

图 6-60　启用工作流

温馨提示:启用工作流是为了确保企业具体经济业务操作的正常运行,如果后期单据无法流转到下一个岗位,可检查对应单据的工作流是否启用。

(9) 启用审批流。管理员单击"审批流定义—集团",具体步骤参考工作流定义(见图 6-61)。

图 6-61　启用审批流

6.2.4　创建共享中心

创建共享中心并选择预置的业务单元,如图 6-62 所示。

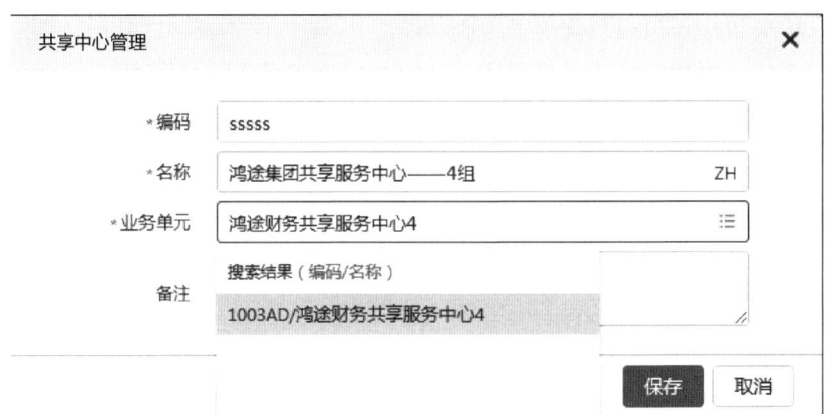

图 6-62 创建共享中心并选择预置的业务单元

【注意】

（1）因为我们一个班级有多个小组在同一个系统中学习，为此我们要把每个小组的数据加以隔离，避免相互影响。末尾带数字（如 4）的，表示在实训时只有该组能看到和使用这些数据；末尾不带数字的，表示是第 1 组实训所用的数据。

（2）有些编码类的数据，可能全班都不能重复。如果我们照着老师录屏上或其他来源的数据输入编码，可能会冲突从而无法输入成功。建议我们用以下的数据隔离规则：每个小组在这些编码数据的后面增加一下本小组的组号，确保每个小组的编码数据不完全相同。

6.2.5 设置委托关系

设置共享中心的服务对象和服务内容。注意共享中心和委托关系都可以停用和启用。

（1）服务对象。鸿途集团财务共享中心，拟服务于鸿途集团水泥有限公司及其下属的 16 家子公司。

（2）服务范围。即财务共享中心提供的业务服务范围。根据本课程后续的内容，可以设置除"工单"外的所有服务范围。

6.2.6 配置作业组工作

6.2.6.1 创建作业组

根据沙盘模拟时所设计的财务共享服务中心部门进行设置。如果某个作业组还需要复审，则需要再设置初审和复审两个下级分组。

为了满足本课程后续学习项目的需要，我们要设置的作业组至少包括如表 6-6 所示的 4 种。

表6-6 创建作业组

编码	作业组名称	作业组职责
01	应付组	处理应付款类单据（假设不需要复核环节）
02	应收组	处理应收款类单据
03	费用组	处理费用报销类单据
04	档案综合组	处理收付款合同

6.2.6.2 设置作业组规则

（1）设置规则名称。规则名称，可以在作业组后面加上"规则"二字便可。

（2）设置共享环节。如果是单级审核或两级审核的初审作业组，则共享环节选"共享审核"；如果是复审作业组，则共享环节选"共享复核"。

（3）设置单据类型，如表6-7所示。

表6-7 单据类型

作业组	单据类型
应付组	应付单
	付款单
	主付款结算单
应收组	应收单
	收款单
	主收款结算单
费用组	主报销单
档案综合组	收款合同
	付款合同
	供应商申请单

（4）设置交易类型和单位范围。"交易类型"不做设置，即默认一个单据类型下面的全部交易类型都交由同样的作业组处理。"单位范围"选择鸿途集团水泥板块的所有业务单位。

6.2.7 配置作业组用户

6.2.7.1 增加组员

可根据表6-8增加组员，便于后续进行端到端流程的NCC测试。

表6-8 增加组员

用户编码	用户名称	作业组	角色
z0**001	张春艳	应付组	应付初审岗角色
z0**002	王希	应收组	应收审核岗角色
z0**003	龚紫琪	费用组	费用初审岗角色
z0**006	丁军	档案综合组	档案综合岗角色

6.2.7.2 配置提取规则

新增提取规则,如图 6-63 所示。

图 6-63 "新增提取规则"界面

各个属性含义如下所述。

(1) 提取方式。对作业人员提取任务时的控制方式,支持以下三种控制方式。

不限制提取,即作业人员可以无限次地提取任务;

处理完毕后提取,即作业人员必须把当前任务处理完后才能提取下一次任务;

阈值限制,即当作业人员当前在手任务数量不大于阈值时,可再次提取。

(2) 每次提取任务量。作业人员每次可以提取到手的最大任务数。

(3) 在手任务量阈值。该字段与提取方式配合使用,当提取方式限制选择"阈值限制"时,限制在手任务量必填,且必须为正整数;当提取方式限制选择其他两种方式时,限制在手任务量不可用。

(4) 管理层级。该提取规则的使用范围支持以下两种级次。

共享服务组织,适用于整个共享服务中心内的所有岗位;

岗位,适用于该规则所包含的岗位。

如果两个层级都定义了,优先匹配岗位级。

【注意】

(1) 创建共享服务组织业务单元时,系统会自动创建一条共享服务组织级的提取规则。

(2) 一个共享服务组织只能定义一条共享服务组织级提取规则。

(3) 每个共享服务都必须定义相应的提取规则,当某岗位的作业人员匹配不到提取规则时,他在作业平台将无法提取任务。

6.2.8 设置任务优先级

设置在同一作业任务池中,用友 NCC 允许设置任务提取的优先级,保障重要紧急的任务能被优先提取。

(1) 按末级作业组设置优先级规则。

(2) 支持设置优先级的条件范围,如收款单优先级高、金额大的优先级高等。

(3) 支持设置晋级模式:不晋级、按天晋级、按小时晋级、按分钟晋级。

(4) 按优先级规则列表的序号顺序排优先级,第"1"行为最高优先级。支持调整优先级顺序。

第7章 费用共享业务

[学习目标]
　　了解费用的几种不同类型；
　　了解费用报销时所需的原始票据；
　　了解费用报销的总体流程；
　　掌握 FSSC 模式下差旅费报销的操作流程；
　　掌握 FSSC 模式下专项费用报销的操作流程。

7.1 费用共享相关知识

7.1.1 业务概述

　　费用报销业务在财务会计核算中占比较大，工作量大、审批流程复杂、耗时耗力，对财务管控意义重大。建设基于大数据的财务共享费用报销模块，改造费用业务报销流程，提高费用管控质量，控制财务风险，降低财务人力成本，对新形势下会计职能的转变尤为重要。
　　财务共享费用报销系统通过统一报销制度，规范报销流程，解决了集团各个分支机构报销标准及业务流程不一致的问题。通过这种集中式的费用报销流程，实现费用标准、业务审批、会计核算的统一集中管理，很好地满足了企业集团内部对各个分支机构报销业务的需求。

7.1.2 费用报销的内容

　　费用报销包括公司各部门日常发生的人员费用、办公费用的报销。
　　(1) 员工费用主要包含差旅费、业务招待费、日常费用、福利费等。
　　(2) 办公费用主要包含会务费、会议培训费、咨询费等。
　　费用报销的总体过程如图7-1所示。

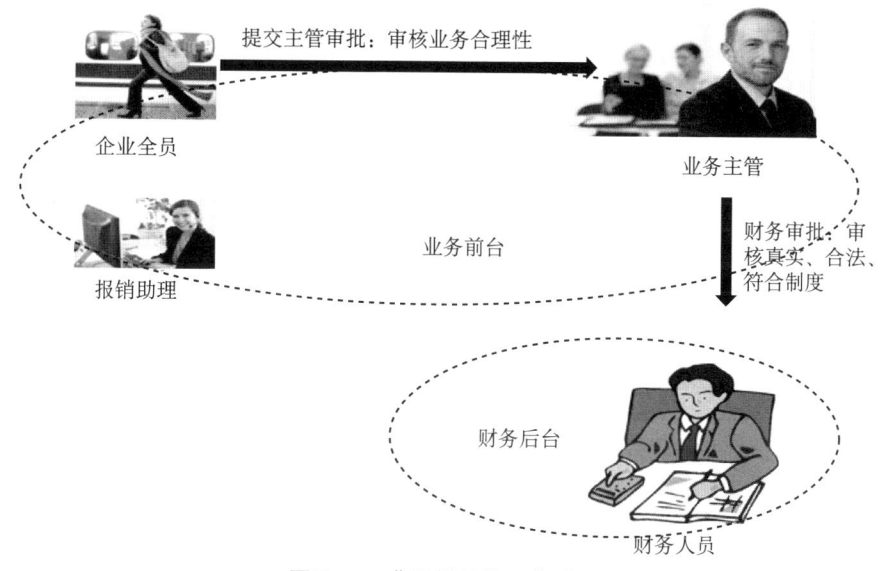

图7-1 费用报销的总体过程

7.1.3 费用报销的场景

费用报销有以下4个主要的场景。

场景一：员工直接报销。当业务发生时，先由员工垫资；业务发生后，员工进行报销，报销完成后公司将报销款支付给员工。

场景二：员工借款报销。业务发生前，员工借款；业务发生时，员工付款；业务发生后，员工报账冲借款/还款/报销。

场景三：跨组织报销。报销人所属的组织（单位）与费用承担组织（单位）不同。

场景四：先申请再报销。企业为达到费用事前控制的目的，要求在某些业务报销之前须先申请才能办理。

员工直接报销和员工借款报销的典型流程如图7-2所示。

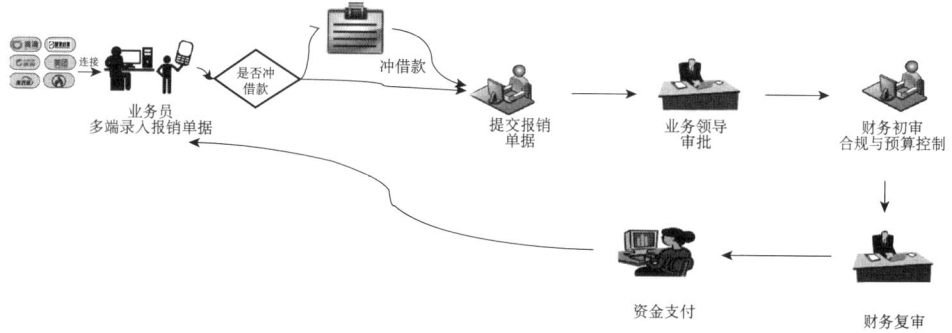

图7-2 员工直接报销和员工借款报销的典型流程

跨组织报销中有一种情况是需要多个组织来承担（分摊）同一笔费用。如图 7-3 所示的例子中，费用归口管理部门，如集团市场部的张三报销会议费 1500 元，但按照分摊协议要由 A 公司 A1 部门和 B 公司 B1 部门分别承担 1000 元和 500 元。

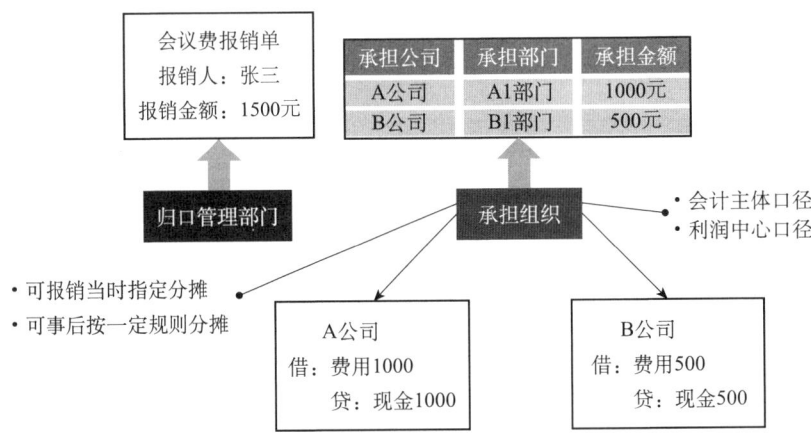

图 7-3　费用分摊的跨组织报销示例

先申请再报销，是指企业为达到费用事前控制的目的，要求在办理某些业务（如出差、营销活动）报销之前须先申请才能办理。企业年初做了全面预算，在具体业务发生时须每次申请明细的费用额度。如果需要支出企业做的全面预算或费用预算中未包括的费用，需要另行申请，申请获批后才可以支出，如图 7-4 所示。

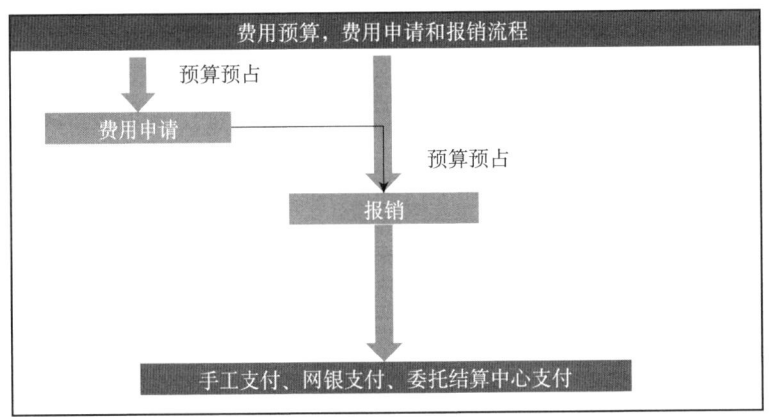

图 7-4　先申请再报销的过程示意

7.1.4　费用报销的内控要点

费用报销的内控要点，如图 7-5 所示。

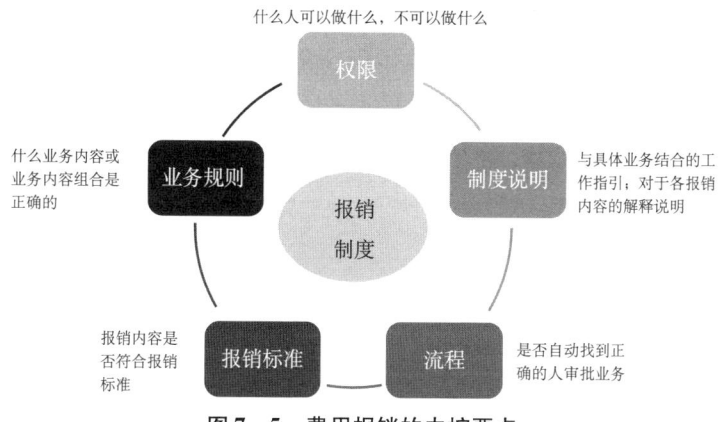

图 7-5　费用报销的内控要点

7.1.5　费用管理的层级与目标

费用报销的几个不同管理层级及目标。

（1）优化报销过程。目标是提高财务报销工作效率、提高员工满意度。这是见效最快的层级，管理程度浅。

（2）强化费用管理。实现费用预算管控，支持按受益对象进行费用分摊，从而满足企业内部管理和考核的需要。这个层级的目标是提升管理水平。

（3）实现费用共享服务。目标是提高集团整体运行效率与服务水平，降低集团整体运营成本。这是最难的层级，也是管理程度最深的层级，且仅适用于集团管控力度大、专业化的大型集团企业。

7.2　操作流程现状

7.2.1　差旅费用报销业务

7.2.1.1　差旅费用报销的痛点

（1）各公司报销标准不统一，各自为政。
（2）整个业务审批与财务处理信息共享性差。
（3）手工处理核算量大，差错频出，耗用大量精力，核算质量有待提升。
（4）核算由人工进行处理，自动化程度低，核算标准化有待加强。
（5）同一业务不同人员、不同时间，可能出现处理方式的不一致。

7.2.1.2　差旅费用报销操作流程

（1）集团/部分分子公司费用报销流程如图 7-6 所示。

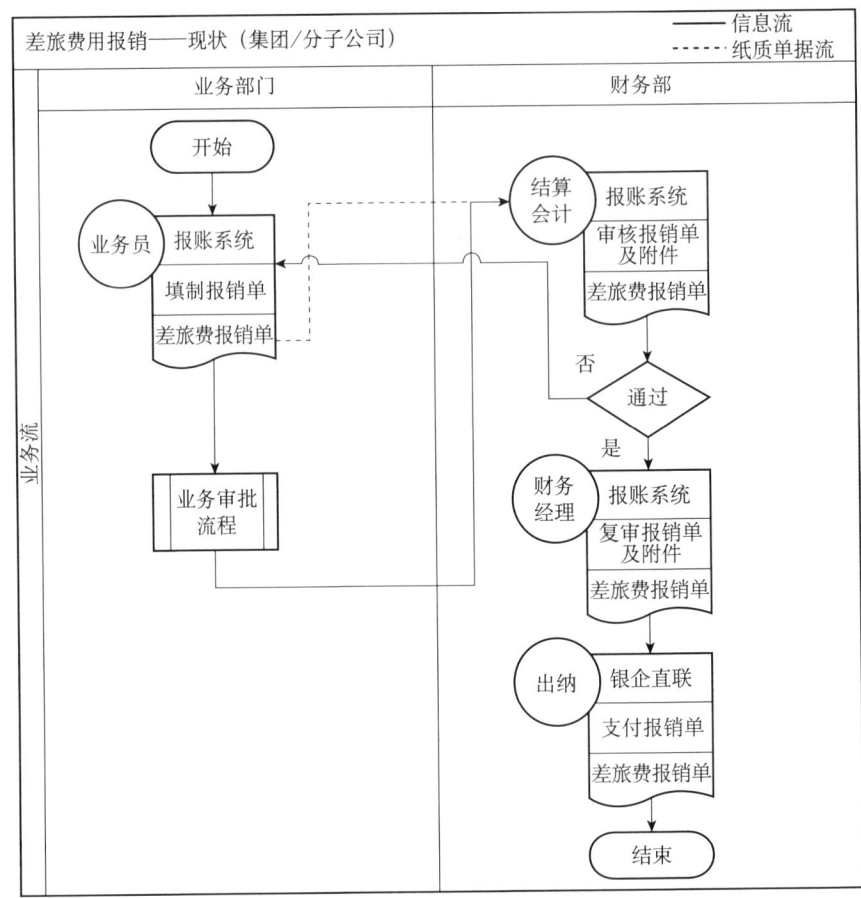

图 7-6 集团/部分分子公司费用报销流程

（2）集团/分子公司业务审批流程，如图 7-7 所示。

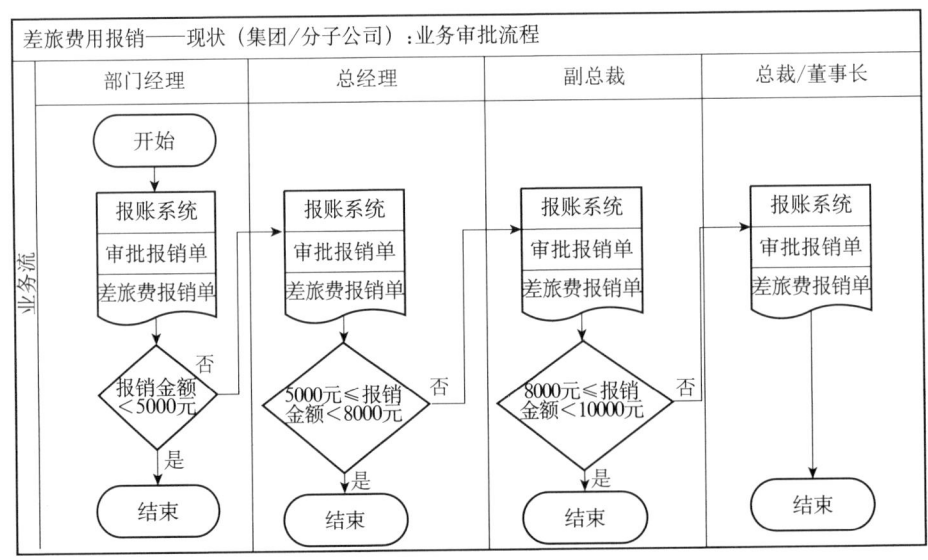

图 7-7 业务审批流程

(3) 部分分子公司（B公司）差旅费报销业务如图7-8所示。

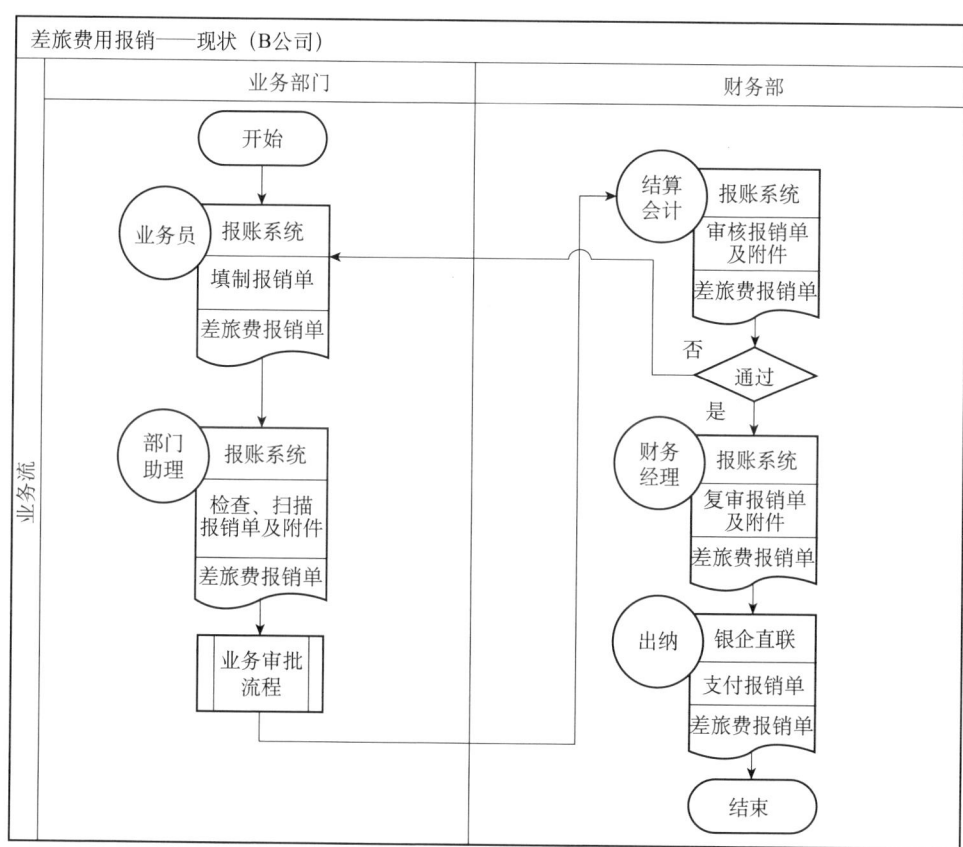

图7-8 部分分子公司（B公司）差旅费报销业务

(4) 部分分子公司（B公司）差旅费报销业务审批流程如图7-9所示。

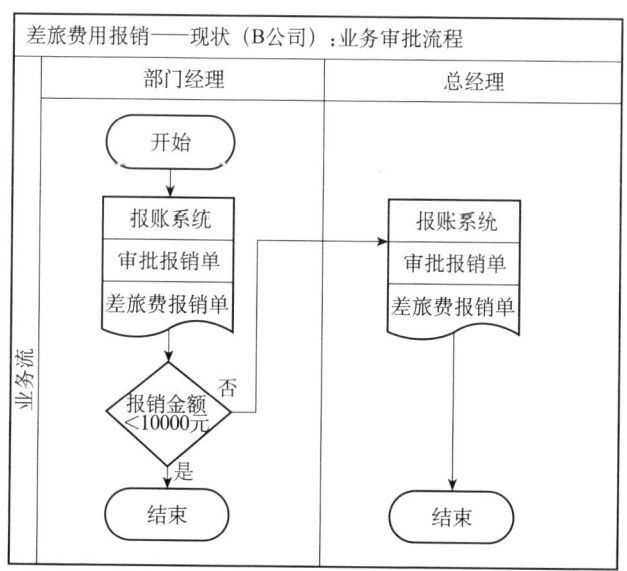

图7-9 部分分子公司（B公司）差旅费报销业务审批流程

7.2.2 专项费用的管理

7.2.2.1 专项费用管理的相关规定

专项费用适用于因工作需要发生的广告、宣传、印刷、咨询、会议、培训等费用。专项费用实行的是预算单项控制,报销时必须对应正确的预算项目。

超过 1 万元(含)的市场活动、培训等所有的费用必须事前进行专项预算审批(《费用管理制度》第三条)。

鸿途集团的专项费用标准如表 7-1 所示。

表 7-1　　　　　　　　　　　专项费用标准

业务审批人	财务审批人	交通费/通信费	招待费	差旅费	其他支出/借款
部门经理	分管财务会计/财务经理	0.04 万元(不含)以下	0.1 万元(不含)以下	0.5 万元(不含)以下	1 万元(不含)以下
总经理		0.04 万~0.06 万元(不含)	0.1 万~0.2 万元(不含)	0.5 万~0.8 万元(不含)	1 万~3 万元(不含)
副总裁		0.06 万~0.1 万元(不含)	0.2 万~0.3 万元(不含)	0.8 万~1 万元(不含)	3 万~5 万元(不含)
公司总裁		0.1 万元(含)以上	0.3 万元(含)以上	1 万元(含)以上	5 万元(含)以上

7.2.2.2 专项费用管理操作流程

(1)集团/分子公司专项费用申请流程如图 7-10 所示。

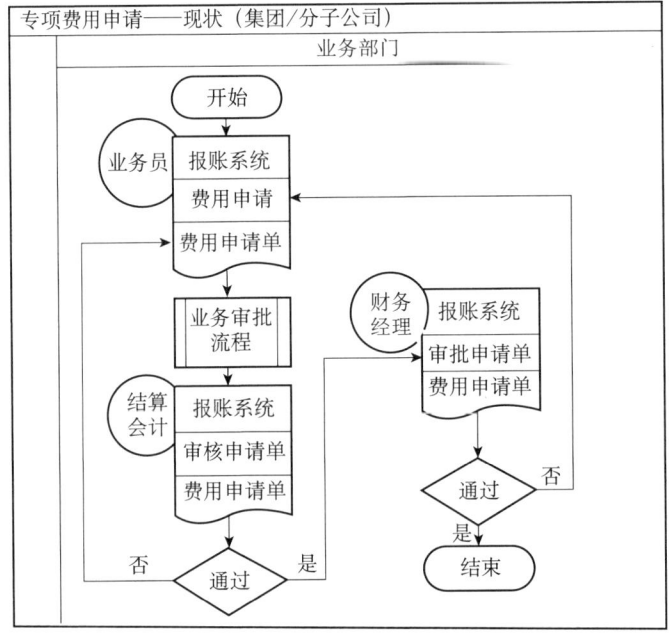

图 7-10　专项费用申请流程

(2) 集团/分子公司专项费用报销流程如图7-11所示。

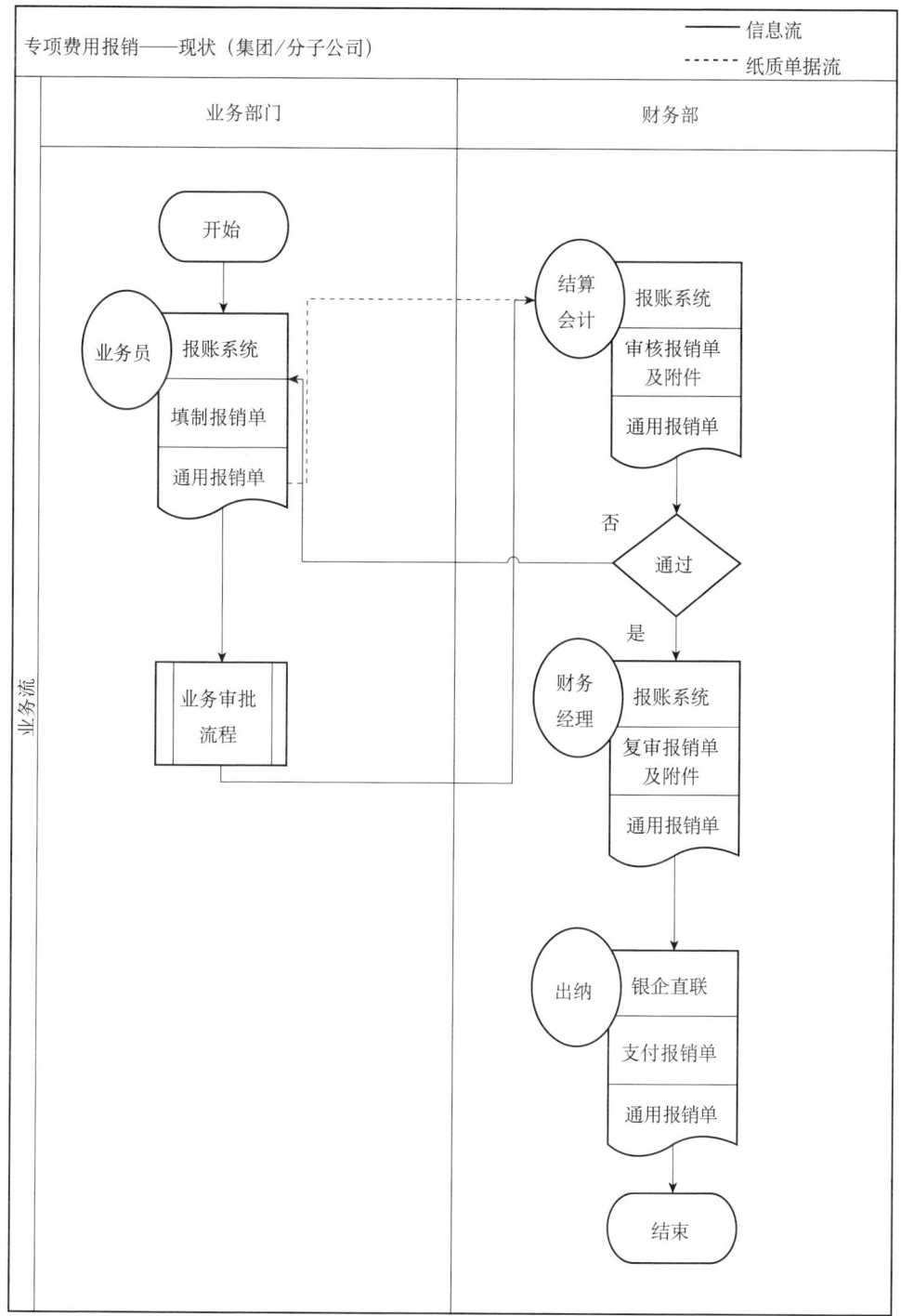

图7-11 专项费用报销流程

（3）部分分子公司专项费用报销（B公司）如图7-12所示。

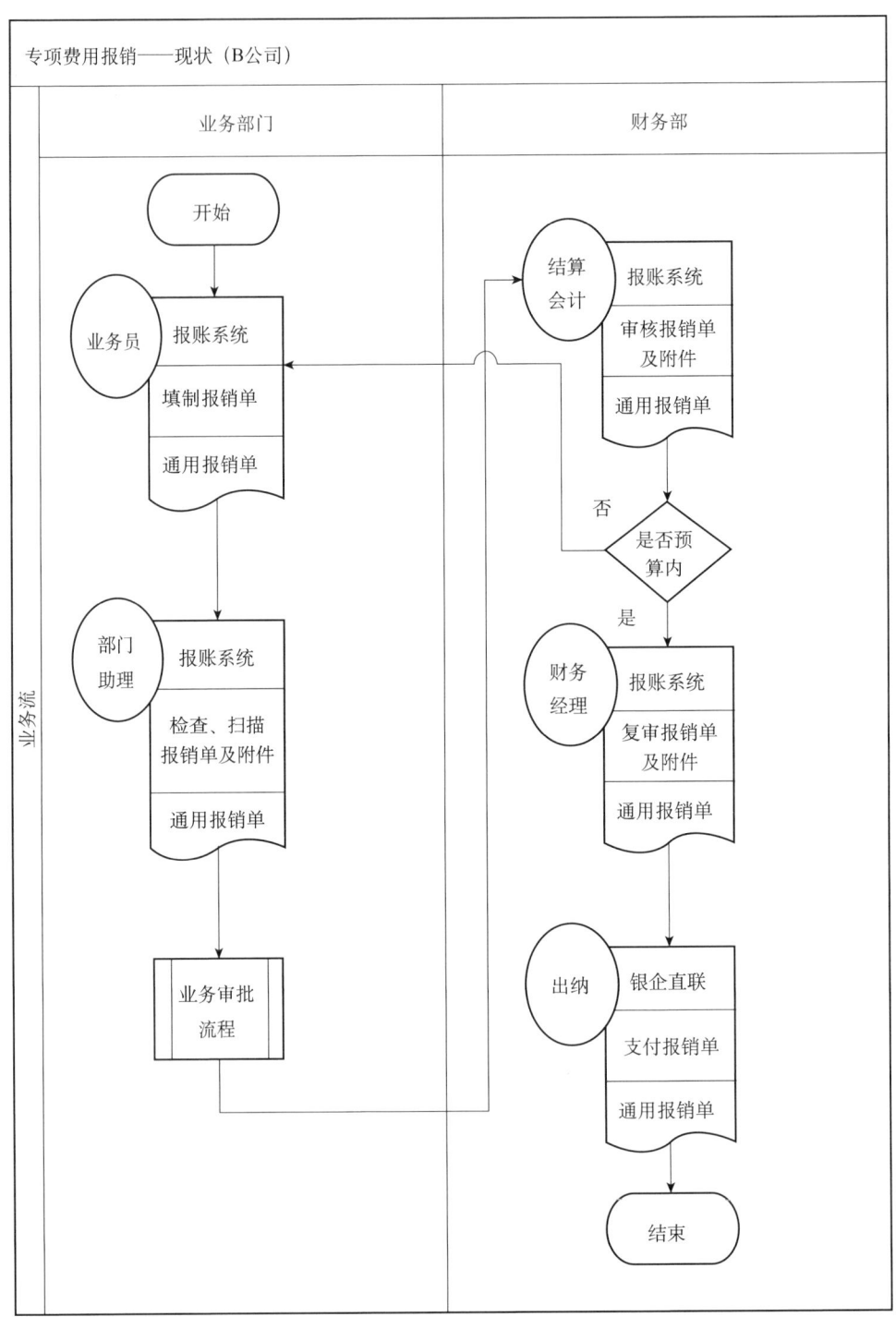

图7-12 部分分子公司专项费用报销

（4）部分分子公司专项费用报销业务审批流程（B公司）如图7-13所示。

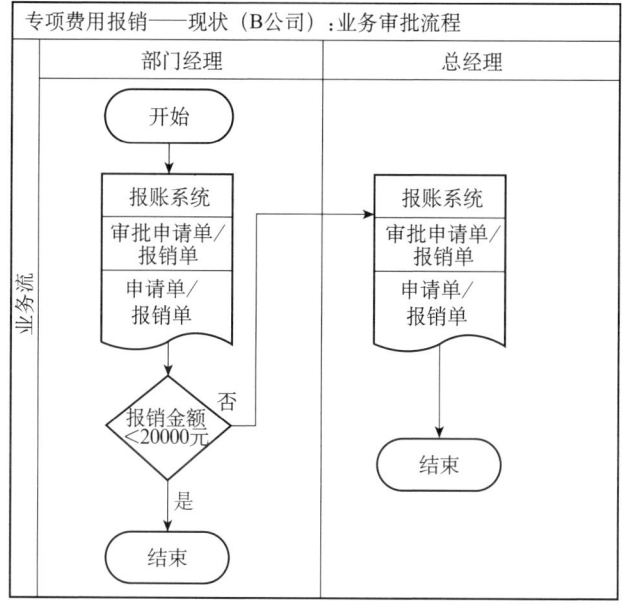

图 7-13　部分分子公司专项费用报销业务审批流程

7.3　差旅费用报销业务

7.3.1　规划设计

7.3.1.1　需求假设

（1）建立财务共享服务中心后，尽量保持现状业务流程的稳定性。

① 根据传递到 FSSC 的业务单据，确定流程中业务单位与 FSSC 的边界，该业务单据都需要经过 FSSC 的审核或初审。

② FSSC 接收业务单据所随附的原始凭证，均由制单人在制单后立即扫描上传；此后需要审核该业务单据的环节，均同时审核该业务单据的原始单据影像。

③ 保留在业务单位的工作，流程和职责不变，但原业务单位财务部的工作除财务经理职责外均由业务财务承担。

（2）案例企业鸿途集团的所有收付款，均以网银（银企直联）方式完成。

（3）案例企业鸿途集团最终选择的是单共享中心模式。

（4）为了让共享中心审核有据，所有进入 FSSC 审核的业务单据，必须随附外部原始凭证的影像。

① 走作业组的业务单据，用影像上传的方法随附影像。

② 不走作业组而走重量端的业务单据，用拍照后添加附件的方法随附影像。

（5）为了简化学生的构建测试工作，共享后流程中审批环节最高只设计到子公司总经理。

7.3.1.2 共享后流程所用到的业务单据

差旅费用共享业务单据如表 7-2 所示。

表 7-2　　　　　　　　　差旅费用共享业务单据

序号	名称	是否进 FSSC	是否属于作业组工作	流程设计工具
1	差旅费报销单	Y	Y	工作流

【注意】

(1) "是否进 FSSC",表示该业务单据的处理过程是否需要财务共享服务中心参与。Y 表示需要,N 表示不需要。

(2) "是否属于作业组工作",表示是否需要分配到某个 FSSC 作业组,必须由该组成员从作业平台上提取进行处理。Y 表示属于,N 表示不属于。只有进 FSSC 的业务单据才有这个问题。

(3) "流程设计工具",是指用 NCC 的哪一个流程平台来对业务单据进行流程建模。NCC 中有"业务流""工作流""审批流"3 种流程建模平台,在本课程实训环节,业务流部分已经预置到教学平台中,学生需要进行工作流或审批流的建模。

7.3.1.3 操作指导

(1) 报销业务操作指导如图 7-14 所示。

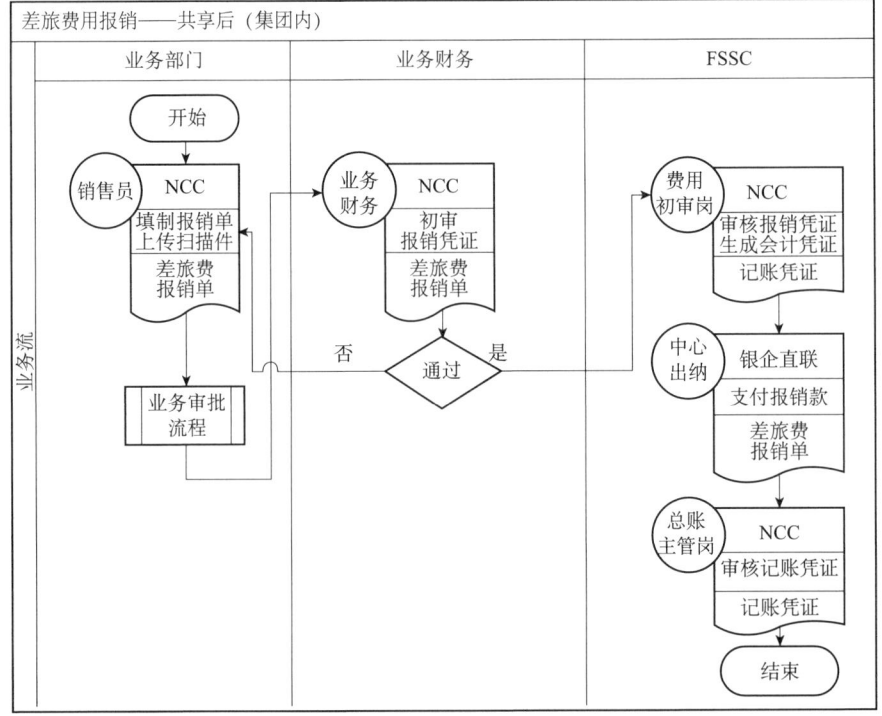

图 7-14　报销业务操作指导

（2）业务审批操作指导如图7-15所示。

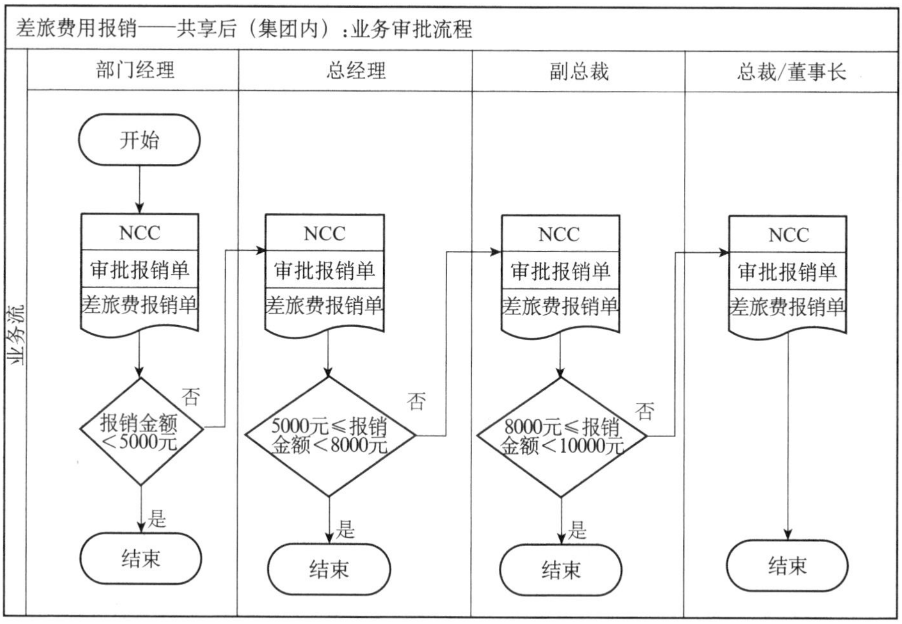

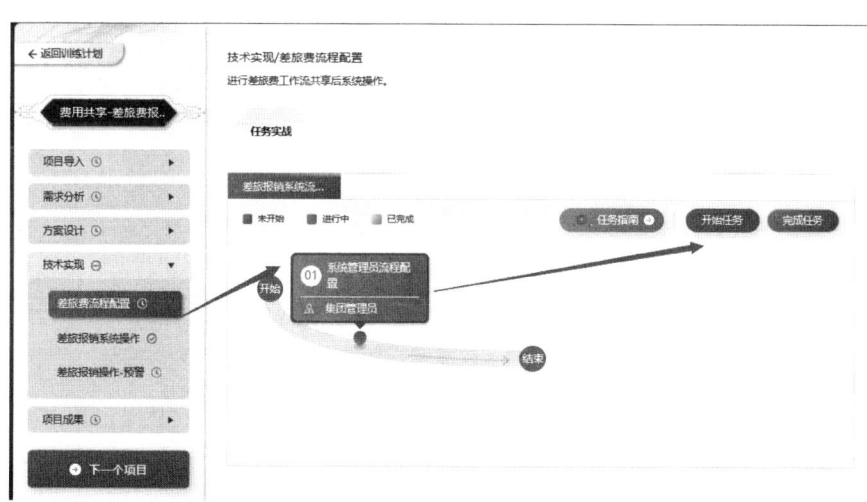

图7-15　业务审批操作指导

7.3.2　构建测试

7.3.2.1　NCC工作流与审批流配置

在差旅费报销业务操作之前，需要组长或组员以管理员的身份进入"差旅费流程配置"界面，进入"工作流定义—集团"模块，查看并启用"差旅费报销单"单据的工作流（见图7-16）。

图7-16　工作流设置

7.3.2.2 测试用例——未超标差旅费报销业务

鸿途集团水泥有限公司销售服务办公室的销售员李军 2023 年 3 月 8~9 日，从郑州到北京出差，花费如表 7-3 所示，事前已报备，出差回来报销。员工报销的"结算方式"为网银，"单位银行账号"选账号编码较大的账号（支出户）。

表 7-3　　　　　　　　　　　报销明细

去程火车票 G1564 （不含税额：283.49 元；税额：25.51 元；税率：9%）	309 元
返程火车票 G505 （不含税额：283.49 元；税额：25.51 元；税率：9%）	309 元
目的地交通	36 + 42 = 78（元）
北京住宿费 北京铂涛酒店，增值税专用发票税率 6% （不含税额：259.43 元；税额：15.57 元）	275 × 1 = 275（元）

7.3.2.3 操作步骤

（1）销售员填制报销单。

① 组长进行人员角色分配，指定人员登录系统，点击【费用报销 - 差旅费报销】→【技术实现】→【差旅报销系统操作】。"销售员角色"上岗，点击"填制报销单"，进入"报账平台"页面，修改系统日期为"2023 - 03 - 10"，点击"差旅费报销单"，进入差旅费报销单的页面，按照测试用例的要求进行补充，如图 7 - 17 所示。

图 7 - 17　差旅费报销单界面

② 填写差旅费报销单时，"单据日期"填写"2023 - 03 - 10"，"报销事由"填写"差旅费报销"或其他能说清事由的内容，"币种"选择"人民币"，"收支项目"选择"销售费用 - 差旅费"，"单位银行账户"选择"中国工商银行 - 3701239319189278310 - 鸿途集团水泥有限公司人民币活期户"，"结算方式"选

择"网银",表体中其他信息填写需和测试用例保持一致。填写完毕之后,点击"保存",对于报销的原始凭证可以通过影像扫描进行上传,检查差旅费报销单据无误后,点击"保存提交",如图7-18所示。

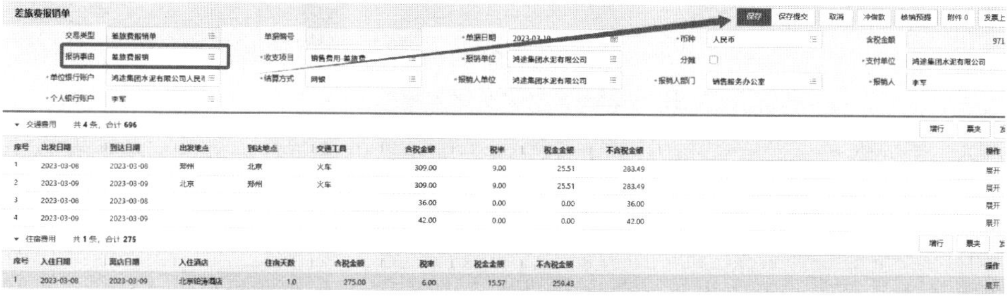

图7-18 填写差旅费报销单

(2)销售经理审批差旅费报销单。

①"销售经理角色"上岗,点击"开始任务",进入"审批管理"界面,在"审批中心"中会显示1笔未处理单据,如图7-19所示。

图7-19 销售经理进入审批中心

温馨提示1:本教材的软件操作部分均是学生分工合作完成,要求组长进行分配角色时注意制单人与审核人不能为同一人,所以正常情况无须进行角色切换。

温馨提示2:如果一人担任多种角色,需要进行角色切换,切换时将上一个角色下岗,然后再以最新角色上岗,方可继续进行,否则系统无法进行操作。

②点击"未处理",进入"审批中心"页面,出现1笔未审批的差旅费报销单,点击"单据详情",销售经理查看差旅费报销单内容是否与原始单据一致、填写是否完整、是否准确,无误之后点击"销售经理角色(批准)",即完成了销售经理审批,如图7-20所示。

图7-20 销售经理审批差旅报销单

(3)业务财务初审报销凭证。

①"业务财务角色"上岗,点击"开始任务",进入"审批管理"界面,在"审批中心"中显示1笔未处理单据,如图7-21所示。

图 7 – 21　业务财务进入审批中心

② 点击"未处理",进入"审批中心"页面,出现1笔未审批的差旅费报销单,业务财务人员点击"单据详情",查看差旅费报销单据是否与原始单据一致,填写是否完整、是否准确,报销人员的直属领导是否签字等,无误之后,业务财务人员点击"业务财务角色(批准)",即完成了业务财务审批,如图 7 – 22 所示。

图 7 – 22　业务财务初审差旅费报销单

(4) 费用初审岗审核报销凭证并生成记账凭证。

① "费用初审岗角色"上岗,点击"开始任务",进入"我的作业"页面,出现有"待提取任务",如图 7 – 23 所示。

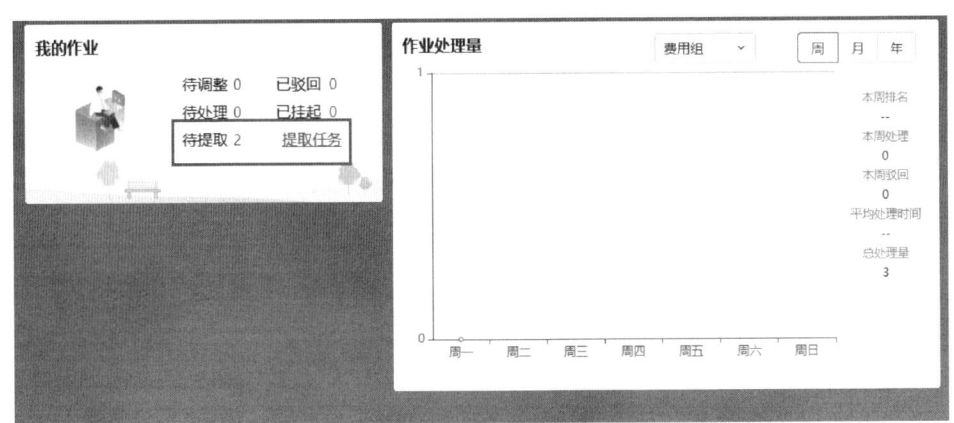

图 7 – 23　费用初审岗进入提取任务界面

② 点击"提取任务",刷新当前界面,"待处理"处会出现 N 笔待处理业务,单击"待处理",进入"差旅费报销单"的审批情况页面,审核差旅费报销单据是否与原始单据一致,填写是否完整、是否准确,相关人员是否签字等,无误之后点击"批准",如图 7 – 24 所示。

(5) 中心出纳岗支付报销款。

① "中心出纳岗角色"上岗,点击"开始任务",进入"结算处理"页面,点击"结算",如图 7 – 25 所示。

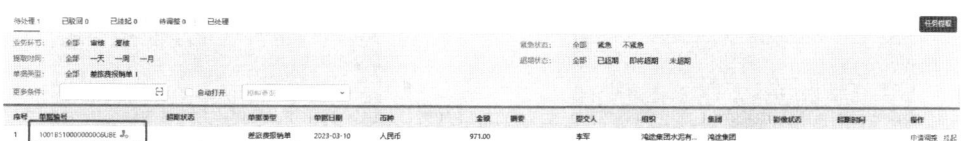

图7-24 费用初审岗提取任务

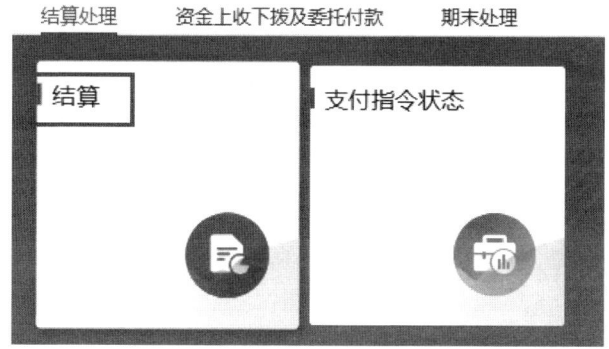

图7-25 中心出纳进入结算界面

② 进入"结算"页面,"财务组织"选择鸿途水泥集团(包含下级),日期选择"2023-03-01~2023-04-01",设置完毕之后点击"查询",在"待结算"中查询到需要结算的"差旅费报销单",如图7-26所示。

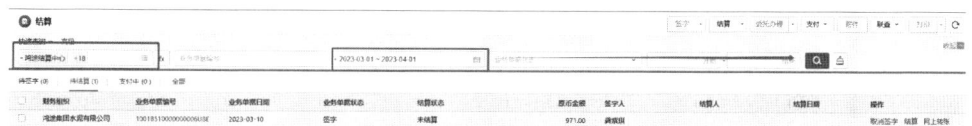

图7-26 中心出纳结算

温馨提示:在进行单击查询时,日期选择一般以案例日期为主进行筛选,如果查询不到对应单据,可以把查询日期范围扩大,范围越大,查询到对应单据的可能性就越大,在做题时,如果所有日期都能和资料对应,也可以按照资料的日期进行查询。本教材由不同老师进行编制,所以日期会有不同,做题时请以实际情况确定查询日期。

③ 选中需要结算的差旅费报销单,若核对无误,点击"支付",选择"网上转账",点击"确认",系统右上角会显示"支付成功",即完成转账操作,如图7-27、图7-28所示。

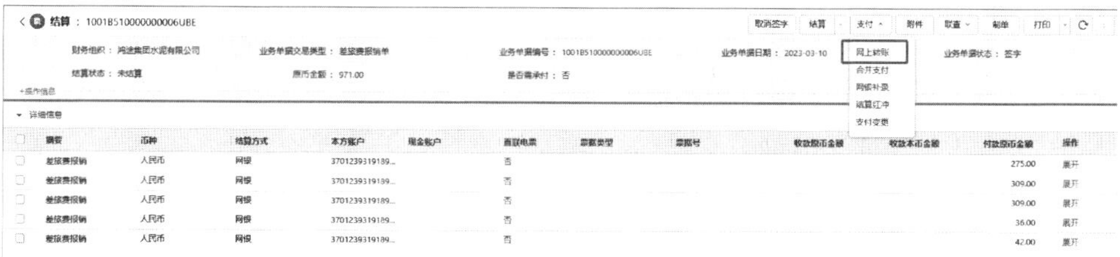

图7-27 网上转账

图 7-28　网上转账支付成功

（6）查询支付是否成功。

"中心出纳岗角色"上岗，点击"工作应用"（见图 7-29），点击"网银"，输入账号 3701239319189278310，密码为 111111（见图 7-30）。登录进入之后，点击"查询业务"，可以看到是否有银行转账记录，如果有，表明支付成功（见图 7-31）。

图 7-29　网银查询

图 7-30　登录网银

图 7-31 查询支付成功

（7）总账主管岗审核记账凭证。

①"总账主管岗角色"上岗，点击"开始任务"，进入"凭证管理"页面，点击"凭证审核"，如图 7-32 所示。

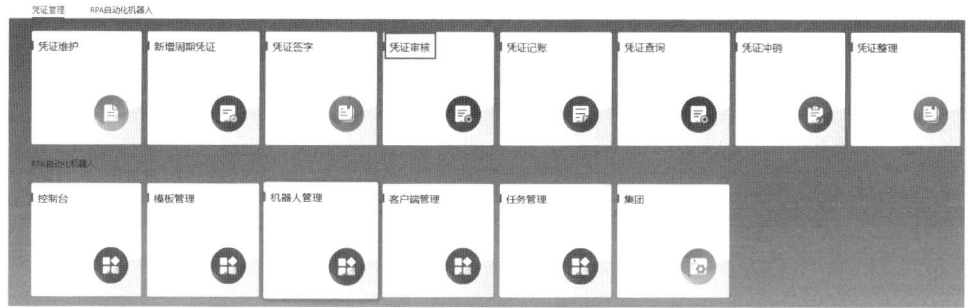

图 7-32 总账主管进入凭证管理

②进入"凭证审核"页面，"财务核算账簿"选择"0001 基准账簿"，日期选择"2023-03-01·2023-04-01"，设置完毕之后点击"查询"，出现符合条件的记账凭证，如图 7-33 所示。

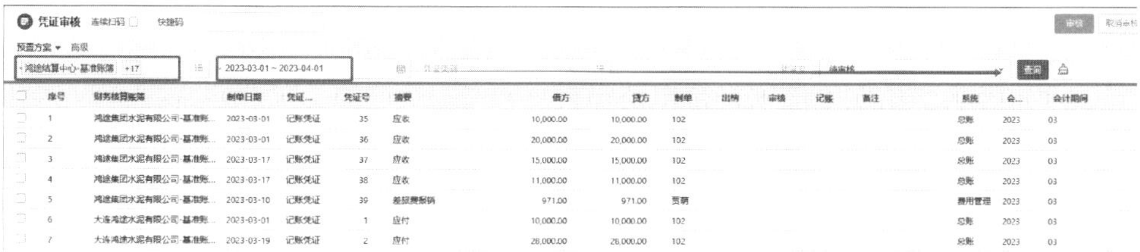

图 7-33 总账主管查询凭证

③ 点击符合条件的记账凭证，进入"凭证审核"页面，审核记账凭证是否有原始凭证、是否与原始凭证内容相符以及签字是否齐全等，若审核无误，点击"审核"，即可完成全部业务流程，如图7-34所示。

图7-34 总账主管审核凭证

7.4 专项费用——市场会议费用报销业务

7.4.1 规划设计

7.4.1.1 需求假设

（1）建立财务共享服务中心后，尽量保持现状业务流程的稳定性。

① 根据传递到FSSC的业务单据，确定流程中业务单位与FSSC的边界，该业务单据都需要经过FSSC的审核或初审。

② FSSC接收业务单据所随附的原始凭证，均由制单人在制单后立即扫描上传；此后需要审核该业务单据的环节，均同时审核该业务单据的原始单据影像。

③ 保留在业务单位的工作，流程和职责不变，但原业务单位财务部的工作除财务经理职责外均由业务财务承担。

（2）案例企业鸿途集团的所有收付款，均以网银（银企直联）方式完成。

（3）案例企业鸿途集团最终选择的是单共享中心模式。

（4）为了让共享中心审核有据，所有进入FSSC审核的业务单据，必须随附外部原始凭证的影像。

① 走作业组的业务单据，用影像上传的方法随附影像。

② 不走作业组而走重量端的业务单据，用拍照后添加附件的方法随附影像。

（5）为了简化学生的构建测试工作，共享后流程中的审批环节最高只设计到子公司总经理。

（6）专项费用发生前须进行申请审批。

（7）专项费用属于集团强控项目，原则上是集团统筹管理，按照"谁受益谁承担"的原则承担费用。

7.4.1.2 共享后流程所用到的业务单据

专项费用共享业务单据如表7-4所示。

表 7－4　　　　　　　　　　专项费用共享业务单据

序号	名称	是否进 FSSC	是否属于作业组工作	流程设计工具
1	费用申请单	N	—	工作流
2	通用报销单	Y	Y	工作流

注：Y 代表"是"，N 代表"否"。

7.4.1.3　操作指导

（1）报销业务指导（见图 7－35）。

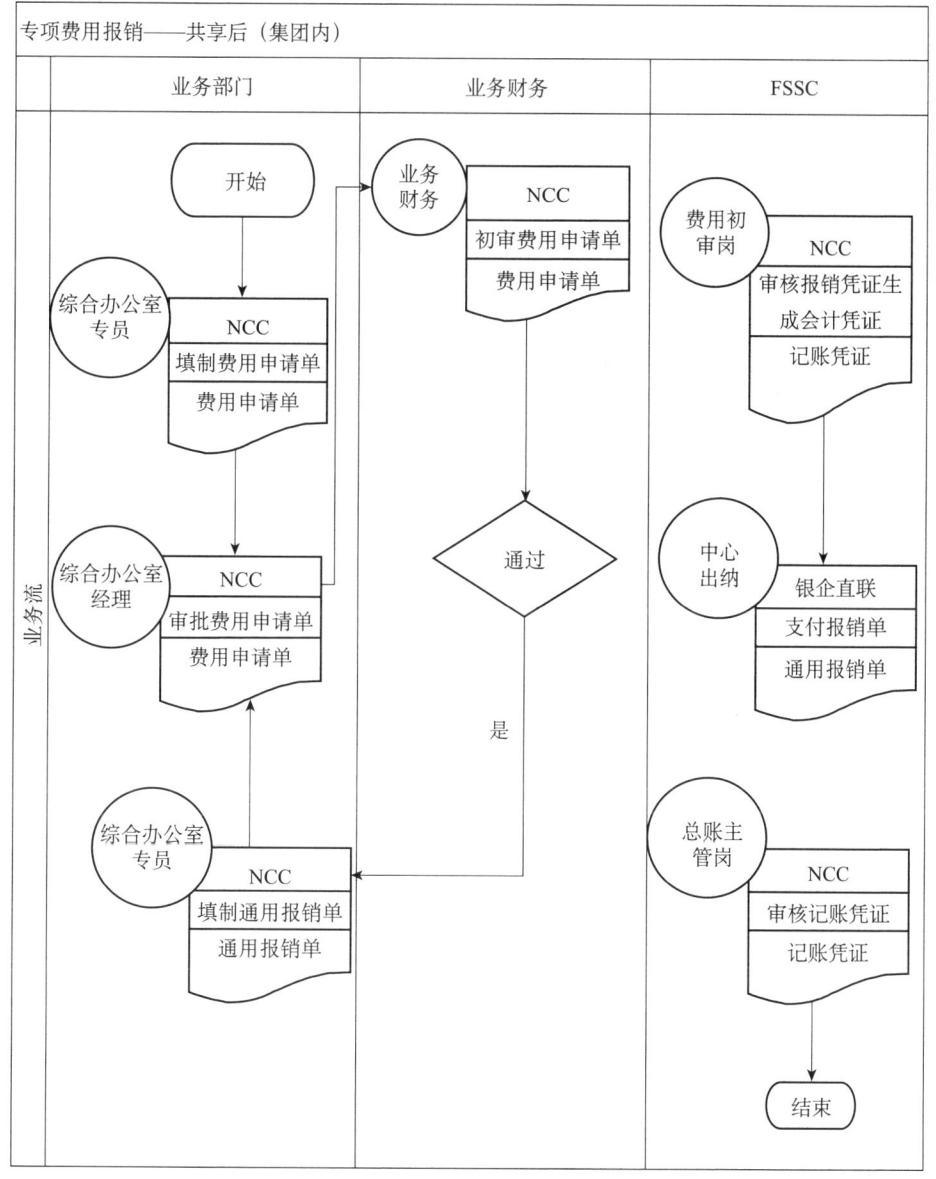

图 7－35　报销业务指导

(2) 审批业务操作指导（见图 7-36）。

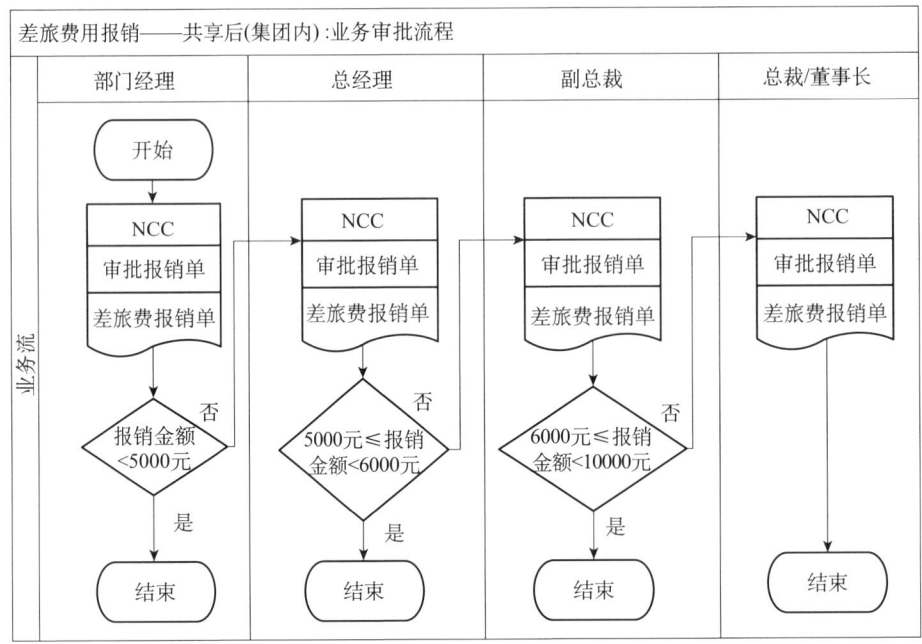

图 7-36　审批业务操作指导

7.4.2　构建测试

7.4.2.1　学习操作视频

操作人员可打开"专项费报销申请"和"专项费报销"的"任务指南"界面查看本节具体操作视频，如图 7-37 所示。

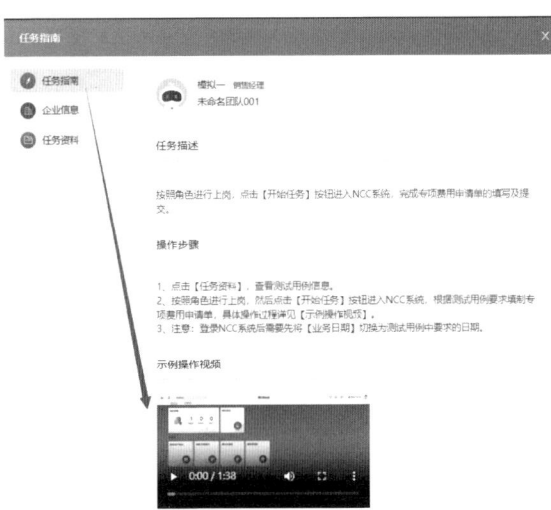

图 7-37　操作视频

7.4.2.2 测试用例

水泥协会 2023 年 3 月 15 日在大连举办 2023 年水泥技术及装备展览会，鸿途集团水泥有限公司组织大连属地的子公司参加，会务费 2 万元，鸿途集团水泥有限公司统一支付，但具体由大连鸿途水泥有限公司等 5 家子公司承担。具体分摊比例如表 7-5 所示。

表 7-5　　　　　　　　　　　　费用分摊比例

公司	分摊比例（%）
大连鸿途水泥有限公司	30
鸿途集团京北水泥有限公司	15
鸿途集团金州水泥有限公司	46
大连金海建材集团有限公司	3
海城市水泥有限公司	6

2023 年 3 月 5 日，鸿途集团水泥有限公司综合办公室专员发起费用申请，费用承担部门是各家单位的销售服务办公室，经鸿途集团水泥有限公司综合办公室经理、总经理和业务财务审批，通过后生效。

3 月 16 日，鸿途集团水泥有限公司综合办公室专员发起会务费支付，支付给会展承办方——白云国际会议中心；由上述五家公司的销售服务办公室承担各家公司的会务费。

【注意】

外部原始凭证（会议费分摊表、会议费发票等），作为本课程的教辅资源，在上课时以物理单证的形式发放给学生，或者由学生自行下载电子版原始单据并进行打印。

7.4.2.3 操作步骤

（1）专项费报销申请。

第一步：综合办公室专员填制费用申请单。

① 组长进行人员角色分配，指定人员登录系统，点击【费用共享 - 专项费用报销】→【技术实现】→【专项费报销申请】，"综合办公室专员角色"上岗，点击"开始任务"，进入"报账平台"页面，修改系统日期为"2023-03-05"，如图 7-38 所示。

图 7-38　费用申请单页面

② 点击"费用申请单",进入"费用申请单"页面,单位日期填写"2023 - 03 - 05",金额填写"20000",事由填写"会务费"或其他能说清事由的内容,申请部门选择"综合办公室"→"办公室",点击"增行",费用承担单位选择"大连鸿途水泥有限公司",费用承担部门选择"销售处"→"销售服务办公室",收支项目选择"销售费用 - 会务费",金额填写"6000",表体中其他信息填写需和测试用例保持一致,表体中的总额 20000 元会自动相加。填写完毕之后,点击"保存",对于报销的原始凭证可以通过影像扫描进行上传,检查费用申请单据无误后,点击"提交",如图 7 - 39 所示。

图 7 - 39 综合办公室专员填写费用申请单

第二步:综合办公室经理审批费用申请单。

①"综合办公室经理角色"上岗,点击"开始任务",在"审批中心"中会显示 1 笔未处理单据,如图 7 - 40 所示。

图 7 - 40 综合办公室经理进入审批中心

② 点击"未处理",进入"审批中心"页面,出现 1 笔未审批的费用申请单,点击"单据详情",综合办公室经理查看费用申请单内容填写是否完整、是否准确,确认无误之后点击"综合办公室经理角色(批准)",即完成了综合办公室经理审批,如图 7 - 41 所示。

图 7 - 41 综合办公室经理审批费用申请单

第三步:总经理审批费用申请单。

①"总经理角色"上岗,点击"开始任务",在"审批中心"中会显示 1 笔未处理单据,如图 7 - 42 所示。

② 点击"未处理",进入"审批中心"页面,出现 1 笔未审批的费用申请

单,点击"单据详情",总经理查看费用申请单内容填写是否完整、是否准确,检查无误之后点击"总经理角色(批准)",即完成了总经理审批,如图 7-43 所示。

图 7-42 总经理进入审批中心

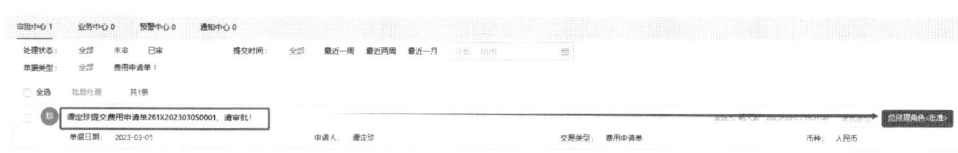

图 7-43 总经理审批费用申请单

第四步:业务财务审核费用申请单。

①"业务财务角色"上岗,点击"开始任务",在"审批中心"中显示 1 笔未处理单据,如图 7-44 所示。

图 7-44 业务财务进入审批中心

② 点击"未处理",进入"审批中心"页面,出现 1 笔未审批的费用申请单,业务财务人员点击"单据详情",查看费用申请单填写是否完整、是否准确,申请人员的直属领导是否签字等,确认无误之后,业务财务人员点击"业务财务角色(批准)",即完成了业务财务审批,如图 7-45 所示。

图 7-45 业务财务初审费用申请单

(2) 专项费报销。

第一步:业务财务审核费用申请单。

①"综合办公室专员角色"上岗,点击"开始任务",进入"报账平台"页面,修改系统日期为"2023-03-16",点击"通用报销单",如图 7-46 所示。

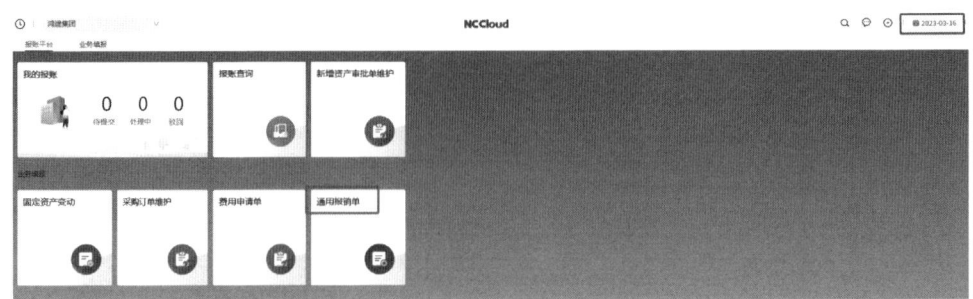

图 7-46 "通用报销单"页面

② 进入"通用报销单"页面，选中上一步审批后的费用申请单，点击右下角"生成报销单"，单位银行账户选择"中国工商银行 - 3701239319189278310 - 鸿途集团水泥有限公司人民币活期户"，结算方式选择"网银"，供应商选择"白云国际会议有限责任公司"，收款对象由"员工"改为"供应商"，客商银行账户选择默认选项。填写完毕之后，点击"保存"，对于报销的原始凭证可以通过影像扫描进行上传，检查通用报销单据无误后，点击"提交"，如图 7-47、图 7-48 所示。

图 7-47 综合办公室专员选择审批后的费用报销单

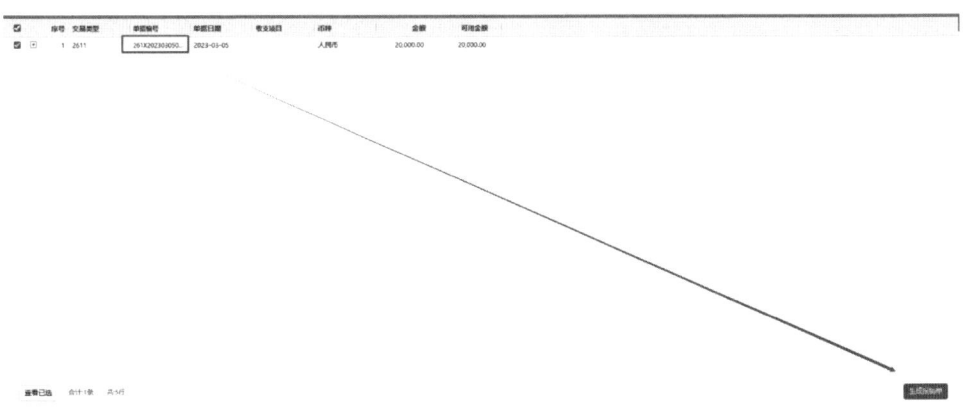

图 7-48 综合办公室专员填写通用报销单

第二步：综合办公室经理审批通用报销单。

①"综合办公室经理角色"上岗，点击"开始任务"，在"审批中心"中会显示 1 笔未处理单据，如图 7-49 所示。

图 7-49　综合办公室经理进入审批中心

② 点击"未处理"，进入"审批中心"页面，出现 1 笔未审批的通用报销单，点击"单据详情"，综合办公室经理查看通用报销单内容填写是否完整、是否准确，确认无误之后点击"综合办公室经理角色（批准）"，即完成了综合办公室经理审批，如图 7-50 所示。

图 7-50　综合办公室经理审批通用报销单

第三步：总经理审批通用报销单。

①"总经理角色"上岗，点击"开始任务"，在"审批中心"中会显示 1 笔未处理单据，如图 7-51 所示。

图 7-51　总经理进入审批中心

② 点击"未处理"，进入"审批中心"页面，出现 1 笔未审批的通用报销单，点击"单据详情"，总经理查看通用报销单内容填写是否完整、是否准确，确认无误之后点击"总经理角色（批准）"，即完成了总经理审批，如图 7-52 所示。

图 7-52　总经理审批通用报销单

第四步：业务财务初审报销凭证。

①"业务财务角色"上岗，点击"开始任务"，在"审批中心"中显示 1 笔未处理单据，如图 7-53 所示。

图 7-53　业务财务进入审批中心

②点击"未处理"，进入"审批中心"页面，出现 1 笔未审批的通用报销单，业务财务人员点击"单据详情"，查看通用报销单填写是否完整、是否准确，报销人员的直属领导是否签字等，确认无误之后，业务财务人员点击"业务财务角色（批准）"，即完成了业务财务审批，如图 7-54 所示。

图 7-54　业务财务初审通用报销单

第五步：费用初审岗审核报销凭证并生成记账凭证。

①"费用初审岗角色"上岗，点击"开始任务"，进入"我的作业"页面，出现"待提取 1"，如图 7-55 所示。

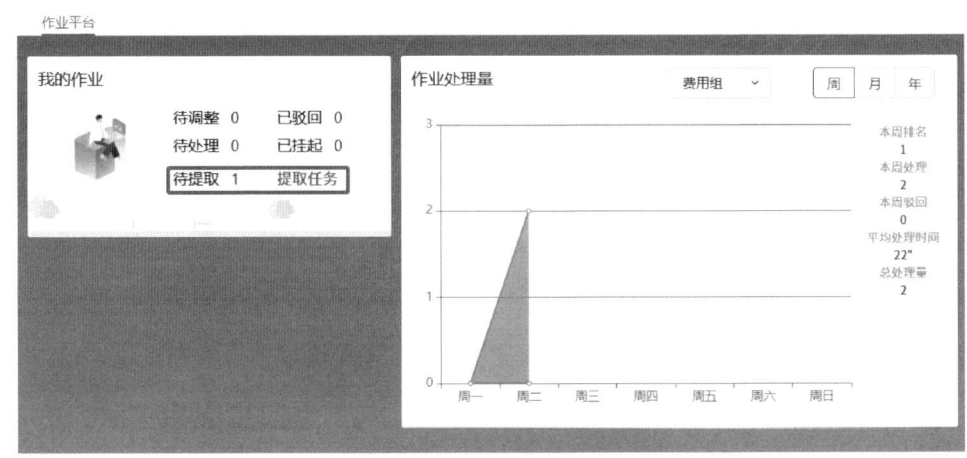

图 7-55　费用初审岗进入提取任务界面

②点击"提取任务"，单击上一步所填制的"通用报销单"，进入"通用报销单"的审批情况页面，审核通用报销单据是否与原始单据一致，填写是否完整、是否准确，相关人员是否签字等，确认无误之后点击"批准"，如图 7-56、图 7-57 所示。

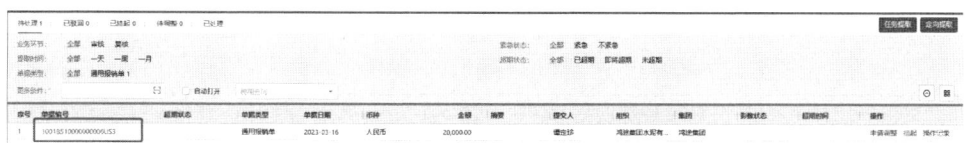

图 7-56 费用初审岗提取任务

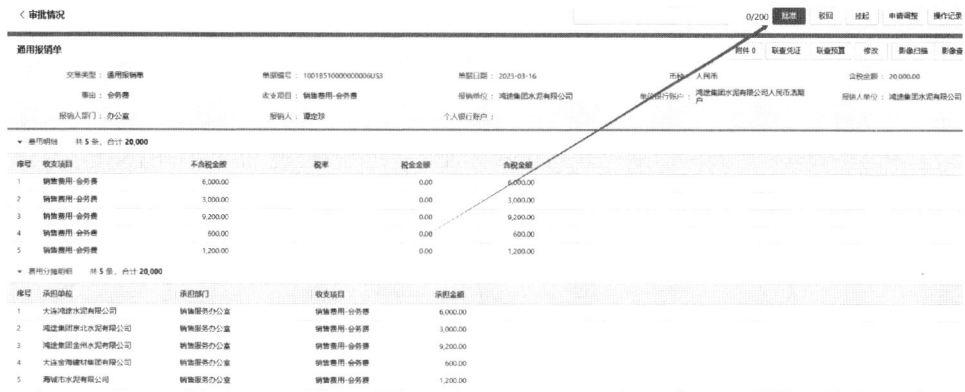

图 7-57 费用初审岗审核报销凭证

第六步：中心出纳岗支付报销款。

①"中心出纳角色"上岗，点击"开始任务"，点击"结算"，如图 7-58 所示。

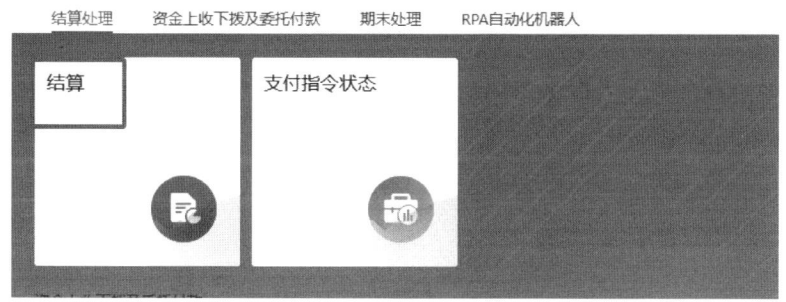

图 7-58 中心出纳进入结算界面

②进入"结算"页面，财务组织选择"鸿途集团水泥有限公司"，日期选择"2023-03-01～2023-04-01"，设置完毕之后，点击"查询"，在"待结算"中点击待结算的通用报销单，如图 7-59 所示。

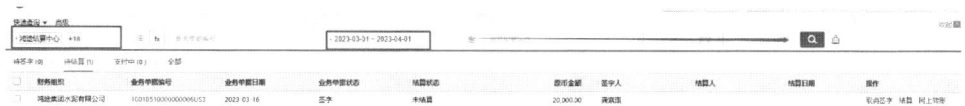

图 7-59 中心出纳结算

③选中需要结算的通用报销单，核对单据，若无误，点击"支付"，选择"网上转账"，点击"确认"，即完成转账操作，如图 7-60 所示。

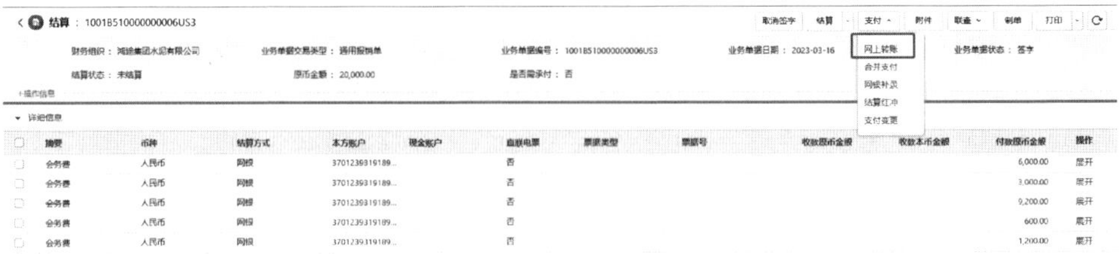

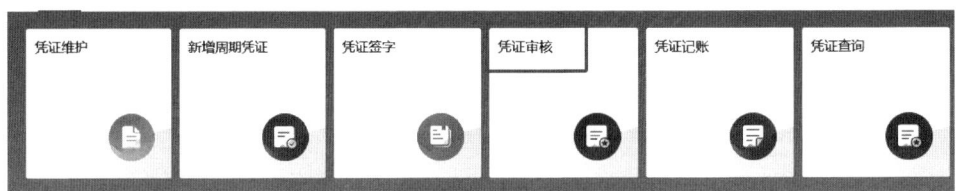

图 7-60　网上转账

第七步：总账主管岗审核记账凭证。

①"总账主管角色"上岗，点击"开始任务"，点击"凭证审核"，如图 7-61 所示。

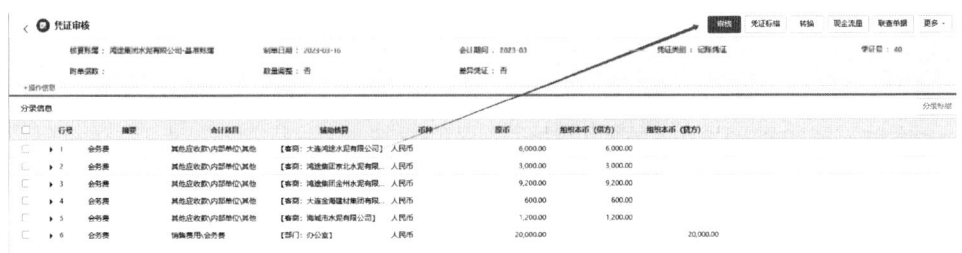

图 7-61　总账主管进入凭证管理

②进入"凭证审核"页面，财务核算账簿选择"0001 基准账簿"，日期选择"2023-03-01~2023-04-01"，设置完毕之后点击"查询"，出现符合条件的记账凭证，如图 7-62 所示。

图 7-62　总账主管查询凭证

③点击符合条件的记账凭证，进入"凭证审核"页面，审核记账凭证是否有原始凭证、是否与原始凭证内容相符以及签字是否齐全等，若审核无误，点击"审核"，即可完成全部业务流程，如图 7-63 所示。

图 7-63　总账主管审核凭证

7.5 智能商旅服务

7.5.1 企业费用管控现状

7.5.1.1 传统模式下的费用管控业务流程

传统报销系统模式下，费用管控在员工满意度、财务处理和分析等方面已无法满足管理需求。传统模式下的费用管控业务流程如图 7-64 所示。

图 7-64 传统模式下的费用管控业务流程

7.5.1.2 企业费用管控存在的问题

（1）费用报销慢，效率低。
① 填报不规范、报销不及时；
② 审批环节多、审批周期长；
③ 审批责任不明确；
④ 单据人工校验，手工凭证，准确度不高。
（2）费用管控落后，管控弱。
① 费用管控依靠人工；
② 预算无法实现事前管控。
（3）数据信息不对称，风险高。
① 业务数据真实性难以验证，增加财务风险；
② 报表数据不及时不准确，增加管理风险。
（4）信息不完整，难以及时管理。
① 无法及时准确了解费用具体支出细节；
② 难以对费用发生过程进行管控。

7.5.1.3 企业差旅管理现状

（1）差旅申请：重事项，轻管控。员工差旅申请只重事项的审批，不太看重费用预算以及费用标准的管控。
（2）商旅预订：重结果，轻过程。商旅预订大部分由员工完成，在报账后才审核结果,对差旅预订过程无管控。

(3)差旅报账:重控制,轻服务。差旅报销单缺少住宿水单驳回;开票信息不准确单据驳回;报销填写不规范驳回等。

7.5.2 智能商旅服务的模式

企业内部资金变革和外部新技术带动商旅管理的模式创新。

7.5.2.1 企业内生资金管理的变革

随着员工出差前预借现金(借款)的场景在很多企业越来越少,因此员工出差垫资问题在很多企业非常普遍。员工垫资向企业垫资转化,企业垫资又进一步向服务商垫资转化的趋势,催生了很多由第三方平台提供智能商旅服务的模式。

7.5.2.2 新技术带动企业商业模式创新

新技术带动企业商业模式创新如图 7-65 所示。

图 7-65 新技术带动企业商业模式创新

7.5.2.3 智能商旅服务的模式

差旅管理,又称商旅管理。TMC 是商旅管理公司(TRAVEL MANAGEMENT COMPANY)的简写。智能商旅服务模式如图 7-66 所示。

图 7-66 智能商旅服务的模式

7.5.3 智能商旅的价值分析

7.5.3.1 智能商旅与报账服务对传统模式的颠覆

智能商旅采用前和采用后，对企业及不同层级员工的影响如表 7-6 所示。

表 7-6 采用智能商旅前后的价值对比

层次	采用前	采用后
企业	· 企业差旅费用居高不下，费用管控力度低 · 企业的差旅报销制度不能很好落实 · 企业的报销流程烦琐，员工满意度低	· 移动互联网时代的智能商旅及报账服务连接社会化服务资源，企业可以自行设置差旅规则，对差旅申请、审批、预订、支付和报账等差旅全流程进行自动化管理
员工	· 报销差旅费用时，每次都要填写厚厚一沓报销单据 · 完成一次费用报销，需要拿着单据逐个找领导审批，审核领导经常出差、会议中 · 个人垫付资金，报销不及时	· 员工管理个人商务旅行，随时随地进行出差申请、商旅及出行预订、差旅费用报销等全线上应用，提高工作效率 · 员工免除垫付资金，不需要贴票报销、商旅报账方便快捷，提升员工满意度
部门经理	· 不能及时了解费用预算执行情况及剩余额度 · 审核待付财务费用时，不能及时获得合法数据或相关材料支持	· 及时审批员工差旅申请，实时掌握费用预算达成情况 · 提升管理水平，提高部门管理满意度，实现管理升级
财务人员	· 员工单据填写不规范 · 报销审核工作占用大量时间，票据审核困难 · 无法掌控各项目、各部门以及异地分公司的费用发生情况 · 企业财务制度难以落实，员工出差商旅预订五花八门，缺少费用报销制度的监管	· 简化财务核算，极大提升财务效率 · 有效管理员工差旅行为和差旅费用 · 帮助企业优化差旅管理规范和流程，将差旅管理规范化、信息化，提升企业的专业形象 · 提高差旅透明度和合规性，更好地进行预算规划、费用管控
CEO	· 不清楚公司的费用支出是否合理，是否带来相匹配的效益 · 费用管理中肯定有疏漏现象，费用居高不下，成本难以降低 · 不能按照企业内部管理的要求获取准确的费用分析数据	· 有效地了解员工差旅行为、企业费用支出情况 · 为企业优化差旅制度、预算规划、员工行为管理、费用控制等提供决策依据

7.5.3.2 智能商旅服务建设方向

智能商旅服务的建设方向，是打通企业商旅报账全流程、实现费用可视可控，如图 7-67 所示。

图 7-67 智能商旅服务的建设方向

7.5.4 构建测试

7.5.4.1 学习操作视频

学生可进入费用共享—商旅报销模块,单击"技术实现",通过"智能商旅订票"和"智能商旅审批"任务指南查看相关学习视频。如图7-68所示。

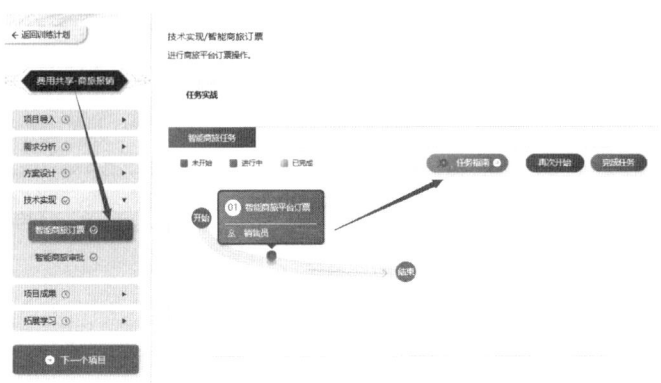

图7-68 智旅学习视频

7.5.4.2 测试用例

鸿途集团水泥有限公司销售服务办公室的销售员李军于2023年3月11~12日从郑州出差到三亚,11日下午1点与客户洽谈,12日支持当地水泥市场推介活动,活动于5点结束。根据《费用管理制度》,只能选用经济舱,住宿酒店标准300元/日/人。

9日李军通过商旅平台完成机票、酒店预订服务。13日李军出差结束,通过商旅平台完成报销(注:在出差地点的机场—酒店间的交通费为市内交通费)。

【注意】

外部原始凭证(住宿发票、机票行程单等),作为本课程的教辅资源,在上课时由教师以物理单证的形式发放给学生,或者由学生自己下载电子版单据进行打印。

7.5.4.3 操作步骤

(1)智能商旅订票。

第一步:销售员在智能商旅平台订票。

① 组长进行角色分配,指定人员登录系统,点击【费用报销-商旅报销】→【技术实现】→【智能商旅订票】。"销售员角色"上岗,点击"开始任务",出现一个二维码,学生可以进行手机扫码操作,也可以单击二维码下方的文字"若App访问不畅,点击这里访问",就会出现一个手机页面,如图7-69所示。

图7-69 销售员扫描二维码

② 进入平台,单击"订购机票",进入订票填制界面,出发地为"郑州",目的地为"三亚",去程日期为"2023-03-11",点击"搜索",查询出结果后,选择任意一到达时间为13:00前的航班进行订票,如点击"南方航空 波音787-9(大型)"进入订票界面。需要注意的是,商旅平台订票时机票金额随时变动,此处列举信息仅作参考,具体金额以3月11日查询出来的金额为准,点击机票信息,单击"下一步",如图7-70~图7-73所示。

图 7-70 进入订票填制页面

图 7-71 填写信息

图 7-72 查询航班信息

图 7-73 选择机票

③ 新增乘机人信息，填写姓名、身份证号、联系电话，单击"确定"，选择乘机人，填写订单联系人手机，单击"去支付"，进入支付页面，单击"企业支付"进行购票付款，如图 7-74~图 7-76 所示。

图 7-74 新增乘客信息

图 7-75 选择乘客

图 7-76 支付机票订单

【注意】三亚返回郑州机票订购操作步骤与郑州至三亚相同。

④ 预约滴滴，单击"滴滴"，进入填制页面，起始地选择"联合花园北门"，目的地选择"郑州新郑国际机场"，单击"确认呼叫"，如图 7-77、图 7-78 所示。

第7章 费用共享业务 155

图7-77 进入滴滴填制页面

图7-78 预定滴滴订单

⑤ 预定酒店,单击"预定酒店",进入填制界面,入住日期为"2023-03-11",离店日期为"2023-03-12",单击"开始搜索",选择"三亚凤凰岛酒店"进行预订,点击"预订酒店",填写入住人信息、联系方式,单击"去支付",确认订房信息,单击"企业支付"进行订购,如图7-79~图7-84所示。

图7-79 进入酒店填制页面

图7-80 查询酒店信息

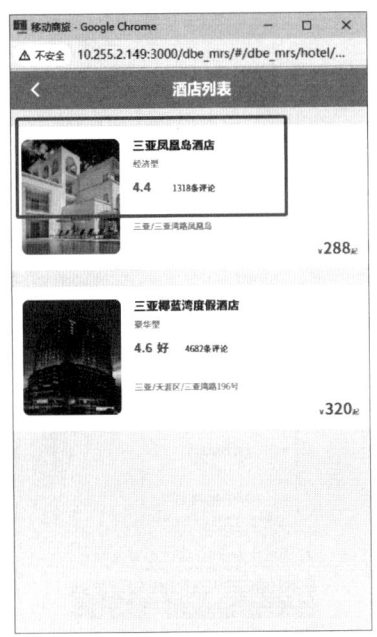

图7-81 选择所需酒店

图7-82 预定房间

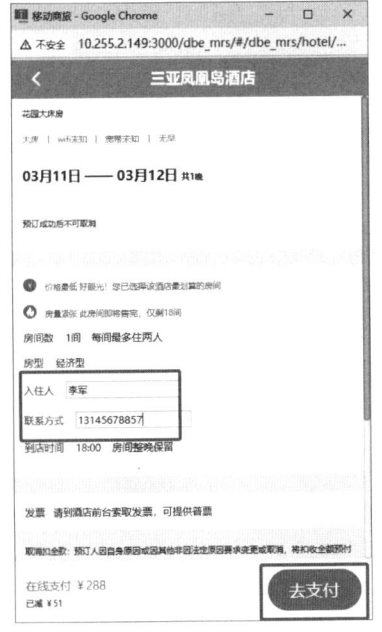

图7-83 填写入住人信息

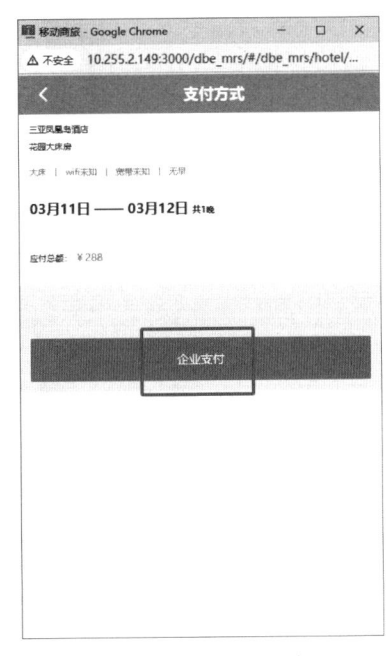

图7-84 支付订单

第二步：销售员提交差旅费报销单。

销售员单击"差旅费报账"，进入报账填制界面，报销日期为"2023-03-13"，事由填写"差旅费用报销"，单击"添加报销明细"添加需报销项，勾选需要报销的信息，单击"确定"按钮进行报销，核对报销明细无误后，单击"提交"完成差旅费用报销，如图7-85～图7-88所示。

第 7 章 费用共享业务 157

图 7-85 进入差旅费报账页面

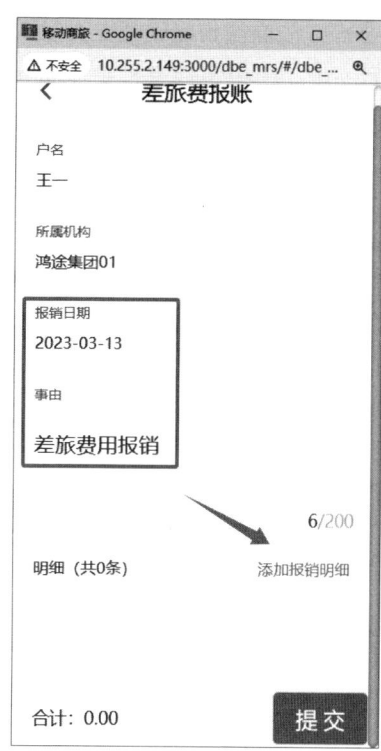

图 7-86 填写报销信息

图 7-87 选择报销项目

图 7-88 提交报销单

（2）智能商旅审批。

第一步：销售经理审批差旅费报销单。

①"销售经理角色"上岗，点击"开始任务"，修改系统日期为"2023-03-14"，在"审批中心"中会显示1笔未处理单据，如图7-89所示。

图7-89　销售经理进入审批中心

②点击"未处理"，进入"审批中心"页面，出现1笔未审批的差旅费报销单，点击"单据详情"，销售经理查看差旅费报销单内容是否与原始单据一致，填写是否完整、是否准确，确认无误之后点击"销售经理角色（批准）"，即完成了销售经理审批，如图7-90所示。

图7-90　销售经理审批差旅费报销单

第二步：业务财务初审报销凭证。

①"业务财务角色"上岗，点击"开始任务"，在"审批中心"中显示1笔未处理单据，如图7-91所示。

图7-91　业务财务进入审批中心

②点击"未处理"，进入"审批中心"页面，出现1笔未审批的差旅费报销单，业务财务人员点击"单据详情"，查看差旅费报销单据是否与原始单据一致，填写是否完整、是否准确，报销人员的直属领导是否签字等，确认无误之后，业务财务人员点击"业务财务角色（批准）"，即完成了业务财务审批，如图7-92所示。

图7-92　业务财务审批差旅费报销单

第三步：费用初审岗进行共享审核

①"费用初审岗角色"上岗，点击"开始任务"，进入"我的作业"页面，出现"待提取1"，如图7-93所示。

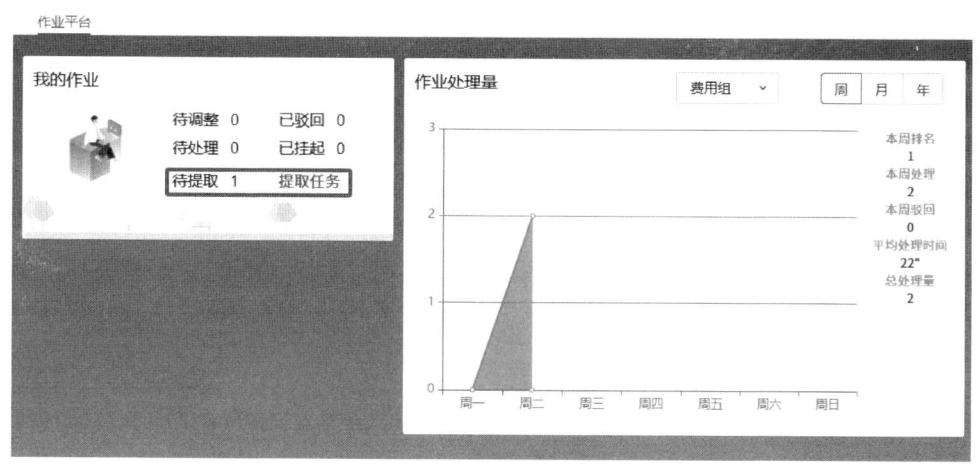

图7-93 费用初审岗进入任务提取页面

② 点击"提取任务"，双击上一步所填制的"差旅费报销单"，进入"差旅费报销单"的审批情况页面，审核差旅费报销单据是否与原始单据一致，填写是否完整、是否准确，相关人员是否签字等，确认无误之后点击"批准"，如图7-94所示。

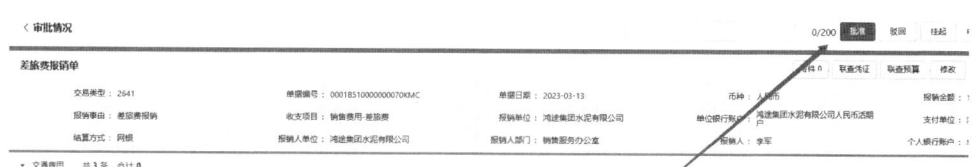

图7-94 费用初审岗审批差旅费报销单

第四步：中心出纳岗支付报销款。

①"中心出纳岗角色"上岗，点击"开始任务"，进入"结算处理"页面，点击"结算"，如图7-95所示。

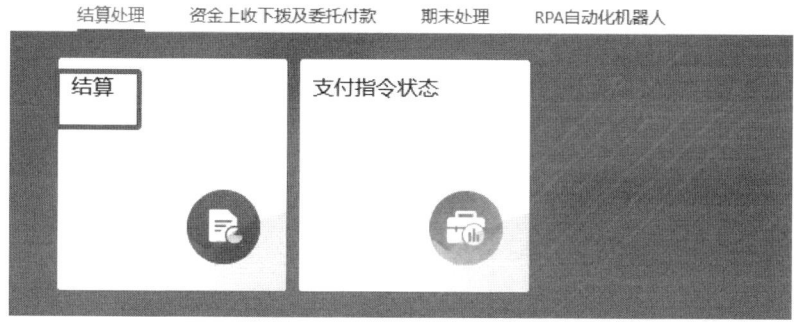

图7-95 中心出纳进入结算页面

②进入"结算"页面,财务组织选择"鸿途水泥集团(包含下级)",日期选择"2023-03-01~2023-04-01",设置完毕之后点击"查询",在"待结算"中查询到需要结算的"差旅费报销单",如图7-96所示。

图7-96 中心出纳查询结算单

③选中需要结算的差旅费报销单,若核对无误,点击"支付",选择"网上转账",点击"确认",系统右上角会显示"支付成功",即完成转账操作,如图7-97所示。

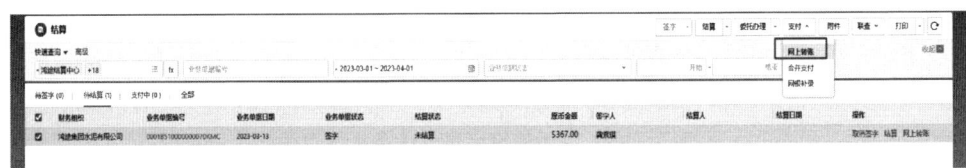

图7-97 进行网上转账

第五步:总账主管岗审核记账凭证。

①"总账主管角色"上岗,点击"开始任务",点击"凭证审核",如图7-98所示。

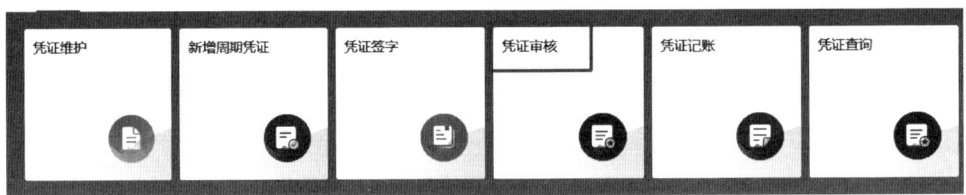

图7-98 总账主管进入凭证管理

②进入"凭证审核"页面,财务核算账簿选择"0001基准账簿",日期选择"2023-03-01~2023-04-01",设置完毕之后点击"查询",出现符合条件的记账凭证,如图7-99所示。

图7-99 总账主管查询凭证

③ 点击符合条件的记账凭证，进入"凭证审核"页面，审核记账凭证是否有原始凭证、是否与原始凭证内容相符以及签字是否齐全等，若审核无误，点击"审核"，即可完成全部业务流程，如图 7 – 100 所示。

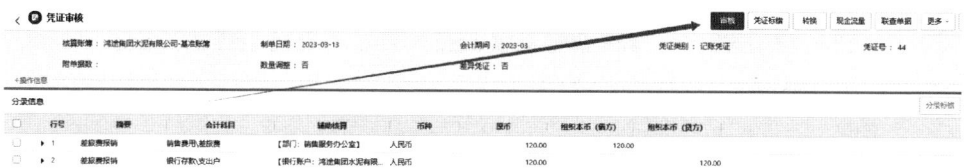

图 7 – 100　总账主管审核凭证

第8章 采购管理——应付共享

[学习目标]

了解采购与应付岗位的工作内容;

掌握采购业务流程及对应的原始凭证;

了解采购业务财税处理规定及技能;

掌握财务共享模式下采购与付款循环的典型业务操作流程。

8.1 采购管理相关知识

8.1.1 采购业务介绍

8.1.1.1 常见采购业务物资分类

不同物资类别,业务特征不同,采购业务控制关键点也有所不同。工业企业的物资,一般分为生产主要原材料、辅材、资产设备、备品备件与工具、办公劳保等低值易耗品;商业企业的物资一般就是商品;服务型行业的物资,可以分为资产设备、项目物资、运维物资等。

8.1.1.2 通用采购业务环节

通用采购业务环节如图8-1所示。

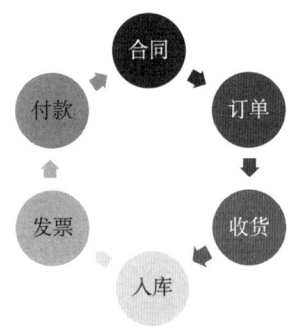

图8-1 通用采购业务环节

8.1.2 采购业务原始单据

8.1.2.1 采购合同

采购合同是采购部门根据采购计划选择供应商，与供应商经过谈判，双方协商一致签订的法律性文件。采购合同主要对采购商品的品种、型号、数量、金额、质量标准、付款方式、货物交付时间及地点、验收方法、甲乙双方的权利和义务、违约责任等方面进行约定，签订合同的双方均受法律保护并承担责任。

8.1.2.2 发票

发票是指一切单位和个人在购销商品、提供或接受服务以及从事其他经营活动中所开具和收取的业务凭证，是会计核算的原始依据，是税务机关控制税源、征收税款的重要依据。发票分为税控设备开具发票与非税控设备开具发票。

（1）税控设备发票是通过增值税发票管理新系统（以下简称新系统）开具的发票的统称。一般主要包括增值税专用发票、增值税普通发票、增值税电子普通发票、机动车销售统一发票和二手车销售统一发票等。

（2）非税控设备开具发票主要指的是定额发票等，主要通过电子（网络）发票的应用系统开具。

8.1.2.3 销售货物或者提供应税劳务清单

一般纳税人销售货物或者提供应税劳务可汇总开具专用发票。汇总开具专用发票的，同时使用增值税发票管理系统开具《销售货物或者提供应税劳务清单》并加盖发票专用章。规定汇总开具的增值税专用发票必须从增值税发票管理新系统中出具清单，至于非专票的，如果购买的商品种类较多，销售方可以汇总开具增值税普通发票。购买方可凭汇总开具的增值税普通发票以及购物清单或小票作为税收凭证。

对于汇总开具专用发票但是未提供《销售货物或者提供应税劳务清单》的专票不得抵扣进项税额。

8.1.2.4 入库单

入库单，是收货单位根据采购单核对采购货物信息，在商品规格型号、数量、质量等符合采购要求验收无误的情况下入库管理的单据。

入库单是对采购实物入库数量的确认，对采购人员和供应商是一种监控，可有效防止采购人员与供应商串通舞弊、虚报采购量、实物短少的风险。

8.1.2.5 付款申请单——银行付款通知单

实际工作中我们将银行收款通知单及银行付款通知单统称为银行回单。

银行回单是企业办理涉及银行收付业务时,银行返给企业的,证明该项业务银行已经处理,是企业编制记账凭证的依据。银行回单是指发生银行业务的凭证,虽然它只是记录业务、卡号和金额的小纸条,但是其重要性却不容小觑。对于企业来说,银行回单是作为附件用来进行账务处理的重要凭证,因此这类附件是不可以丢弃的。银行回单需要入账,而且可以方便期末进行对账或者审计查询。具体见表8-1和图8-2。

表8-1　　　　　　　　　　企业款项结算方式

结算方式	用途
网银转账	普遍采用的结算方式
现金支票	企业提现
转账支票	现在用得较少
商业汇票	电子银行承兑汇票用得较多
现金结算	中小微企业费用报销采用得较多,大中型企业即使费用报销一般也采用网银转账
支付宝、微信	零售业、服务业普遍使用

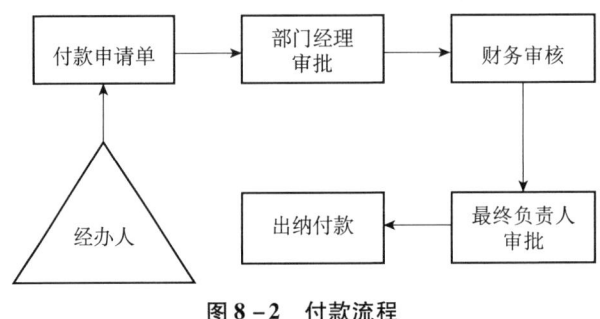

图8-2　付款流程

8.1.3　采购流程

采购共享服务中心的共享服务分为以下三个步骤。

第一步:采购共享服务人员根据授权集中采购小组的采购决策(主要为物料寻源、品种和物料的管理,以及供应商的招标定商定价),通过规范化、标准化的合同模板,按照招标后确定的供应商和物料价格,统一签订采购合同或者协议。

第二步:采购共享服务人员根据服务单位需要的采购规格、数量、交货时间等要求,在采购共享服务平台线上为服务单位下达采购订单,服务单位可以随时要求采购共享服务人员查询、修改、退回订单。

第三步:采购共享服务人员按照生效的订单与供应商进行联系,负责督促供应商发货、物流商交运等协调工作,保障服务单位按时收到所需物料。

8.2 鸿途集团采购业务

8.2.1 鸿途集团物资类别及其特征

(1) 大宗原材料类物资：一般种类少、采购数量大、金额较高，通常按合同采购。
(2) 备品备件类物资：数量少，品类多，易产生库存。
(3) 消耗性物资：办公、劳保等低值易耗品，通常计入企业经营或管理费用。
(4) 设备资产类物资：单件价值高，全生命周期管理。

8.2.2 集团统管的采购业务

原煤的采购由商贸公司统一管理，分别通过中原裕阔商贸有限公司和大连宇阔商贸有限公司为河南区域和东北区域水泥公司提供原煤供应，一般采取议价模式签订合同，供应价格不会高于市场价；水泥公司将中原裕阔商贸有限公司和大连宇阔商贸有限公司视为供应商。

统管物资包括天然石膏、水泥包装袋、耐火砖、火浇注料、铸钢高铬球钢锻、耐热钢件（含锚固钉）、收尘滤袋、喷码机油墨清洗剂、破碎机锤头、输送胶带、斜槽帆布、球磨机衬板、复合耐磨板、链条、料斗、皮带机托辊、余热发电水处理药剂、润滑油脂、轴承、工作服等，由水泥公司物资部通过招标进行采购。

工程装备部统管一部分物资目录：维修、小型电器等，由工程装备部直接招标购买。

集团采购合同与分子公司自采，采购合同没有使用 NCC 系统进行控制与管理，手工操作，因此不能对合同条款、合同执行、合同监控等各方面进行有效管理与控制。

8.2.3 分子公司的采购业务

(1) 供应商管理制度。在招标的过程中对供应商的资质进行审查，审核标准参照准入规则和管理办法。对供应商的考核指标包括价格、质量、信誉度、售后服务、交货能力。统管的供应商考核需要打分，自采的没有考核打分，只进行评价。

(2) 采购日常业务。总部与分子公司之间无法实现采购数据、供应商、采购价格的共享。采购一般都无经济批量，采购数量的控制比较严格，不允许超请购计划采购。采购计划的跟踪，只关注库存数量，不关注采购计划执行后是否使用，长时间不使用的物资计划不进行考核。

（3）采购效率现状：采购计划要平衡分配到多个部门，流程烦琐、效率不高；采购过程通过比质比价、优质优价的原则；平均每个月的采购资金4 000万元，在大修的情况下，会更高。

8.2.4　分子物资统管分类

鸿途集团物资分类主要包括A类物资、B类物资、C类物资和D类物资。

A类物资：原煤、熟料（只针对粉磨站）、石膏、粉煤灰、其他混合材、水泥助磨剂、水泥包装袋、耐火材料、耐磨材料。

B类物资：汽油、柴油、电器材料、轴承螺栓、篷布、橡胶制品、油脂化工、钢材、木材、量刃工具、建筑五金水暖等。

C类物资：低值易耗品、劳动保护用品、办公用品等。

D类物资：大型、通用设备备品备件。

8.3　采购付款现状

8.3.1　备品备件结算

（1）备品备件包括购进的经仓库验收、发放的备品备件、机物料消耗、办公用品等。

（2）备品备件需使用部门派人质检后才能验收入库，如立磨配件、铲车配件、挖掘机配件、减速机配件、轴承、电机、电极、抛丸磨光片等，供应商开具增值税专用发票，按供应处领导签批意见入账，同时冲预付款、扣除质保金的流程。

8.3.2　原燃料结算

（1）每月根据上月供应商应付账款余额，由供应处领导拟定本月付款金额，供应商开具收据，公司领导签批付款的流程。

（2）采购付款周期较长，在一定程度上影响了供应商供货积极性，增加了采购成本。采购付款周期长的原因是历史形成的，任何采购付款都需要有采购发票、合同、到货验收单，三者缺一不可。

8.3.3　采购业务现状总结

原煤的采购由集团统一管理，分别通过中原裕阔商贸有限公司和大连宇阔商贸有限公司为河南区域和东北区域水泥公司提供原煤供应，一般采取议价模式签订合同。

天然石膏、水泥包装袋、耐火砖、火浇注料、铸钢高铬球钢锻、耐热钢件（含锚固钉）、收尘滤袋、喷码机油墨清洗剂、破碎机锤头、输送胶带、斜槽帆布、球磨机衬板、复合耐磨板、链条、料斗、皮带机托辊、余热发电水处理药剂、润滑油脂、轴承、工作服等都是通过招标采购模式执行。

上述物资分类之外的物资目录，由分子公司组织自采。

8.4 操作流程现状

8.4.1 备品备件采购业务操作流程

8.4.1.1 流程现状概述

鸿途集团备品备件采购需要经过以下4个步骤。

第一步：采购订货。对于备品备件的采购，由各子公司的供应处直接向供应商下达订单、启动采购流程。

第二步：订货入库。收到供应商发来的采购货物后，进行验货、质检并登记入库。

第三步：应付挂账。收到供应商的采购发票后，根据双方约定的付款条件延后付款，鸿途集团确认对供应商的应付账款。

第四步：应付付款。达到对供应商付款条件后，发起支付流程、冲销应付账款。

8.4.1.2 详细现状流程

（1）采购订货流程如图8-3所示。

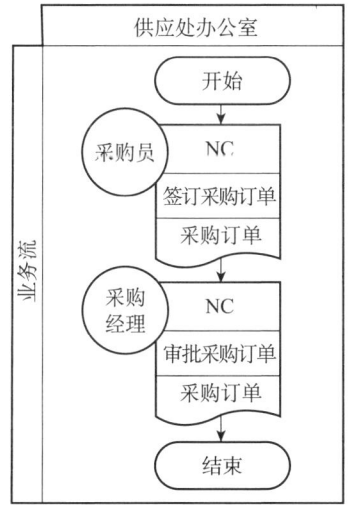

图8-3 采购订货流程

(2) 订货入库流程如图 8-4 所示。

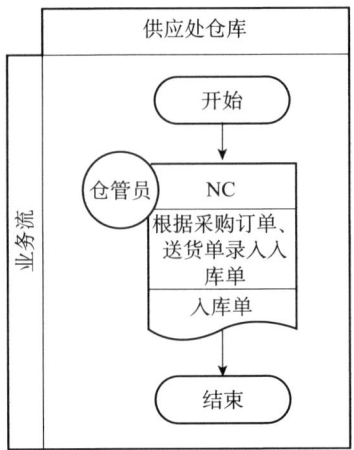

图 8-4 订货入库流程

(3) 应付挂账流程如图 8-5 所示。

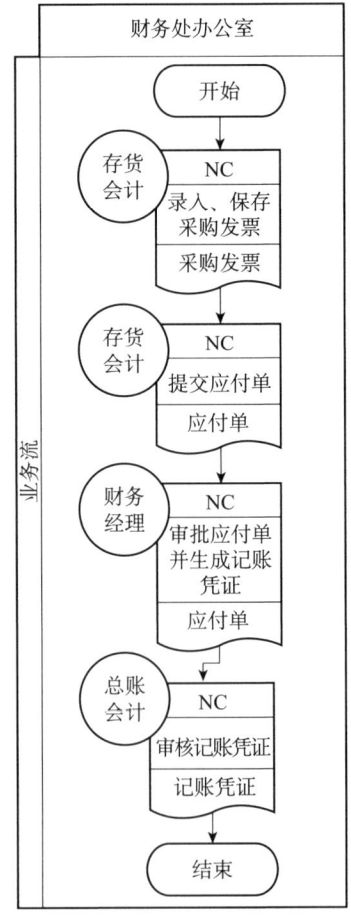

图 8-5 应付挂账流程

(4) 应付付款流程如图 8-6 所示。

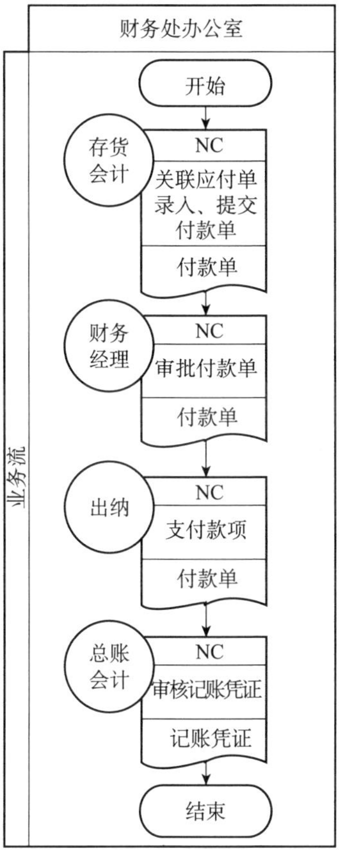

图 8-6 应付付款流程

8.4.2 原燃料采购业务操作流程

8.4.2.1 流程现状概述

鸿途集团原燃料采购需要经过以下 6 个步骤。

第一步：供应商准入。对于拟发生采购交易的、新的供应商需要审批。

第二步：询价。在已经准入的、可用的多家供应商之间进行询价、比价，最终确定拟进行交易的供应商。

第三步：签订采购合同。对于原燃料这样的大宗原材料，鸿途集团要求与供应商按年度签订合同，需要时向供应商下达采购订单。

第四步：采购到货入库。向供应商下达采购订单且收到采购货物后，进行验货、质检并登记入库。

第五步：应付挂账。收到供应商的采购发票后，根据双方约定的付款条件延后付款，鸿途集团确认对供应商的应付账款。

第六步：应付付款。达到对供应商付款条件后，发起支付流程、冲销应付账款。

8.4.2.2 详细现状流程

（1）供应商准入流程如图8-7所示。

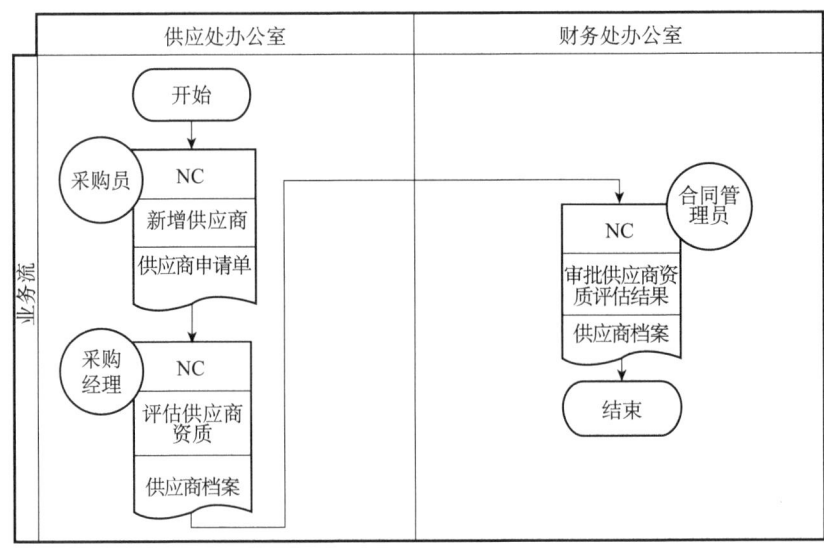

图8-7 供应商准入流程

（2）询价流程如图8-8所示。

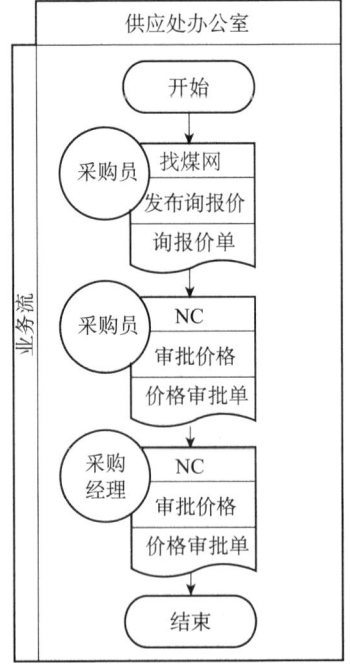

图8-8 询价流程

(3) 签订采购合同流程如图 8-9 所示。

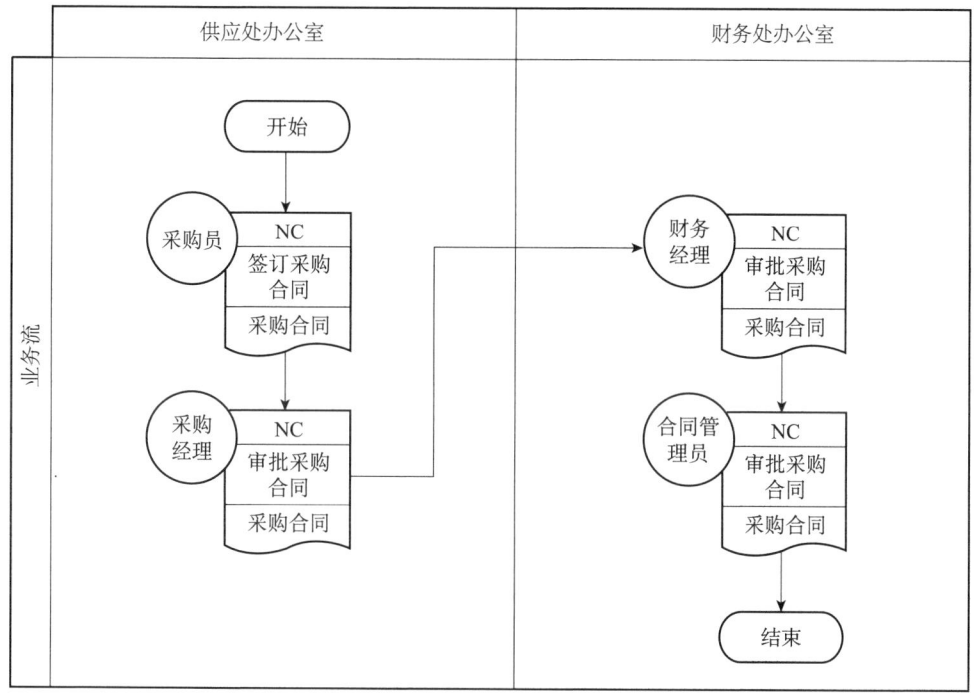

图 8-9　签订采购合同流程

(4) 采购到货入库流程如图 8-10 所示。

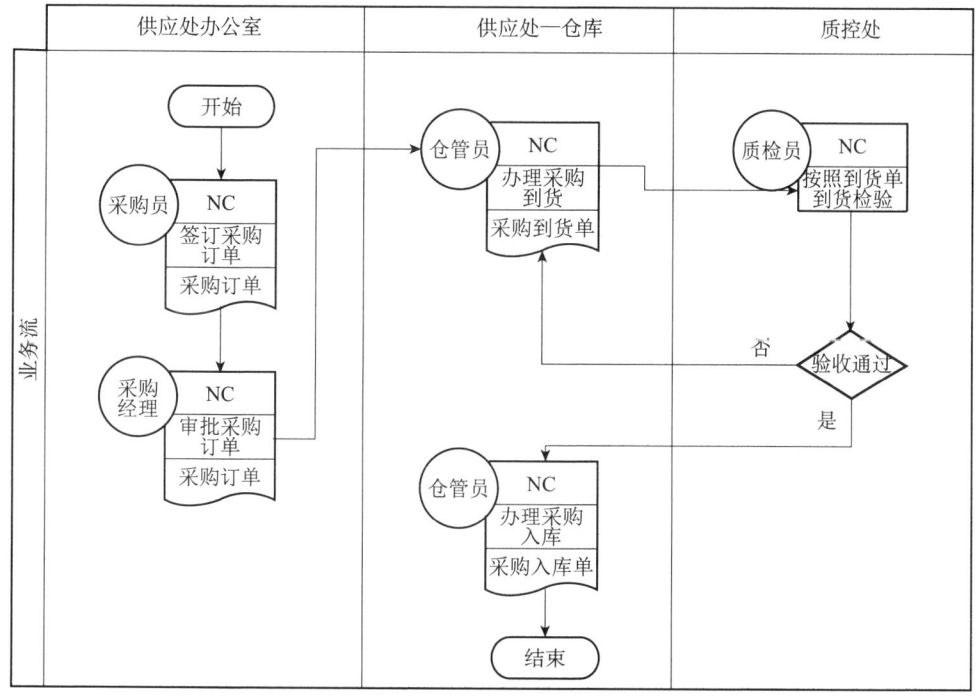

图 8-10　采购到货入库流程

(5) 应付挂账流程如图 8-11 所示。

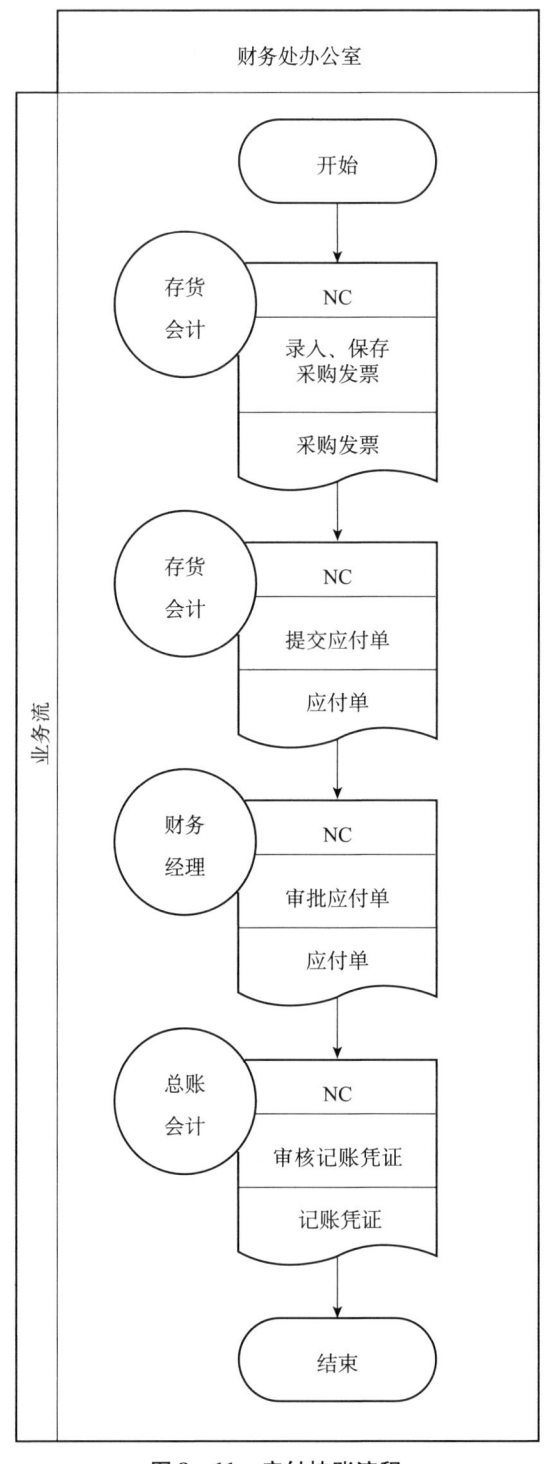

图 8-11 应付挂账流程

(6) 应付付款流程如图 8-12 所示。

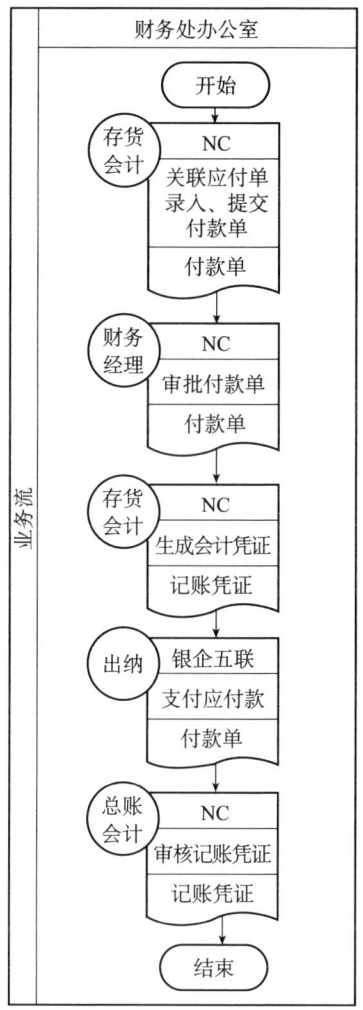

图 8-12 应付付款流程

8.5 备品备件采购业务

8.5.1 规划设计

8.5.1.1 需求假设

(1) 建立财务共享服务中心后,尽量保持现状业务流程的稳定性。
① 根据传递到 FSSC 的业务单据,确定流程中业务单位与 FSSC 的边界,该业务单据都需要经过 FSSC 的审核或初审。

② FSSC 接收业务单据所随附的原始凭证，均由制单人在制单后立即扫描上传；此后要审核该业务单据的环节，均同时审核该业务单据的原始单据影像。

③ 保留在业务单位的工作，流程和职责不变，但原业务单位财务部的工作除财务经理职责外均由业务财务承担。

（2）案例企业鸿途集团的所有收付款，均以网银（银企直联）方式完成。

（3）案例企业鸿途集团最终选择的是单共享中心模式。

（4）为了让共享中心审核有据，所有进入 FSSC 审核的业务单据，必须随附外部原始凭证的影像。

① 走作业组的业务单据，用影像上传的方法随附影像。

② 不走作业组而走重量端的业务单据，用拍照后添加附件的方法随附影像。

（5）为了简化学生的构建测试工作，共享后流程中审批环节最高只设计到子公司总经理。

8.5.1.2 共享后流程所用到的业务单据

备品备件共享流程业务单据如表 8-2 所示。

表 8-2　　　　　　　　备品备件共享流程业务单据

序号	名称	是否进 FSSC	是否属于作业组工作	流程设计工具
1	采购订单	N	—	审批流
2	入库单	N	—	审批流
3	采购发票	N	—	审批流
4	应付单	Y	Y	工作流
5	付款单	Y	Y	工作流

注：Y 代表"是"，N 代表"否"。

8.5.1.3 操作指导

（1）采购到货入库操作指导如图 8-13 所示。

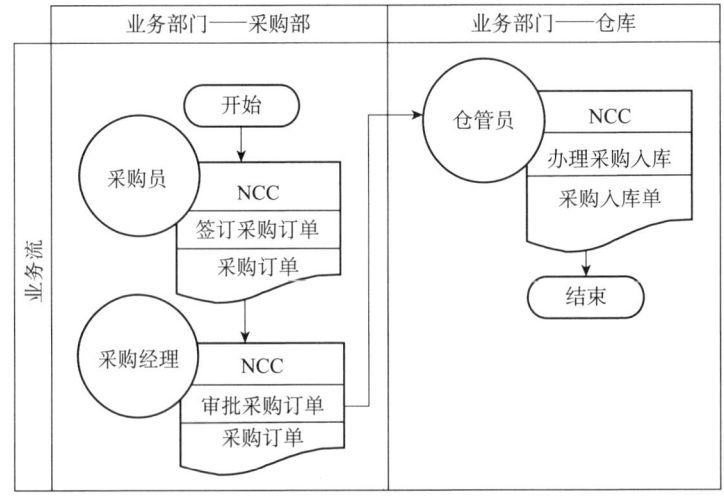

图 8-13　采购到货入库操作指导

(2) 应付挂账操作指导如图 8-14 所示。

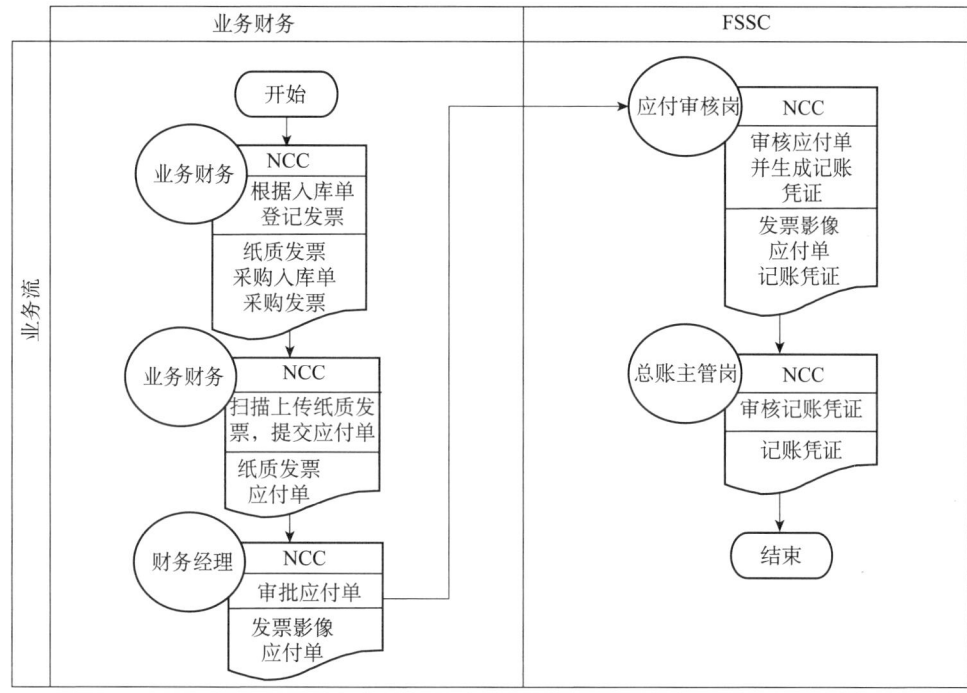

图 8-14 应付挂账操作指导

(3) 应付付款操作指导如图 8-15 所示。

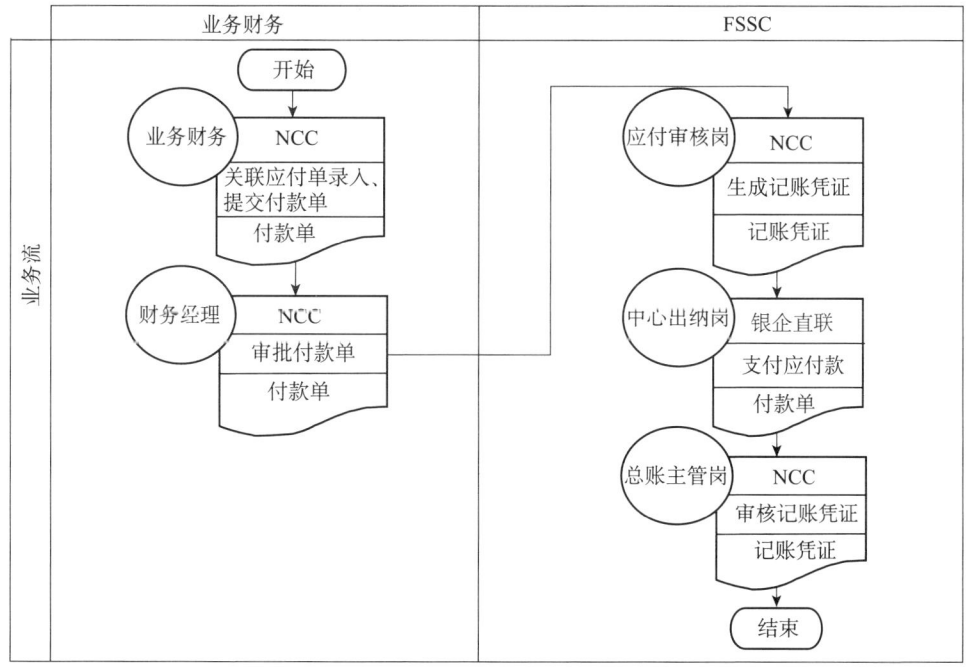

图 8-15 应付付款操作指导

8.5.2 构建测试

8.5.2.1 工作流与审批流配置

被组长分配了系统管理员角色的学生，进入 DBE 系统，在"训练计划"下，选择"采购应付共享—备品备件采购"，点击"技术实现"下"01 系统流程配置"。"集团管理员角色"上岗，点击"开始任务"，进行工作流和审批流的配置。

【注意】

（1）配置工作流。点击"流程管理"下"工作流定义—集团"，选择"采购管理"，点击"查询"，开启相应单据的工作流，如图 8-16 所示。

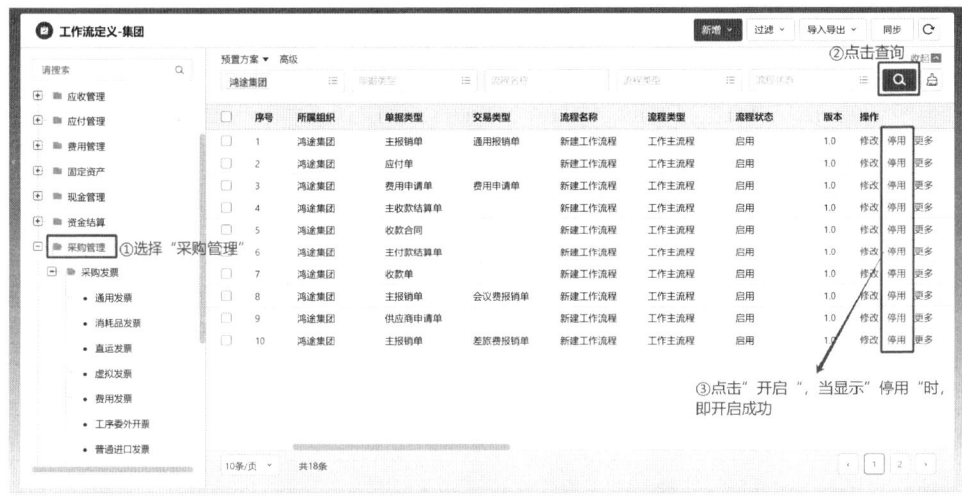

(a) 采购管理工作流定义

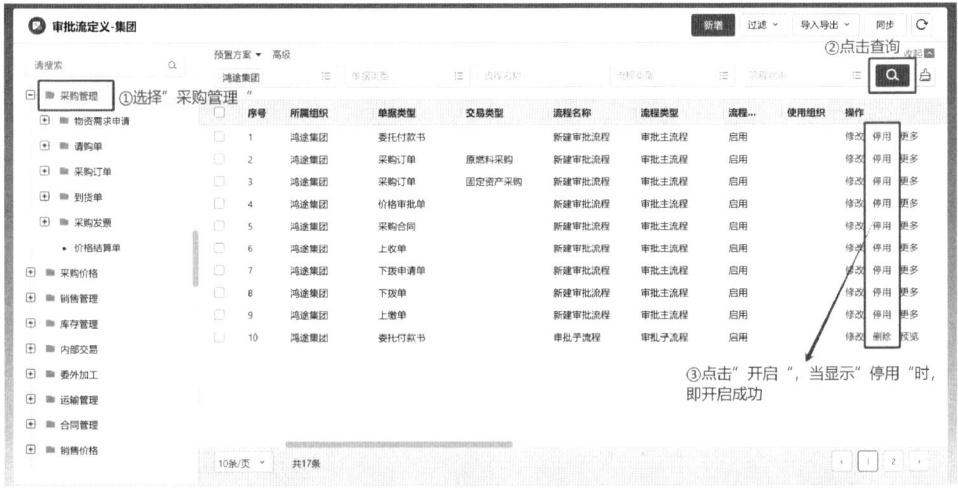

(b) 采购管理审批流定义

图 8-16 配置工作（审批）流

(2) 配置审批流。"采购应付共享—备品备件采购＞＞技术实现＞＞01 系统流程配置＞＞开始任务＞＞审批流定义—集团"。

8.5.2.2 测试用例

2023 年 3 月 1 日鸿途集团水泥有限公司提出物资采购需求，请购信息如表 8-3 所示（其中单价含有 13% 的增值税）。

表 8-3　　　　　　　　　　　请购信息

物料名称	需求数量	单价	供应商
公制深沟球轴承	100 个	1130 元	东莞市大朗昌顺五金加工厂

2023 年 3 月 10 日"公制深沟球轴承"到货并检验入库，采购发票随货同到。

备注：发票中的购货单位全称为东莞市大朗昌顺五金加工厂；纳税人识别号为 645679792819382084；地址和电话为东莞市大朗镇美景中路 65 号 0769 - 22620821；开户行及账号为中国工商银行东莞大朗支行 345509021300934560。

2023 年 3 月 15 日，公司完成该笔款项支付。

【注意】

（1）外部原始凭证送货单及采购发票，作为本课程的教辅资源，在上课时以物理单证的形式发放给学生。

（2）领导审批时需要将日期切换到 2023 年 3 月。

（3）付款回单若要作为原始凭证存档，教学平台将提供银行回单查询及打印功能。

8.5.2.3 操作步骤

（1）采购挂账。

第一步：采购员录入采购订单。

① "采购员角色"上岗，点击"开始任务"，将系统时间修改为 2023 - 03 - 01，选择"采购订单维护"，如图 8 - 17 所示。

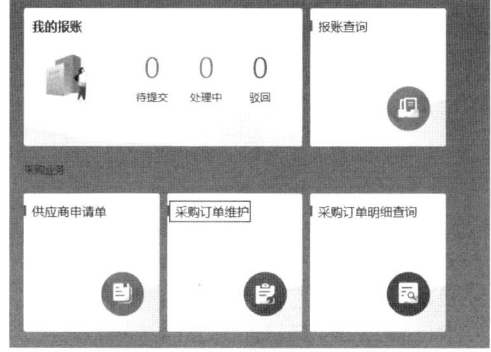

图 8 - 17　采购员进入 DBE 系统平台

② 点击"新增",选择"自制",如图 8-18 所示。

图 8-18 采购员自制采购订单

③ 依据背景资料,输入"采购组织""订单类型""日期"等,如图 8-19 所示。

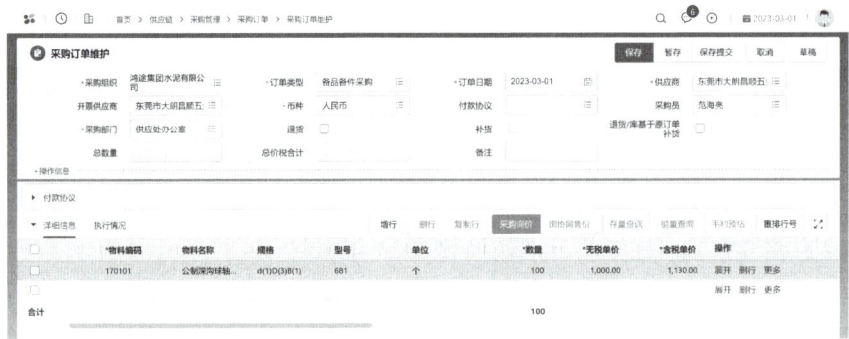

图 8-19 采购员自制采购订单

④ 无误之后,点击"保存提交",如图 8-20 所示。

图 8-20 采购员保存提交采购单

第二步:采购经理审批采购订单。

"采购经理角色"上岗,点击"开始任务",点击"未处理",选择未审核的供应商申请单,查看采购订单详细信息,确认无误后点击"批准",系统右上角提示"审批完成",如图 8-21 所示。

第8章 采购管理——应付共享 179

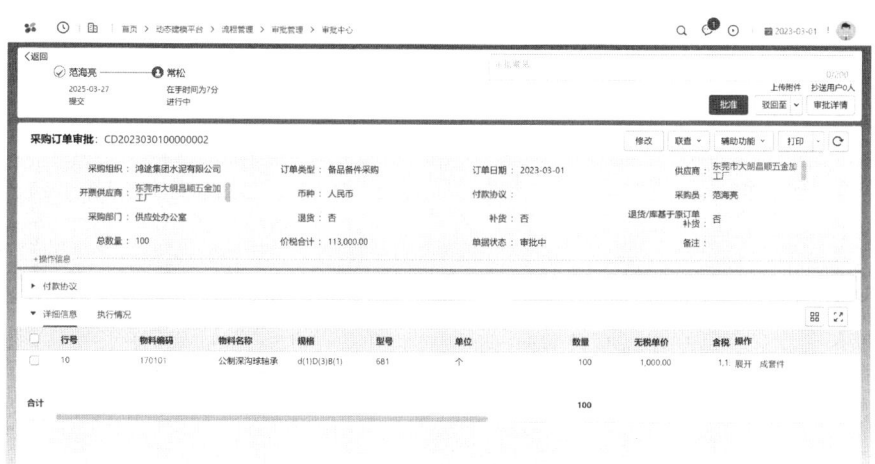

图 8-21 采购经理审批采购订单

第三步：仓管员录入入库单。

① "仓管员角色"上岗，点击"开始任务"，将系统时间修改为"2023-03-10"，选择"采购入库"，点击"新增"，选择"采购业务入库"，如图 8-22 所示。

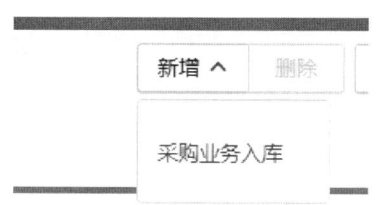

图 8-22 仓管员进入轻量端

② 点击"采购订单"，输入查询条件，组织选择"鸿途集团水泥有限公司"，日期选择"2023-03-01~2023-03-01"，点击"查询"，如图 8-23 所示。

图 8-23 仓管员查询采购订单

③ 勾选采购订单，点击右下角"生成入库单"，如图8-24所示。

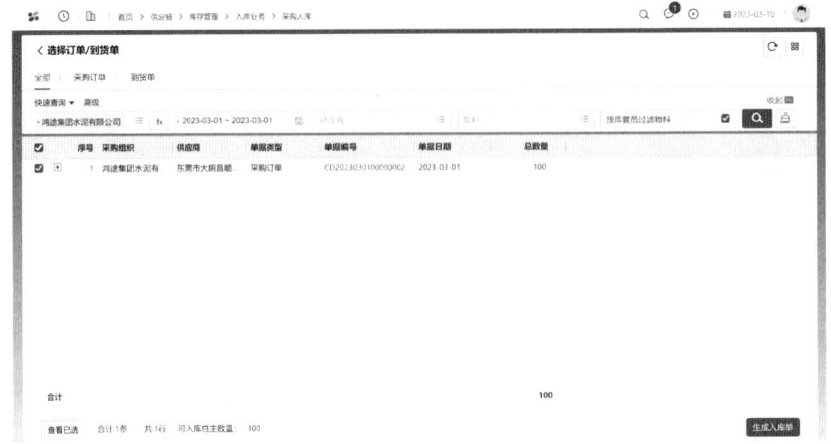

图8-24 仓管员生成入库单

④ 输入单据日期、仓库、出入库类型等信息，点击自动取数（因为实有数量是空的），最后点击"保存"和"签字"，如图8-25所示。

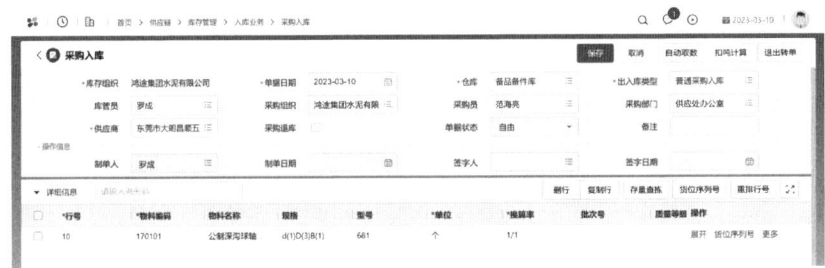

图8-25 仓管员保存入库单并签字

（2）应付挂账。

第一步：业务财务录入发票。

①"业务财务角色"上岗，点击"开始任务"，选择"采购发票维护"，如图8-26所示。

图8-26 业务财务进入NCC

② 点击"采购发票维护",选择"新增",点击"采购收票",如图 8 – 27 所示。

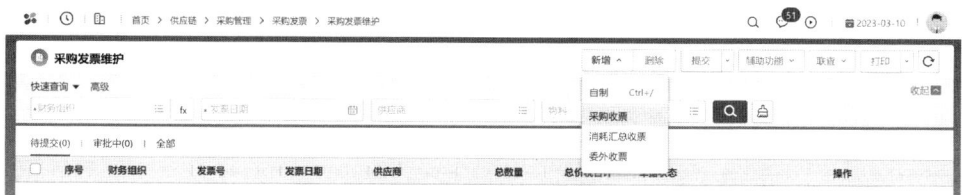

图 8 – 27　业务财务收票

③ 单击"采购入库单",输入查询条件,组织选择"鸿途水泥集团有限公司",日期选择"2023 – 03 – 10 ~ 2023 – 03 – 10",点击"查询",如图 8 – 28 所示。

图 8 – 28　业务财务查询采购入库单

④ 勾选"采购入库单",点击右下角"生成发票",如图 8 – 29 所示。

图 8 – 29　业务财务生成采购发票

⑤ 修改发票日期,依据资料所给发票日期进行填写,确认无误后点击"保存提交",如图 8 – 30 所示。

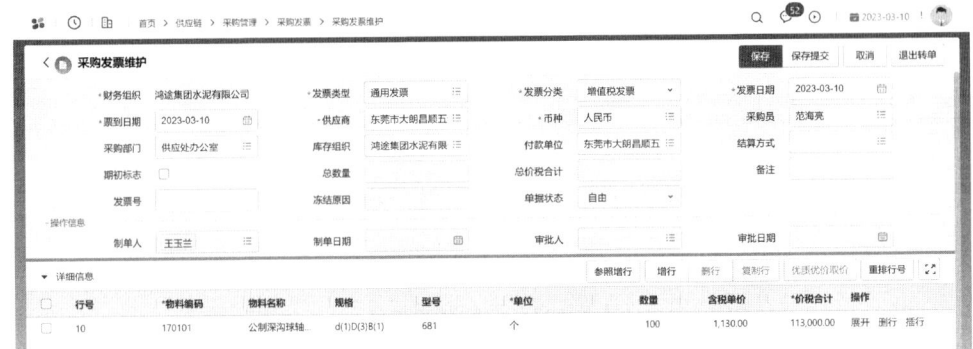

图 8-30　业务财务保存提交采购发票

第二步：业务财务提交应付单。

①"业务财务角色"上岗，点击"开始任务"，修改系统时间为"2023-03-15"，点击"我的报账"下"1 待提交"，进入"我的报账"界面，点击单据编号，查询单据信息，如图 8-31 所示。

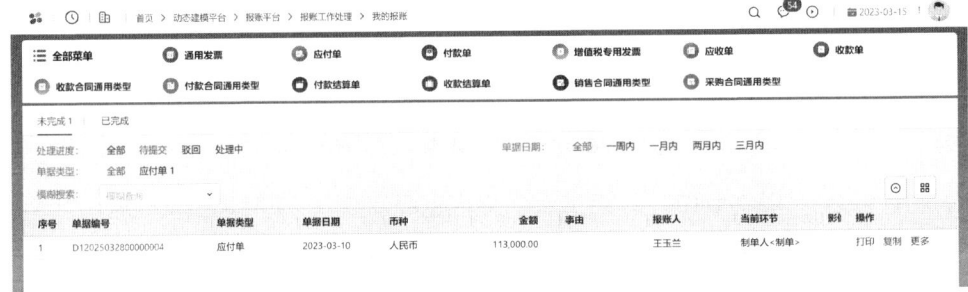

图 8-31　业务财务查询应付单

②确认无误之后点击"提交"，如图 8-32 所示。

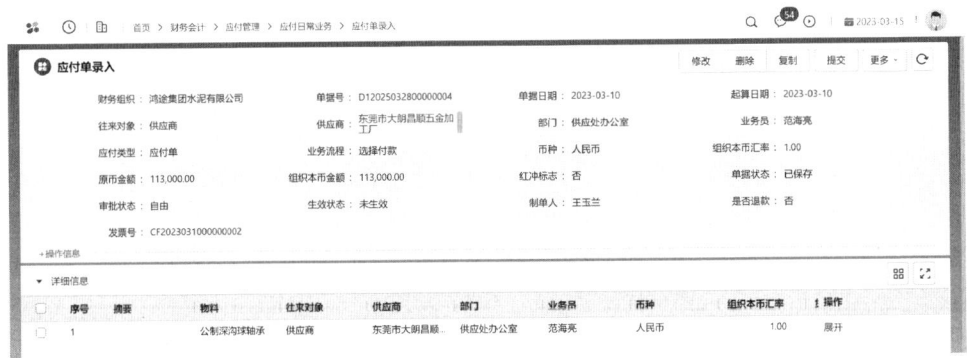

图 8-32　业务财务提交应付单

第三步：财务经理审批应付单。

"财务经理角色"上岗，点击"开始任务"，选择未处理，查看应付单据详情，确认无误后点击"批准"，如图 8-33 所示。

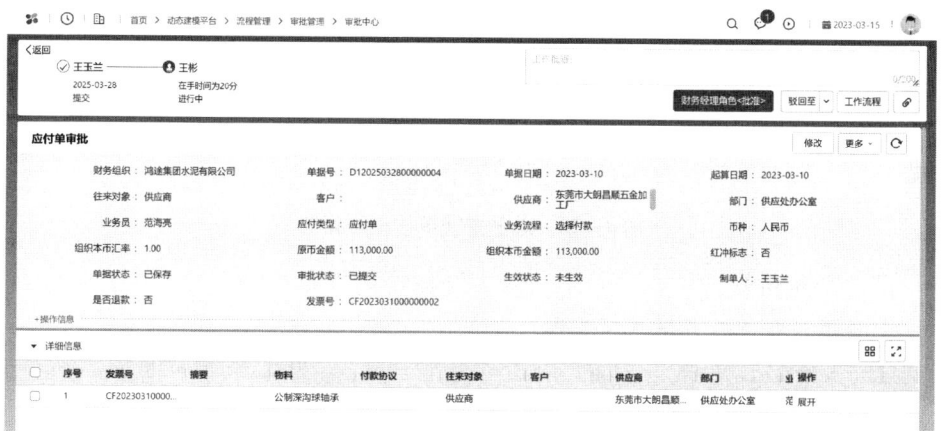

图 8-33　财务经理审批应付单

第四步：应付初审岗审核应付单。

①"应付初审岗角色"上岗，点击"开始任务"，提取任务，点击"待处理"，如图 8-34 所示。

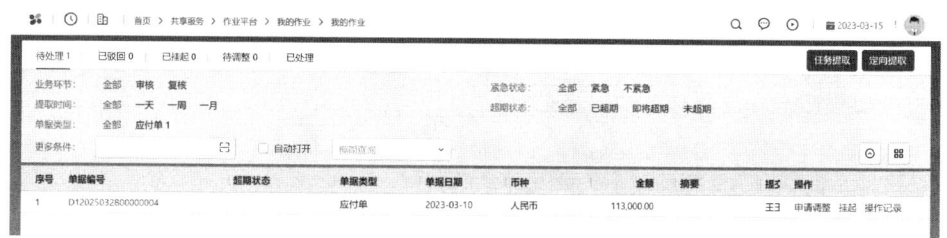

图 8-34　应付初审岗提取任务

②单击"应付单"，进行审核，确认无误之后点击"批准"，如图 8-35 所示。

图 8-35　应付初审岗审核应付单

第五步：总账主管岗审核记账凭证。

"总账主管角色"上岗，点击"开始任务"，进行凭证审核，输入查询条件进行查询，勾选该单据，确认无误之后点击"批准"，如图 8-36 所示。

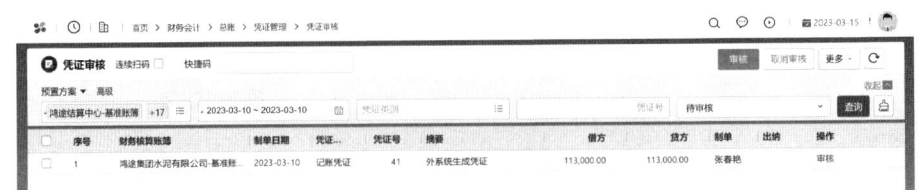

图8-36 总账主管审核记账凭证

(3) 应付付款。

第一步：业务财务录入付款单。

① "业务财务角色"上岗，点击"开始任务"，修改系统时间为"2023-03-15"，点击"付款单管理"，如图8-37所示。

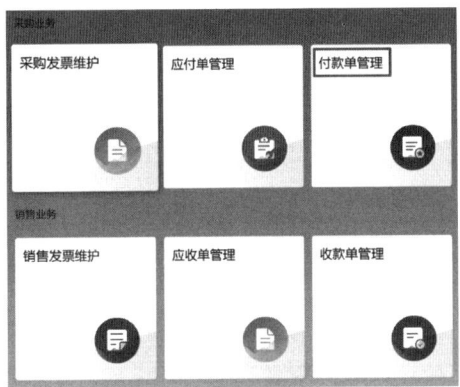

图8-37 业务财务进入NCC

② 点击"新增"，选择"应付单"，如图8-38所示。

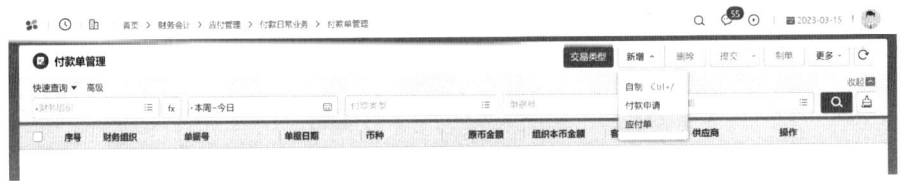

图8-38 业务财务新增应付单

③ 输入查询条件，组织选择"鸿途水泥集团有限公司"，日期选择"2023-03-01~2023-03-15"，点击"查询"，如图8-39所示。

图8-39 业务财务查询应付单

④ 勾选对应单据，点击右下角"生成下游单据"，如图8-40所示。

第 8 章 采购管理——应付共享 185

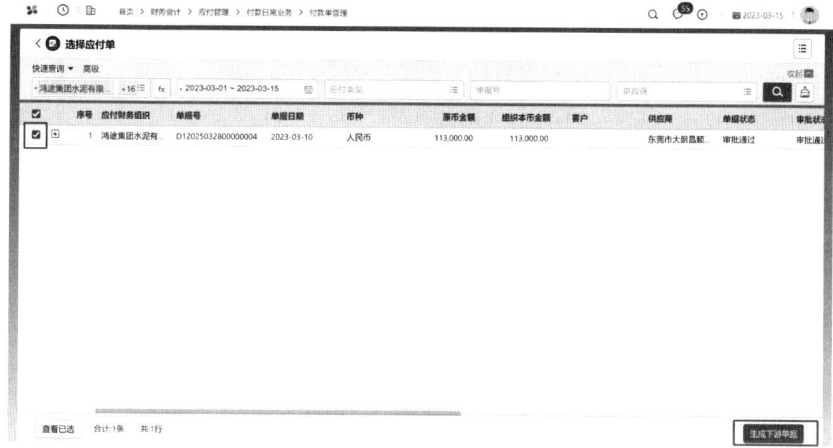

图 8-40 业务财务生成付款单

⑤ 输入结算方式、付款银行账户、部门（供应处办公室）等，点击"保存提交"，如图 8-41 所示。

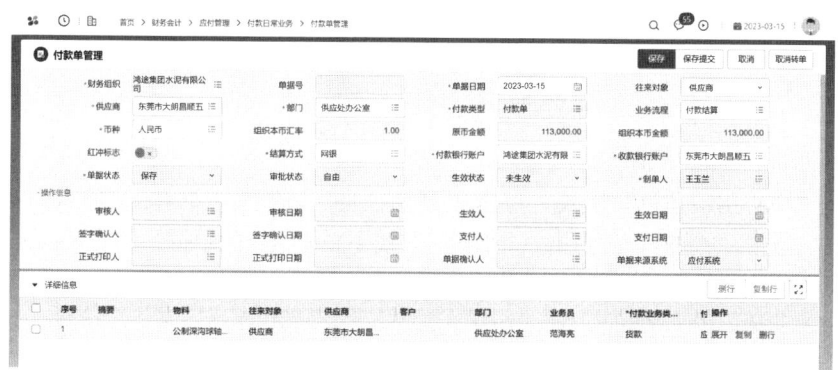

图 8-41 业务财务保存提交付款单

第二步：财务经理审核付款单。

"财务经理角色"上岗，点击"开始任务"，点击"未处理"，查看单据，确认无误之后点击"批准"，如图 8-42 所示。

图 8-42 财务经理审核付款单

第三步：应付初审岗进行审核。

① "应付初审岗角色"上岗，点击"开始任务"，提取任务，点击"待处理"，如图 8-43 所示。

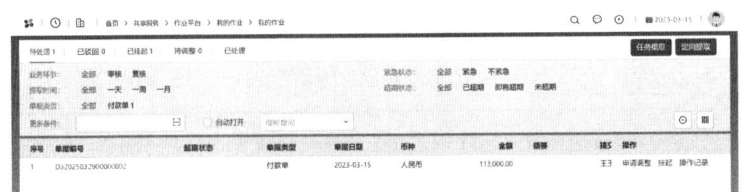

图 8-43　应付初审岗提取任务

② 单击对应单据，进行审核，确认无误之后点击"批准"，记账凭证会自动生成，如图 8-44 所示。

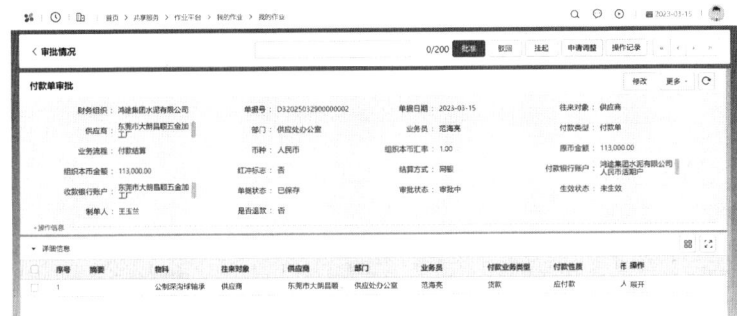

图 8-44　应付初审岗审核付款单

第四步：中心出纳支付应付款。

①"中心出纳角色"上岗，点击"开始任务"，选择"结算"，输入财务组织等信息，点击"查询"，并点击"待结算"，找到需要结算的单据，如图 8-45 所示。

图 8-45　中心出纳结算

② 勾选对应单据，选择支付方式，点击"网上转账"，系统会提示支付成功，如图 8-46 所示。

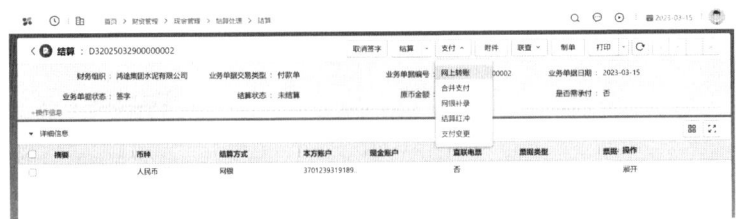

图 8-46　中心出纳支付应付款

第五步：总账主管审核记账凭证。

"总账主管角色"上岗，点击"开始任务"，选择"凭证审核"，输入查询条件，点击需要审核的凭证,查看记账凭证是否有误,无误之后点击"审核",如图8-47所示。

图 8-47 总账主管审核记账凭证

8.6 原燃料采购业务

8.6.1 规划设计

8.6.1.1 需求假设

(1)建立财务共享服务中心后,尽量保持现状业务流程的稳定性。

① 根据传递到 FSSC 的业务单据,确定流程中业务单位与 FSSC 的边界,该业务单据都需要经过 FSSC 的审核或初审。

② FSSC 接收业务单据所随附的原始凭证,均由制单人在制单后立即扫描上传;此后要审核该业务单据的环节,均同时审核该业务单据的原始单据影像。

③ 保留在业务单位的工作,流程和职责不变,但原业务单位财务部的工作除财务经理职责外均由业务财务承担。

(2)案例企业鸿途集团的所有收付款,均以网银(银企直联)方式完成。

(3)案例企业鸿途集团最终选择的是单共享中心模式。

(4)为了让共享中心审核有据,所有进入 FSSC 审核的业务单据,必须随附外部原始凭证的影像。

① 走作业组的业务单据,用影像上传的方法随附影像。

② 不走作业组而走重量端的业务单据,用拍照后添加附件的方法随附影像。

(5)为了简化学生的构建测试工作,共享后流程中审批环节最高只设计到子公司总经理。

8.6.1.2 共享后流程所用到的业务单据

原材料采购共享业务单据如表 8-4 所示。

表 8-4　　　　　　　　　原材料采购共享业务单据

序号	名称	是否进 FSSC	是否属于作业组工作	流程设计工具
1	供应商申请单	Y	Y	工作流
2	询报价单	N	—	审批流
3	价格审批单	N	—	审批流

续表

序号	名称	是否进 FSSC	是否属于作业组工作	流程设计工具
4	采购合同	Y	N	审批流
5	采购订单	N	—	审批流
6	采购到货单	N	—	审批流
7	采购入库单	N	—	审批流
8	采购发票	N	—	审批流
9	应付单	Y	Y	工作流
10	付款单	Y	Y	工作流

【注意】

(1)"是否进 FSSC",表示该业务单据的处理过程是否需要财务共享服务中心参与。Y 表示需要,N 表示不需要。

(2)"是否属于作业组工作",表示是否需要分配到某个 FSSC 作业组,必须由该组成员从作业平台上提取进行处理。Y 表示属于,N 表示不属于。只有进 FSSC 的业务单据才有这个问题。

(3)"流程设计工具",是指用 NCC 的哪一个流程平台来对该业务单据进行流程建模。NCC 中有"业务流""工作流""审批流"3 种流程建模平台,在本课程实训环节,业务流部分已经预置到教学平台中,学生需要进行工作流或审批流的建模。

8.6.1.3 操作指导

(1)供应商准入操作指导如图 8-48 所示。

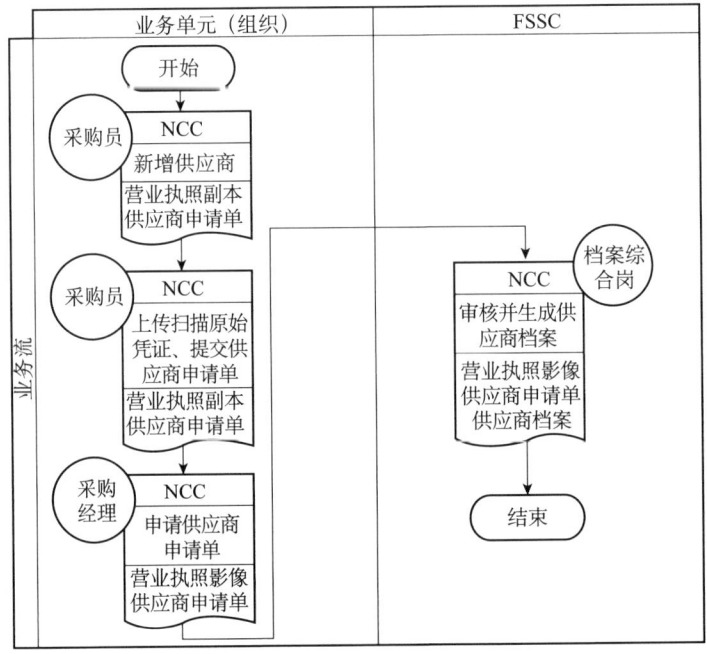

图 8-48 供应商准入操作指导

(2) 询价操作指导如图 8-49 所示。

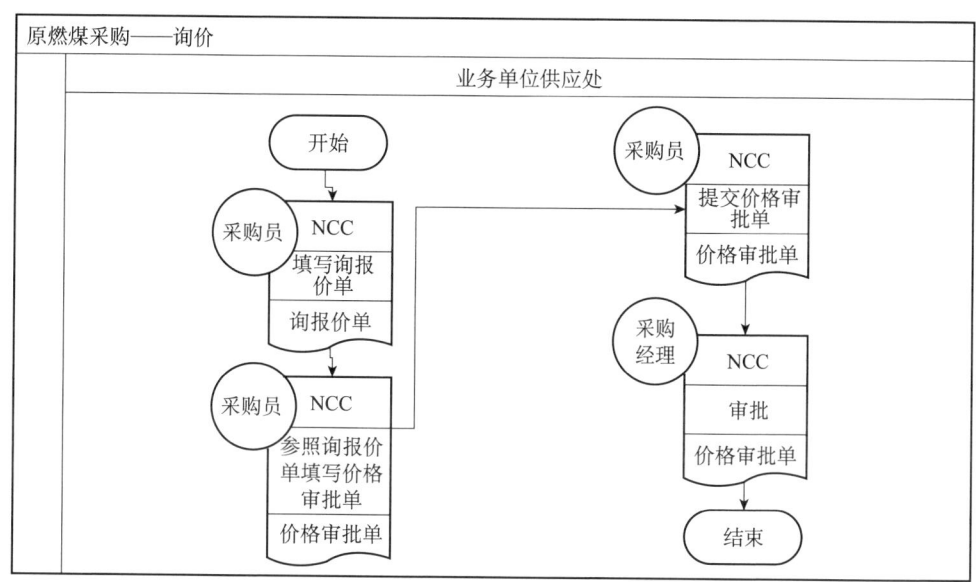

图 8-49 询价操作指导

(3) 签订采购合同操作指导如图 8-50 所示。

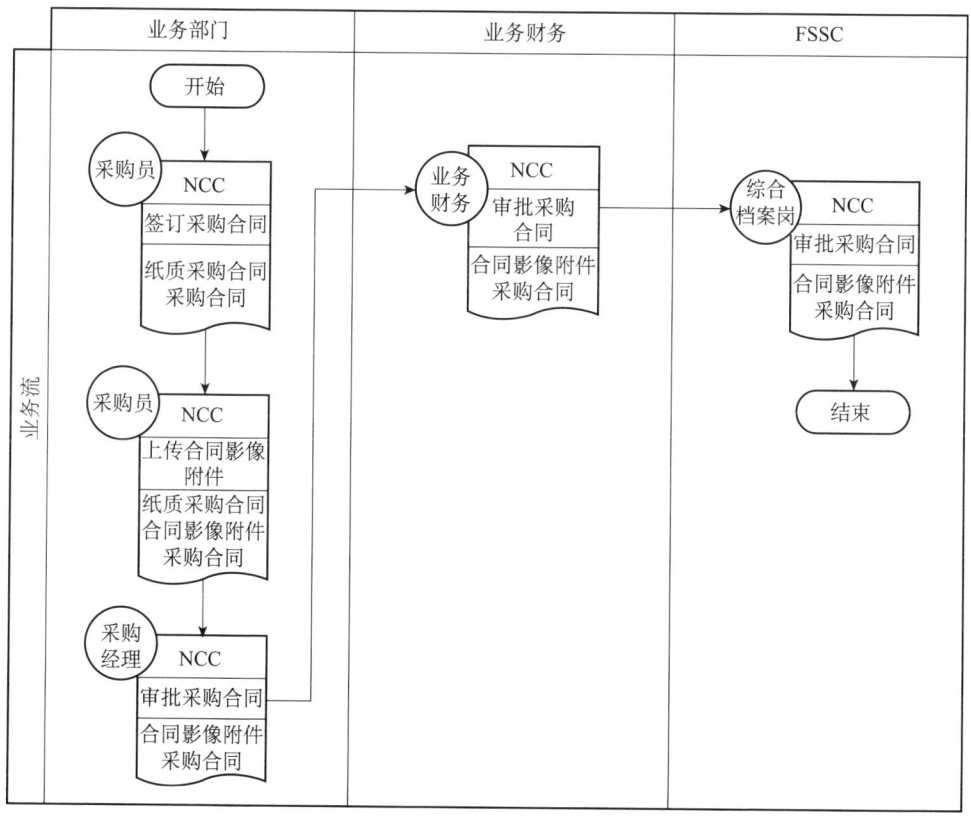

图 8-50 签订采购合同操作指导

(4) 采购到货入库操作指导如图 8-51 所示。

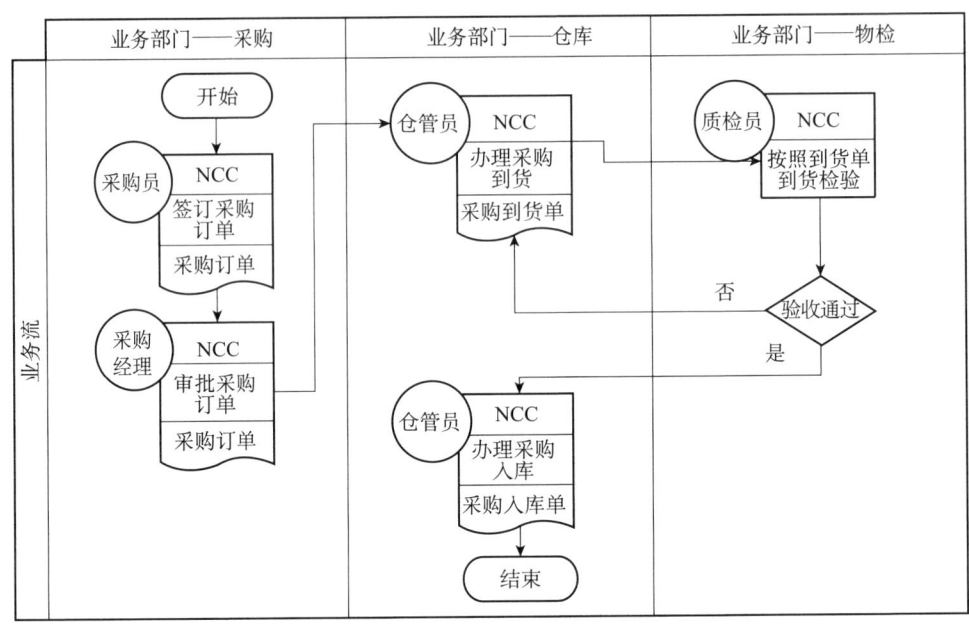

图 8-51 采购到货入库操作指导

(5) 应付挂账操作指导如图 8-52 所示。

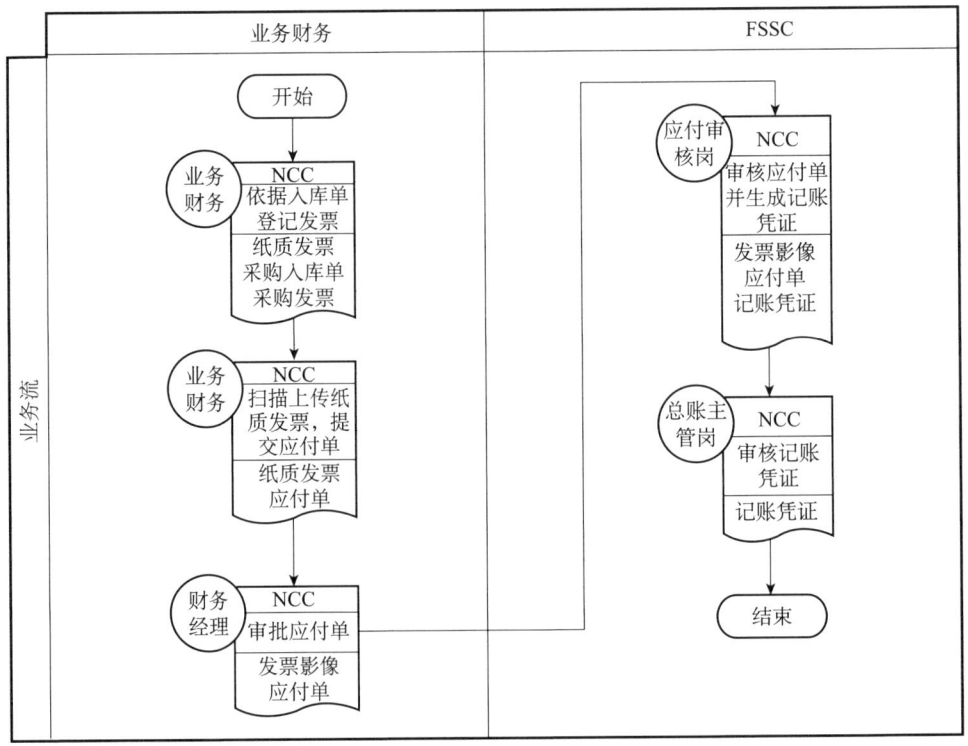

图 8-52 应付挂账操作指导

(6) 应付付款操作指导如图 8-53 所示。

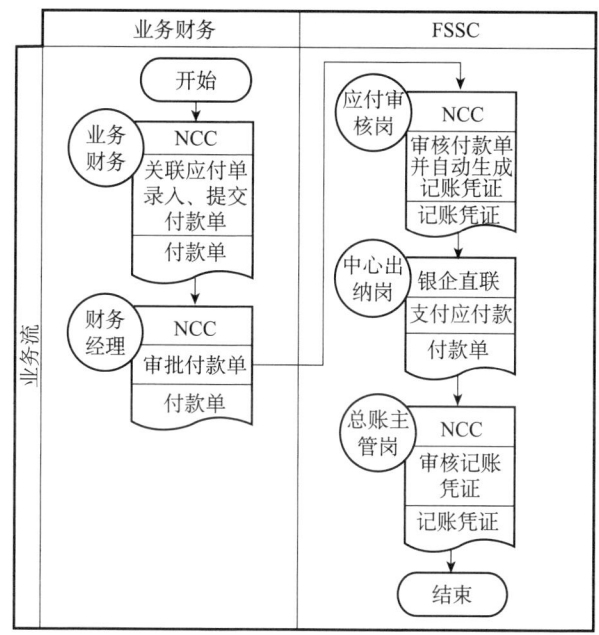

图 8-53　应付付款操作指导

8.6.2　构建测试

8.6.2.1　测试用例

(1) 供应商准入。2023 年 3 月 3 日，鸿途集团水泥有限公司根据业务需要，申请新增 1 家石膏供应商：郑州瑞龙有限公司（联系人：刘捷；职位：销售代表；手机联系方式：182****4432），连带此供应商的营业执照副本（复印件）提交审批。经过审定，决定将此供应商纳入公司正式供应商名录（供应商准入目的组织为集团；供应商编码：G300550），有效期截至 2023 年 3 月 31 日。

(2) 询价。2023 年 3 月 5 日，公司进行下半年原煤价格评估，并在找煤网上进行询价，有 3 家供应商发来价格信息（见表 8-5）。

表 8-5　　　　　　　　　　供应商价格信息

供应商	含税单价（元/吨）
陕西黑龙沟矿业有限责任公司	553.70
中煤集团有限公司	565.00
神华乌海能源有限公司	621.50

最后经过综合评估，将下半年的原煤价格确定为 565.00 元/吨（含税单价，税率 13%），由中煤集团有限公司负责供应，并签订原煤供应合同。

(3) 签订采购合同。2023年3月10日鸿途集团水泥有限公司与中煤集团有限公司签署采购合同（合同编码：PC20230100），签约信息详见纸质合同。

(4) 采购到货入库。

① 2023年3月15日鸿途集团水泥有限公司提出物资采购订单需求，订单信息如表8-6所示。

表8-6　物资采购订单

项目名称	需求数量	供应商
原煤	1000吨	中煤集团有限公司

② 2023年3月21日"原煤"过磅，到货并检验入库，发票随货同到（见表8-7）。

表8-7　发票信息

项目名称	需求数量	含税单价	价税合计	税率	税额	供应商
原煤	1000吨	565	565000元	13%	65000元	中煤集团有限公司

(5) 应付挂账。2023年3月29日，公司确认应付账款。

(6) 应付付款。2023年3月31日，公司完成付款。付款信息如表8-8所示。

表8-8　付款信息

供应商名称	付款金额	收款账户
中煤集团有限公司	565000元	中国工商银行股份有限公司东城支行

【注意】

外部原始凭证（供应商营业执照副本复印件、纸质采购合同、采购发票、送货单等），作为本课程的教辅资源，在上课时可以下载电子版原始单据并打印，通过影像扫描上传到平台。

8.6.2.2　原燃料采购操作步骤

(1) 供应商准入。

第一步：采购员新增供应商。

① "采购员角色"上岗，点击"开始任务"，选中"供应商申请单"，如图8-54所示。

② 点击右上角"新增"，填写相关内容。申请组织为"鸿途集团水泥有限公司"，申请单号自动生成，申请类型为"新增"，目的组织为"集团"（视为将该供应商加入集团供应商档案），供应商编码和供应商名称在测试案例中直接复制粘贴，供应商基本分类选"外部供应商"，填完之后点击"保存"，如图8-55所示。

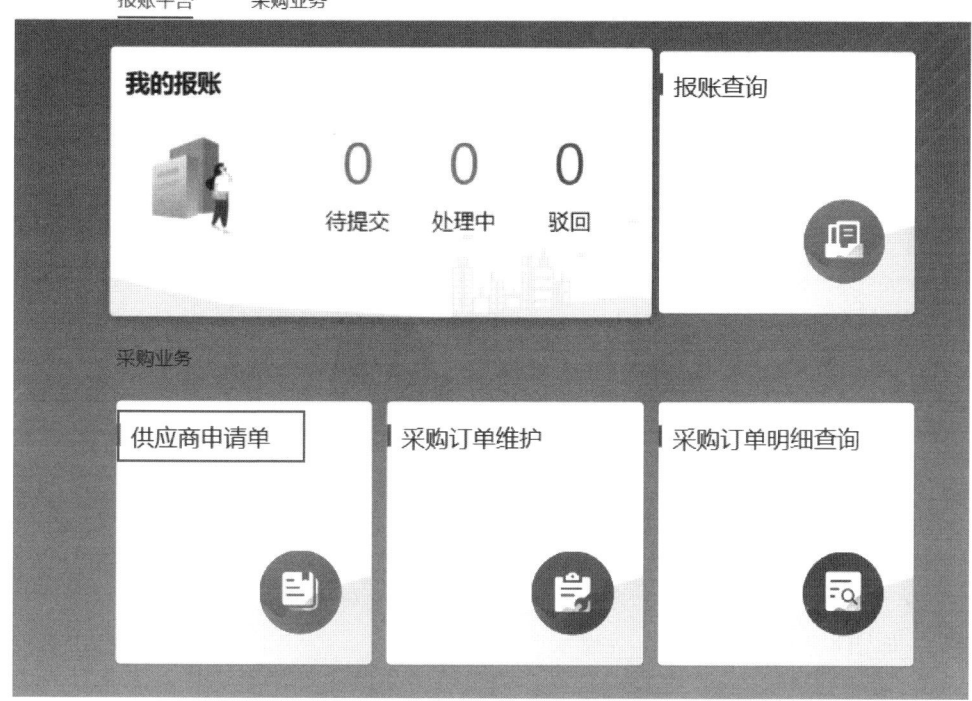

图 8-54 采购员进入 DBE 系统平台

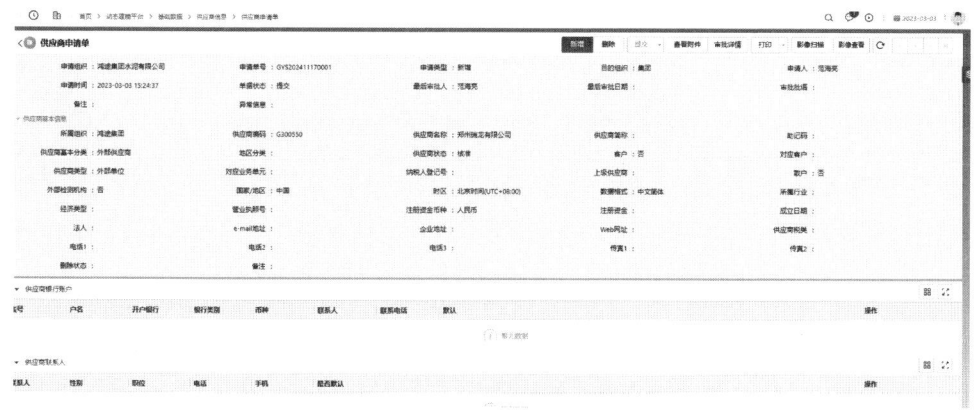

图 8-55 采购员新增供应商

③ 依据学生手册中的单据进行营业执照副本的影像扫描并上传。上传完成后点击"提交"。右边会显示"提交成功"。

第二步：采购经理审批供应商申请单。

"采购经理角色"上岗，点击"开始任务"。点击"未处理"，选择审批单，进入"审批中心"页面，采购经理查看申请单的准确性、附件的齐全性以及申请单和影像的一致性。检查无误，点击"采购经理（批准）"，如图 8-56 所示。

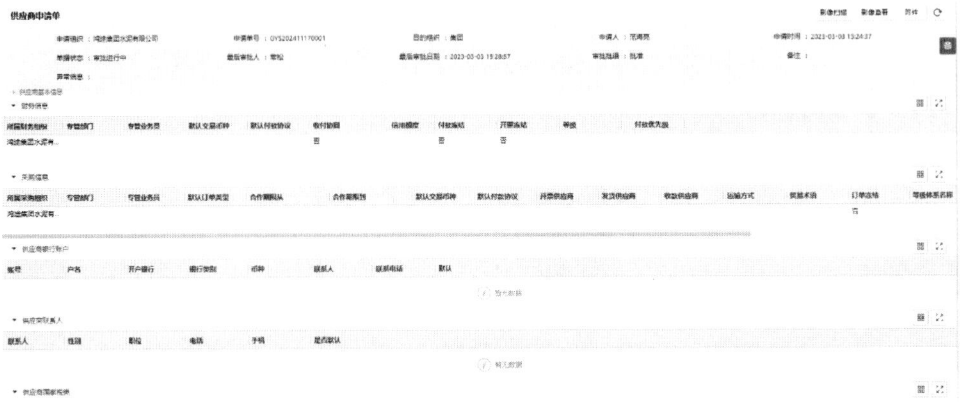

图 8-56　采购经理审批供应商申请单

第三步：档案综合岗审核并生成供应商档案。

"档案管理员角色"上岗，点击"开始任务"。点击"提取任务"，提示"提取成功"。点击"待提取1"。点击单据编码，查看单据详情。同时打开影像并将其拉入到另外一个屏幕上，方便两者的核对。核对无误后，点击右上角"批准"，如图 8-57 所示。

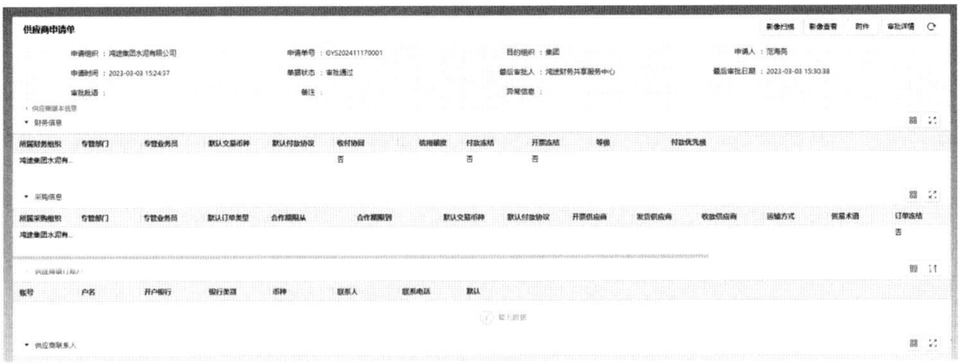

图 8-57　档案综合岗审核并生成供应商档案

（2）询价。

第一步：采购员填写询报价单。

①"采购员角色"上岗，点击"开始任务"。单击"采购业务"下"询报价单"，如图 8-58 所示。

②点击左上角"新增"，选择"自制"，如图 8-59 所示。

③采购组织选择"鸿途集团水泥有限公司"；询报价类型为"普通报价"；依据测试案例中的信息填写下面主体内容，物料编码选择 0101 原煤，主数量 1000 吨，供应商选择外部供应商对应的 3 家公司。填写完之后点击左上角的"保存"，如图 8-60 所示。

第 8 章　采购管理——应付共享

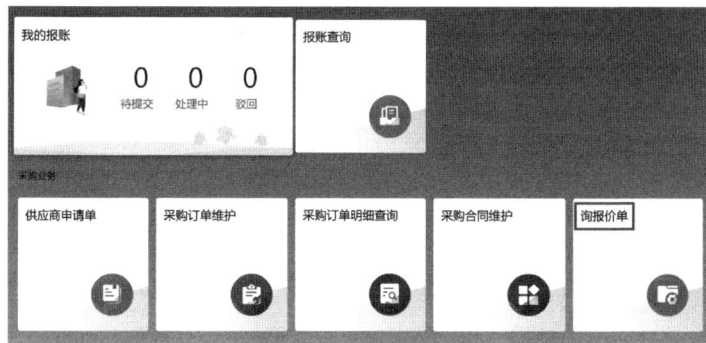

图 8-58　采购员进入 DBE

图 8-59　采购员自制询报价单

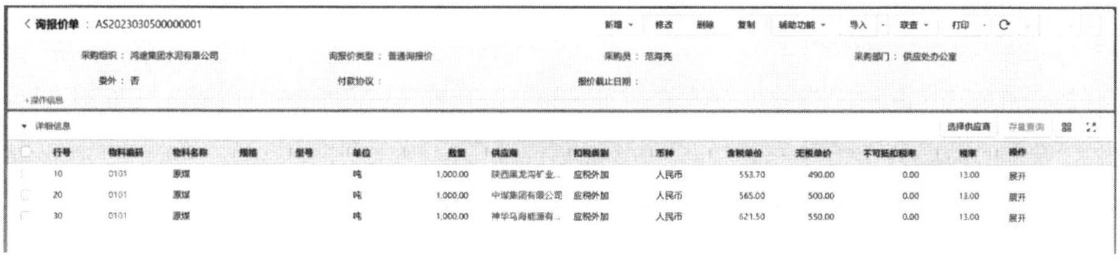

询报价单（图示）

图 8-60　采购员保存询报价单

第二步：采购员录入价格审批单。

①"采购员角色"上岗，点击"开始任务"。点击"价格审批维护单"，点击左上角"新增"，选择"询报价单"，如图 8-61 所示。

图 8-61　采购员新增价格审批单

② 出现"查询条件"页面，采购组织选择"鸿途集团水泥有限公司"，询价日期选择"2023-03-05～2023-03-05"，点击"查询"，出现上一步生成的询报价单。勾选该询报价单，点击"生成价格审批单"。检查生成的价格审批单，在"中煤集团有限公司"所在行点击"展开"，确认无误后，在对应的"订货"框中点击划√。点击"保存"后，点击"提交"（或直接点击"保存提

交")。如图 8－62 所示。

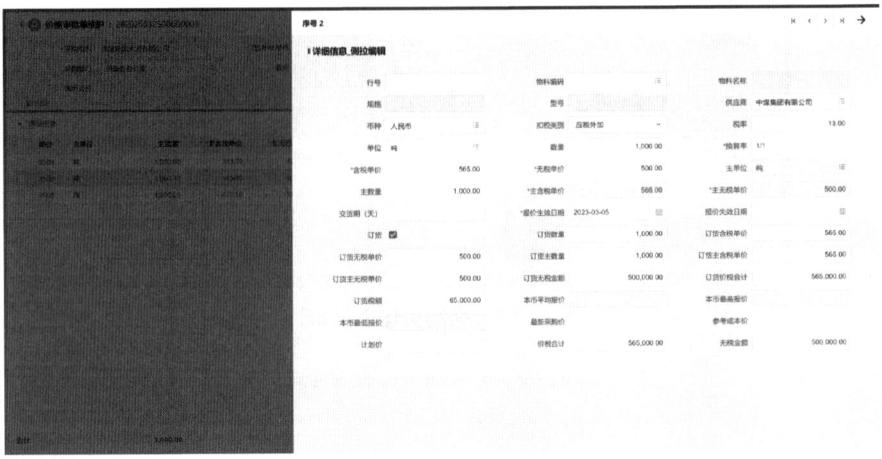

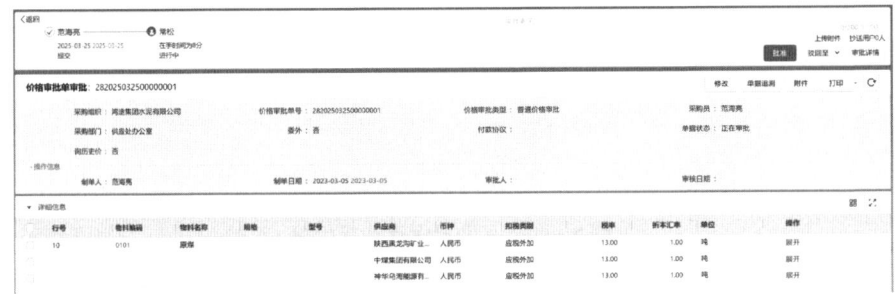

图 8－62　采购员提交价格审批单

第三步：采购经理审批价格审批单。

"采购经理角色"上岗，点击"开始任务"。点击"审批中心"下"1 未处理"，打开价格审批单，检查无误后，点击"批准"，如图 8－63 所示。

图 8－63　采购经理审批价格审批单

（3）签订采购合同。

第一步：采购员签订采购合同。

①"采购员角色"上岗，点击"开始任务"，将系统时间修改为"2023－03－10"，点击"采购合同维护"，如图 8－64 所示。

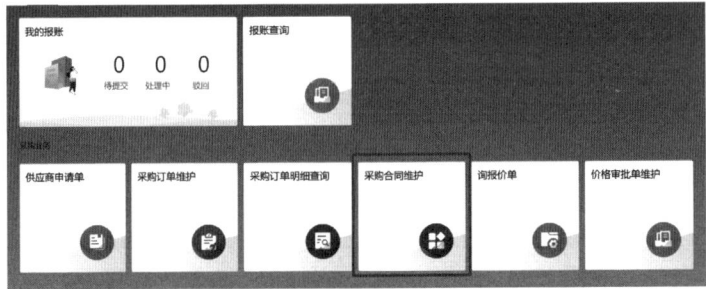

图 8－64　采购员进入 DBE

② 点击"新增",并选择"价格审批单",进入"查询条件"页面,采购组织选择"鸿途集团水泥有限公司",并点击"查询",如图 8-65 所示。

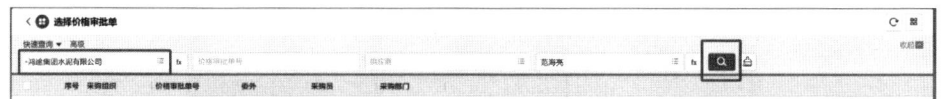

图 8-65　采购员依据查询的价格审批单新增合同

③ 勾选查询到的该项价格审批单,点击"生成采购合同",如图 8-66 所示。

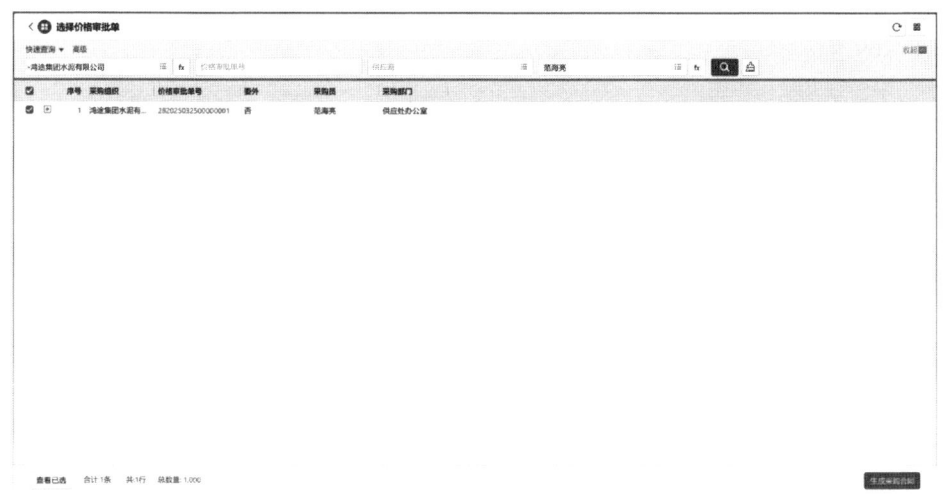

图 8-66　采购员选择对应的价格审批单

④ 按照测试案例中的内容,将合同补充完整,同时注意合同签订时间、计划生效日期和计划终止日期的选择。填写完毕并检查无误后,点击"保存",如图 8-67 所示。打开"辅助功能",选择"附件管理",上传合同附件,点击"提交"。

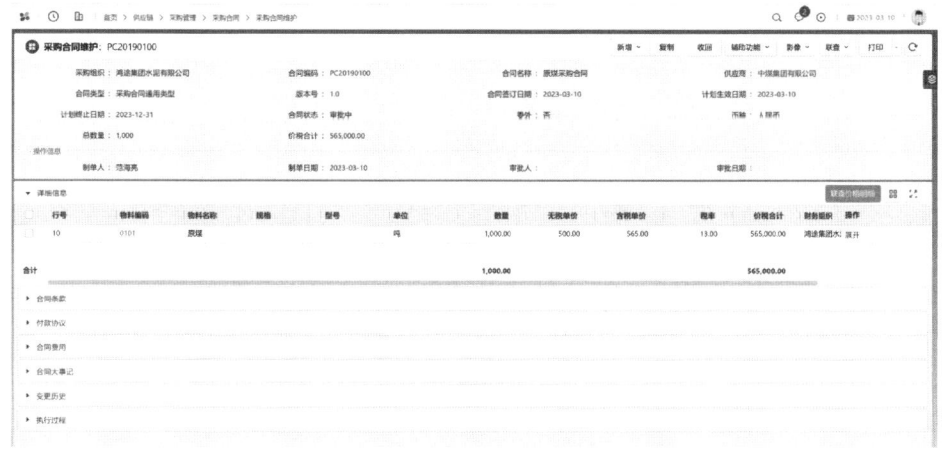

图 8-67　采购员补充并保存提交采购合同

第二步：采购经理审批采购合同。

①"采购经理角色"上岗，点击"开始任务"，点击"审批中心—未处理"，如图 8 – 68 所示。

图 8 – 68　采购经理进入 DBE

②点击"合同"，可以查看合同详情及合同附件，无误后点击"批准"，如图 8 – 69 所示。

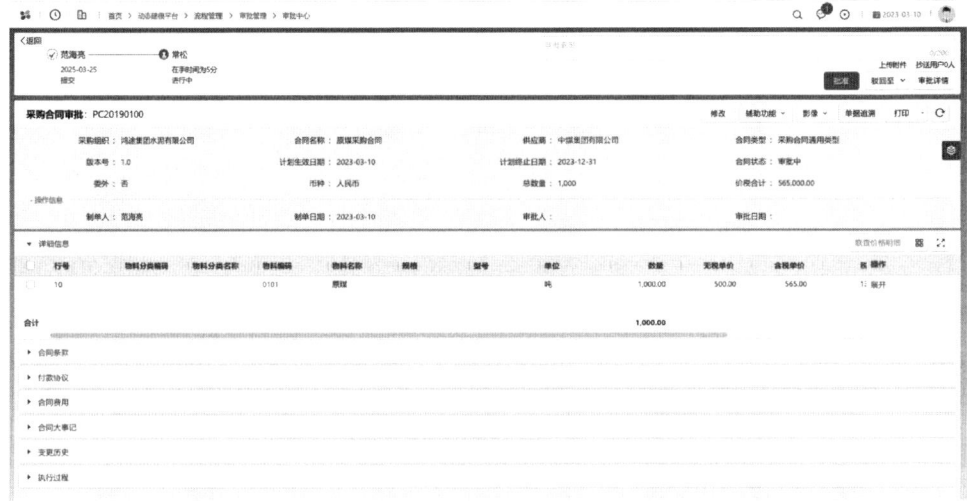

图 8 – 69　采购经理查询采购合同并审批

第三步：业务财务审批采购合同。

①"业务财务角色"上岗，点击"开始任务"，点击"审批中心—未处理"，如图 8 – 70 所示。

图 8 – 70　业务财务进入 DBE

②点击"合同"，可以查看合同详情及合同附件，确认无误后点击"批准"，如图 8 – 71 所示。

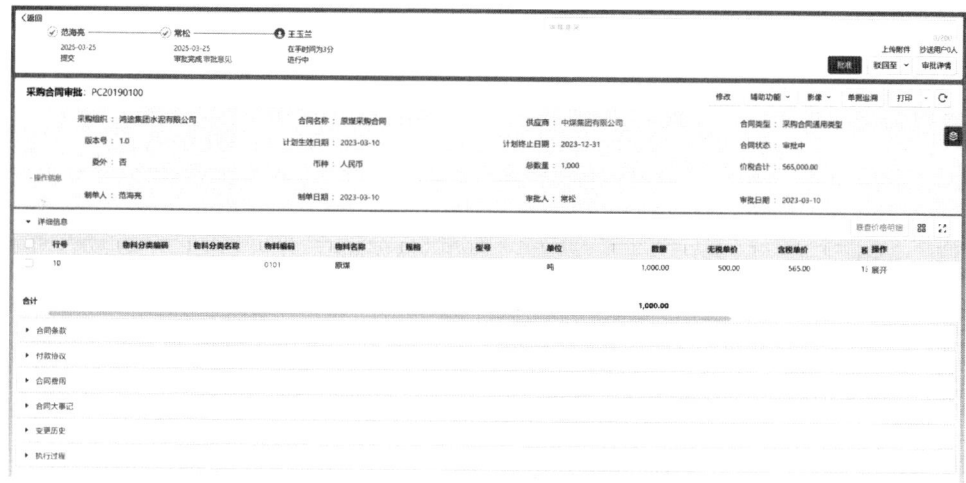

图 8-71　业务财务查询采购合同并审批

第四步：档案综合岗审批采购合同。

①"档案综合岗角色"上岗，点击"开始任务"，点击"审批中心—1 未处理"，如图 8-72 所示。

图 8-72　档案综合岗进入 DBE

②点击"合同"，可以查看合同详情及合同附件。点击"批准"。审核完之后，进入"采购合同维护"界面，采购组织选择"鸿途集团水泥有限公司"，点击"查询"，查询到该采购合同后，点击"生效"，此时采购合同才会生效，如图 8-73 所示。

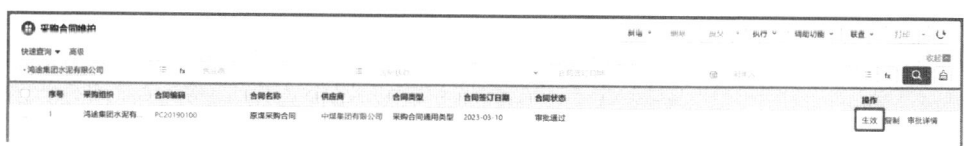

图 8-73　档案综合岗审批采购合同并生效

（4）采购到货入库。

第一步：采购员签订采购订单。

"采购员角色"上岗，点击"开始任务"，将系统日期改为"2023-03-15"。点击"采购订单维护"，点击"新增"，选择"采购合同生成采购订单"。采购组织选择"鸿途集团水泥有限公司"，实际生效日期选择"2023-03-

10~2023-03-10",点击"查询"。勾选查询到的采购合同,点击"生成采购订单"。检查采购订单内容填写无误后,点击"保存提交",如图8-74所示。

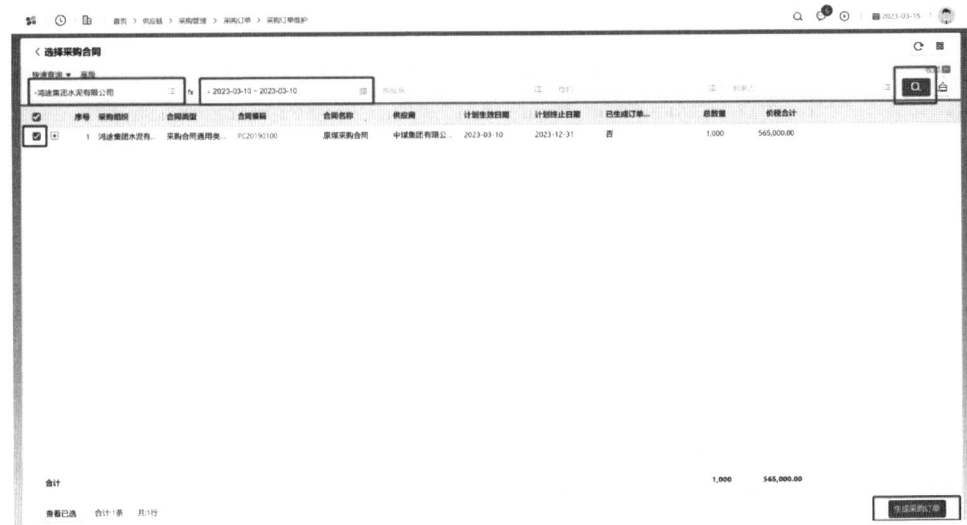

图8-74 采购员新增采购订单

第二步:采购经理审核采购订单。

"采购经理角色"上岗,点击"开始任务"。点击"未处理",进入"审批中心",审核无误之后点击"批准",如图8-75所示。

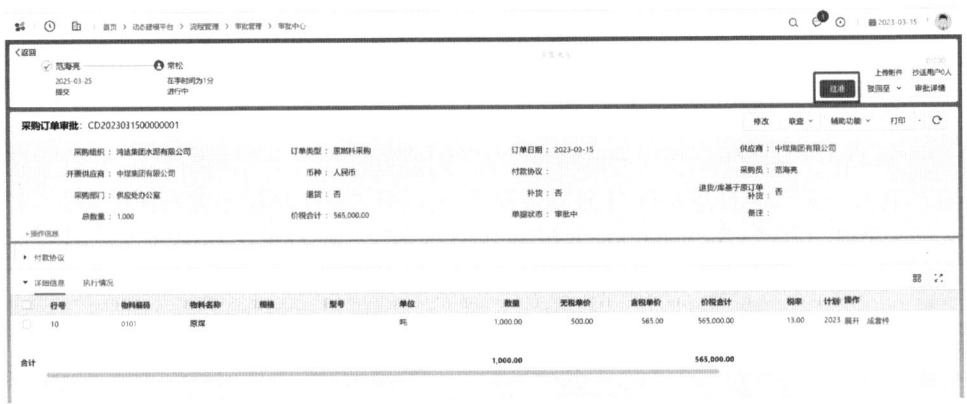

图8-75 采购经理审批采购订单

第三步:仓管员办理到货入库。

"仓管员角色"上岗,点击"开始任务",选择"到货单维护"。点击"收货",收货库存组织选择"鸿途集团水泥有限公司",日期选择"2023-03-01~2023-03-31",点击"查询"。勾选采购订单前面的方框,并点击右下角"订单生成到货单"功能键。页面会转到到货单页面,点击"保存提交",如图8-76所示。

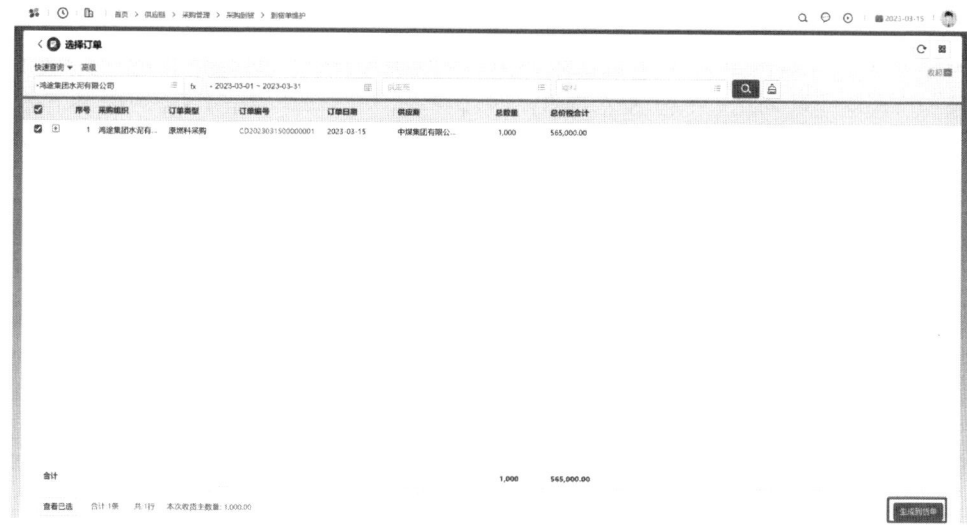

图 8-76 仓管员生成到货单并保存提交

第四步：质检员到货检验。

"质检员角色"上岗，点击"开始任务"，选择"到货单检验"。进入"到货单检验"页面，库存组织选择"鸿途集团水泥有限公司"，日期范围选择"2023-03-01～2023-03-31"，点击"查询"，出现到货单。勾选到货单前面的方框，然后点击右上角的"检验"，此时会出现是否报检的提示框，点击"确定"。系统会显示"检验成功"，如图 8-77 所示。

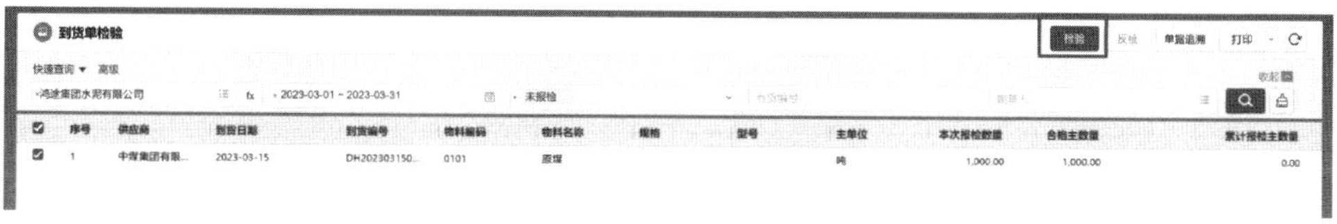

图 8-77 质检员到货检验

第五步：仓管员办理采购入库。

①"仓管员角色"上岗，点击"开始任务"，修改日期为"2023-03-21"，选择"采购入库"。进入采购入库页面之后，点击"新增"并展开，选择"采购业务入库"，库存组织选择"鸿途集团水泥有限公司"，日期选择"2023-03-01～2023-03-31"，点击"查询"勾选到货单，点击右下角"生成入库单"，如图 8-78 所示。

②进入"采购入库"页面，仓库选择"原燃料库"，点击"自动取数"。设置完之后点击"保存"，并签字，系统会出现"签字成功"，此时入库单已生成，如图 8-79 所示。

（5）应付挂账操作步骤。

第一步：业务财务登记发票。

①"业务财务角色"上岗，点击"开始任务"，修改系统日期为"2023-03-

21",选择"采购发票维护",并单击。点击"新增",选择"收票",结算财务组织选择"鸿途集团水泥有限公司",日期选择"2023 - 03 - 01 ~ 2023 - 03 - 31",点击"查询",并勾选入库单,点击右下角"生成发票",如图 8 - 80 所示。

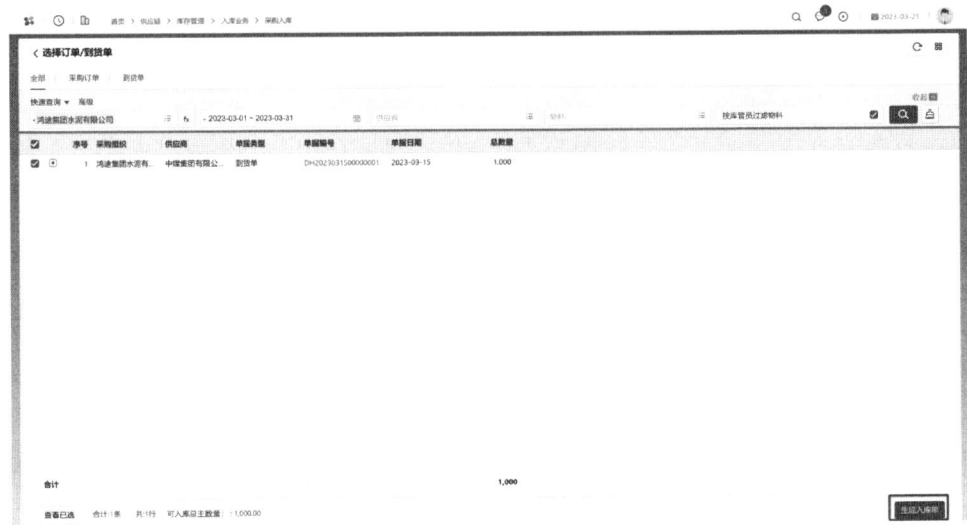

图 8 - 78　仓管员新增采购入库

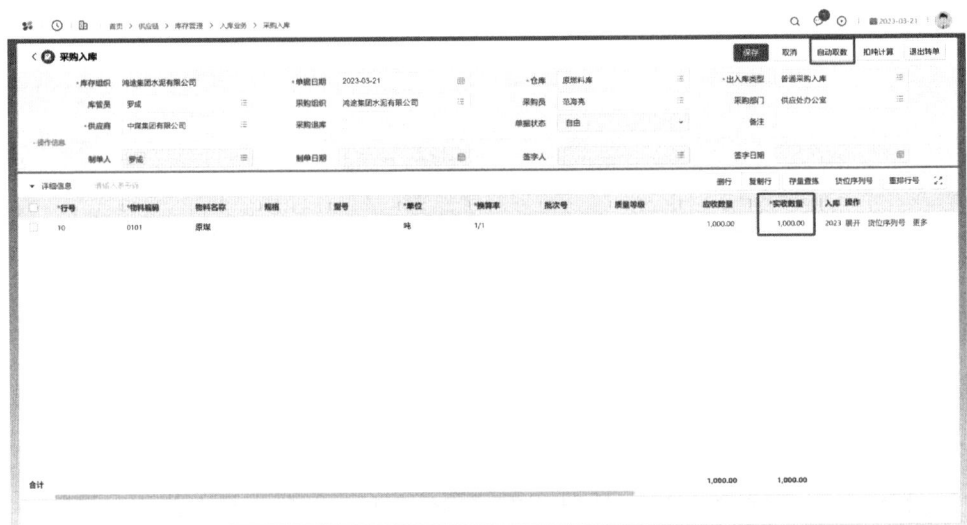

图 8 - 79　仓管员保存采购入库单并签字

② 进入"采购发票"页面,检查无误之后点击"保存提交"。采购发票无须审核,至此采购发票生成,如图 8 - 81 所示。

③ 发票提交之后,应付单会自动生成,点击"开始任务",修改系统时间为"2023 - 03 - 29"。点击"我的报账—待提交",系统中会出现该应付单,如图 8 - 82 所示。

第 8 章　采购管理——应付共享　　203

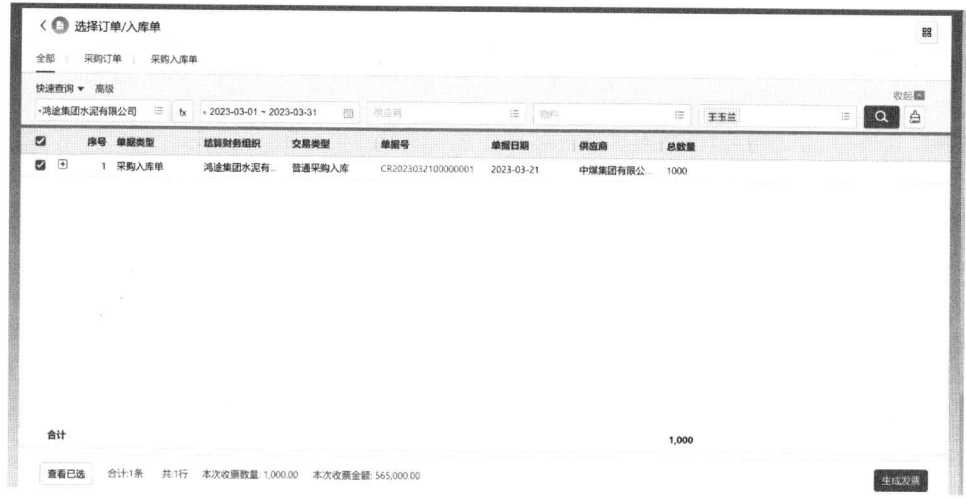

图 8 – 80　业务财务新增采购发票

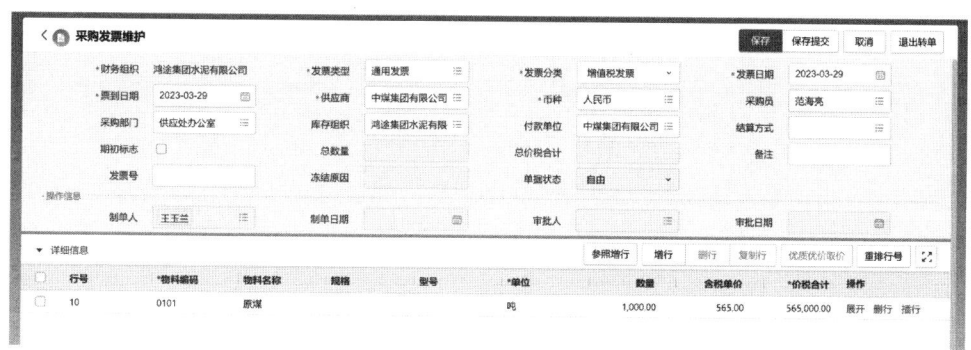

图 8 – 81　业务财务保存提交采购发票

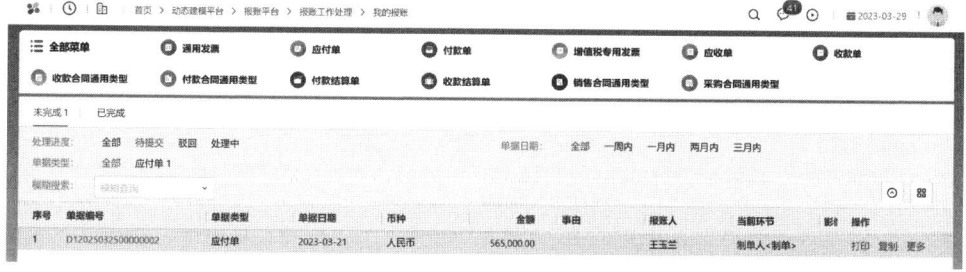

图 8 – 82　业务财务查询自动生成的应付单

④ 单击对应的"单据号",进入应付单,点击"更多",选择影像管理下面的"影像扫描",将发票原始单据扫描上传,然后再点击"保存提交",如图 8 – 83 所示。

第二步：财务经理审批应付单。

"财务经理角色"上岗,点击"开始任务"。点击审批中心"未处理1",进入审批中心,点击上面提交的应付单。打开应付单,查看影像和应付单是否一致,如果一致,点击"财务经理角色（批准）",如图 8 – 84 所示。

图 8-83　业务财务提交应付单

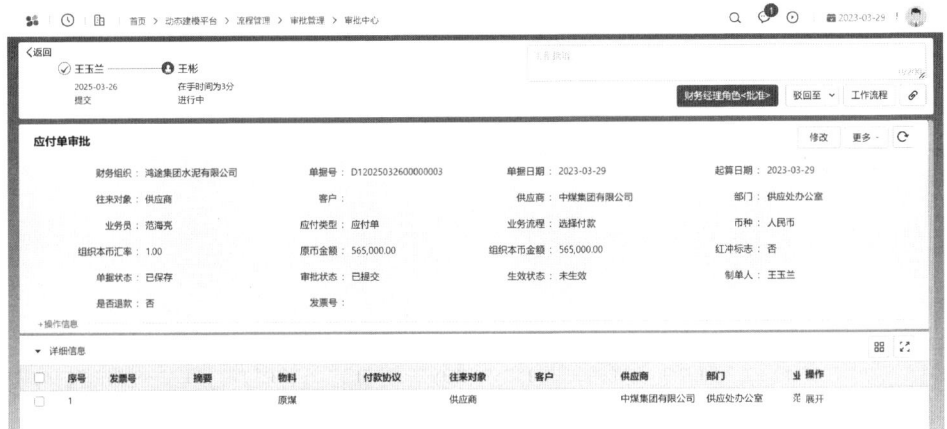

图 8-84　财务经理审批应付单

第三步：应付审核岗审批应付单。

"应付审核岗角色"上岗，点击"开始任务"。提取任务，系统会提示"提取成功"，打开单据，无误后，点击"批准"，如图 8-85 所示。

图 8-85　应付审核岗审批应付单

第四步：总账主管岗审核记账凭证。

"总账主管岗角色"上岗，点击"开始任务"，选择"凭证审核"并单击。

核算账簿选择"基准账簿",日期选择"2023-03-29~2023-03-29",点击"查询"。双击待审核凭证,查看具体凭证信息,看看借贷方科目、金额等,无误后点击"审核",如图8-86所示。

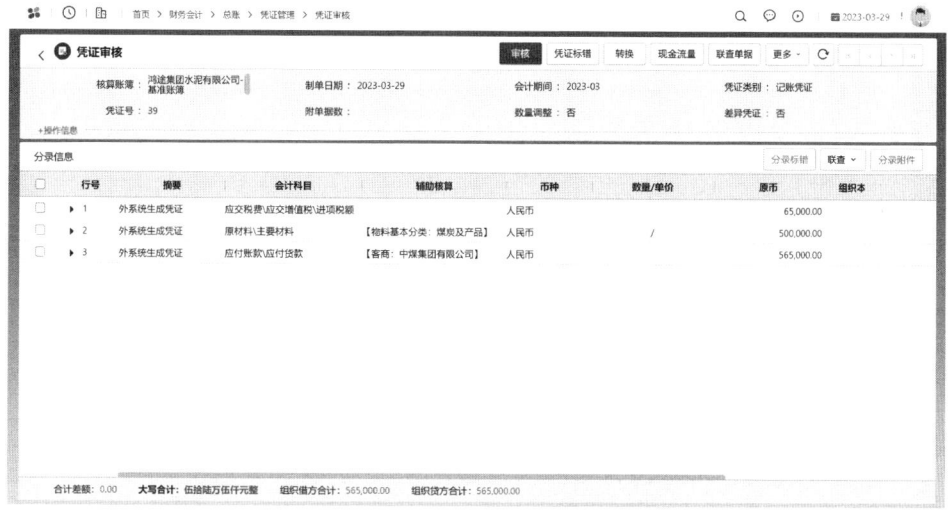

图8-86 总账主管岗审核记账凭证

(6)应付付款操作流程。

第一步:业务财务提交付款单。

①"业务财务角色"上岗,点击"开始任务",将系统时间修改为"2023-03-31",打开付款单页面,点击"新增",选择应付款。进入"选择应付单"页面,财务组织选择"鸿途集团水泥有限公司",单据日期选择"2023-03-29~2023-03-29",然后点击"查询",筛选出之前做的应付单,并点击右下角"生成下游单据",如图8-87所示。

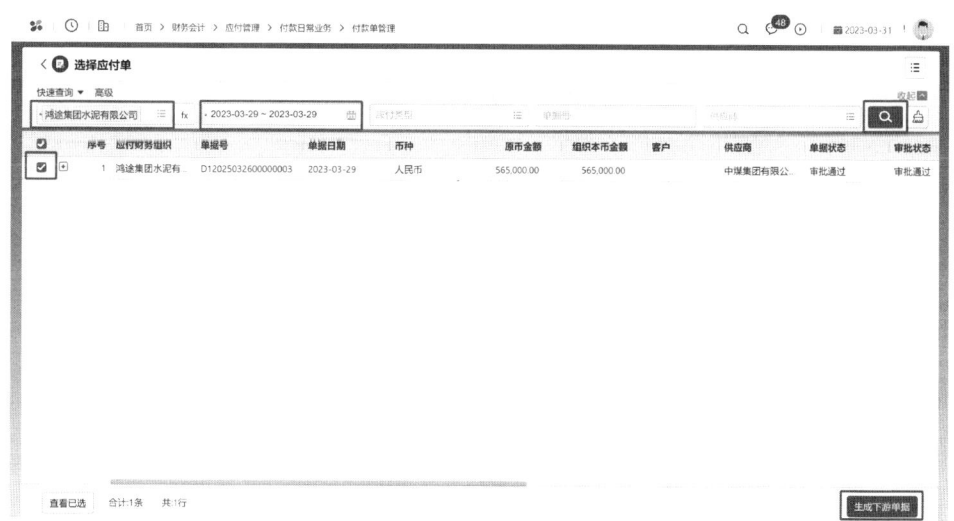

图8-87 业务财务生成付款单

② 进入"付款单"管理页面，补充结算方式为网银，付款银行账户为3701239319189278310，就可以点击"保存提交"，如图 8-88 所示。

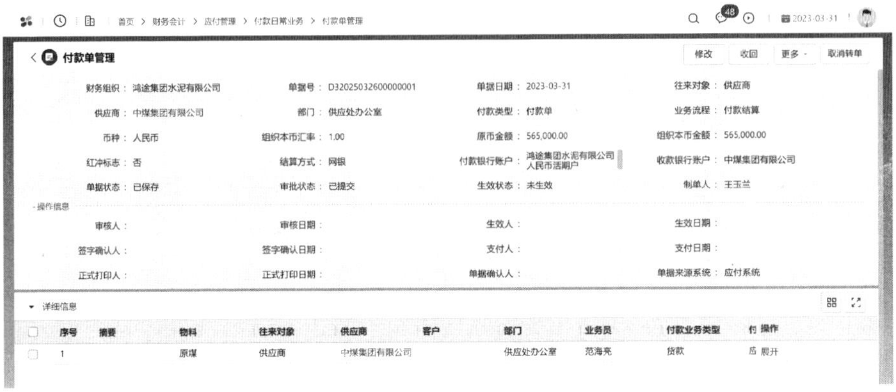

图 8-88　业务财务保存提交付款单

第二步：财务经理审核付款单。

"财务经理角色"上岗，点击"开始任务"，进入"审批中心"，查看无误后，点击"批准"，如图 8-89 所示。

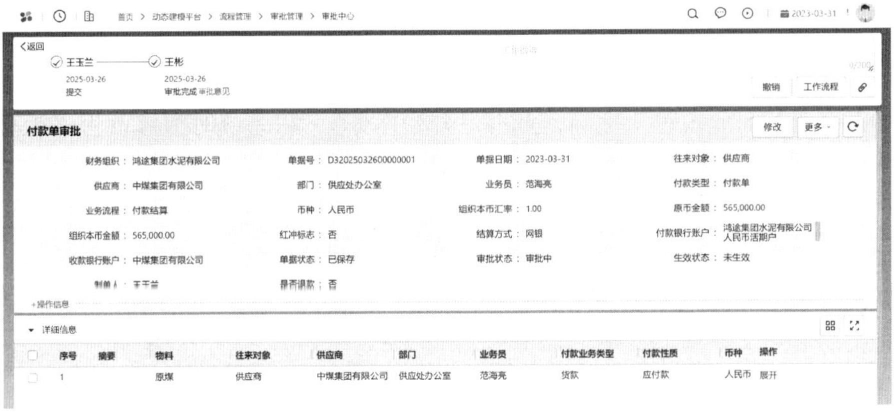

图 8-89　财务经理审核付款单

第三步：应付审核岗审核付款单。

"应付审核岗角色"上岗，点击"开始任务"，提取任务，并查看付款单，无误后，点击"批准"，如图 8-90 所示。

第四步：中心出纳支付应付款。

①"中心出纳岗角色"上岗，点击"开始任务"，单击"结算"，财务组织选择"鸿途集团水泥有限公司"，日期选择"2023-03-31~2023-03-31"，点击"查询"，点击"待结算"，出现未结算单据，如图 8-91 所示。

② 单击单据号，查看付款单详情。并点击"支付"，选择"网银转账"，系统提示"确定进行网上支付"，点击"确定"，系统右边会出现"支付成功"，如图 8-92 所示。

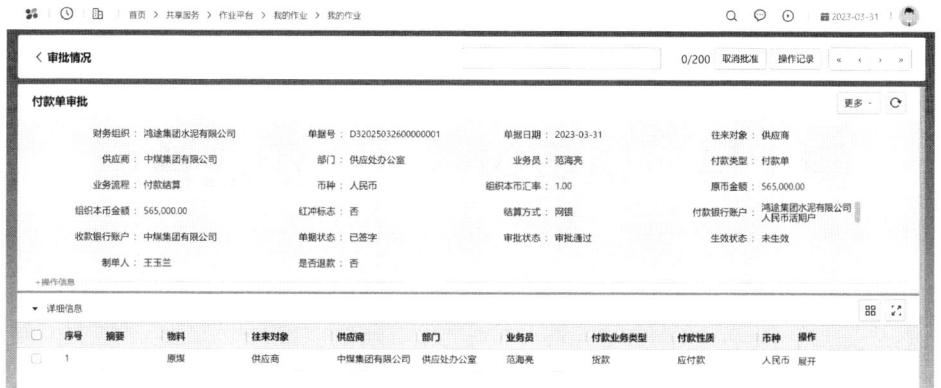

图 8-90　应付审核岗审核付款单

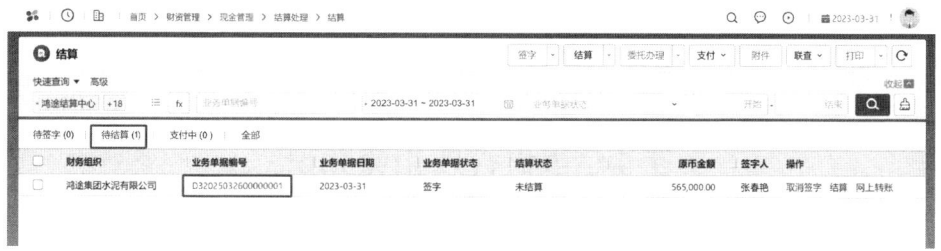

图 8-91　中心出纳结算应付款

图 8-92　中心出纳支付应付款

第五步：总账主管岗审核记账凭证。

"总账主管角色"上岗，点击"开始任务"，选择并单击"凭证审核"，财务核算账簿选择"基准账簿"，日期选择"2023-03-31~2023-03-31"，点击"查询"，双击该凭证，并进入凭证查看具体内容，无误后点击"审核"，如图 8-93 所示。

图 8-93　总账主管岗审核记账凭证

第 9 章　销售管理——应收共享

[学习目标]
　　了解应收共享的含义、目的和意义；
　　了解应收共享的变革过程；
　　掌握应收共享的操作流程。

9.1　销售管理相关知识

9.1.1　业务概述

　　应收账款作为企业非常重要的资产，是关系企业发展的重要因素之一，对于保障企业的持续经营和发展起着非常重要的作用。目前，我国企业应收账款管理存在的主要问题包括赊销比例较高、企业内部没有设立有效的信用管理制度、企业内部会计管控不严以及应收账款的信息化管理不当等。究其本质原因在于企业在应收账款管理过程中缺乏量化数据支持，即使应收账款相关管理制度比较完善的企业，在管理过程中也更多的是依靠会计人员以及管理层的职业判断，难以科学有效地实现企业应收账款的实时管理，从而降低其财务风险。

　　在"互联网+人工智能"时代，国内许多中大型企业采用财务共享服务中心作为集团企业财务核算工具，通过运用财务共享服务中心的海量数据为集团企业实现应收账款的量化管理提供了可能。

9.1.2　销售业务类型

　　根据不同的划分标准，销售类型具体可分为以下几种。
　　(1) 直销与分销。
　　直销：生产者不经过中间环节，把自己的产品直接卖给消费者。
　　分销：有中间组织代理生产者/品牌商的产品，中间组织有经销商（视同买断）、代理商（不买断）。

(2) 单组织销售与跨组织销售。

单组织销售：票货属于同一组织，如 A 公司接单向甲客户卖自己的货、开自己的票、自己收钱。

跨组织销售：票货不属于同一财务组织，如某集团的 A 销售中心向甲客户卖集团内 B 工厂的货，由 B 工厂发货，但由 A 销售中心开票、收款。

(3) 接单销售与销售补货。

接单销售：先有明确的客户采购订单。

销售补货：先补货后销售，如沃尔玛的自动补货系统能使供应商自动跟踪补充各个销售点的货源。

(4) 现销与赊销。

现销：先全额收款，再进行后续开票和出库活动。

赊销：以信用为基础的销售，卖方与买方签订购货协议后，卖方让买方取走货物，而买方按照协议在规定日期付款或以分期付款形式付清货款。

9.1.3　财务共享服务下应收账款业务的管理变革

(1) 财务共享服务中心集中对企业的客户资料进行分类。随着共享服务中心的不断演变和发展，共享服务已经逐渐渗透到企业全部供应链中，企业信息流的管理成为重点，使管理层能够得到及时、高质量的供应链信息。财务共享服务中心配备专门人员对客户资料进行更新和完善，有利于客户关系的维护和实现对客户资信情况的准确把握。公司在客户发展阶段时，就首先需要对客户信息进行充分了解，对各个客户的主营业务、资产状况、资信状况等进行详细的记录，形成系统的客户信息资料库。经过对上述客户信息进行分析，进而有针对性地制定不同的信用标准或不予赊欠款项，而不是盲目地承诺准予每一个客户赊欠款项。由此实现了事前风险防范，可防止客户故意欺诈。

(2) 保证应收款项回收的安全性和完整性。财务共享服务中心作为独立的会计核算机构，对应收账款管理的专业化程度高、职责分工明确，能够有效地避免企业各个业务单元中会计人员与其他业务人员之间的串通舞弊，降低回收资金被侵占、挪用的风险，而且还能够降低各业务单元私设小金库的风险。企业应收账款回收的安全性和完整性在财务共享服务中心得到了有效的保证，从而维护了企业整体的利益。财务共享服务中心会计的独立性比分公司会计的独立性更强，因而与应收账款相关的资金管控风险相对降低。

(3) 能够更好地对应收账款进行集中催收管理，减少坏账风险。实现对应收账款的跟踪管理，并且建立行之有效的收账政策是财务共享服务中心的重要目标。相对于以前不同业务单元各自处理本实体应收账款业务，集中管理各类收款业务，可以通过更加专业化的服务让款项更快、更好地周转，减少资金在途和收款安全的隐忧。

9.2 鸿途集团销售管理现状

9.2.1 总体概况

鸿途集团为多元化经营的企业集团，主营业务为水泥及熟料销售；在生产领域从事铸造、焦化、发电等业务；在旅游板块有旅游景点、酒店及娱乐业务，如图 9-1 所示。

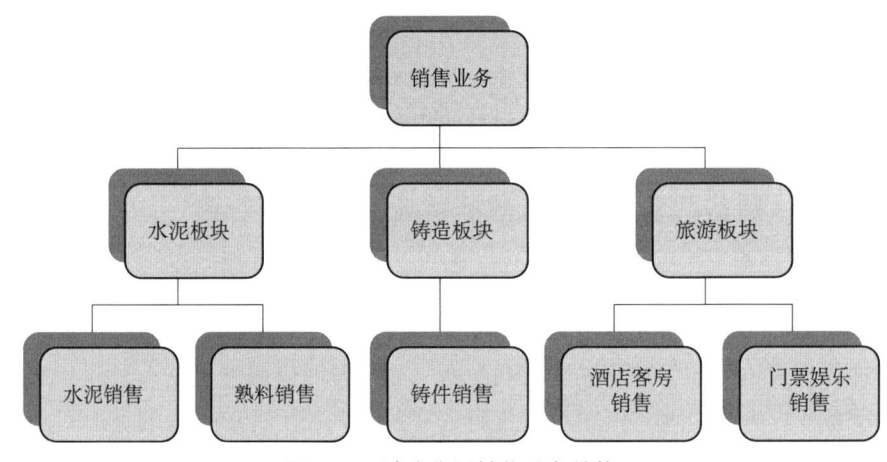

图 9-1 鸿途集团销售业务结构

主营销售应收业务包括以下内容：水泥销售、熟料销售、铸件销售、酒店客房销售、景点门票销售等。

9.2.1.1 水泥板块

目前销售管理业务的现状如下：
（1）已实施 ERP 系统的企业基本已实现供应链业务的业务财务一体化；
（2）销售业务流程基本一致，业务关键控制点略有不同；
（3）销售价格多样化，审批、执行及监管不便捷；
（4）手工工作量大，较易出现错误（客户余额计算、返利计算）；
（5）工厂布局、硬件不同，发货流程无固定形式、单据格式不同、流转不统一，不便于统一化和精细化管理；
（6）统计报表以手工为主，工作量大，及时性较差。

9.2.1.2 其他板块

旅游板块的销售收入核算采用票务软件与 NCC 系统对接，根据票务软件中的收入报表进行推单，推单生成内容不涉及供应链中的物资，即不通过供应链单据进行核算。其他板块，除水泥板块销售业务使用 ERP 系统供应链模块外，均采用手工录入应收单核算的方式进行销售核算。鸿途集团总体销售流程如图 9-2 所示。

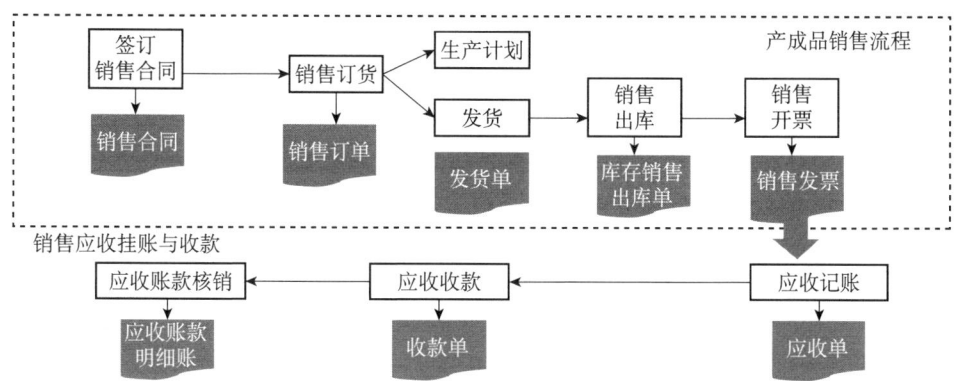

图 9-2 鸿途集团总体销售流程

9.2.2 赊销销售流程中的关键业务控制点

（1）订单审批。
① 价格：询价、最低售价。
② 信用检查。
（2）信用检查内容。
① 小于信用额度。
② 应收账期。
（3）资金相关内容。
① 资金占用。
② 资金计息。
（4）发货流程可配置为：
① 订单直接出库。
② 发运日计划出库。
③ 发运单出库。
（5）应收管理。
① 基于业务应收的催款。
② 账龄分析。

9.3 操作流程现状

应收账款管理流程因为涉及收入的确认，相对比较复杂。应收账款流程的核心业务包括：订单及合同管理、开票及收入确认、收款及票据管理、对账反馈等具体流程。

（1）订单及合同管理。这个环节的业务一般是基于企业的电子商务系统和合同管理系统来完成的。当市场人员提供获得的合同订单后，系统开始通过人工录入或者影像扫描、识别的方法来记录其中的关键信息，为后期财务共享的业务处理系统和 ERP 系统提供数据支撑。

（2）开票及收入确认。当业务人员提出开具发票的要求后，财务共享服务中心将审核相应的合同条款，开具发票。对于达到收入确认条件的确认收入，并将信息反馈到 ERP 系统中。

（3）收款及票据管理。当接到客户的付款通知后，财务共享服务中心检查银行的付款记录，确认收款完成后，完成应收账款科目的会计处理。而对于收到的票据，可以根据资金管理的需要进行票据贴现或者是背书处理。

（4）对账反馈。确认收款并入账后，通过客户关系处理系统将收款信息反馈给客户，并和客户定期对账，以发现可能存在的错误。

9.3.1 产成品销售业务操作流程

现有的工作流程如图 9-3 所示。

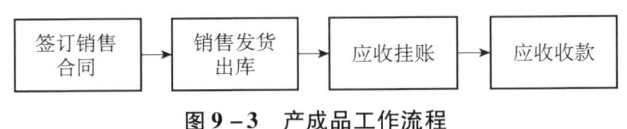

图 9-3 产成品工作流程

（1）签订销售合同流程如图 9-4 所示。

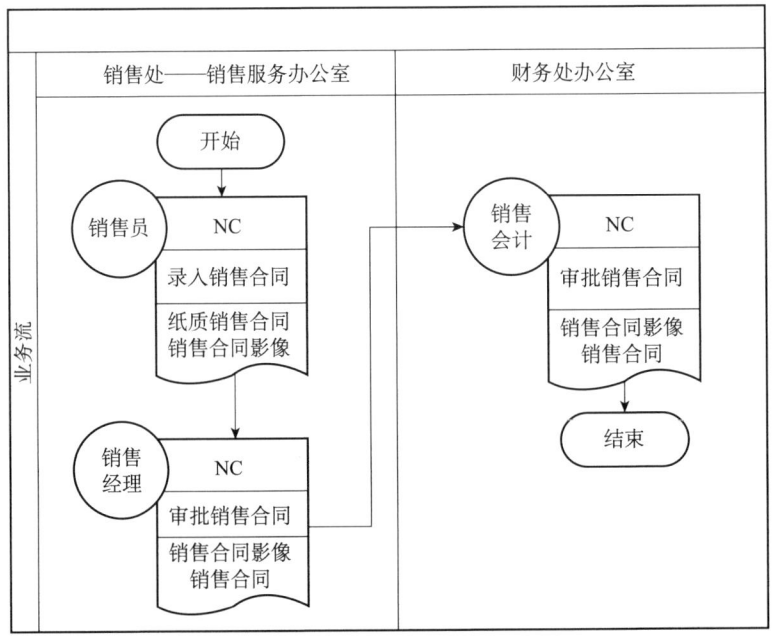

图 9-4 签订销售合同流程

(2) 销售发货出库流程如图 9-5 所示。

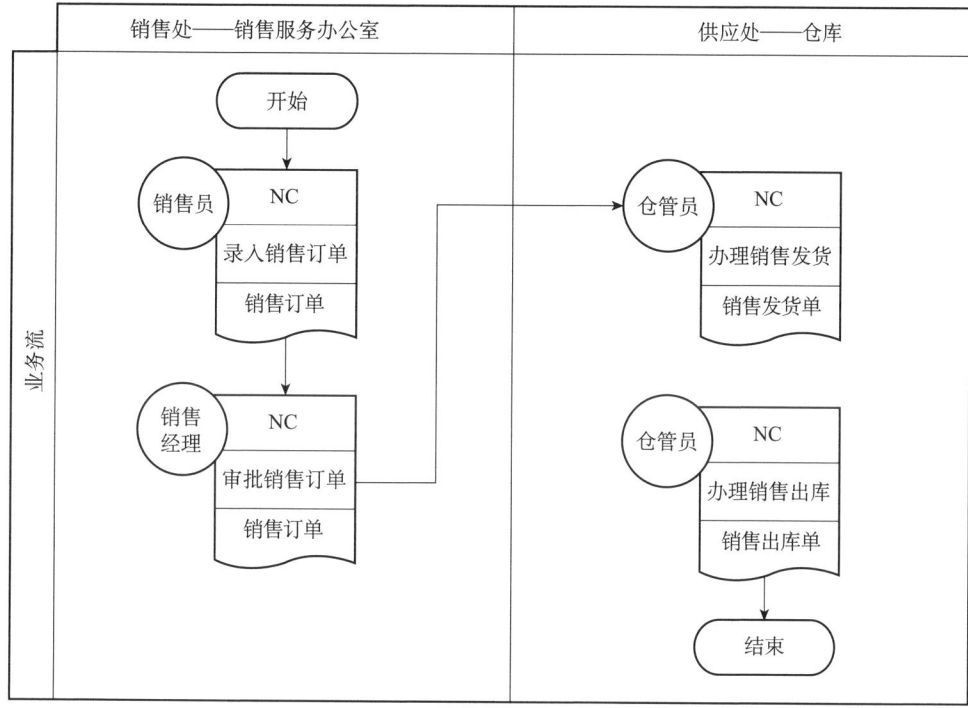

图 9-5　销售发货出库流程

(3) 应收挂账流程如图 9-6 所示。

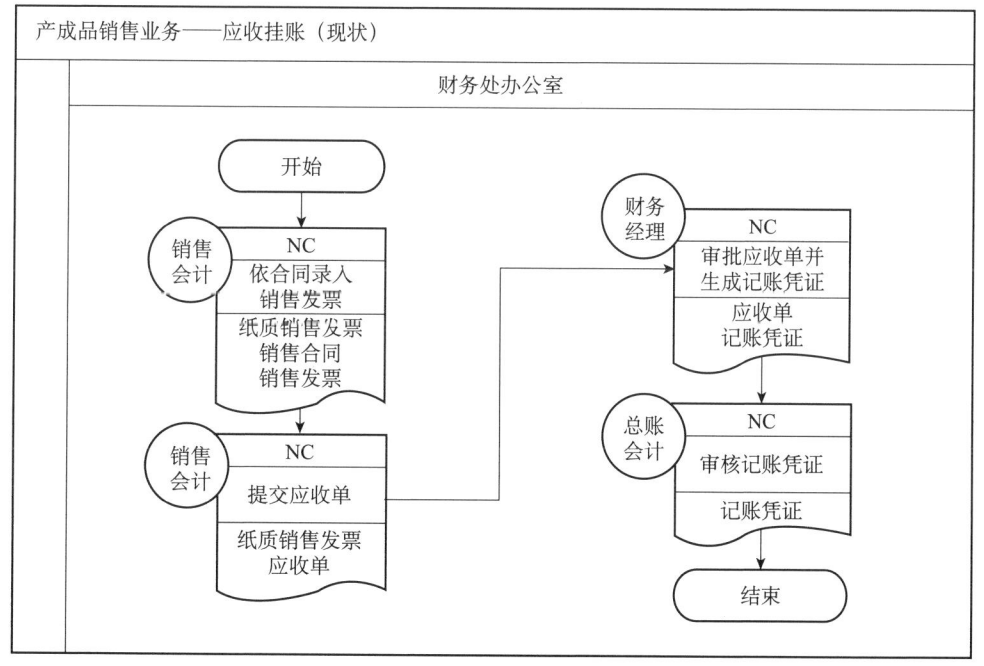

图 9-6　应收挂账流程

（4）应收收款流程如图9-7所示。

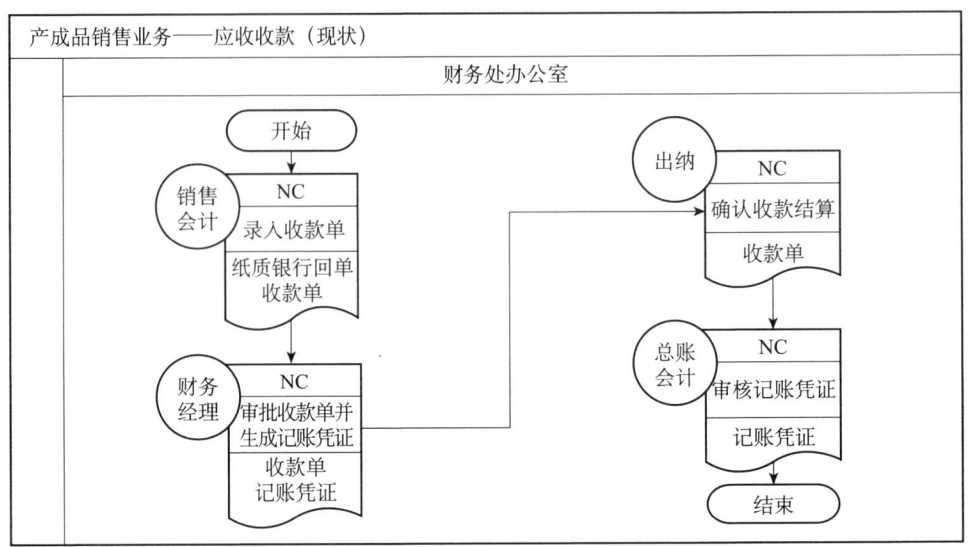

图9-7 应收收款流程

9.3.2 其他商品销售业务操作流程

现有的工作流程如图9-8所示。

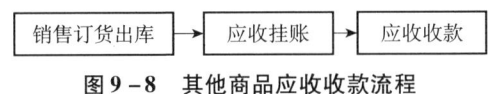

图9-8 其他商品应收收款流程

（1）销售订货合同流程如图9-9所示。

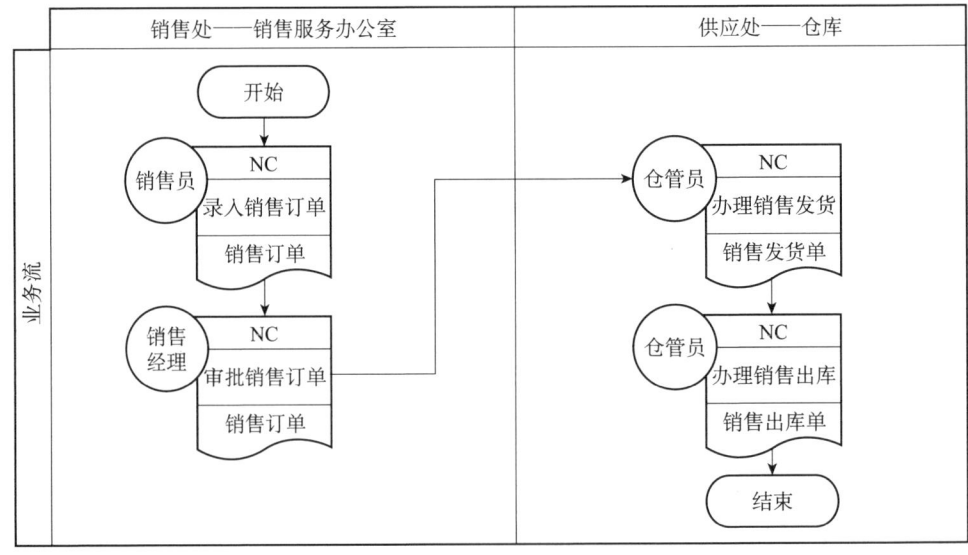

图9-9 销售订货合同流程

(2)应收挂账流程如图 9 – 10 所示。

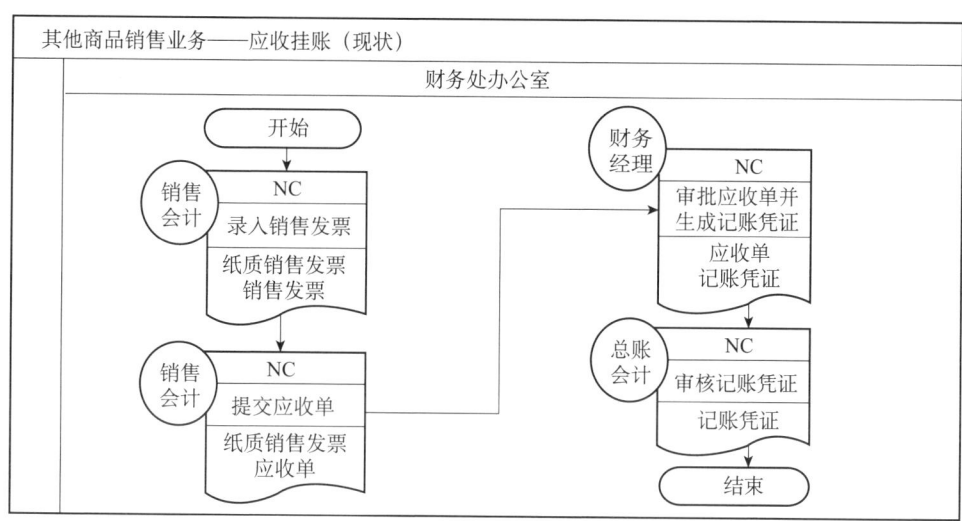

图 9 – 10 应收挂账流程

(3)应收收款流程如图 9 – 11 所示。

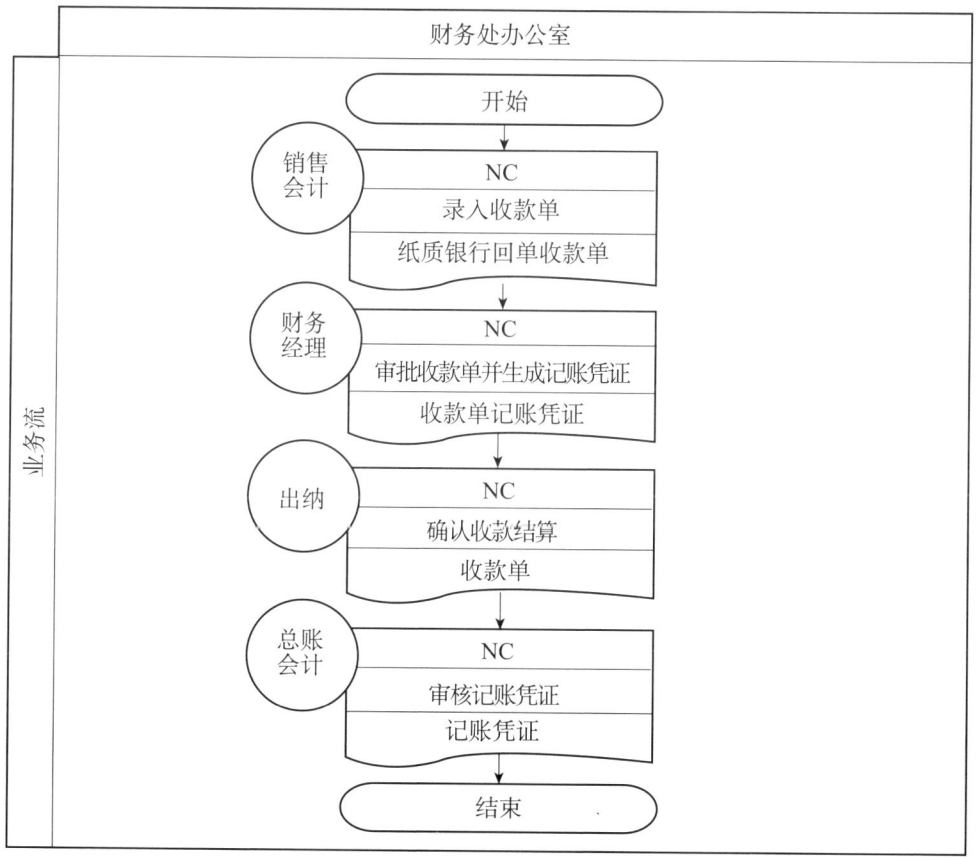

图 9 – 11 应收收款流程

9.4 产成品销售业务

9.4.1 规划设计

9.4.1.1 需求假设

(1) 建立财务共享服务中心后,尽量保持现状业务流程的稳定性。

① 根据传递到 FSSC 的业务单据,确定流程中业务单位与 FSSC 的边界,该业务单据都需要经过 FSSC 的审核或初审。

② FSSC 接收业务单据所随附的原始凭证,均由制单人在制单后立即扫描上传;此后要审核该业务单据的环节,均同时审核该业务单据的原始单据影像。

③ 保留在业务单位的工作,流程和职责不变,但原业务单位财务部的工作除财务经理职责外均由业务财务承担。

(2) 案例企业鸿途集团的所有收付款,均以网银(银企直连)方式完成。

(3) 案例企业鸿途集团最终选择的是单共享中心模式。

(4) 为了让共享中心审核有据,所有进入 FSSC 审核的业务单据,必须随附外部原始凭证的影像。

① 走作业组的业务单据,用影像上传的方法随附影像。

② 不走作业组而走重量端的业务单据,用拍照后添加附件的方法随附影像。

(5) 为了简化学生的构建测试工作,共享后流程中审批环节最高只设计到子公司总经理。

9.4.1.2 共享后流程所用到的业务单据

备品备件共享流程业务单据如表 9-1 所示。

表 9-1　　　　　　　　备品备件共享流程业务单据

序号	名称	是否进 FSSC	是否属于作业组工作	流程设计工具
1	销售合同	Y	N	审批流
2	销售订单	N	—	审批流
3	销售发货单	N	—	审批流
4	销售出库单	N	—	审批流
5	销售发票	N	—	审批流
6	应收单	Y	Y	工作流
7	收款单	Y	Y	工作流

注:Y 代表"是",N 代表"否"。

9.4.1.3 操作指导

(1) 签订销售合同操作指导如图 9-12 所示。

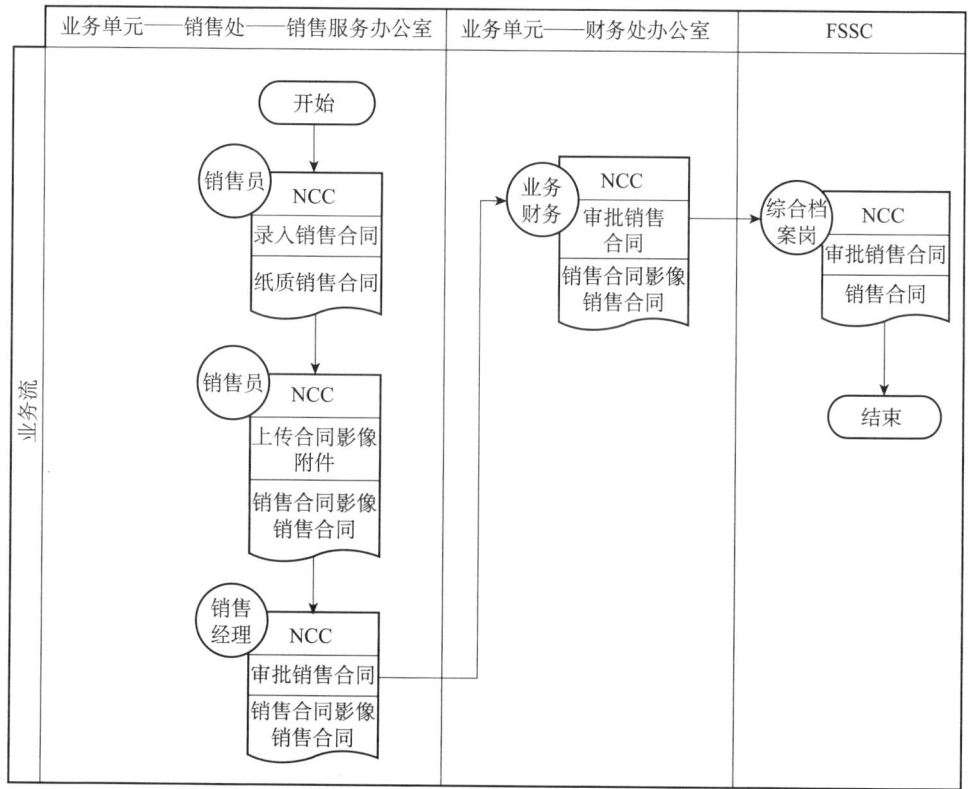

图 9-12 签订销售合同操作指导

(2) 销售发货出库操作指导如图 9-13 所示。

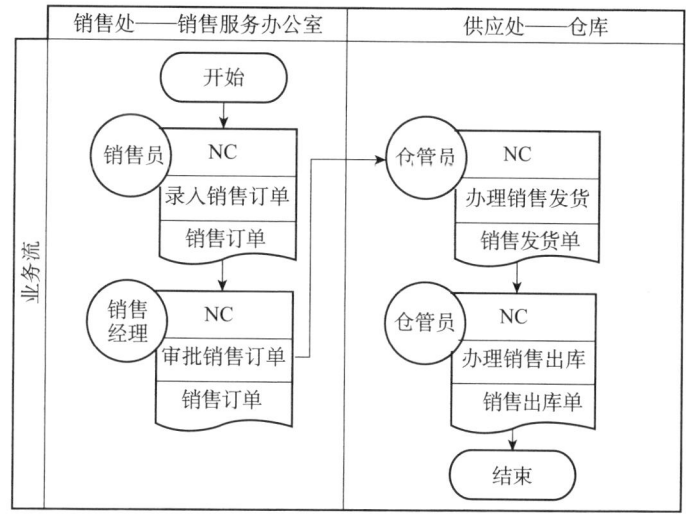

图 9-13 销售发货出库操作指导

(3) 应收挂账操作指导如图 9-14 所示。

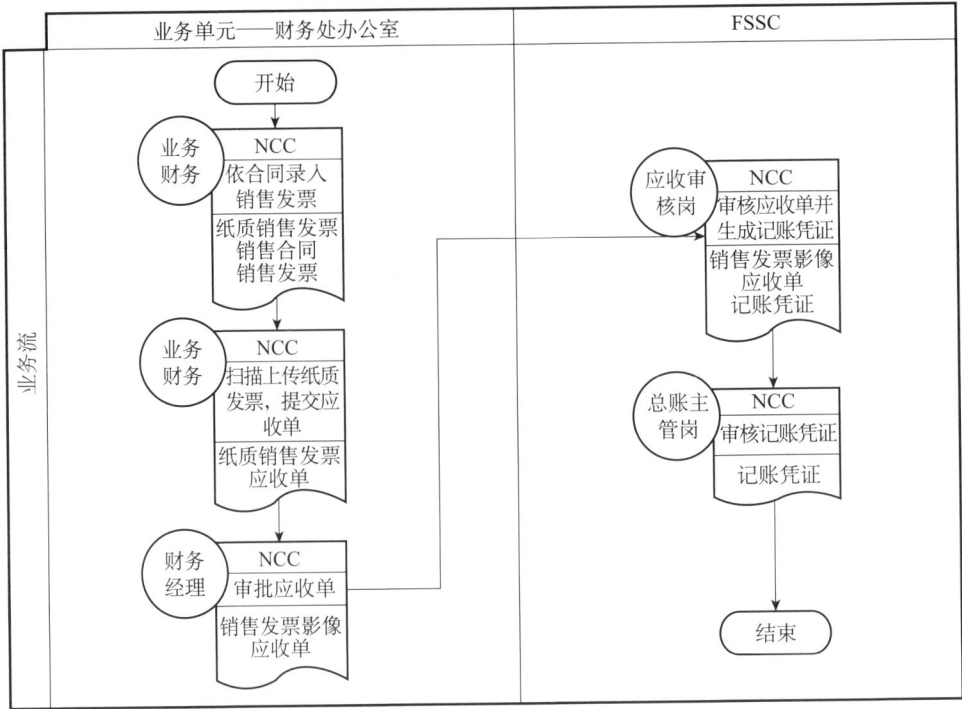

图 9-14 应收挂账操作指导

(4) 应收收款操作指导如图 9-15 所示。

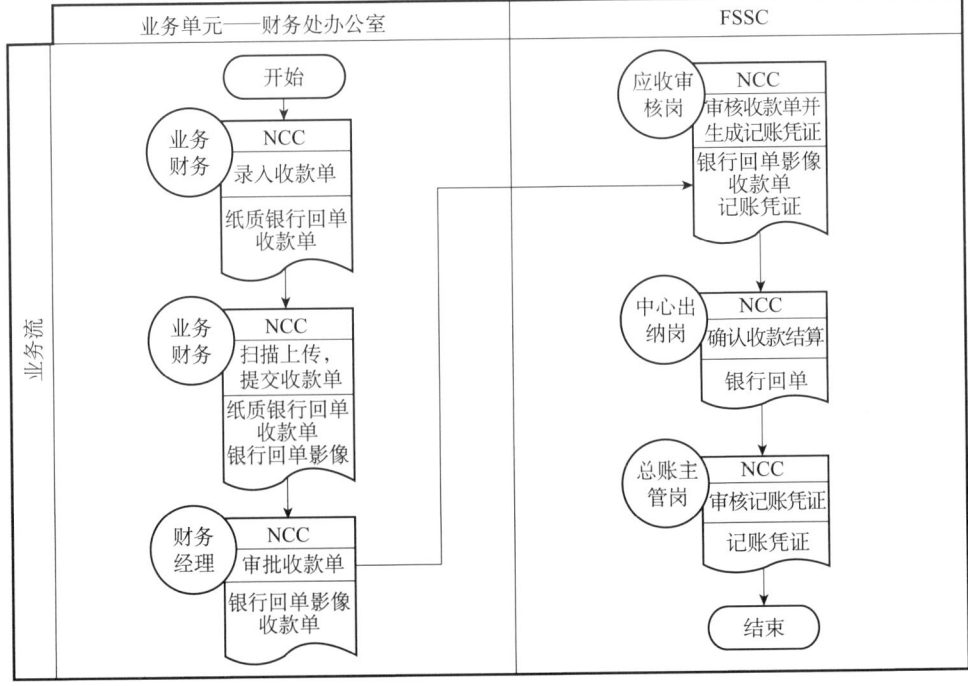

图 9-15 应收收款操作指导

9.4.2 构建测试

9.4.2.1 测试用例

(1) 签订销售合同。2023年3月1日,鸿途集团水泥有限公司与天海集团总公司签署销售合同(合同编码:SC20230182),签约信息如下(详细信息参见纸质合同)。

合同甲方:天海集团总公司。

合同乙方:鸿途集团水泥有限公司。

乙方为甲方提供通用水泥产品,供应天海集团的袋装PC32.5水泥价格为300元/吨,月供应数量为1000吨左右,实际数量依据每月的要货申请。

发票随货,并于当月月底完成收款结算。

此合同有效期为2023年3月1日~2023年12月31日。

(2) 销售发货出库。2023年3月5日,鸿途集团水泥有限公司与天海集团总公司签订一笔销售订单并录入系统。相关信息如表9-2所示。

表9-2 销售订单

项目名称	需求数量	单价	客户
PC32.5水泥	1000吨	300元	天海集团总公司

销售订单审批通过后,2023年3月6日,办理"PC32.5水泥"出库,并通过公路运输发货。

(3) 应收挂账。2023年3月6日,针对"PC32.5水泥"发货,鸿途集团水泥有限公司开具增值税专用发票,票随货走。开票相关信息如表9-3所示。

表9-3 开票信息

项目名称	需求数量	含税单价	价税合计	税率	税额	客户
PC32.5水泥	1000吨	300元	300000元	13%	34513.27元	天海集团总公司

开具发票的同日,鸿途集团水泥有限公司完成了应收挂账流程。

(4) 应收收款。2023年3月31日,客户打款30万元。

9.4.2.2 操作步骤

(1) 签订销售合同。

第一步:销售员录入销售合同。

① "销售员角色"上岗,点击"开始任务",进入"报账平台"页面,修改系统日期为"2023-03-01",点击"销售合同维护",进入销售合同填制页面,

如图 9-16 所示。

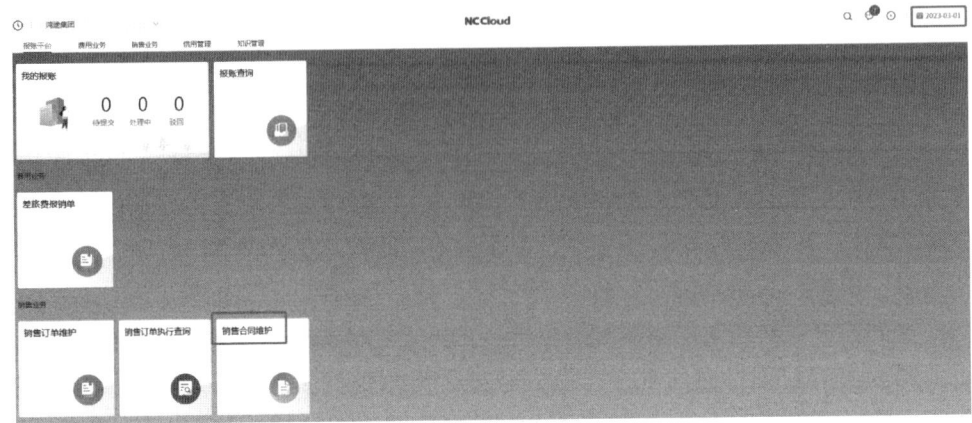

图 9-16　销售员进入报账平台

② 点击右上角"新增",选择"自制",销售组织选择"鸿途集团水泥有限公司",合同编码、名称、合同签订时间、计划生效日期和计划终止日期等依据测试案例中的信息以及单据手册中的纸质销售合同进行补充,填写完毕之后,点击"保存",对于纸质销售合同可以通过影像扫描进行上传,检查销售合同无误后,点击"提交",如图 9-17、图 9-18 所示。

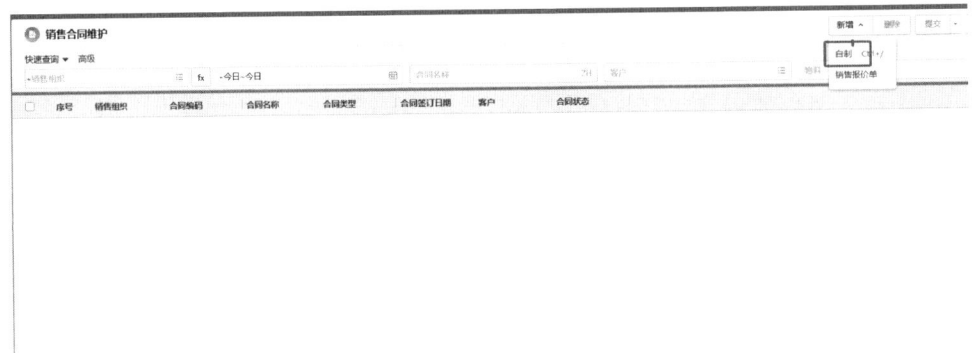

图 9-17　销售员自制销售合同

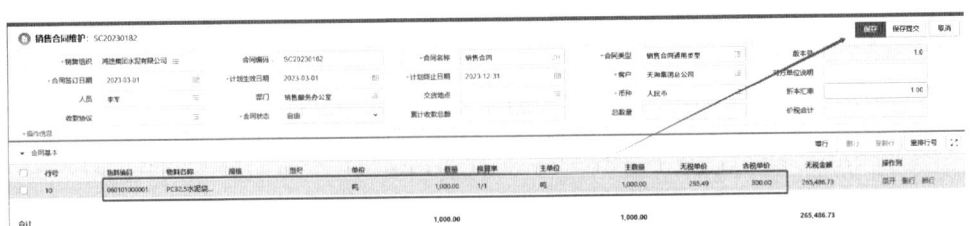

图 9-18　销售员填写销售合同明细

第二步:销售经理审批销售合同。

①"销售经理角色"上岗,点击"开始任务",在"审批中心"中会显示 1 笔未处理单据,如图 9-19 所示。

图 9-19　销售经理进入审批中心

② 点击"未处理",进入"审批中心"页面,出现 1 笔未审批的销售合同,点击"合同详情",销售经理查看销售合同内容是否与原始合同一致,填写是否完整、是否准确,确认无误之后点击"批准",即完成了销售经理审批,如图 9-20 所示。

图 9-20　销售经理审批销售合同

第三步:业务财务审批销售合同。

①"业务财务角色"上岗,点击"开始任务",在"审批中心"中会显示 1 笔未处理单据,如图 9-21 所示。

图 9-21　业务财务进入审批中心

② 点击"未处理",进入"审批中心"页面,出现 1 笔未审批的销售合同,业务财务人员点击"合同详情",查看销售合同是否与原始合同一致,填写是否完整、是否准确,填写人员的直属领导是否签字等,确认无误之后,业务财务人员点击"批准",即完成了业务财务审批,如图 9-22 所示。

图 9-22　业务财务审批销售合同

第四步:档案综合岗进行销售合同归档。

①"档案综合岗角色"上岗,点击"开始任务",在"审批中心"中会显示 1 笔未处理单据,如图 9-23 所示。

② 点击"未处理",进入"审批中心"页面,出现 1 笔未审批的销售合同,

图 9-23 档案综合岗进入审批中心

点击"合同详情",查看销售合同是否与原始合同一致,填写是否完整、是否准确,相关人员是否签字等,确认无误之后,点击"批准",即完成了销售合同审批,如图 9-24 所示。

图 9-24 档案综合岗审核销售合同

③ 在"作业平台"页面,点击"销售合同维护",进入销售合同维护页面,财务组织选择"鸿途集团水泥有限公司",日期选择"2023-03-01~2023-04-01",设置完毕之后,点击"查询",查询到销售合同,选择"生效",此时销售合同才会生效,如图 9-25、图 9-26 所示。

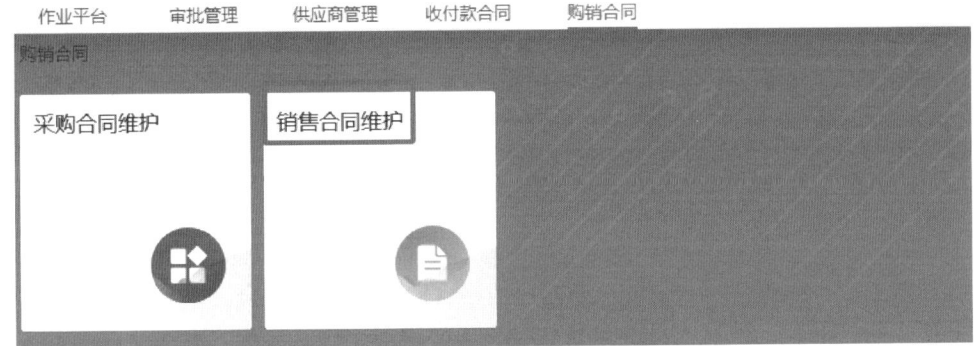

图 9-25 档案综合岗进入作业平台

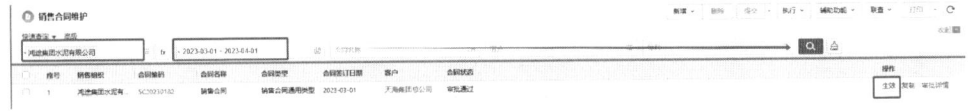

图 9-26 档案综合岗生效销售合同

(2) 销售发货出库。

第一步:销售员录入销售订单。

① "销售员角色"上岗,点击"开始任务",进入"报账平台"页面,修改系统日期为"2023-03-05",点击"销售订单维护",如图 9-27 所示。

图 9 – 27　销售员进入报账平台

② 进入"销售订单维护"页面，点击右上角"新增"，点击"销售合同生成订单"，进入"选择销售合同"页面，财务组织选择"鸿途集团水泥有限集团"，日期选择"2023 – 03 – 01 ~ 2023 – 04 – 01"，设置完毕之后，点击"查询"，查询到销售合同，选中上一步审批后的销售合同，点击右下角"生成销售订单"，如图 9 – 28、图 9 – 29、图 9 – 30 所示。

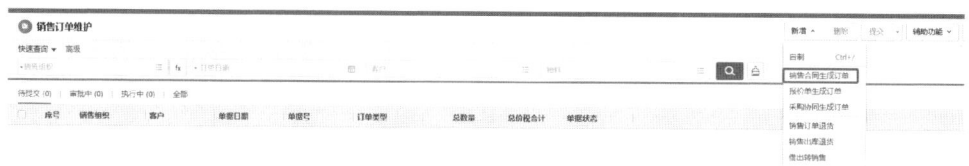

图 9 – 28　销售员进入销售订单维护页面

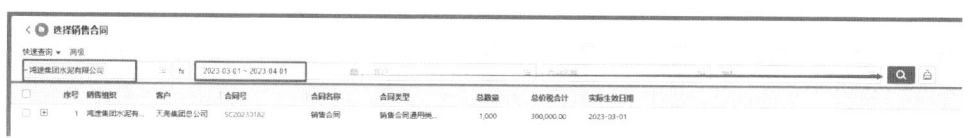

图 9 – 29　销售员查找销售合同

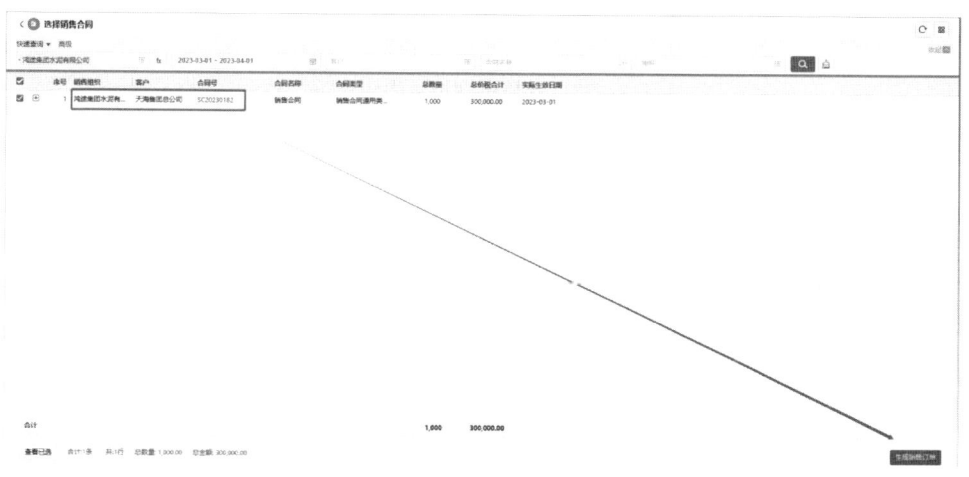

图 9 – 30　销售员生成销售订单

③ 进入销售订单填制页面，"发货仓库"选择"产成品库"，计划发货日期选择"2023 – 03 – 06"，填写完毕之后，点击"保存"，检查销售订单单据无误后，点击"提交"，如图 9 – 31 所示。

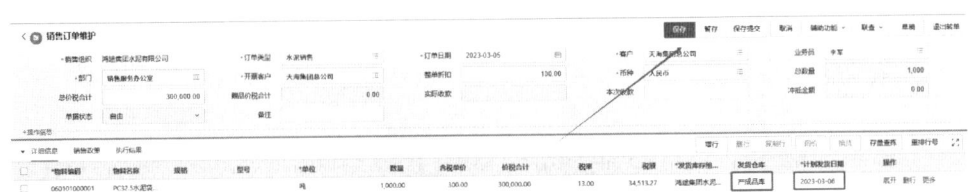

图9-31 销售员填制并提交销售订单

第二步：销售经理审批销售订单。

①"销售经理角色"上岗，点击"开始任务"，在"审批中心"中会显示1笔未处理单据，如图9-32所示。

图9-32 销售经理进入审批中心

②点击"未处理"，进入"审批中心"页面，出现1笔未审批的销售订单，点击"单据详情"，销售经理查看销售订单内容是否与原始合同一致，填写是否完整、是否准确，确认无误之后点击"批准"，即完成了销售经理审批，如图9-33所示。

图9-33 销售经理审批销售订单

第三步：仓管员办理销售发货和出库。

①"仓管员角色"上岗，点击"开始任务"，进入"报账平台"页面，修改系统日期为"2023-03-06"，点击"发货单维护"，进入发货单维护页面，如图9-34所示。

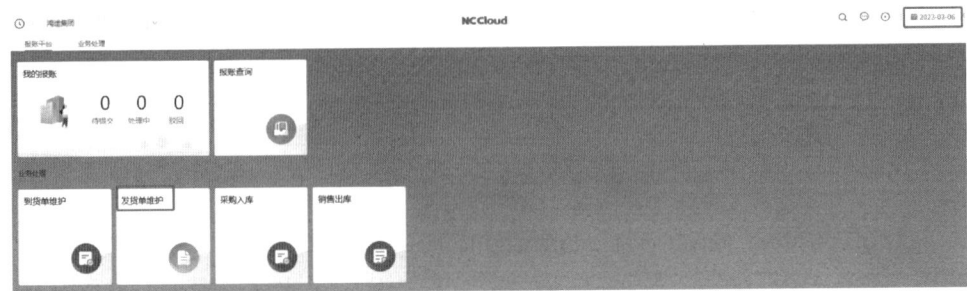

图9-34 仓管员维护发货单

② 点击右上角"发货",进入发货页面,销售组织选择"鸿途集团水泥有限公司",日期选择"2023-03-01~2023-04-01",点击"查询",并勾选销售订单,点击右下角"生成发货单",如图 9-35~图 9-37 所示。

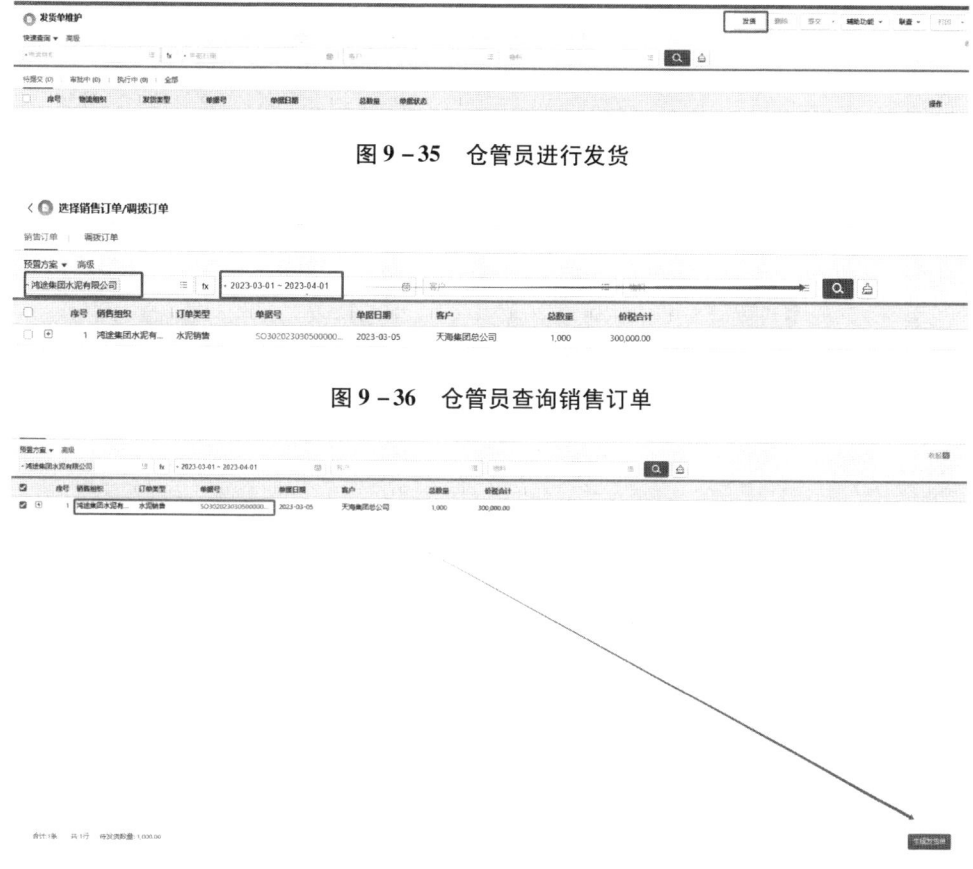

图 9-35　仓管员进行发货

图 9-36　仓管员查询销售订单

图 9-37　仓管员生成发货单

③"运输方式"选择"公路运输",填写完毕之后,点击"保存",检查发货单据无误后,点击"提交",如图 9-38 所示。

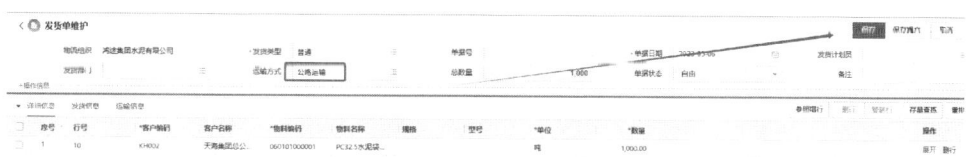

图 9-38　仓管员填制并提交发货单

④ 进入"报账平台"页面,点击"销售出库",如图 9-39 所示。

⑤ 进入"销售出库"页面,点击右上角"新增",点击"销售业务出库",进入销售业务出库页面,财务组织选择"鸿途集团水泥有限公司",日期选择"2023-03-01~2023-04-01",设置完毕之后,点击"查询",查询到发货单,选中并点击右下角"生成出库单",如图 9-40~图 9-42 所示。

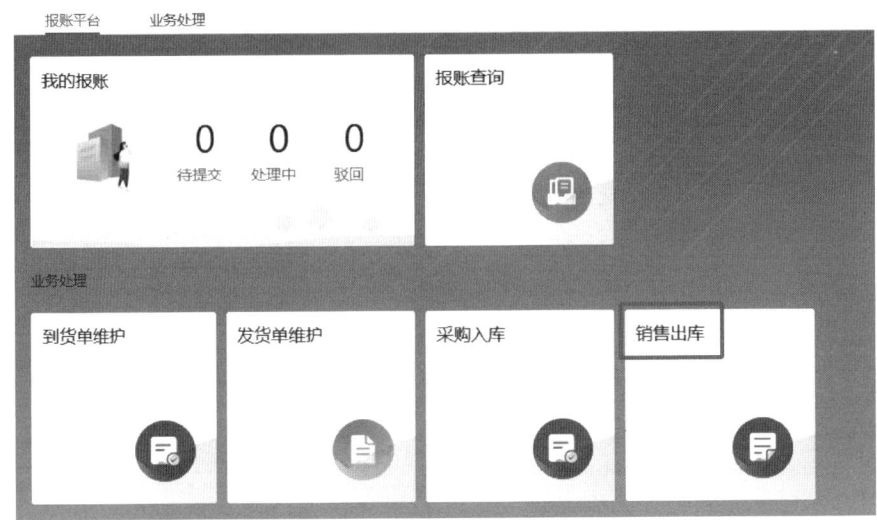

图 9-39　仓管员办理销售出库

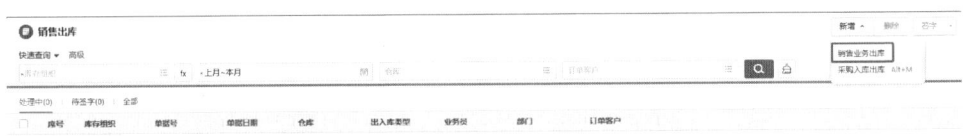

图 9-40　仓管员进入销售业务出库页面

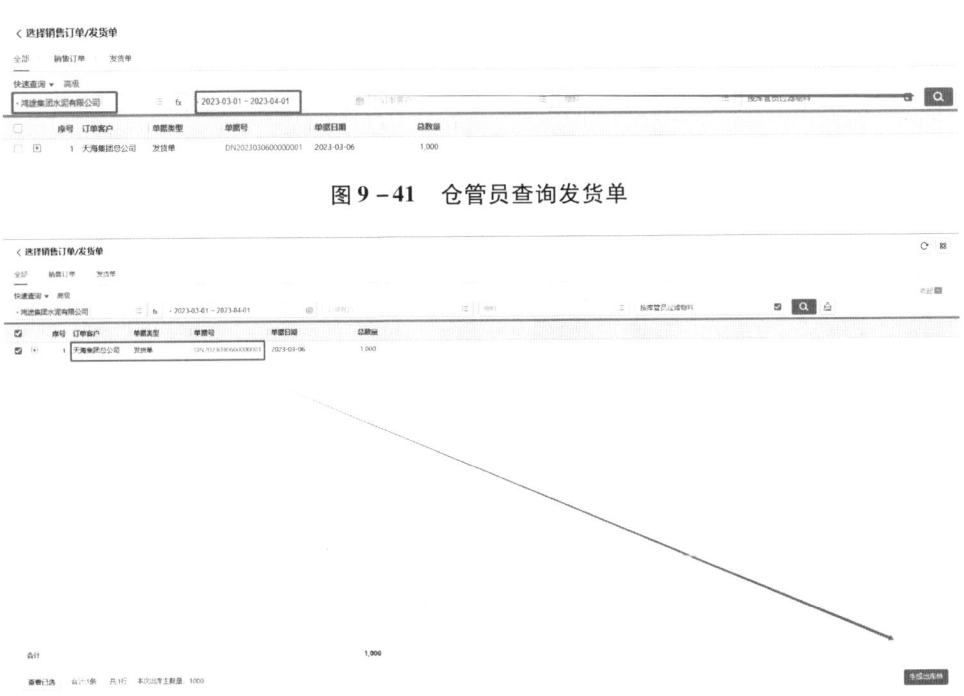

图 9-41　仓管员查询发货单

图 9-42　仓管员生成出库单

⑥ 进入"出库单"页面,"出入库类型"选择"普通销售出库",实发数量

填写"1000",出库日期选择"2023-03-06",填写完毕之后,点击"保存",检查出库单据无误后,点击"签字",如图9-43、图9-44所示。

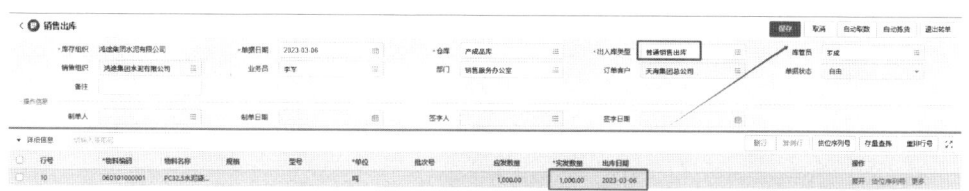

图9-43　仓管员填制并保存出库单

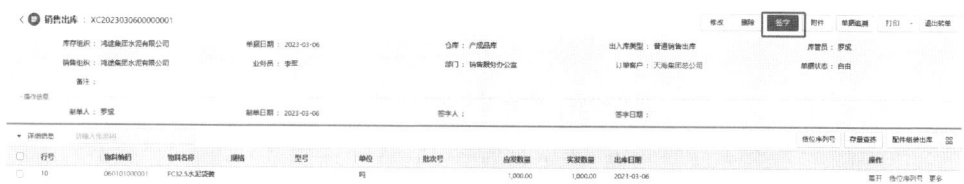

图9-44　仓管员进行签字

第四步:业务财务录入销售发票。

①"业务财务角色"上岗,点击"开始任务",进入报账平台页面,点击"销售发票维护",如图9-45所示。

图9-45　业务财务进入平台

②进入"销售发票维护"页面,点击右上角"销售开票",进入销售开票页面,财务组织选择"鸿途集团水泥有限公司",日期选择"2023-03-01～2023-04-01",设置完毕之后,点击"查询",查询到出库单,选中并点击右下角"生成销售发票",如图9-46～图9-48所示。

图9-46　业务财务进行销售开票

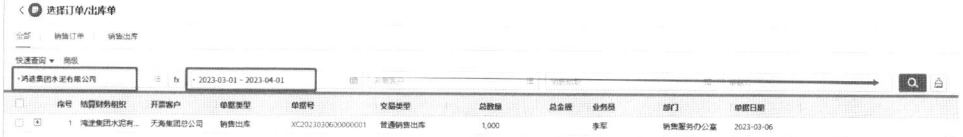

图9-47　业务财务查询销售出库单

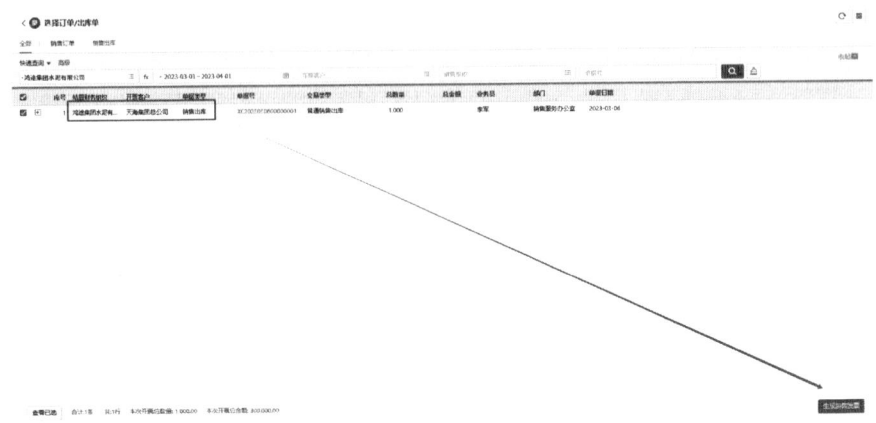

图 9-48　业务财务生成销售发票

③ 进入"销售发票"页面,"发票类型"选择"增值税专用发票",填写完毕之后,点击"保存",检查销售发票单据无误后,点击"提交",如图 9-49 所示。

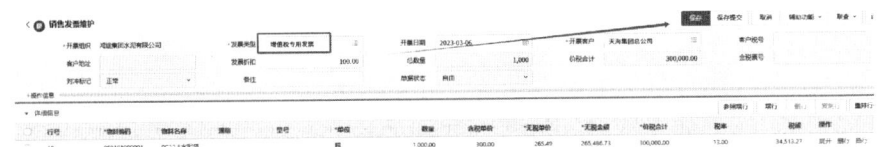

图 9-49　业务财务填写并提交销售发票

第五步：业务财务扫描发票提交应收单。

① 发票提交之后,应收单会自动生成。"业务财务角色"上岗,点击"开始任务",在"我的报账"中会显示 1 笔待提交单据,如图 9-50 所示。

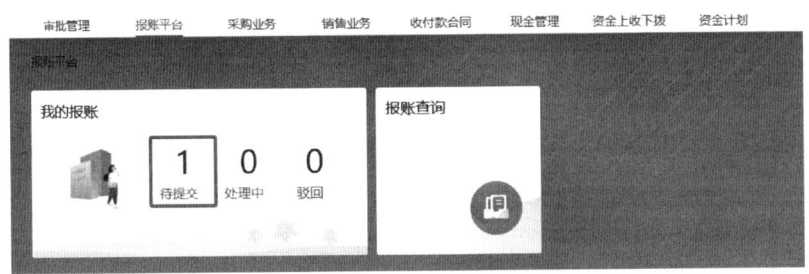

图 9-50　业务财务进入报账平台

② 点击"单据详情",业务财务查看应收单内容是否与原始销售发票一致,填写是否完整、是否准确,确认无误之后点击"提交",如图 9-51、图 9-52 所示。

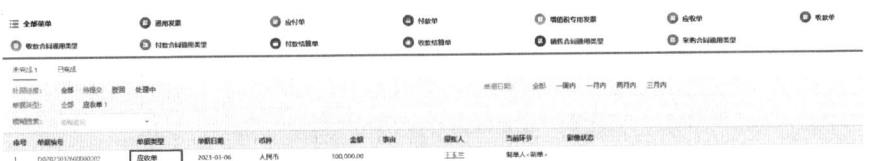

图 9-51　业务财务查看应收单

第9章 销售管理——应收共享

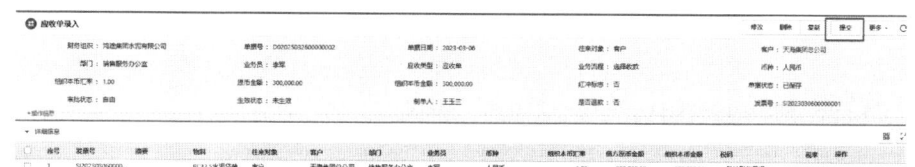

图 9-52 业务财务提交应收单

第六步：财务经理审批应收单。

①"财务经理角色"上岗，点击"开始任务"，在"审批中心"中会显示1笔未处理单据，如图9-53所示。

图 9-53 财务经理进入审批中心

② 点击"未处理"，进入"审批中心"页面，出现1笔未审批的应收单，点击"单据详情"，财务经理查看应收单内容是否与销售订单一致，填写是否完整、是否准确，确认无误之后点击"财务经理角色（批准）"，即完成了财务经理审批，如图9-54所示。

图 9-54 财务经理审批应收单

第七步：应收审核岗审核应收单。

①"应收审核岗角色"上岗，点击"开始任务"，进入"我的作业"页面，出现待提取任务，如图9-55所示。

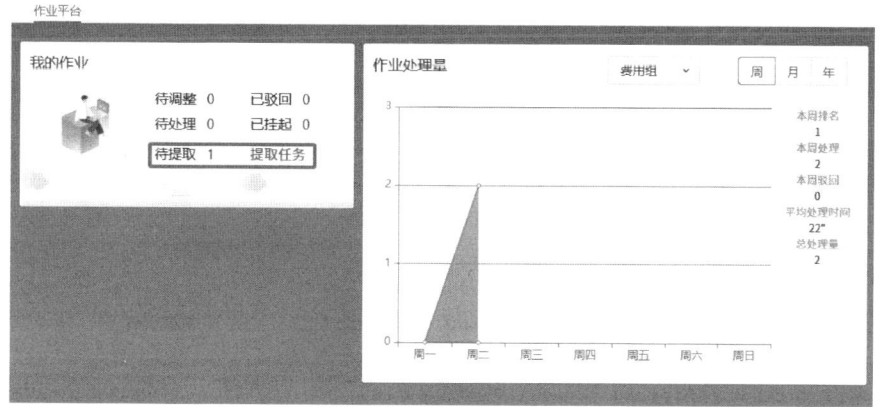

图 9-55 应收审核岗进入提取任务界面

②点击"提取任务",单击上一步所填制的"应收单",进入"应收单"的审批情况页面,审核应收单是否与销售订单一致,填写是否完整、是否准确,相关人员是否签字等,确认无误之后点击"批准",如图9－56、图9－57所示。

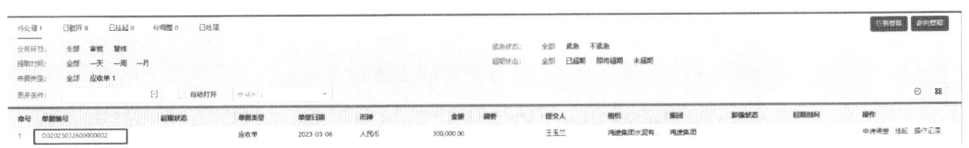

图9－56　应收审核岗提取任务

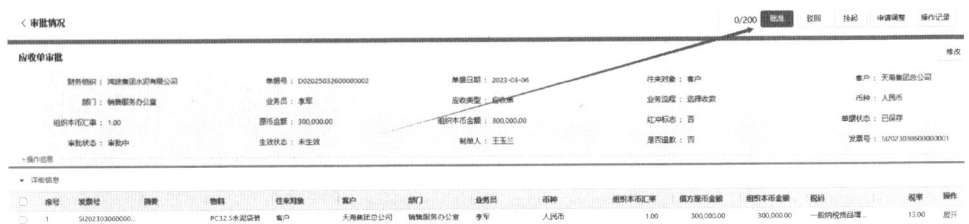

图9－57　应收审核岗审核应收单

第八步：总账主管岗审核记账凭证。

①"总账主管角色"上岗,点击"开始任务",点击"凭证审核",如图9－58所示。

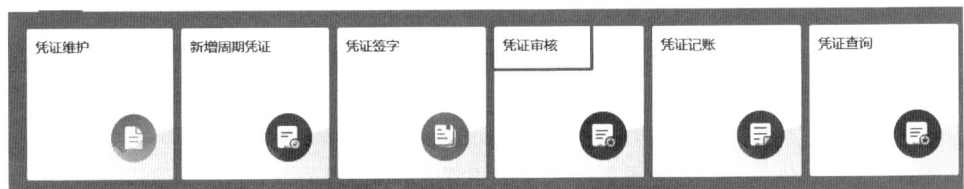

图9－58　总账主管进入凭证管理

②进入"凭证审核"页面,"财务核算账簿"选择"0001基准账簿",日期选择"2023－03－01～2023－04－01",设置完毕之后点击"查询",出现符合条件的记账凭证,如图9－59所示。

图9－59　总账主管查询凭证

③点击符合条件的记账凭证,进入"凭证审核"页面,审核记账凭证是否有原始凭证、是否与原始凭证内容相符以及签字是否齐全等,若审核无误,点击

"审核",即可完成全部业务流程,如图 9-60 所示。

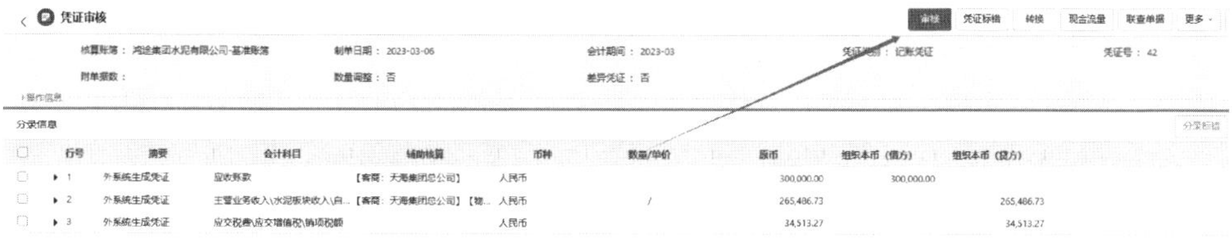

图 9-60 总账主管审核凭证

(3) 应收收款。

第一步:业务财务录入收款单扫描上传影像并提交收款单。

①"业务财务角色"上岗,点击"开始任务",进入"报账平台"页面,修改系统日期为"2023-03-31",点击"收款单管理",如图 9-61 所示。

图 9-61 业务财务进入平台

② 进入"收款单管理"页面,财务组织选择"鸿途集团水泥有限公司",单据日期选择"2023-03-01~2023-04-01",点击"查询",筛选出 2023 年 3 月 6 日做的应收单,并点击右下角"生成下游单据",如图 9-62~图 9-64 所示。

图 9-62 业务财务收款单管理页面

图 9-63 业务财务查询应收单

③ 进入"收款单"页面,"结算方式"选择"网银","收款账户"选择"中国工商银行-3701239319189278309-鸿途集团水泥有限公司人民币活期户","付款银行账户"选择"天海集团总公司",填写完毕之后,点击"保存",检查收款单据无误后,点击"提交",如图 9-65 所示。

第二步:财务经理审批收款单。

①"财务经理角色"上岗,点击"开始任务",在"审批中心"中会显示 1 笔未处理单据,如图 9-66 所示。

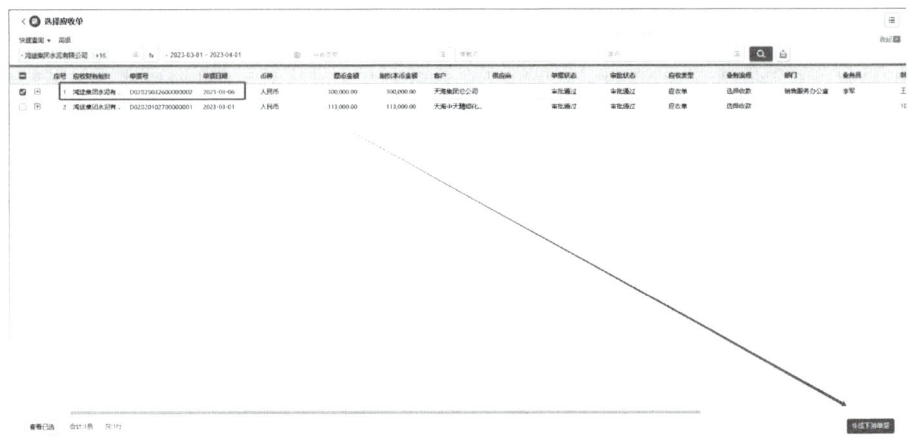

图9-64 业务财务生成收款单

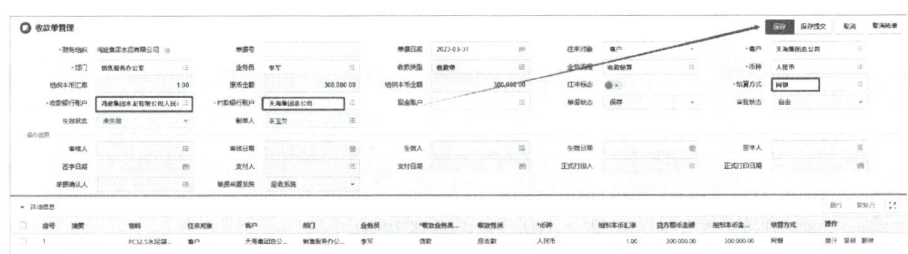

图9-65 业务财务填写并提交收款单

图9-66 财务经理进入审批中心

② 点击"未处理",进入"审批中心"页面,出现1笔未审批的收款单,点击"单据详情",财务经理查看收款单内容是否与应收单一致,填写是否完整、是否准确,确认无误之后点击"财务经理角色(批准)",即完成了财务经理审批,如图9-67所示。

图9-67 财务经理审批收款单

第三步:应收审核岗审核收款单。

①"应收审核岗角色"上岗,点击"开始任务",进入"我的作业"页面,出现待提取任务,如图9-68所示。

② 点击"提取任务",单击上一步所填制的"收款单",进入"收款单"的

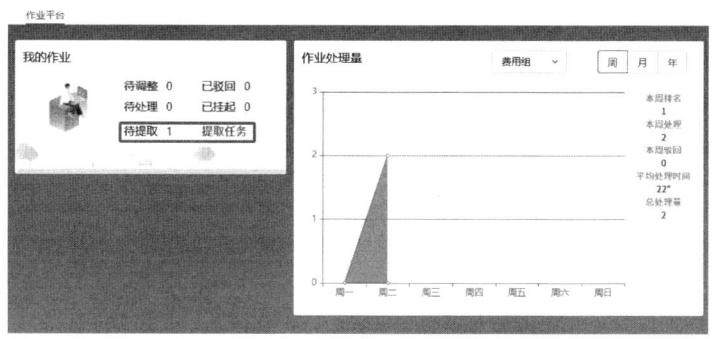

图 9-68　应收审核岗进入提取任务界面

审批情况页面，审核收款单是否与应收单一致，填写是否完整、是否准确，相关人员是否签字等，确认无误之后点击"批准"，如图 9-69、图 9-70 所示。

图 9-69　应收审核岗提取任务

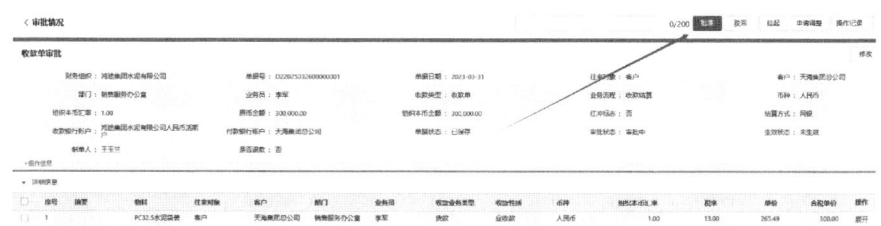

图 9-70　应收审核岗审核收款单

第四步：中心出纳岗确认收款结算。

①"中心出纳角色"上岗，点击"开始任务"，点击"结算"，如图 9-71 所示。

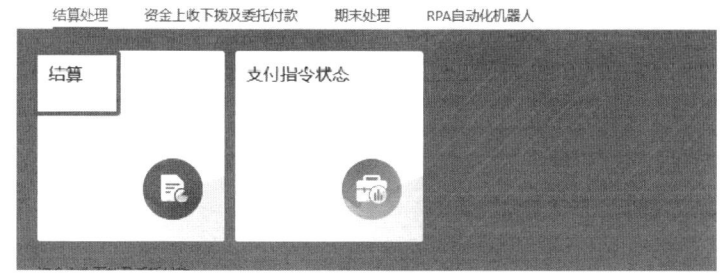

图 9-71　中心出纳进入结算界面

②进入"结算"页面，财务组织选择"鸿途集团水泥有限公司"，日期选择"2023-03-01～2023-04-01"，设置完毕之后，点击"查询"，在"待结算"中点击待结算的收款单，如图 9-72 所示。

图 9-72 中心出纳查询收款单

③ 选中需要结算的收款单，核对单据，若无误，点击"结算"，即完成结算，如图 9-73 所示。

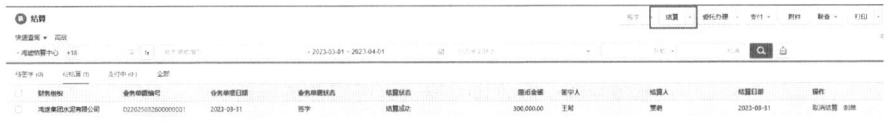

图 9-73 中心出纳进行结算

第五步：总账主管岗审核记账凭证。

①"总账主管角色"上岗，点击"开始任务"，点击"凭证审核"，如图 9-74 所示。

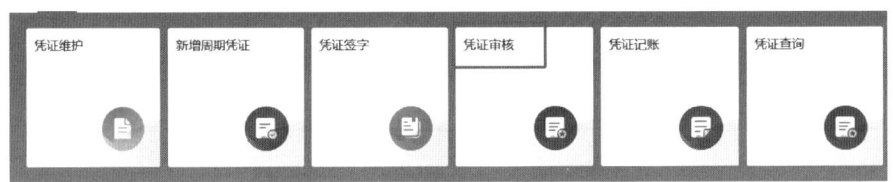

图 9-74 总账主管进入凭证管理

② 进入"凭证审核"页面，财务核算账簿选择"0001 基准账簿"，日期选择"2023-03-01~2023-04-01"，设置完毕之后点击"查询"，出现符合条件的记账凭证，如图 9-75 所示。

图 9-75 总账主管查询凭证

③ 点击符合条件的记账凭证，进入"凭证审核"页面，审核记账凭证是否有原始凭证、是否与原始凭证内容相符以及签字是否齐全等，若审核无误，点击"审核"，即可完成全部业务流程，如图 9-76 所示。

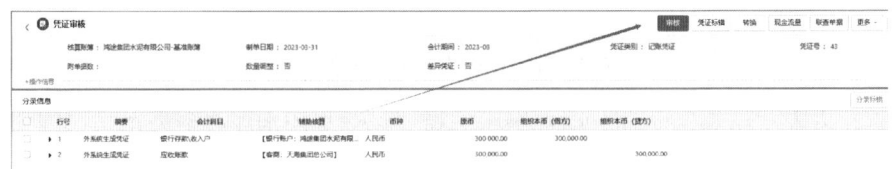

图 9-76 总账主管审核凭证

9.5 其他商品销售业务

9.5.1 规划设计

9.5.1.1 需求假设

(1) 建立财务共享服务中心后,尽量保持现状业务流程的稳定性。

① 根据传递到 FSSC 的业务单据,确定流程中业务单位与 FSSC 的边界,该业务单据都需要经过 FSSC 的审核或初审。

② FSSC 接收业务单据所随附的原始凭证,均由制单人在制单后立即扫描上传;此后要审核该业务单据的环节,均同时审核该业务单据的原始单据影像。

③ 保留在业务单位的工作,流程和职责不变,但原业务单位财务部的工作除财务经理职责外均由业务财务承担。

(2) 案例企业鸿途集团的所有收付款,均以网银(银企直连)方式完成。

(3) 案例企业鸿途集团最终选择的是单共享中心模式。

(4) 为了让共享中心审核有据,所有进入 FSSC 审核的业务单据,必须随附外部原始凭证的影像。

① 走作业组的业务单据,用影像上传的方法随附影像。

② 不走作业组而走重量端的业务单据,用拍照后添加附件的方法随附影像。

(5) 为了简化学生的构建测试工作,共享后流程中审批环节最高只设计到子公司总经理。

9.5.1.2 共享后流程所用到的业务单据

备品备件共享流程业务单据如表 9-4 所示。

表 9-4 备品备件共享流程业务单据

序号	名称	是否进 FSSC	是否属于作业组工作	流程设计工具
1	销售订单	N	—	审批流
2	销售发货单	N	—	审批流
3	销售出库单	N	—	审批流
4	销售发票	N	—	审批流
5	应收单	Y	Y	工作流
6	收款单	Y	Y	工作流

注:Y 代表"是",N 代表"否"。

9.5.1.3 操作指导

(1) 销售订货出库操作指导如图 9-77 所示。

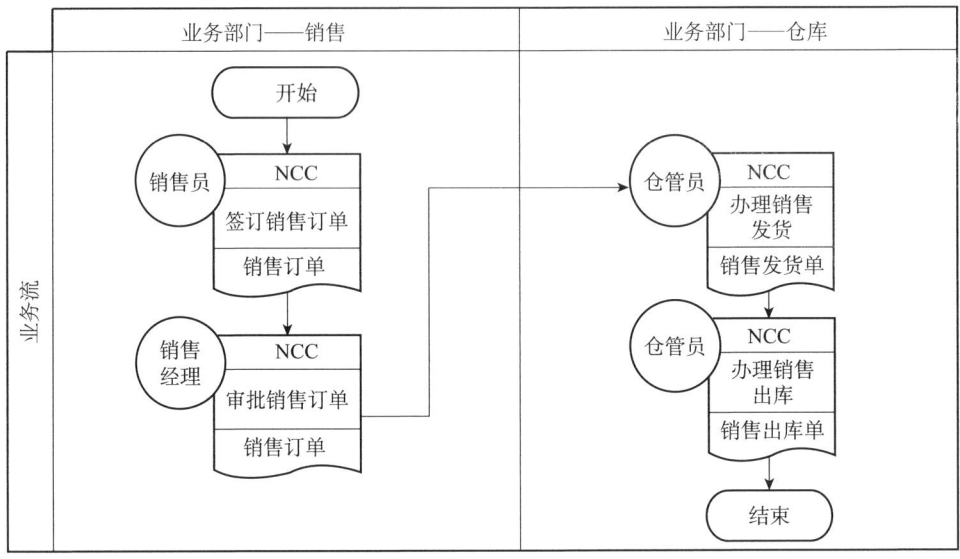

图 9-77 销售订货出库操作指导

(2) 应收挂账操作指导如图 9-78 所示。

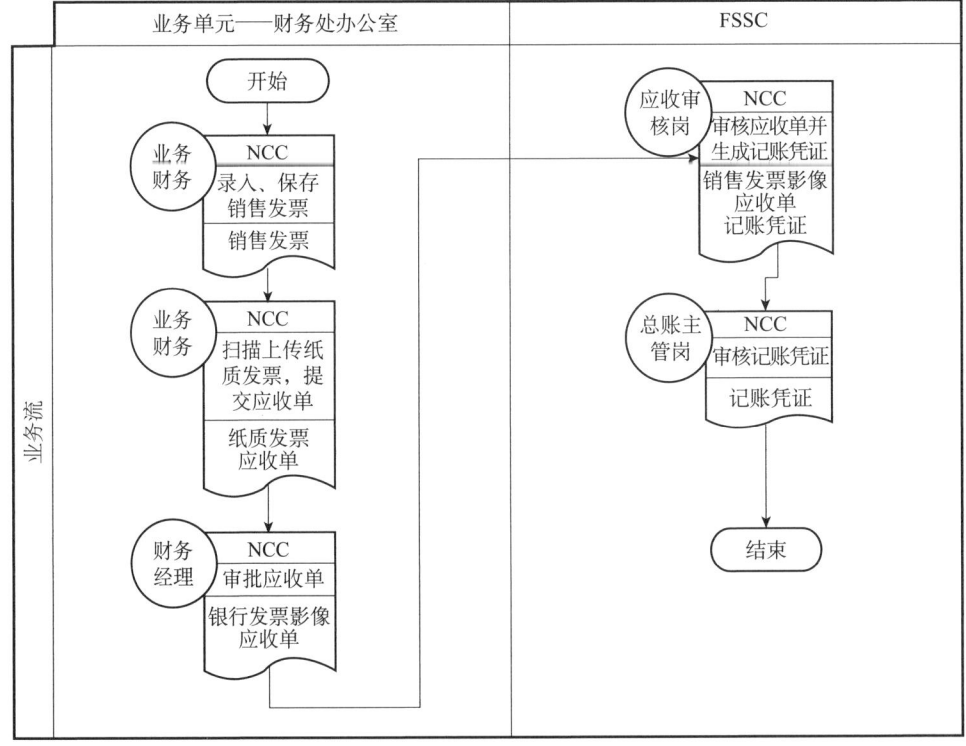

图 9-78 应收挂账操作指导

(3) 应收收款操作指导如图 9-79 所示。

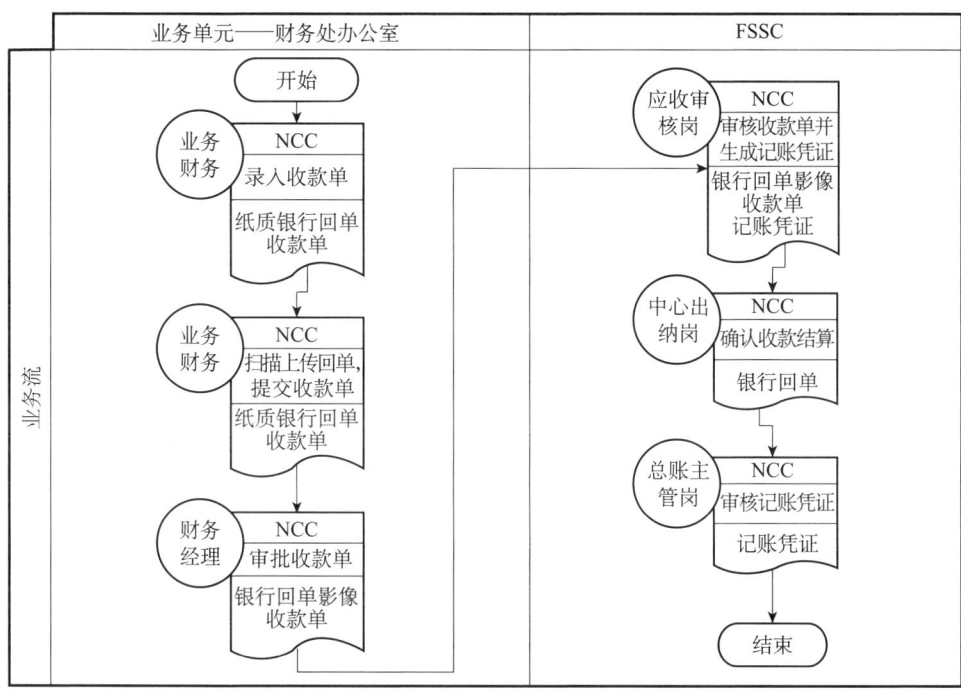

图 9-79 应收收款操作指导

9.5.2 构建测试

9.5.2.1 测试用例

(1) 销售发货出库。2023 年 3 月 5 日鸿途集团水泥有限公司与天海中天精细化工有限公司签订一笔材料销售订单,信息如表 9-5 所示,发货时间为 3 月 11 日,价格为 226 元/吨(含增值税),并生成销售发货单。

表 9-5　　　　　　　　　材料销售订单

项目名称	需求数量	客户
天然石膏	1000 吨	天海中天精细化工有限公司

2023 年 3 月 11 日,"天然石膏"发货出库。

(2) 应收挂账。2023 年 3 月 11 日,针对"天然石膏"发货开具增值税专用发票,票随货走。当日完成了后续的应收挂账流程。开票相关信息如表 9-6 所示。

表 9-6　　　　　　　　　开票信息

项目名称	需求数量	含税单价	价税合计	税率	税额	客户
天然石膏	1000 吨	226 元	226000 元	13%	26000 元	天海中天精细化工有限公司

(3) 应收收款。2023 年 3 月 31 日，客户打款。收到客户通知并从网银系统获得银行收款电子回单的打印件后，在系统里录入该笔收款单（见表 9-7）。

表 9-7　　　　　　　　　　　　　收款单

客户名称	收款金额
天海中天精细化工有限公司	226000 元

9.5.2.2　操作步骤

（1）销售订货出库。

第一步：销售员签订销售订单。

①"销售员角色"上岗，点击"开始任务"，进入"报账平台"页面，修改系统日期为"2023-03-05"，点击"销售订单维护"，进入销售订单填制页面，如图 9-80 所示。

图 9-80　销售员进入平台页面

② 点击"新增"，选择"自制"，进入销售订单页面，根据案例选择销售组织、销售订单日期、客户、物料等信息，填写内容之后，点击"保存提交"，如图 9-81、图 9-82 所示。

图 9-81　销售员进入销售订单填制页面

图 9-82　销售员填写销售订单

第二步：销售经理审批销售订单。

①"销售经理角色"上岗，点击"开始任务"，在"审批中心"中会显示1笔未处理单据，如图9-83所示。

图9-83　销售经理进入审批中心

②点击"未处理"，进入"审批中心"页面，出现1笔未审批的销售订单，点击"单据详情"，销售经理查看销售订单内容是否与原始单据一致，填写是否完整、是否准确，确认无误之后点击"批准"，即完成了销售经理审批，如图9-84所示。

图9-84　销售经理审批销售订单

第三步：仓管员办理销售发货。

①"仓管员角色"上岗，点击"开始任务"，进入"报账平台"页面，修改系统日期为"2023-03-11"，点击"发货单维护"，进入"发货单维护"页面，如图9-85所示。

图9-85　仓管员进入平台

②点击右上角"发货"，进入发货页面，销售组织选择"鸿途集团水泥有限公司"，日期选择"2023-03-01～2023-04-01"，点击"查询"，并勾选销售订单，点击右下角"生成发货单"，如图9-86～图9-88所示。

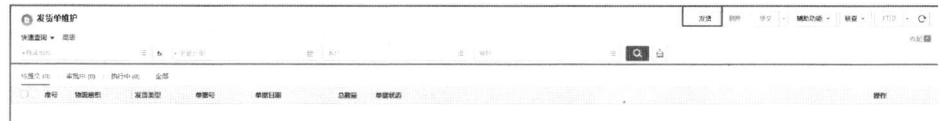

图9-86　仓管员进行发货

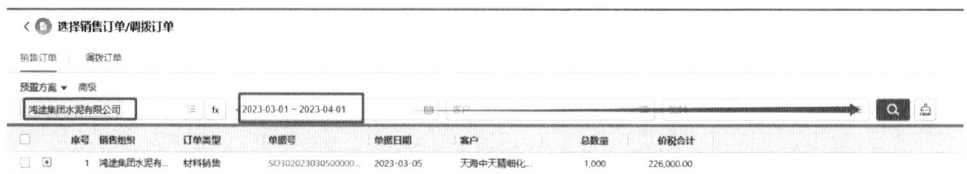

图9-87 仓管员查询销售订单

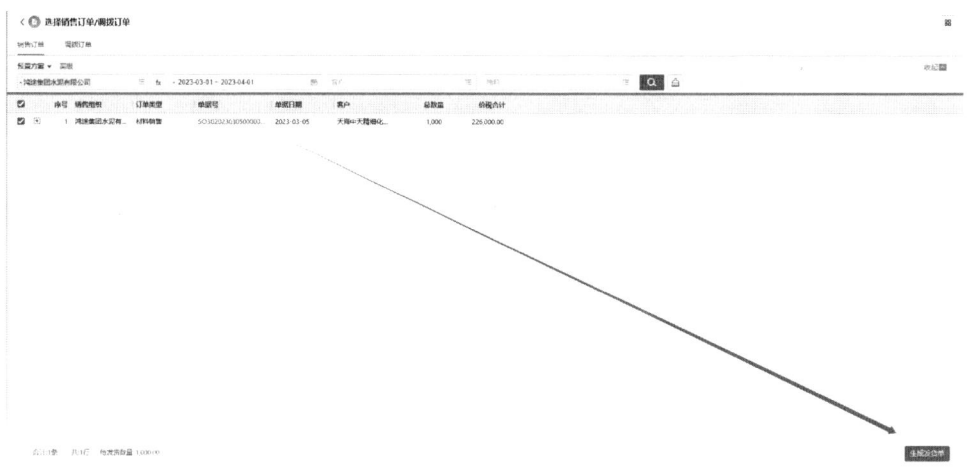

图9-88 仓管员生成发货单

③"运输方式"选择"铁路运输",填写完毕之后,点击"保存",检查发货单据无误后,点击"提交",如图9-89所示。

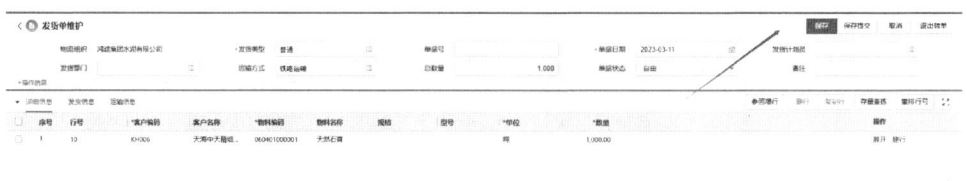

图9-89 仓管员填制发货单

④进入"报账平台"页面,点击"销售出库",如图9-90所示。

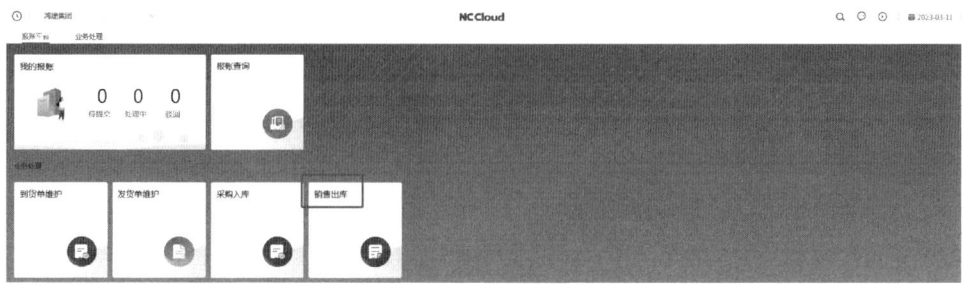

图9-90 仓管员进入平台

⑤ 进入"销售出库"页面，点击右上角"新增"，点击"销售业务出库"，进入销售业务出库页面，财务组织选择"鸿途集团水泥有限公司"，日期选择"2023-03-01~2023-04-01"，设置完毕之后，点击"查询"，查询到发货单，选中并点击右下角"生成出库单"，如图9-91~图9-93所示。

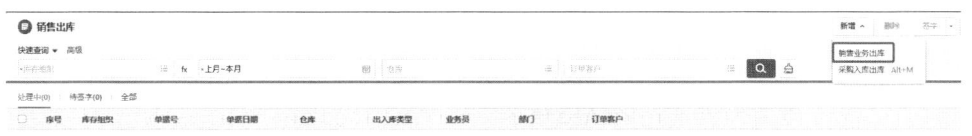

图9-91　仓管员进入销售业务出库页面

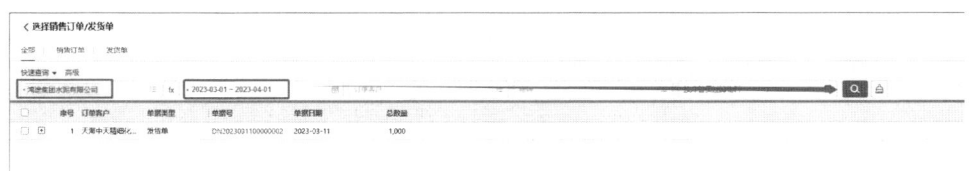

图9-92　仓管员查询发货单

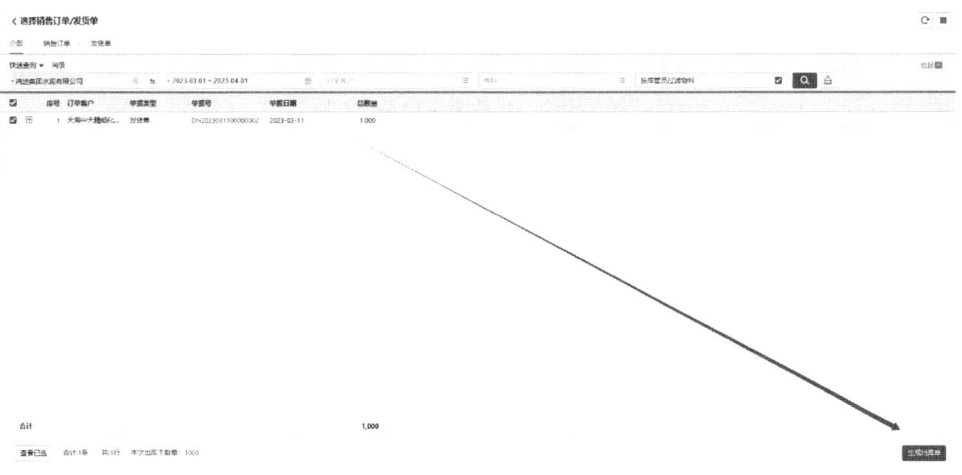

图9-93　仓管员生成出库单

⑥ 进入"出库单"页面，仓库选择"原燃料库"，出入库类型选择"普通销售出库"，实发数量填写"1000"，出库日期选择"2023-03-11"，填写完毕之后，点击"保存"，检查出库单据无误后，点击"保存"，点击"签字"，如图9-94、图9-95所示。

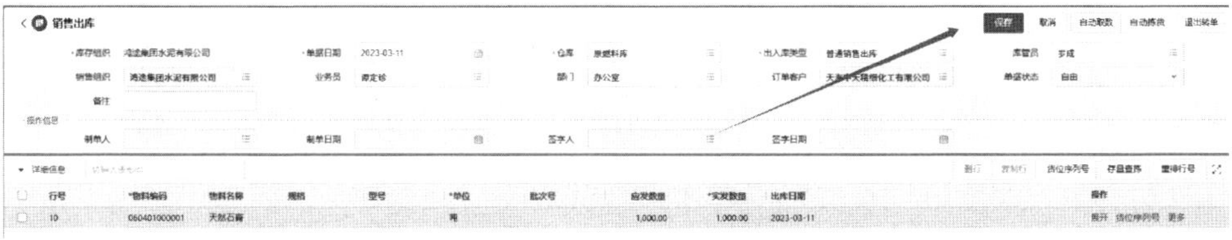

图9-94　仓管员填写出库单

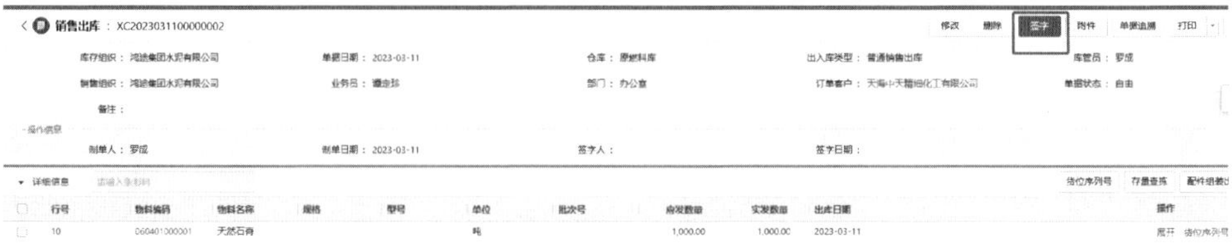

图 9-95　仓管员签字

第四步：业务财务录入保存销售发票。

①"业务财务角色"上岗，点击"开始任务"，进入报账平台页面，点击"销售发票维护"，如图 9-96 所示。

图 9-96　业务财务进入平台

②进入"销售发票维护"页面，点击右上角"销售开票"，进入销售开票页面，财务组织选择"鸿途集团水泥有限公司"，日期选择"2023-03-01～2023-04-01"，设置完毕之后，点击"查询"，查询到出库单，选中并点击右下角"生成销售发票"，如图 9-97～图 9-99 所示。

图 9-97　业务财务进行销售开票

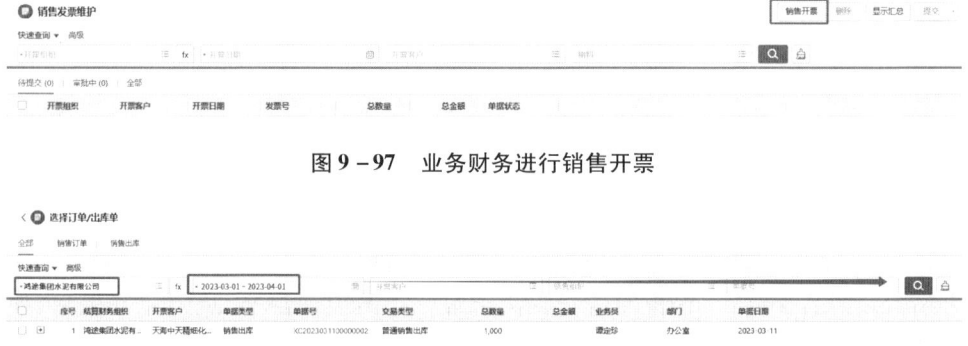

图 9-98　业务财务查询销售出库单

③进入销售发票页面，发票类型选择"增值税专用发票"，填写完毕之后，点击"保存"，检查销售发票单据无误后，点击"提交"，如图 9-100 所示。

第五步：业务财务上传影像提交应收单。

①发票提交之后，应收单会自动生成。"业务财务角色"上岗，点击"开始任务"，在"我的报账"中会显示 1 笔待提交单据，如图 9-101 所示。

第 9 章 销售管理——应收共享 243

图 9-99 业务财务生成销售发票

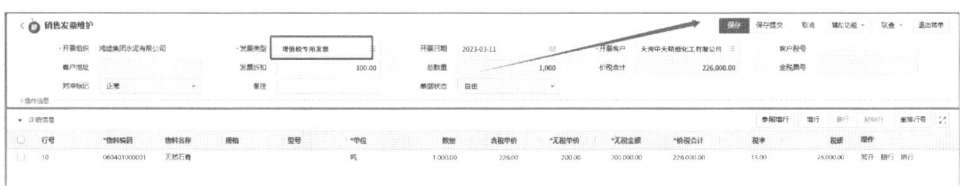

图 9-100 业务财务填写并提交销售发票

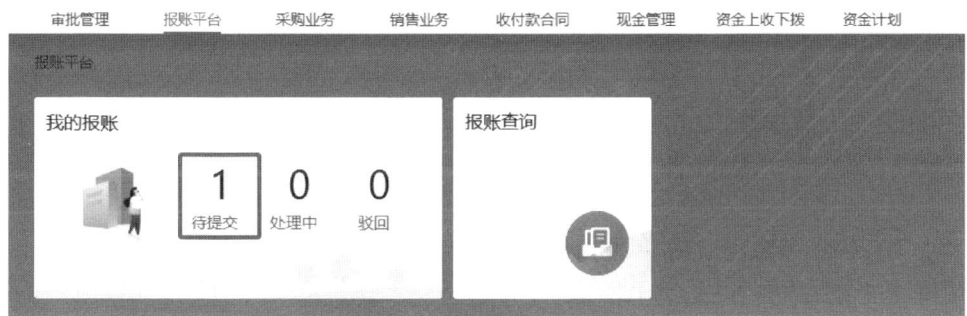

图 9-101 业务财务进入报账平台

② 点击"单据详情",业务财务查看应收单内容是否与原始销售发票一致,填写是否完整、是否准确,确认无误之后点击"提交",如图 9-102、图 9-103 所示。

图 9-102 业务财务查看应收单

图 9-103　业务财务提交应收单

第六步：财务经理审批应收单。

①"财务经理角色"上岗，点击"开始任务"，在"审批中心"中会显示 1 笔未处理单据，如图 9-104 所示。

图 9-104　财务经理进入审批中心

② 点击"未处理"，进入"审批中心"页面，出现 1 笔未审批的应收单，点击"单据详情"，财务经理查看应收单内容是否与销售订单一致，填写是否完整、是否准确，确认无误之后点击"财务经理角色（批准）"，即完成了财务经理审批，如图 9-105 所示。

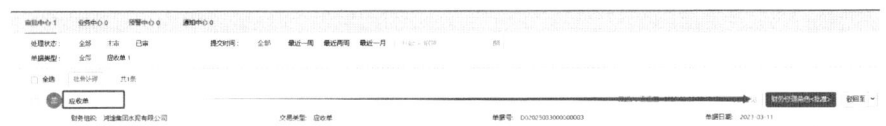

图 9-105　财务经理审批应收单

第七步：应收审核岗审核应收单。

①"应收审核岗角色"上岗，点击"开始任务"，进入"我的作业"页面，出现待提取任务，如图 9-106 所示。

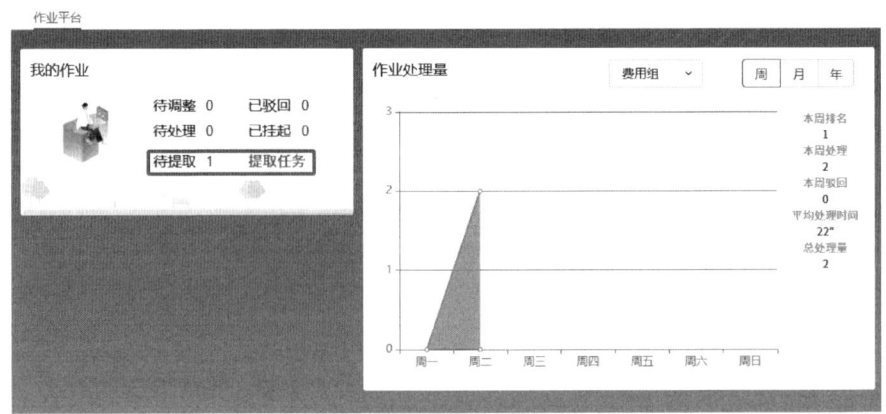

图 9-106　应收审核岗进入提取任务界面

② 点击"提取任务",单击上一步所填制的"应收单",进入"应收单"的审批情况页面,审核应收单是否与销售订单一致,填写是否完整、是否准确,相关人员是否签字等,确认无误之后点击"批准",如图9-107、图9-108所示。

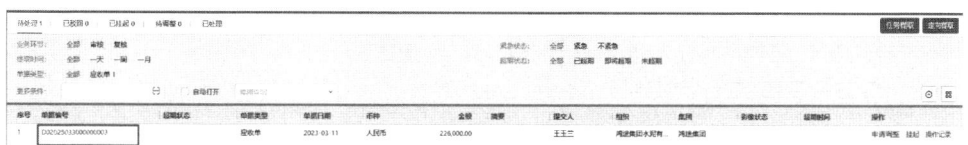

图 9-107 应收审核岗提取任务

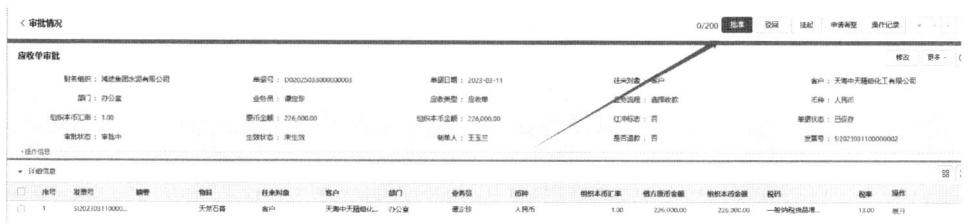

图 9-108 应收审核岗审核应收单

第八步:总账主管岗审核记账凭证。

①"总账主管角色"上岗,点击"开始任务",点击"凭证审核",如图9-109所示。

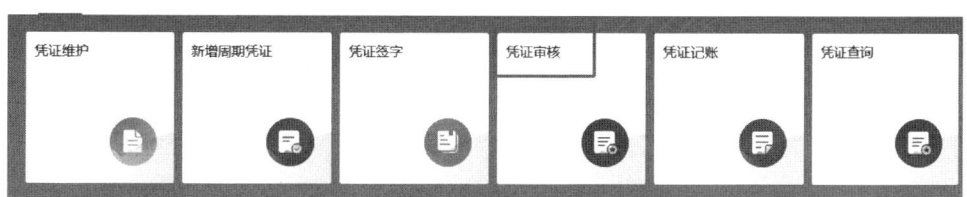

图 9-109 总账主管进入凭证管理

② 进入"凭证审核"页面,财务核算账簿选择"0001 基准账簿",日期选择"2023-03-01~2023-04-01",设置完毕之后点击"查询",出现符合条件的记账凭证,如图9-110所示。

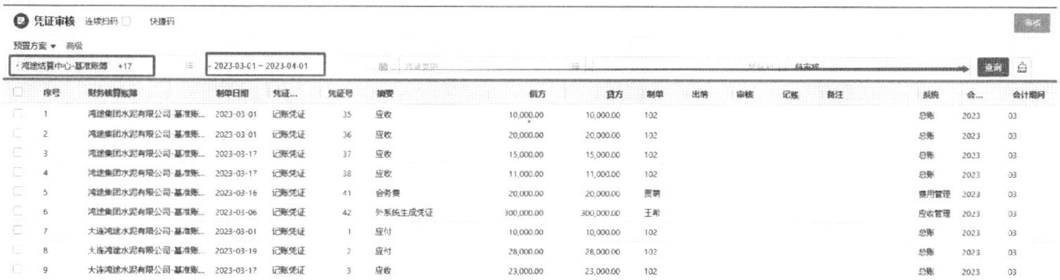

图 9-110 总账主管查询凭证

③ 点击符合条件的记账凭证,进入"凭证审核"页面,审核记账凭证是否有原始凭证、是否与原始凭证内容相符以及签字是否齐全等,若审核无误,点击

"审核",即可完成全部业务流程,如图9-111所示。

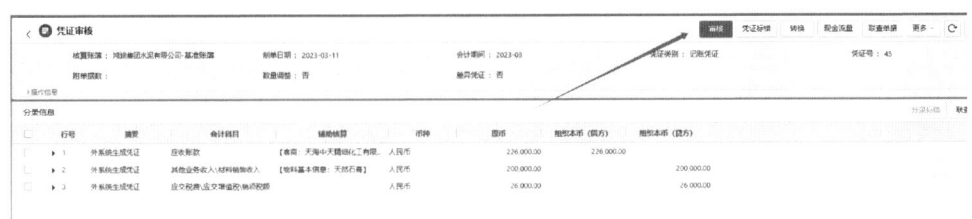

图9-111 总账主管审核凭证

(2)销售应收收款。

第一步:业务财务提交收款单。

①"业务财务角色"上岗,点击"开始任务",进入"报账平台"页面,修改系统日期为"2023-03-31",点击"收款单管理",如图9-112所示。

图9-112 业务财务进入平台

②进入"收款单管理"页面,财务组织选择"鸿途集团水泥有限公司",单据日期选择"2023-03-01~2023-04-01",点击"查询",筛选出2023年3月6日做的应收单,并点击右下角"生成下游单据",如图9-113~图9-115所示。

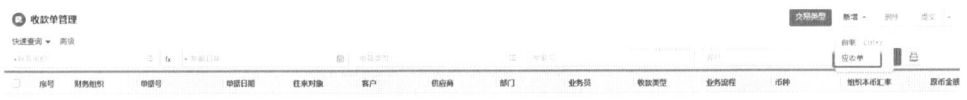

图9-113 业务财务收款单管理页面

图9-114 业务财务查询应收单

③进入"收款单"页面,结算方式选择"网银",收款账户选择"中国工商银行-3701239319189278309-鸿途集团水泥有限公司人民币活期户",填写完毕之后,点击"保存",检查收款单据无误后,点击"提交",如图9-116所示。

第二步:财务经理审批收款单。

①"财务经理角色"上岗,点击"开始任务",在"审批中心"中会显示1笔未处理单据,如图9-117所示。

第 9 章 销售管理——应收共享 247

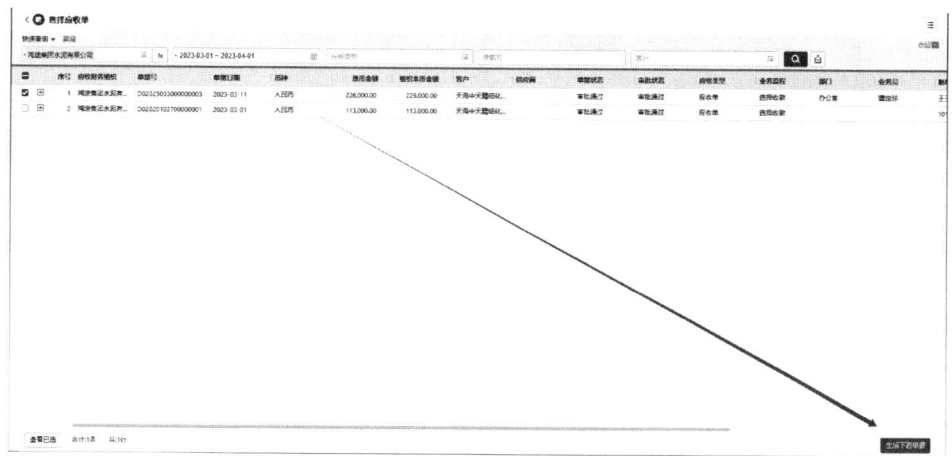

图 9-115 业务财务生成收款单

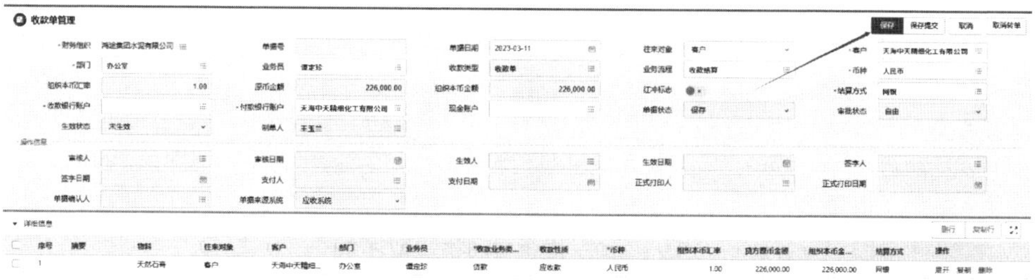

图 9-116 业务财务填写并提交收款单

图 9-117 财务经理进入审批中心

② 点击"未处理",进入"审批中心"页面,出现 1 笔未审批的收款单,点击"单据详情",财务经理查看收款单内容是否与应收单一致,填写是否完整、是否准确,确认无误之后点击"财务经理角色(批准)",即完成了财务经理审批,如图 9-118 所示。

图 9-118 财务经理审批收款单

第三步:应收审核岗审核收款单。

① "应收审核岗角色"上岗,点击"开始任务",进入"我的作业"页面,出现待提取任务,如图 9-119 所示。

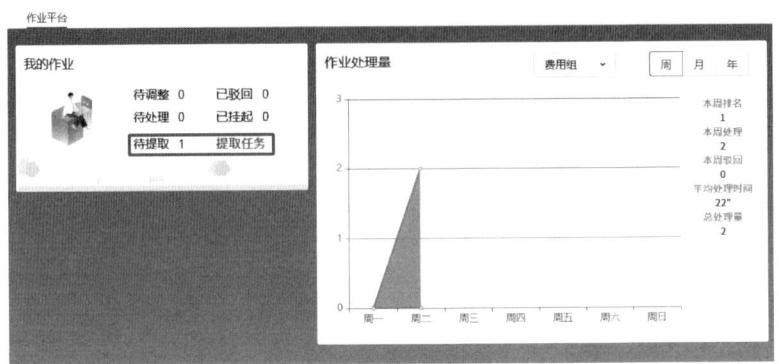

图 9-119　应收审核岗进入提取任务界面

② 点击"提取任务",单击上一步所填制的"收款单",进入"收款单"的审批情况页面,审核收款单是否与应收单一致,填写是否完整、是否准确,相关人员是否签字等,确认无误之后点击"批准",如图 9-120、图 9-121 所示。

图 9-120　应收审核岗提取任务

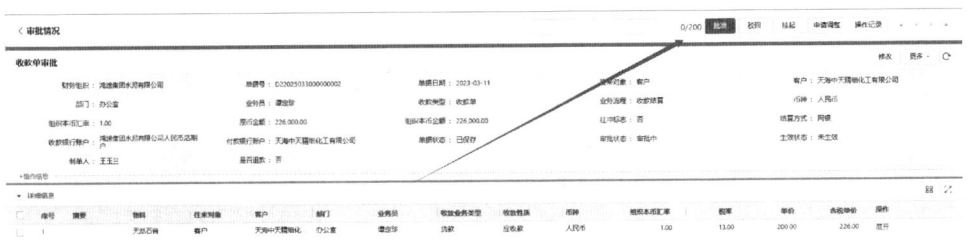

图 9-121　应收审核岗审核收款单

第四步:中心出纳岗确认收款结算。

① "中心出纳角色"上岗,点击"开始任务",点击"结算",如图 9-122 所示。

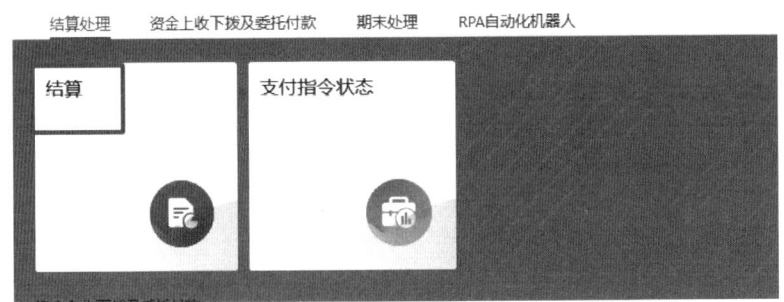

图 9-122　中心出纳进入结算界面

② 进入"结算"页面，财务组织选择"鸿途集团水泥有限公司"，日期选择"2023 - 03 - 01 ~ 2023 - 04 - 01"，设置完毕之后，点击"查询"，在"待结算"中点击待结算的收款单，如图 9 - 123 所示。

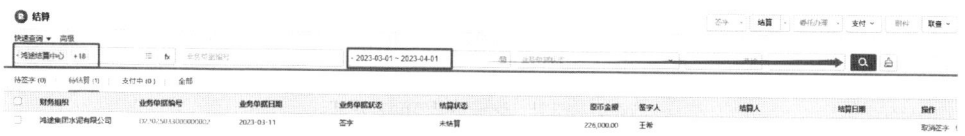

图 9 - 123　中心出纳查询收款单

③ 选中需要结算的收款单，核对单据，若无误，点击"结算"，即完成结算，如图 9 - 124 所示。

图 9 - 124　中心出纳进行结算

第五步：总账主管岗审核记账凭证。

①"总账主管角色"上岗，点击"开始任务"，点击"凭证审核"，如图 9 - 125 所示。

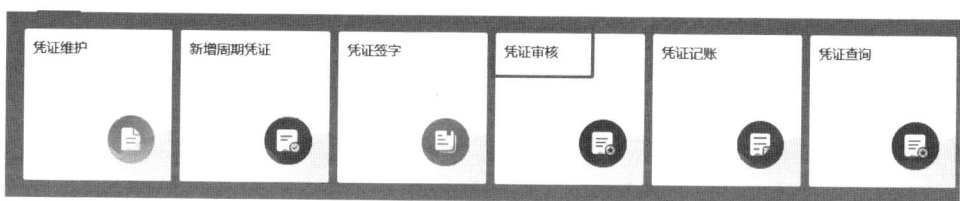

图 9 - 125　总账主管进入凭证管理

② 进入"凭证审核"页面，财务核算账簿选择"0001 基准账簿"，日期选择"2023 - 03 - 01 ~ 2023 - 04 - 01"，设置完毕之后点击"查询"，出现符合条件的记账凭证，如图 9 - 126 所示。

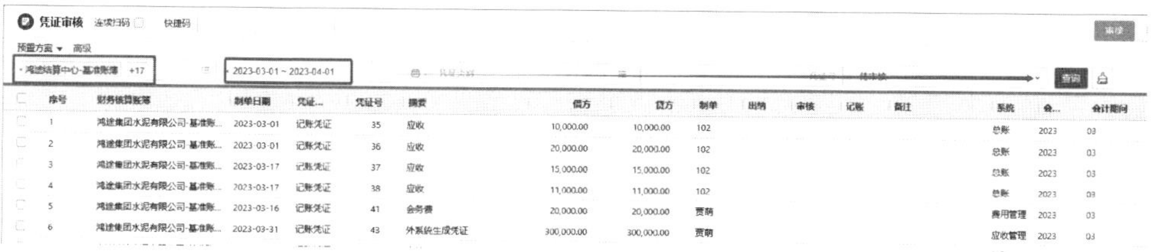

图 9 - 126　总账主管查询凭证

③ 点击符合条件的记账凭证，进入"凭证审核"页面，审核记账凭证是否有原始凭证、是否与原始凭证内容相符以及签字是否齐全等，若审核无误，点击

"审核",即可完成全部业务流程,如图9-127所示。

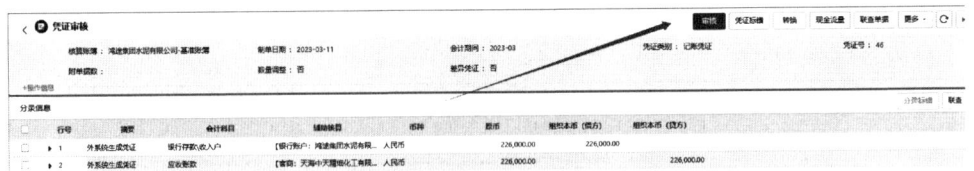

图9-127 总账主管审核凭证

第10章 资金结算共享

[学习目标]

理解收付款合同结算与管理的含义；

掌握收付款合同结算应用场景；

掌握收付款合同结算的业务流程。

10.1 资金结算相关知识

10.1.1 资金结算的相关概述

10.1.1.1 资金结算的含义

企业资金结算业务，用来处理不涉及往来的收付款，即不涉及供应链合同或收付款合同的收付款业务，主要包括以下五种方式：

（1）不涉及往来的收款，从业务发生到审批以及结算完成的整个业务流程，如罚没收入，直接收到现金。

（2）不涉及往来的收款，从银行获得到账信息后及时进行核算确认，例如，对方采用网银转账等方式支付的款项进行收款到账认领。

（3）不涉及往来的内部划账，公司内外部账户之间的划账业务。

（4）不涉及往来的付款，从业务发生到审批以及结算完成的整个业务流程，例如，水电费支出，银行主动扣款，进行付款到账认领。

（5）不涉及往来的付款，从业务发生到审批以及直连支付完成的整个业务流程，如日常支出，通过银企直连向供应商支付款项。

资金结算（包括对外结算与对内结算）是财务日常工作的重要内容之一，在财务共享服务模式下，企业通常采取统筹资金计划、集中结算的资金结算方式。资金结算是企业自动化程度较高的财务流程之一。

10.1.1.2 收付款合同结算与管理的含义

收付款合同，是指企业签署的、具有收款或付款条款的、不属于销售合同/

采购合同、项目合同等的合同。

收付款合同结算，是指企业依据收付款合同的收款或付款条款进行结算的行为。

收付款合同管理是以合同为主线，帮助企业财务部门加强合同收付款业务的过程管理与控制。它支持企业对以自身为当事人的合同依法进行录入登记、审批、履约、变更、冻结、终止等一系列活动，有助于降低企业资金风险，提高部门协作效率。

10.1.1.3 收付款合同结算应用类型

收付款合同结算，通常会经过以下三个业务阶段。

（1）收付款合同签订。企业的业务部门与客户或供应商经过协商、谈判并达成一致后，拟订收款或付款合同，合同在按照企业合同审批流程通过后正式生效，同时合同进入履行状态。

（2）收付款合同立账（应收/应付挂账）。当企业与合同中指定的客户或供应商发生应收或应付业务时，财务部参照合同进行应收或应付账款的确认。

（3）收付款结算。合同执行人可根据相应收付款计划或按照企业结算审批流程通过后，进行收款或付款。

10.1.2 建立 FSSC 后资金管理的变化及存在的优势

大型集团建立财务共享服务中心后，随着会计和报告业务高度集中统一，作为企业运营血液的资金管理活动也更加集中统一，具体体现在：预算管控高度集中统一、账户管理及使用集中统一、资金管理集中统一、货币资金收支高度集中，以利于公司进行资金调度调节以及投融资活动的开展，提高资金使用效率，促进企业规模发展。通过逐级上报、逐级下达、逐级分解、期中预警跟踪、期末考核来实现预算的集中管理，通过集中开设唯一、专用的结算账户，集中分配现金流预算，通过集中进行支付结算及收支两条线管理来实现账户和资金的集中管理。

10.2　鸿途集团收付款合同结算的现状

10.2.1　鸿途集团业务系统合同管理现状

鸿途集团在业务系统部署了多个合同管理模块，包括销售合同、采购合同、项目合同等。在结算环节，需要整合业务表单，实现合同控制，在供应链、项目管理录入的合同，在结算时单据根据客户/供应商名称自动带出同一客户/供应商的系统合同（合同订单）供制单人选择。各级审核人员根据合同编号查询系统合同，结算时不再需要业务人员上传合同复印件。

10.2.2 鸿途集团收付款合同管理现状

未实行业务系统录入的合同，如总部管理的合同、下属公司的服务合同，由各级财务人员在收付款合同模块录入合同，自动控制结算。

财务系统（收付款）合同执行中的相关岗位如表10-1所示。

表10-1 岗位及内容

岗位名称	工作内容
总账会计	总账管理，审核记账，月末结账
结算会计	票据审核、费用结算及统计
出纳	资金系统管理及银行对账、融资等业务

10.2.3 收付款合同结算痛点

收付款合同结算痛点包括以下三点：
(1) 收付款合同的签订流程，各子公司各自为政、流程不统一。
(2) 集团无法及时获得准确的收付款合同执行情况。
(3) 对于超合同金额的收付款控制，集团没有统一的控制点，增加了合同执行风险。

10.3 操作流程现状

10.3.1 收款合同结算操作流程

现有的工作流程如图10-1所示。

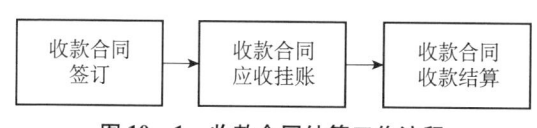

图10-1 收款合同结算工作流程

10.3.1.1 收款合同签订

收款合同签订流程如图 10-2 所示。

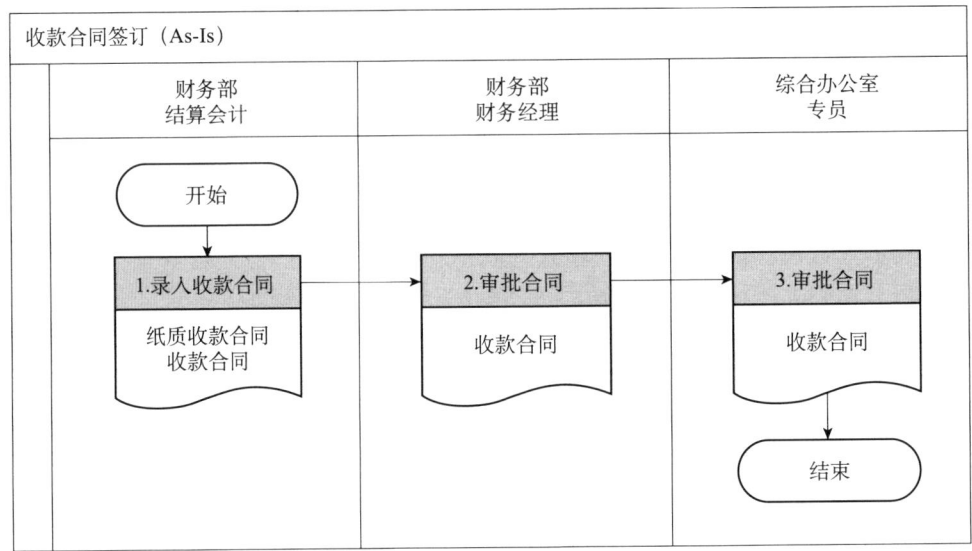

图 10-2 收款合同签订流程

10.3.1.2 收款合同应收挂账

收款合同应收挂账流程如图 10-3 所示。

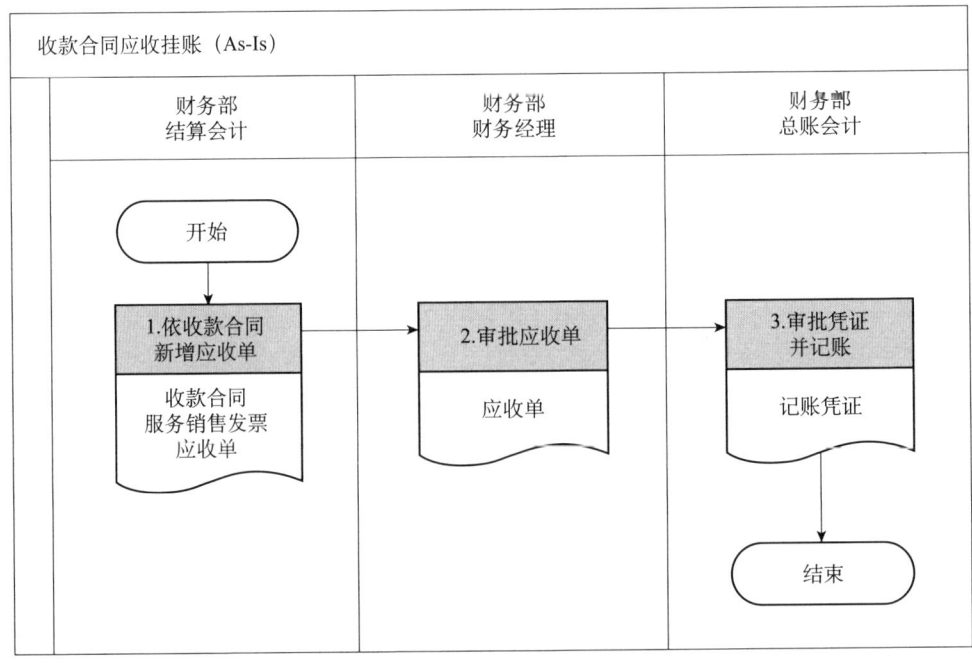

图 10-3 收款合同应收挂账流程

10.3.1.3 收款合同收款结算

收款合同收款结算流程如图 10-4 所示。

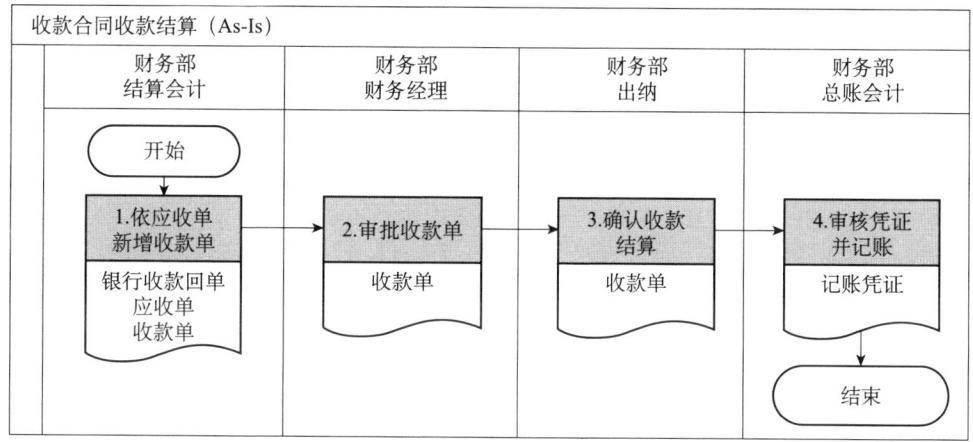

图 10-4 收款合同收款结算流程

10.3.2 付款合同结算操作流程

现有的工作流程如图 10-5 所示。

图 10-5 付款合同结算工作流程

10.3.2.1 付款合同签订

付款合同签订流程如图 10-6 所示。

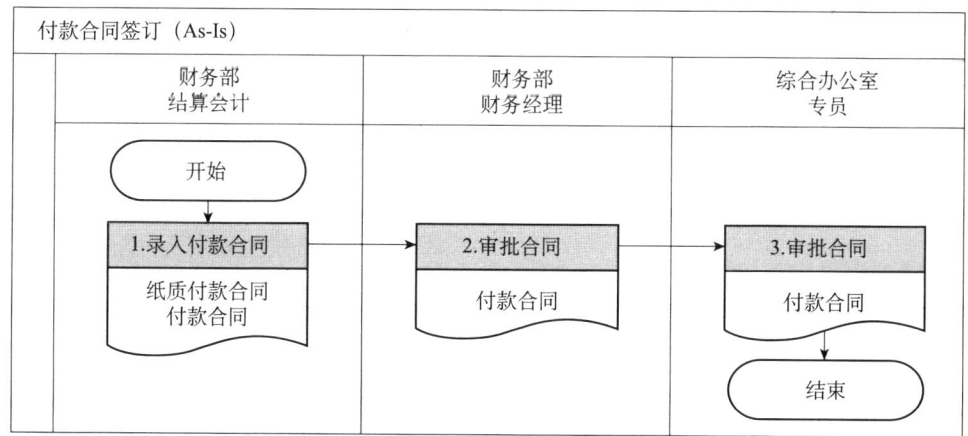

图 10-6 付款合同签订流程

10.3.2.2 付款合同应付挂账

付款合同应付挂账流程如图 10-7 所示。

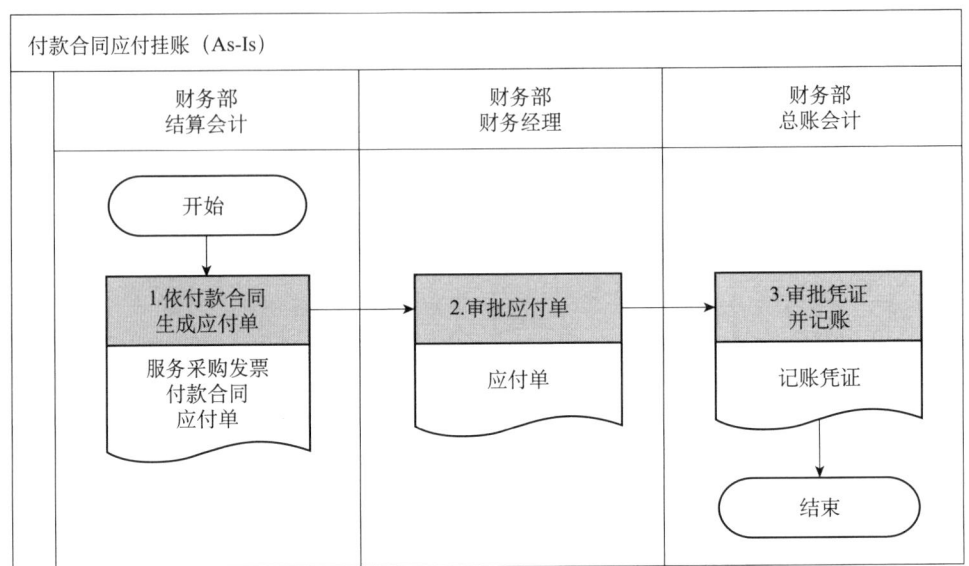

图 10-7 付款合同应付挂账流程

10.3.2.3 付款合同付款结算

付款合同付款结算流程如图 10-8 所示。

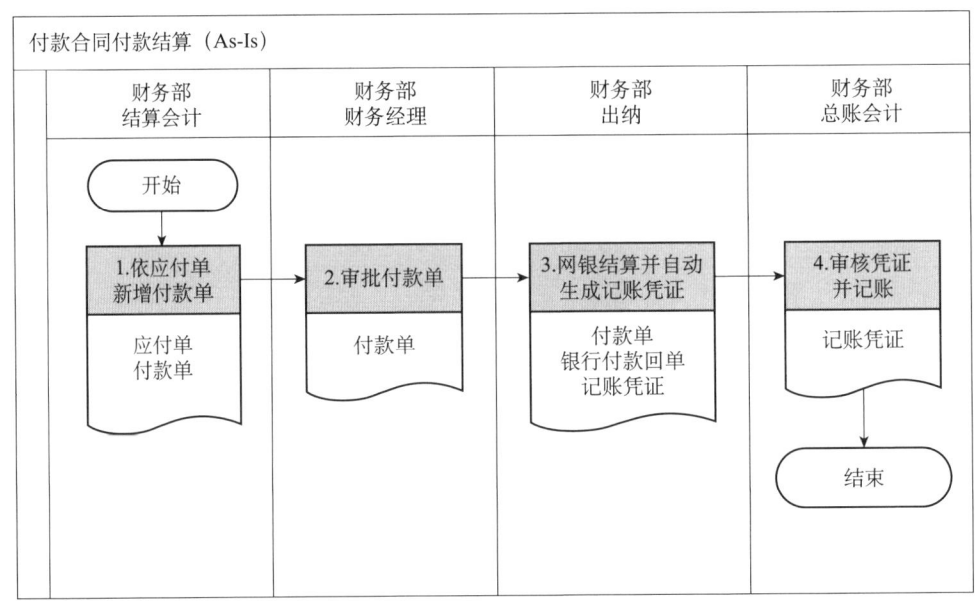

图 10-8 付款合同付款结算流程

10.3.3 资金结算业务操作流程

10.3.3.1 收款结算操作流程

收款结算流程如图 10-9 所示。

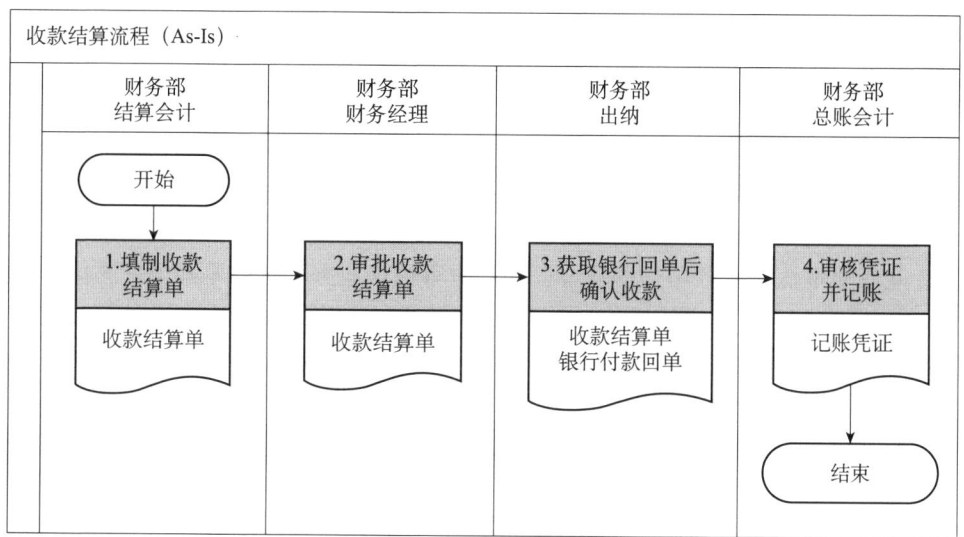

图 10-9 收款结算流程

10.3.3.2 付款结算操作流程

付款结算流程如图 10-10 所示。

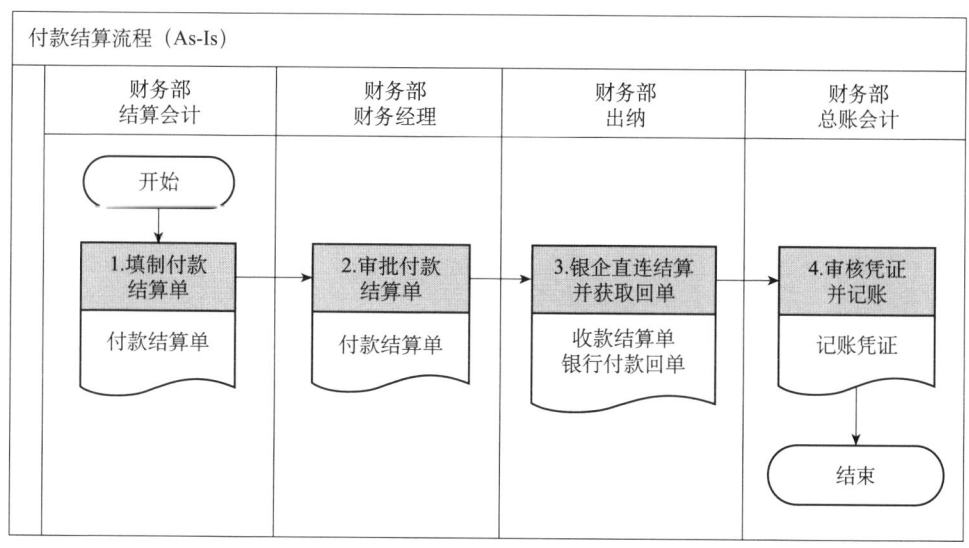

图 10-10 付款结算流程

10.4 收款/付款合同结算

10.4.1 规划设计

10.4.1.1 需求假设

(1) 建立财务共享服务中心后,尽量保持现状业务流程的稳定性。

① 根据传递到 FSSC 的业务单据,确定流程中业务单位与 FSSC 的边界,该业务单据都需要经过 FSSC 的审核或初审;

② FSSC 接收业务单据所随附的原始凭证,均由制单人在制单后立即扫描上传;此后要审核该业务单据的环节,均同时审核该业务单据的原始单据影像;

③ 保留在业务单位的工作,流程和职责不变,但原业务单位财务部的工作除财务经理职责外均由业务财务承担。

(2) 案例企业鸿途集团的所有收付款,均以网银(银企直连)方式完成。

(3) 案例企业鸿途集团最终选择的是单共享中心模式。

(4) 为了让共享中心审核有据,所有进入 FSSC 审核的业务单据,必须随附外部原始凭证的影像。

① 走作业组的业务单据,用影像上传的方法随附影像;

② 不走作业组而走重量端的业务单据,用拍照后添加附件的方法随附影像。

(5) 为了简化学生的构建测试工作,共享后流程中审批环节最高只设计到子公司总经理。

10.4.1.2 共享后流程所用到的业务单据

资金结算共享流程业务单据如表 10-2 所示。

表 10-2   资金结算共享流程业务单据

序号	名称	是否进 FSSC	是否属于作业组工作	流程设计工具
1	付款合同	Y	Y	工作流
2	应付单	Y	Y	工作流
3	付款单	Y	Y	工作流
4	收款合同	Y	Y	工作流
5	应收单	Y	Y	工作流
6	收款单	Y	Y	工作流

注:Y 代表"是"。

10.4.1.3 共享后付款合同结算业务操作指导

(1) 付款合同签订操作指导如图 10-11 所示。

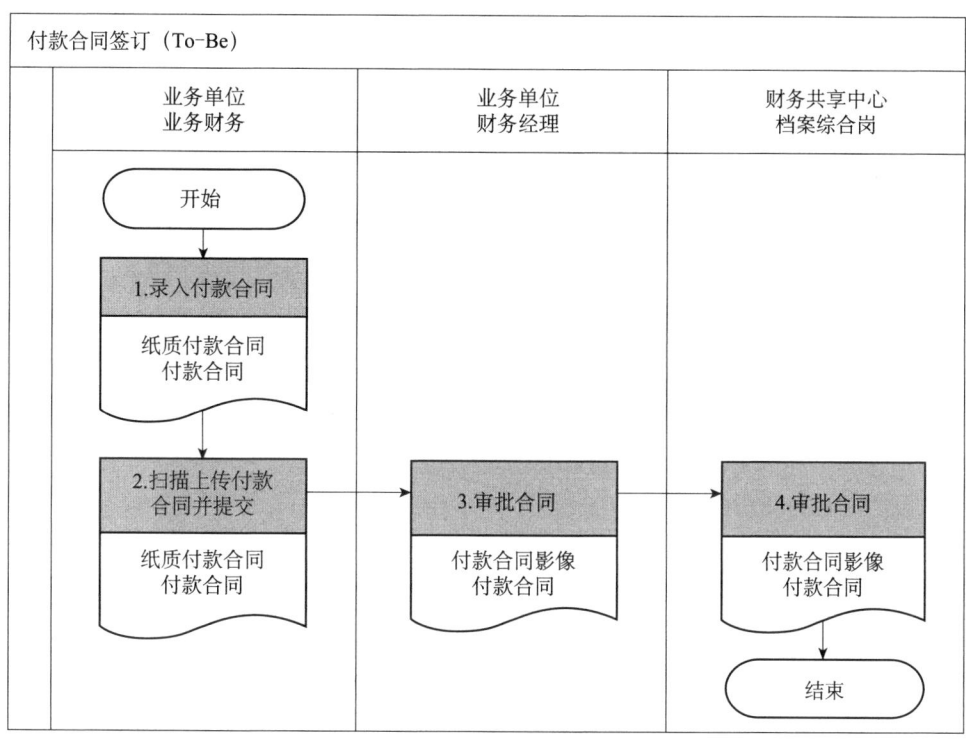

图 10-11　付款合同签订操作指导

（2）付款合同应付挂账操作指导如图 10-12 所示。

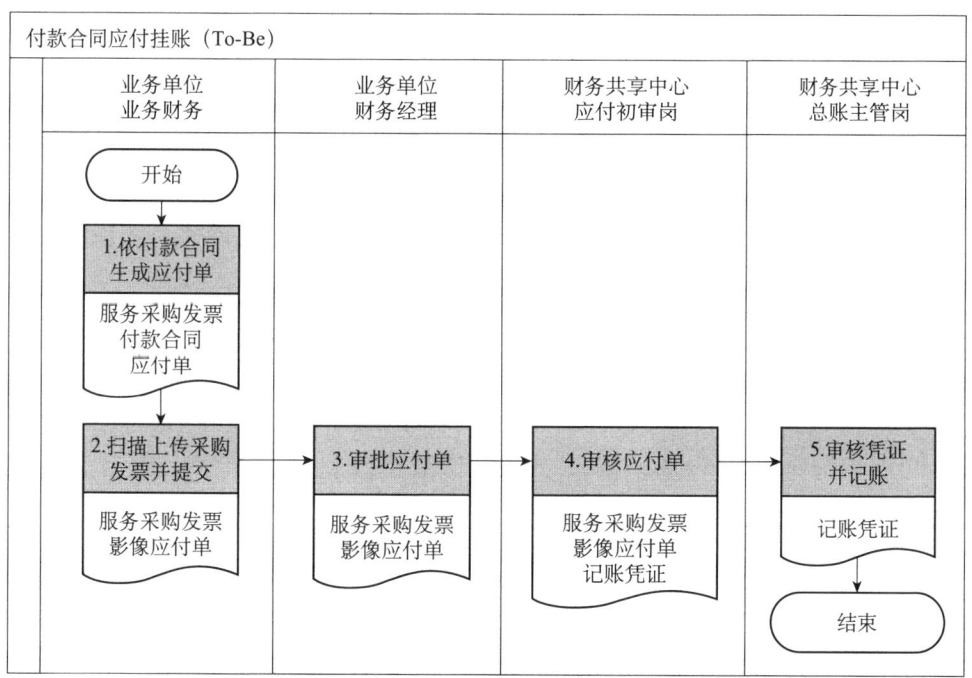

图 10-12　付款合同应付挂账操作指导

（3）付款合同付款结算操作指导如图10-13所示。

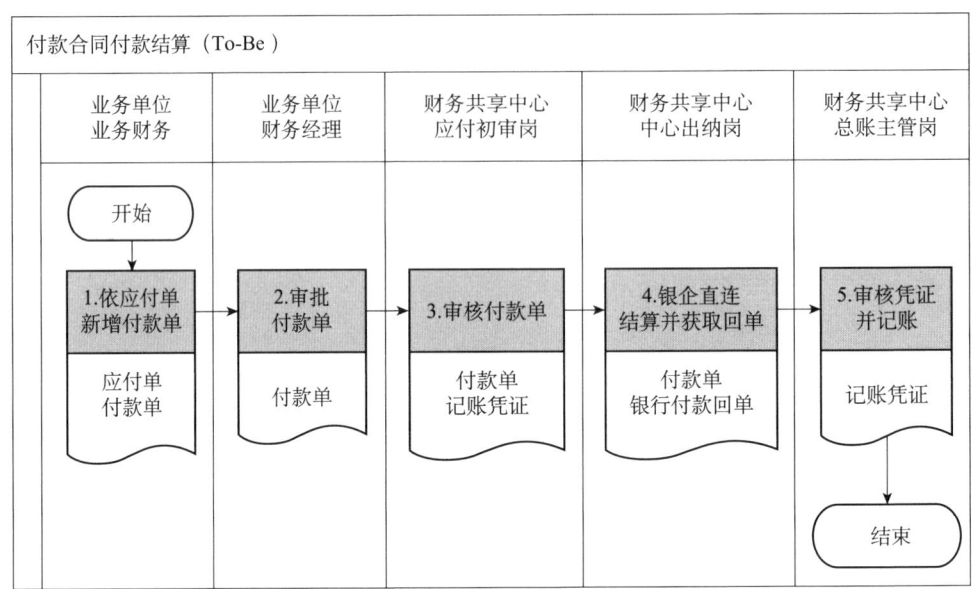

图 10-13 付款合同付款结算操作指导

10.4.1.4 共享后收款合同结算业务操作指导

（1）收款合同签订操作指导如图10-14所示。

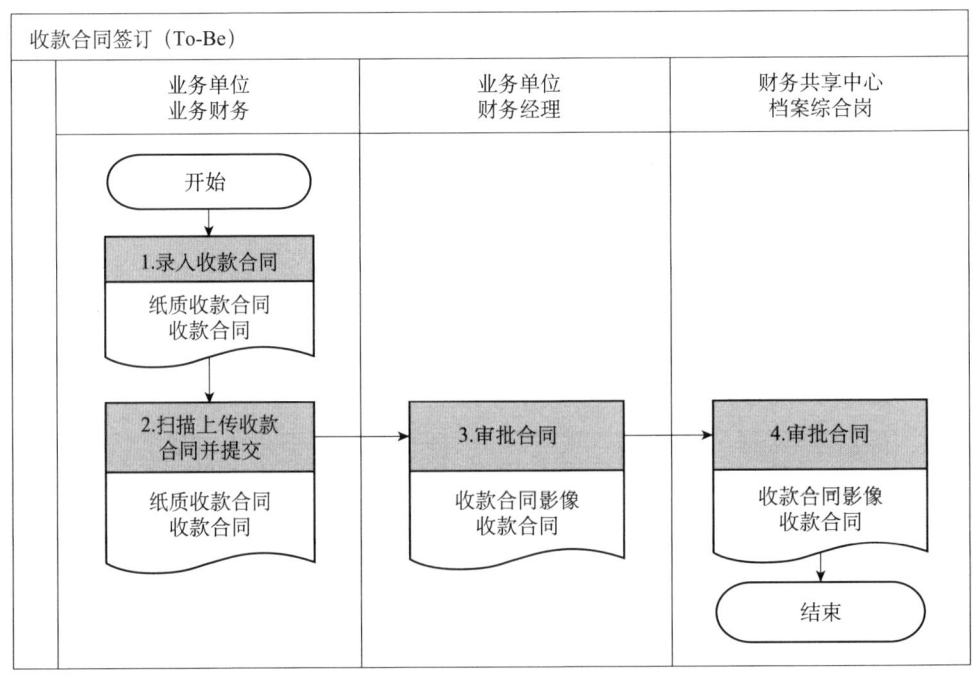

图 10-14 收款合同签订操作指导

(2) 收款合同应收挂账操作指导如图 10-15 所示。

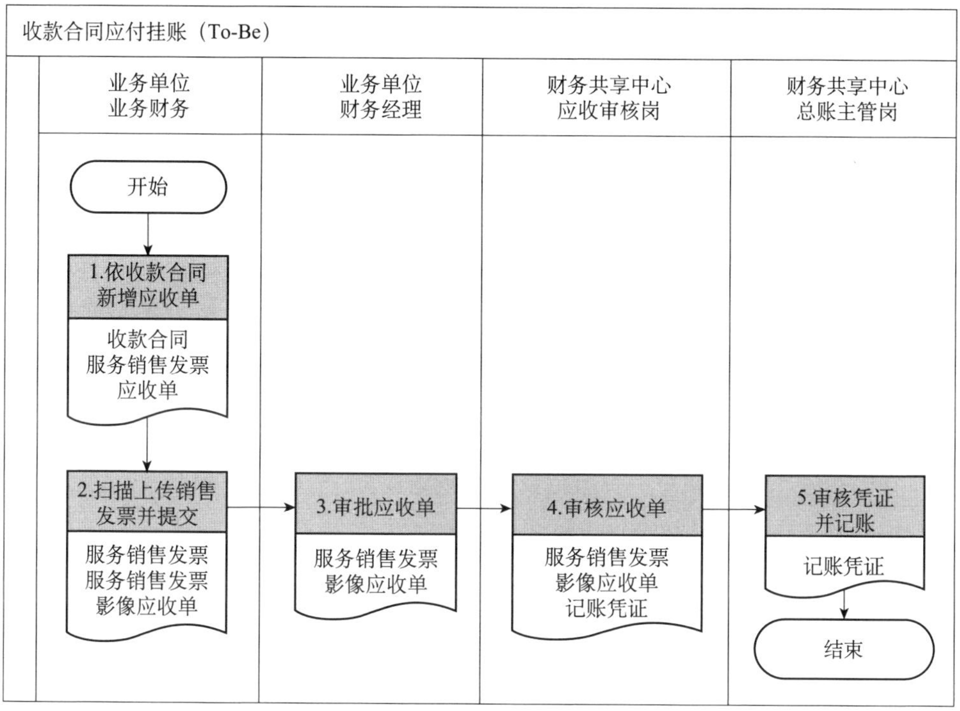

图 10-15 收款合同应收挂账操作指导

(3) 收款合同收款结算操作指导如图 10-16 所示。

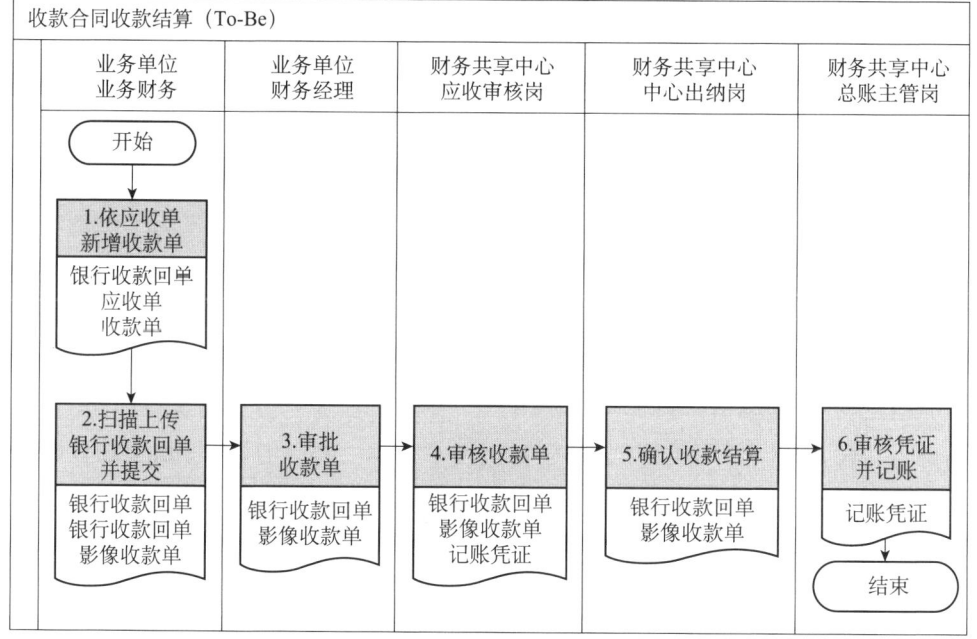

图 10-16 收款合同收款结算操作指导

10.4.2 付款合同结算业务构建测试

10.4.2.1 测试用例

(1) 付款合同签订测试用例。

鸿途集团水泥有限公司销售处拟聘请广东万昌印刷包装有限公司为服务方,为本公司设计新产品广告文案,双方签订了设计服务合同。

合同标的内容:新产品广告文案设计服务;

合同名称:设计服务合同;

合同编码:FK-202303012;

合同甲方:鸿途集团水泥有限公司;

合同乙方:广东万昌印刷包装有限公司;

合同金额:5.30万元,其中包括增值税税额0.30万元(增值税税率6%);

付款方式:在项目验收后一次性支付。

(2) 付款合同结算测试用例。

在NCC中测试完成"(一)付款合同签订测试用例"中"4.付款方式"条款进行付款的流程。

签订合同:2023-03-01;

设计方案通过验收并收到发票:2023-03-15;

付款:2023-03-20。

【注意】

(1) "物料"在NCC中要选用"541601设计服务"。

(2) 原始凭证"付款合同纸质件"作为本课程的教辅资源,在上课时以物理单证的形式发放给学生。

10.4.2.2 操作步骤

(1) 付款合同签订。

第一步:业务财务录入付款合同。

①"业务财务角色"上岗,点击"开始任务",将系统时间修改为"2023-03-01",选择"付款合同管理"。点击"新增",财务组织为"鸿途集团水泥有限公司",合同编码为"FK-202303012",合同名称为"设计服务合同",合同类型为"付款合同通用类型",签字日期为"2023-03-01",计划生效日期为"2023-03-01",计划终止日期为"2023-03-15",承办部门为"财务处办公室",物料为"设计服务",税码为"一般纳税货品增值税(6%)",原币价税合计为"53000",付款类型为货款,点击"保存",如图10-17所示。

②通过影像系统扫描纸质付款合同,并上传影像,点击"提交",如图10-18所示。

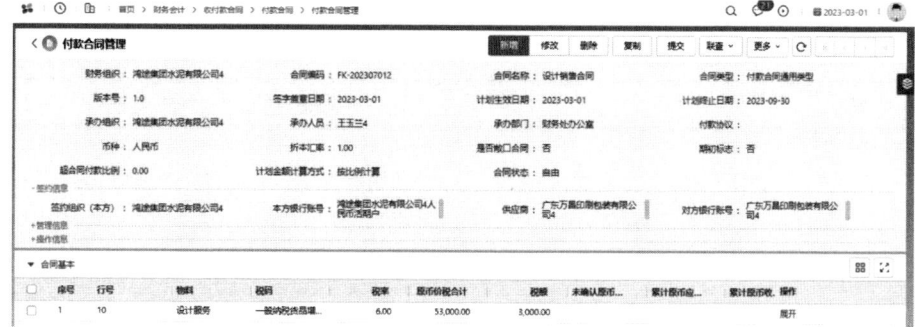

图10-17　业务财务录入并保存付款合同

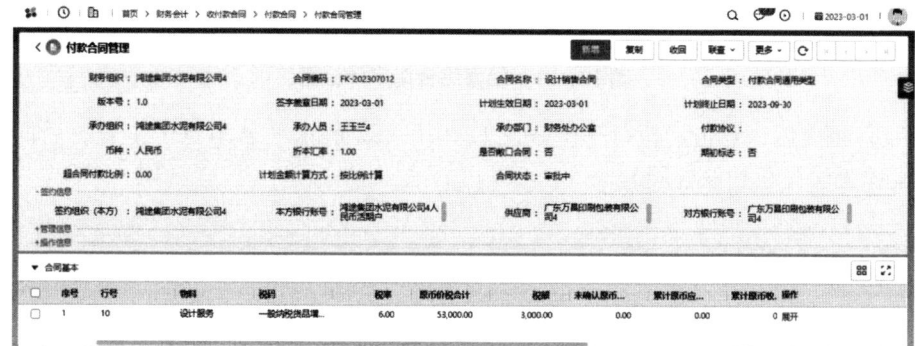

图10-18　业务财务提交付款合同

第二步：财务经理审批合同。

"财务经理角色"上岗，点击"开始任务"，点击审批中心的"未处理"。核对合同信息无误后，点击"批准"，如图10-19所示。

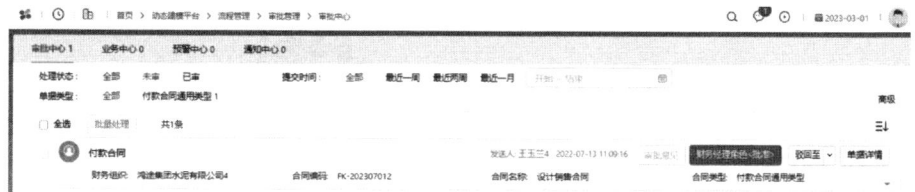

图10-19　业务经理审批合同

第二步：档案综合岗审批合同。

①"档案综合岗角色"上岗，点击"开始任务"，点击"任务提取"，提取到金额为53000元的付款合同，如图10-20所示。

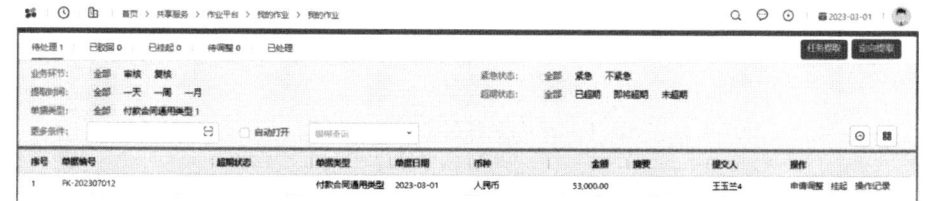

图10-20　档案综合岗提取任务

② 打开合同详情及影像，审核无误点击"批准"，如图 10 – 21 所示。

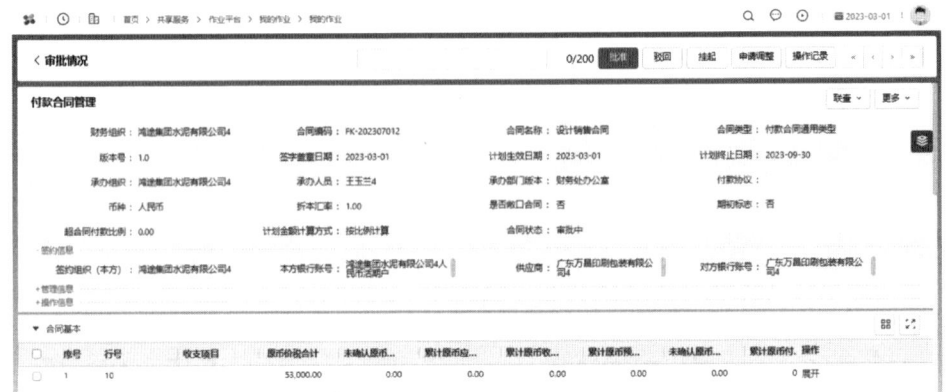

图 10 – 21　档案综合岗审批合同

③ 批准后，点击：执行—生效，如图 10 – 22 所示（若不点击生效，后面业务流程无法关联到该合同）。

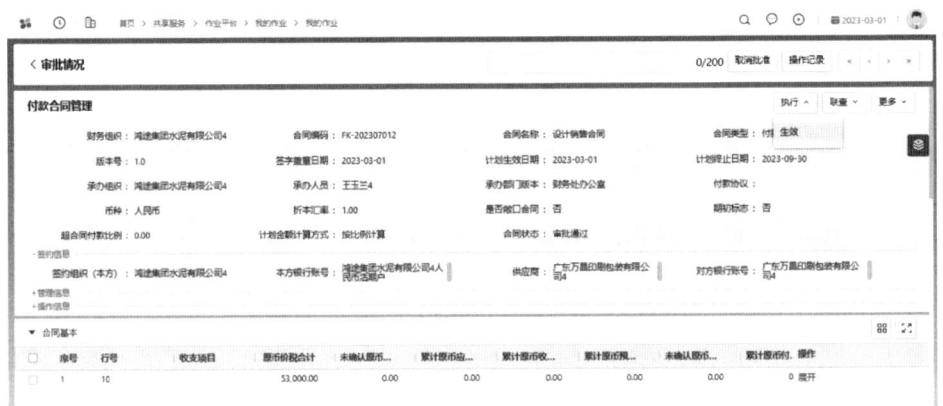

图 10 – 22　档案综合岗执行并生效付款合同

（2）付款合同应付挂账。

第一步：业务财务根据付款合同生成应付单。

①"业务财务角色"上岗，点击"开始任务"，将系统日期修改为"2023 – 03 – 15"，点击"应付单管理"。点击"新增—付款合同"，如图 10 – 23 所示。

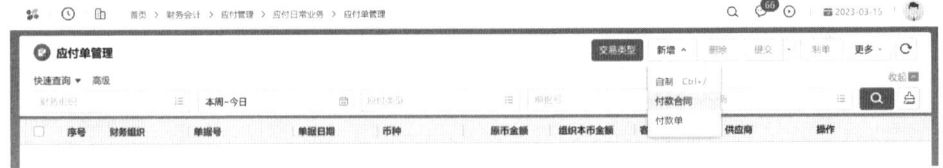

图 10 – 23　业务财务新增应付单

② 财务组织选择鸿途集团水泥有限公司的全部内容，查询并勾选对应合同，右下角点击"生成单据"，如图 10 – 24 所示。

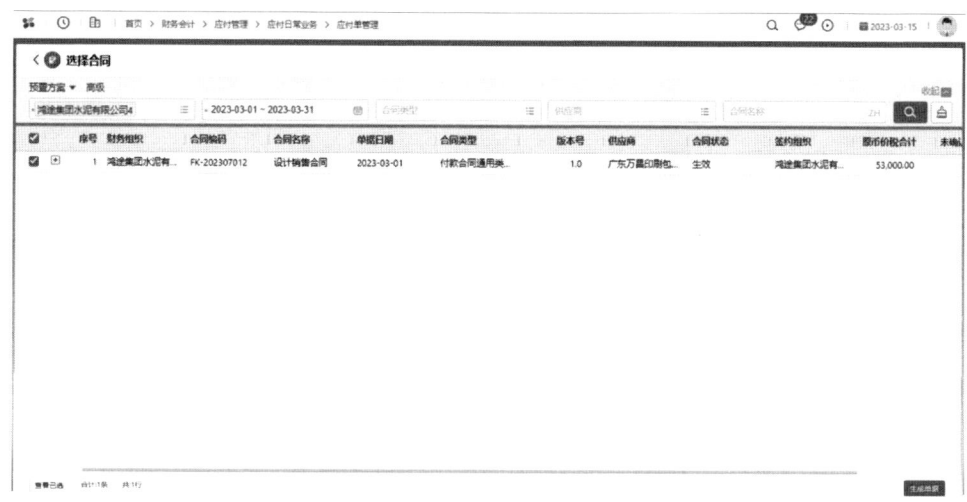

图 10－24　业务财务生成应付单

③ 输入必填信息，财务组织为"鸿途集团水泥有限公司"，部门为"财务处办公室"，起算日期为"2023－03－15"，点击"保存"，如图 10－25 所示。

图 10－25　业务财务保存应付单

④ 扫描并上传采购发票后，点击"提交"，如图 10－26 所示。

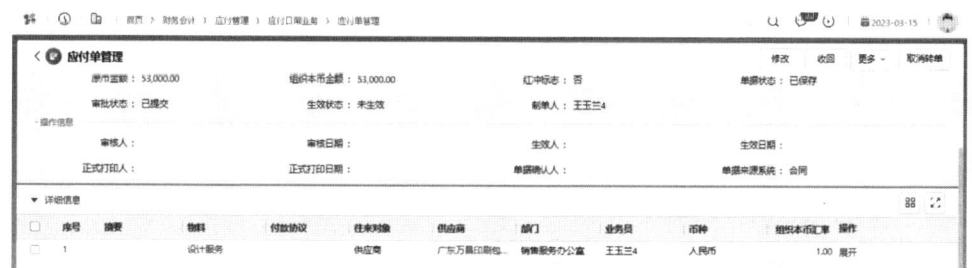

图 10－26　业务财务提交应付单

第二步：财务经理审批应付单。

"财务经理角色"上岗，点击"开始任务"，点击"未处理"，选择该应付单并审核无误，点击"批准"，如图 10－27 所示。

图 10 – 27　财务经理审批应付单

第三步：应付初审岗审核应付单。

"应付初审岗角色"上岗，点击"开始任务"，点击"任务提取"，提取到该应付单并审核无误，点击"批准"，如图 10 – 28 所示。

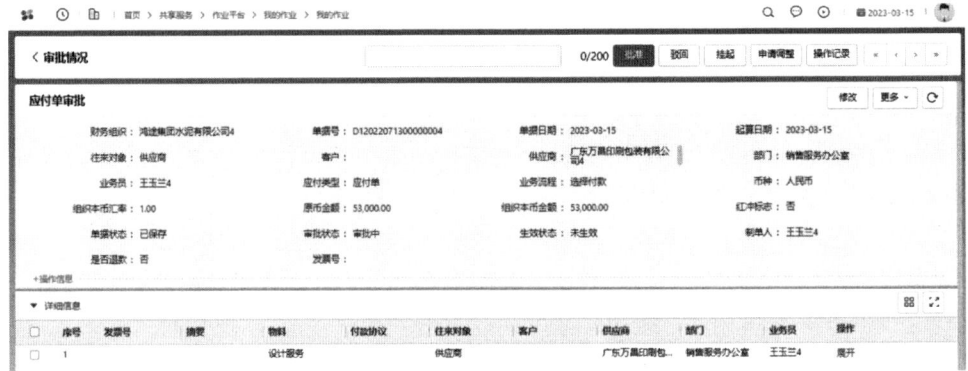

图 10 – 28　应付初审岗审批应付单

第四步：总账主管岗审核凭证并记账。

"总账主管岗角色"上岗，点击"开始任务"，点击"凭证审核"。选择"基准账簿"，查询到该应付单，核对无误后点击"审核"，如图 10 – 29 所示。

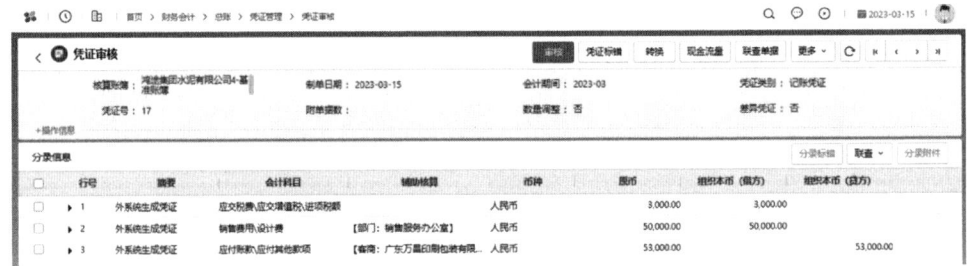

图 10 – 29　总账主管岗审核记账凭证

（3）付款合同付款结算。

第一步：业务财务根据应付单新增付款单。

①"业务财务角色"上岗，点击"开始任务"，将系统时间修改为"2023 – 03 – 20"，点击"付款单管理"。根据应付单，新增付款单。查询并勾选该应付单，右下角点击"生成下游单据"，如图 10 – 30 所示。

②信息确认无误后，点击"保存提交"，如图 10 – 31 所示。

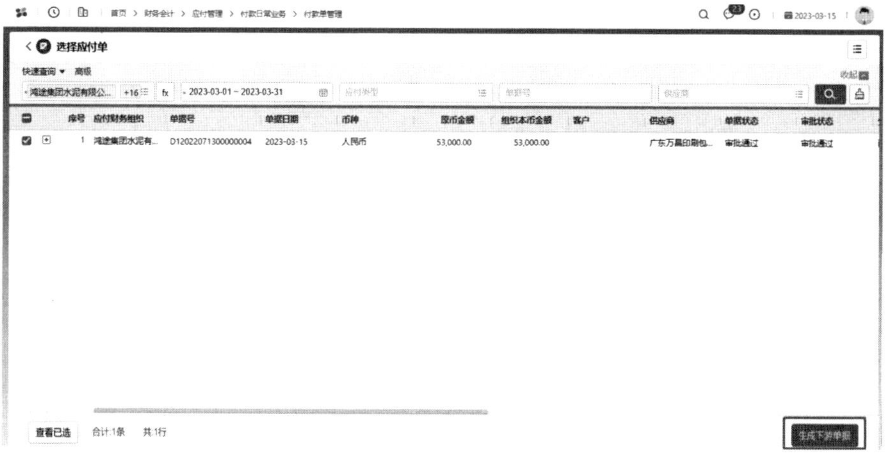

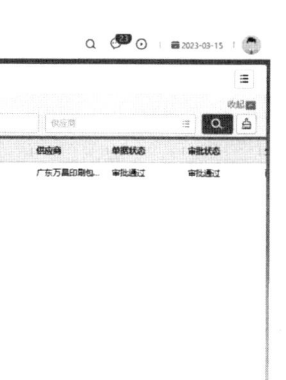

图 10-30　业务财务新增付款单

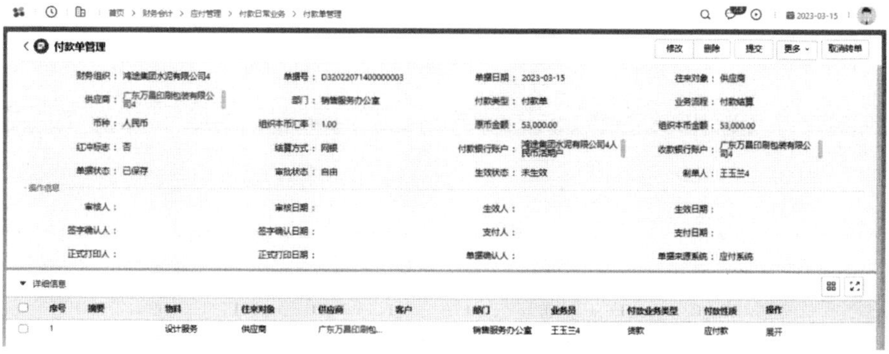

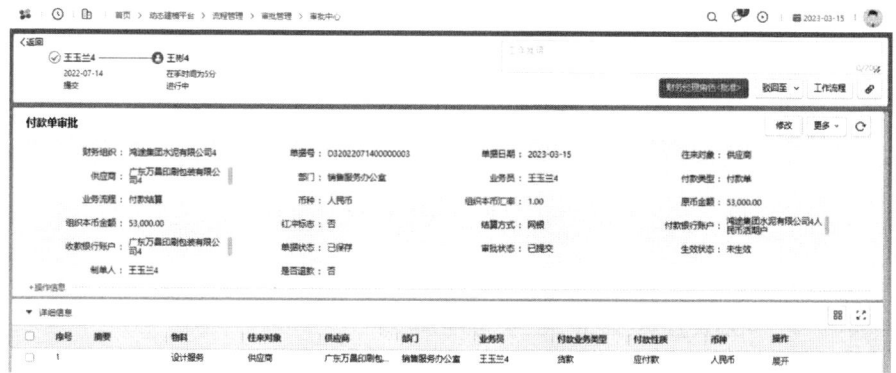

图 10-31　业务财务保存提交付款单

第二步：财务经理审批付款单。

"财务经理角色"上岗，点击"开始任务"，点击"未处理"，审核付款单无误，点击"批准"，如图 10-32 所示。

图 10-32　财务经理审批付款单

第三步：应付初审岗审核付款单。

"应付初审岗角色"上岗，点击"开始任务"，提取任务提取到该付款单，信息核对无误,点击"批准",如图 10-33 所示。

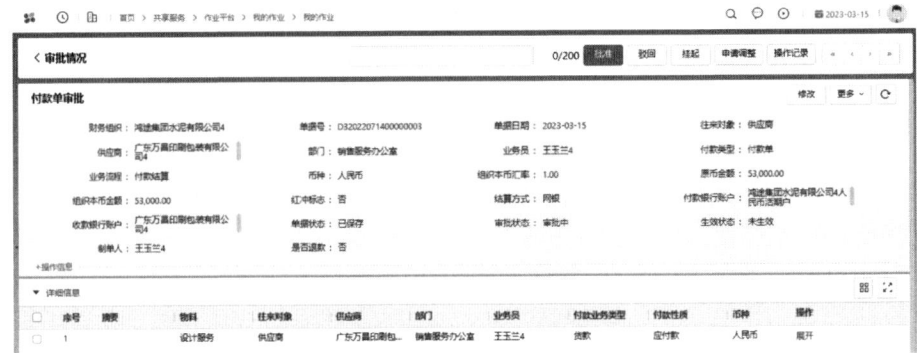

图 10-33　应付初审岗审核付款单

第四步:中心出纳岗结算。

"中心出纳岗角色"上岗,点击"开始任务",点击"结算"。财务组织勾选全部,查询到该付款单,选择"支付—网上转账",点击"确定",如图 10-34 所示。

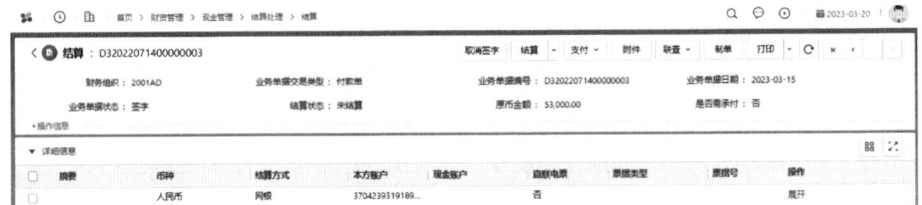

图 10-34　中心出纳岗结算

第五步:总账主管岗审核凭证并记账。

"总账主管岗角色"上岗,点击"开始任务",点击"凭证审核"。选择"基准账簿",查询到该应付单,核对无误后点击"审核",如图 10-35 所示。

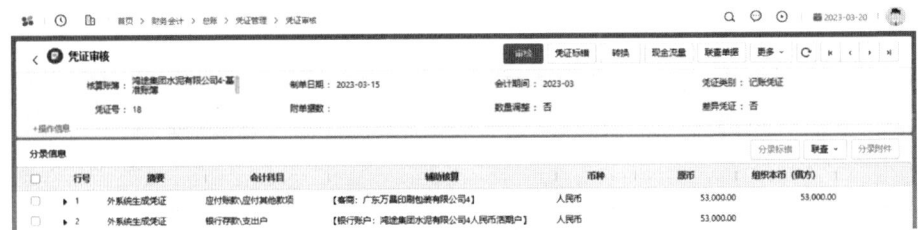

图 10-35　总账主管岗审批记账凭证

10.4.3　收款合同结算业务构建测试

10.4.3.1　测试用例

(1) 收款合同签订测试用例。

天海中天精细化工有限公司要设计和试制一种新型水泥石,特聘请鸿途集团水泥有限公司为其提供水泥石研制方法培训，合同金额为 4.24 万元（其中增值税税率 6%、增值税税额 0.24 万元），期限为一周。合同详细信息参见原始凭证。

合同名称：培训服务合同；

合同编码：SK - 202303005；

合同甲方：天海中天精细化工有限公司；

合同乙方：鸿途集团水泥有限公司；

合同标的与金额：乙方为甲方提供水泥石研制方法培训，培训结束后收取含税金额 4.24 万元；

收款方式：培训结束后一次性收取。

（2）收款合同结算测试用例。

合同登记日：2023 年 3 月 8 日；

开票确立应收日：2023 年 3 月 22 日；

收款日：2023 年 3 月 30 日。

【注意】

（1）"物料"在 NCC 中要选用"541701 培训服务"。

（2）原始凭证（收款合同纸质件、银行回单打印件）作为本课程的教辅资源，在上课时由教师以物理单证的形式发放给学生。

10.4.3.2 操作步骤

（1）收款合同签订。

第一步：业务财务录入收款合同。

①"业务财务角色"上岗，点击"开始任务"，选择"收款合同管理"，点击"新增"，财务组织选择"鸿途集团水泥有限公司"，合同编码"SK - 202303005"，合同名称"培训服务合同"，合同类型选择"收款合同通用类型"，签字盖章日期、计划生效日期选择"2023 - 03 - 08"，计划终止日期选择"2023 - 03 - 30"，计划金额计算方式默认按比例计算，客户选择"天海中天精细化工有限公司"，物料选择"培训服务"，税码选择"一般纳税货品增值税 6%"，原币含税金额为42400.00 元，税额自动核算，填写完毕，点击"保存"，如图 10 - 36 所示。

图 10 - 36　业务财务录入并保存收款合同

② 点击"更多",选择"影像扫描",上传纸质收款合同,上传完毕,点击"提交",系统会显示"确定要提交该合同吗?",选择"确定",如图 10-37 所示。

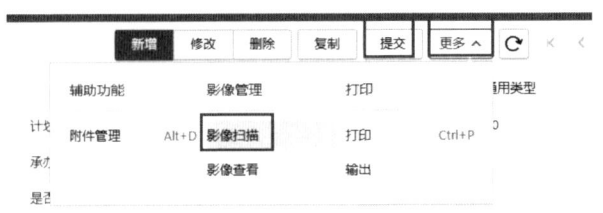

图 10-37　业务财务提交收款合同

第二步:财务经理审批收款合同。

"财务经理角色"上岗,点击"开始任务",点击"未处理",选择待审批的收款合同,将合同的内容与原始单据影像进行核对,无误后,点击"财务经理角色<批准>",系统会显示"操作成功",如图 10-38 所示。

图 10-38　财务经理审批收款合同

第三步:档案综合岗审批收款合同。

①"档案综合岗角色"上岗,点击"开始任务",点击"待提取",然后点击"任务提取",会出现待审批的收款合同,双击待审批的收款合同,查看合同的内容和原始单据影像内容是否相符,如果相符,点击"批准",如图 10-39 所示。

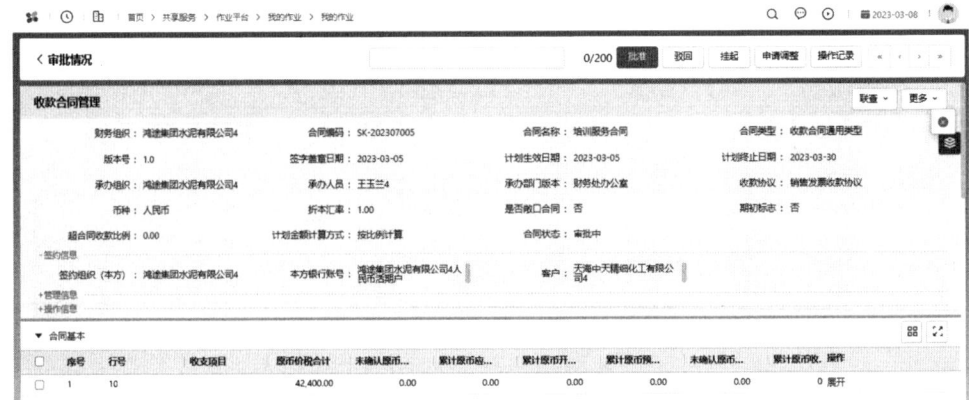

图 10-39　档案综合岗审批收款合同

② 收款合同被批准之后,点击"执行",选择"生效",系统会提示"是否确定要使该合同生效?",点击"确定",如图 10-40 所示。

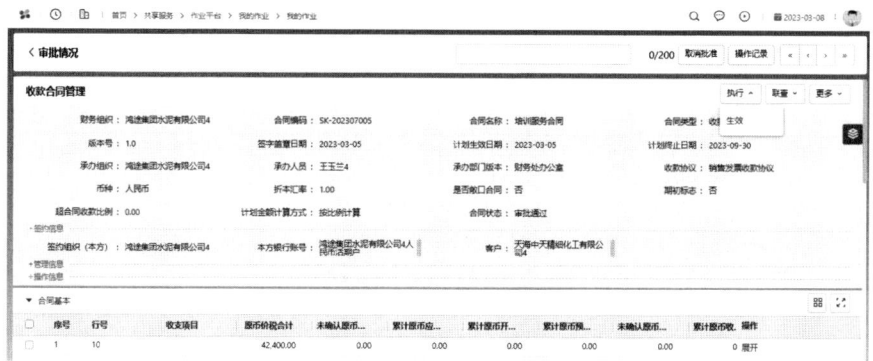

图 10-40　档案综合岗执行并生效收款合同

（2）收款合同应收挂账。

第一步：业务财务新增应收单。

①"业务财务角色"上岗，点击"开始任务"，将系统时间修改为"2023-03-22"，选择"应收单管理"，点击"新增"，选择"收款合同"，如图 10-41 所示。

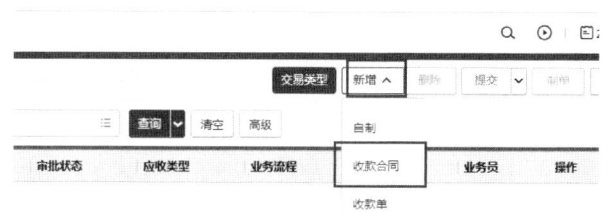

图 10-41　业务财务新增应收单

②进入选择合同的页面，财务组织选择鸿途集团水泥有限公司的全部组织，日期选择"2023-03-01~2023-03-31"，点击"查询"，系统会出现已经生效的收款合同，勾选生效的收款合同，点击右下角"生成单据"，如图 10-42 所示。

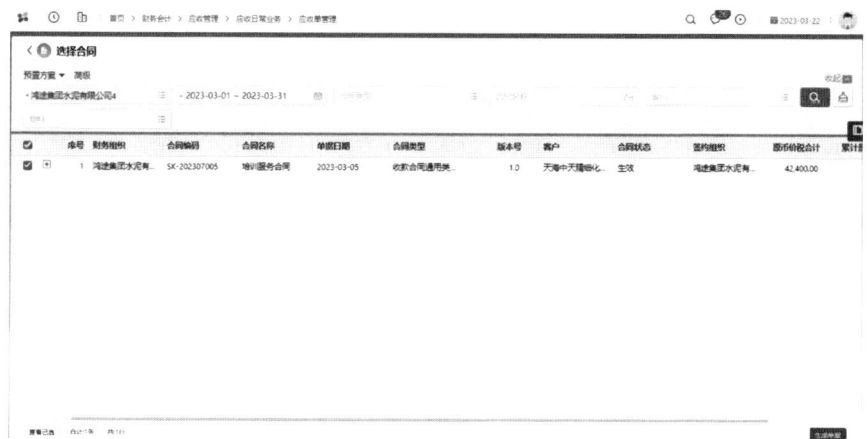

图 10-42　业务财务生成应收单

③ 进入应收单页面，修改单据日期、起算日期为"2023-03-22"，修改完后，点击"保存"，如图10-43所示。

图10-43　业务财务保存应收单

④ 点击"更多"，选择"影像扫描"，上传销售发票扫描件，并点击"提交"，如图10-44所示。

图10-44　业务财务提交应收单

第二步：财务经理审批应收单。

"财务经理角色"上岗，点击"开始任务"，点击"未处理"，进入待审核应收单页面，双击相应的应收单，将待审核的应收单和销售发票影像进行核对，无误后，点击"财务经理〈批准〉"，如图10-45所示。

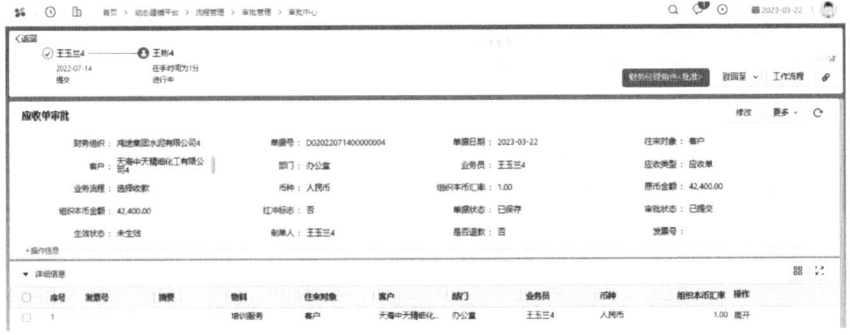

图10-45　财务经理审批应收单

第三步：应收审核岗审核应收单。

"应收审核岗角色"上岗，点击"开始任务"，点击"待提取"，选择右上角"提取任务"，双击待审核的应收单，查看应收单信息和销售发票是否一致，无误后，点击"批准"，如图 10 – 46 所示。

图 10 – 46 应收审核岗审核应收单

第四步：总账主管审核记账凭证。

"总账主管角色"上岗，点击"开始任务"，选择"凭证审核"，财务核算账簿选择"基准账簿"，日期选择"2023 – 03 – 01 ~ 2023 – 03 – 31"，点击"查询"，出现待审核的记账凭证。双击待审核的记账凭证，查看凭证金额、原始单据等是否有误，无误后，点击"审核"，如图 10 – 47 所示。

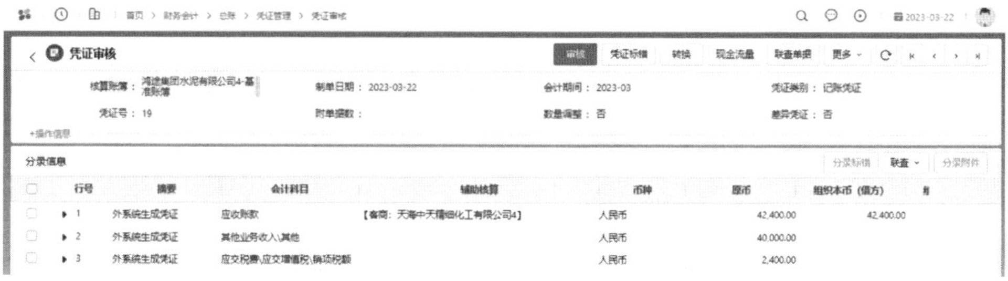

图 10 – 47 总账主管审核记账凭证

（3）收款合同收款结算。

第一步：业务财务新增收款单。

①"业务财务角色"上岗，点击"开始任务"，将系统时间修改为"2023 – 03 – 30"，选择"收款单管理"，点击"新增"，选择"应收单"，进入选择应收单页面，结算财务组织选择"鸿途集团水泥有限公司"，单据日期选择"2023 – 03 – 01 ~ 2023 – 03 – 31"，点击"查询"，出现审批通过的应收单，勾选应收单，点击右下角"生成下游单据"，如图 10 – 48 所示。

②进入收款单页面，部门为"财务处办公室"，收款银行账户为"鸿途集团水泥有限公司 3701239319189278309"，付款银行账户为"天海中天精细化有限公司"，结算方式为"网银"，填写完之后，点击"保存"，如图 10 – 49 所示。

图 10-48　业务财务生成收款单

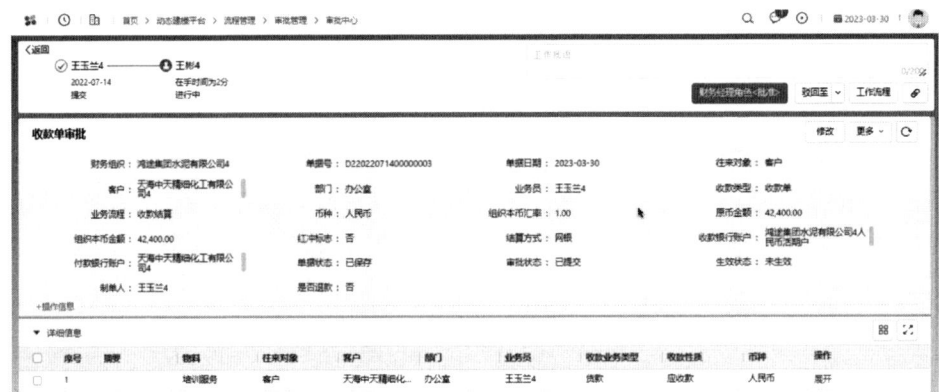

图 10-49　业务财务保存收款单

③ 选择"更多",点击"影像扫描",上传银行收款回单扫描件,然后点击"提交",如图 10-50 所示。

图 10-50　业务财务提交收款单

第二步：财务经理审批收款单。

"财务经理角色"上岗,点击"开始任务",点击"未处理",双击待审批的收款单,核对收款单和银行回单扫描件,信息无误后,点击"财务经理角色〈批准〉",如图 10-51 所示。

第 10 章 资金结算共享

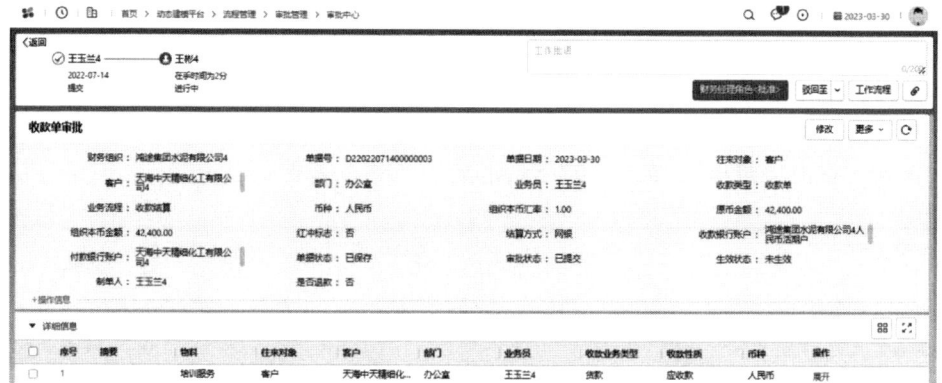

图 10-51 财务经理审批收款单

第三步：应收初审岗审核收款单。

"应收初审岗角色"上岗，点击"开始任务"，点击"待提取"，选择右上角"提取任务"，出现待审核的收款单，点击待审核的收款单，查看收款单的详细信息，无误后，点击"批准"，如图 10-52 所示。

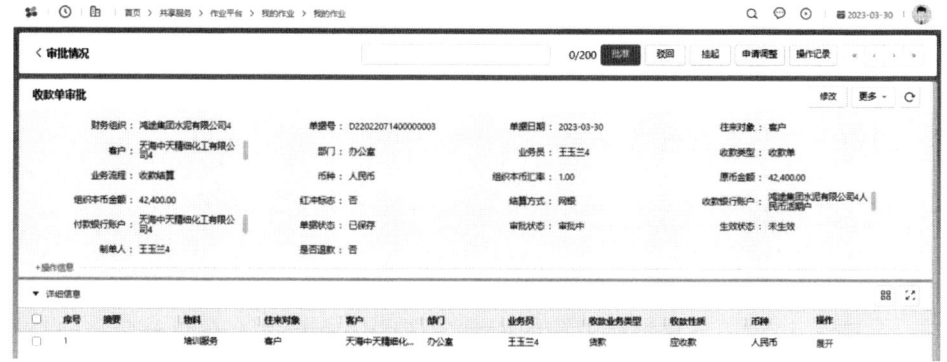

图 10-52 应收初审岗审核收款单

第四步：中心出纳岗确认收款结算。

"中心出纳岗角色"上岗，点击"开始任务"，选择"结算"，财务组织勾选鸿途集团水泥有限公司的全部单位，日期选择"2023-03-01~2023-03-31"，点击"查询"，出现未结算单据，点击未结算单据，查询该单据内容和银行收款回单是否一致，无误后，点击"结算"，结算状态会变为"结算成功"，如图 10-53 所示。

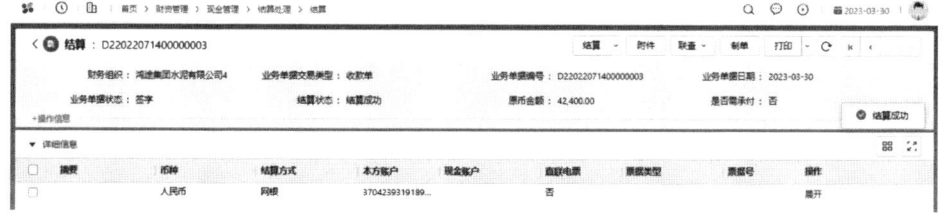

图 10-53 中心出纳岗确认收款结算

第五步：总账主管审核记账凭证。

"总账主管角色"上岗，点击"开始任务"，选择"凭证审核"，财务核算账簿选择"基准账簿"，日期选择"2023 – 03 – 01 ~ 2023 – 03 – 31"，点击"查询"，双击待审核的记账凭证，核对记账凭证金额、借贷方科目以及原始单据，无误后，点击"审核"，如图10 – 54 所示。

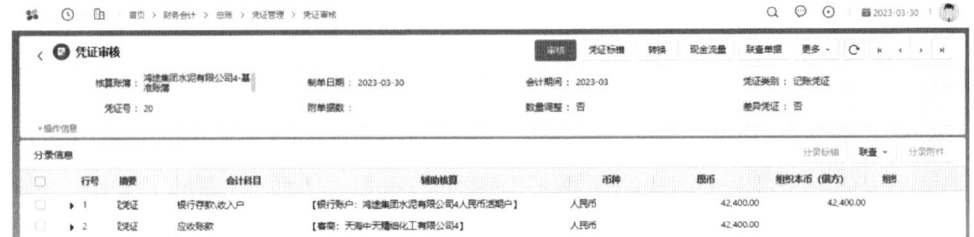

图10 – 54　总账主管审核记账凭证

10.5　资金结算业务

10.5.1　规划设计

10.5.1.1　需求假设

（1）建立财务共享服务中心后，尽量保持现状业务流程的稳定性。

① 根据传递到FSSC 的业务单据，确定流程中业务单位与FSSC 的边界，该业务单据都需要经过FSSC 的审核或初审。

② FSSC 接收业务单据所随附的原始凭证，均由制单人在制单后立即扫描上传；此后要审核该业务单据的环节，均同时审核该业务单据的原始单据影像。

③ 保留在业务单位的工作，流程和职责不变，但原业务单位财务部的工作除财务经理职责外均由业务财务承担。

（2）案例企业鸿途集团的所有收付款，均以网银（银企直联）方式完成。

（3）案例企业鸿途集团最终选择的是单共享中心模式。

（4）为了让共享中心审核有据，所有进入FSSC 审核的业务单据，必须随附外部原始凭证的影像。

① 走作业组的业务单据，用影像上传的方法随附影像。

② 不走作业组而走重量端的业务单据，用拍照后添加附件的方法随附影像。

（5）为了简化学生的构建测试工作，共享后流程中审批环节最高只设计到子公司总经理。

（6）员工罚款收入。

① FSSC 系统中采用"营业外收入——罚款净收入"收支项目。

② FSSC 设置"人员"交易对象类型来表示与员工进行交易。

(7) 行政性费用(如办公楼水电费)支出。

① 费用归口于"综合办公室"。

② FSSC 系统中采用"管理费用"下面的详细收支项目(如"管理费用——水费")。

10.5.1.2 共享后流程所用到的业务单据

原材料采购共享业务单据如表 10 – 3 所示。

表 10 – 3　　　　　　　　　原材料采购共享业务单据

序号	名称	是否进 FSSC	是否属于作业组工作	流程设计工具
1	付款结算单	Y	Y	工作流
2	收款结算单	Y	Y	工作流

注:Y 代表"是"。

10.5.1.3 操作指导

(1) 付款结算共享后操作指导如图 10 – 55 所示。

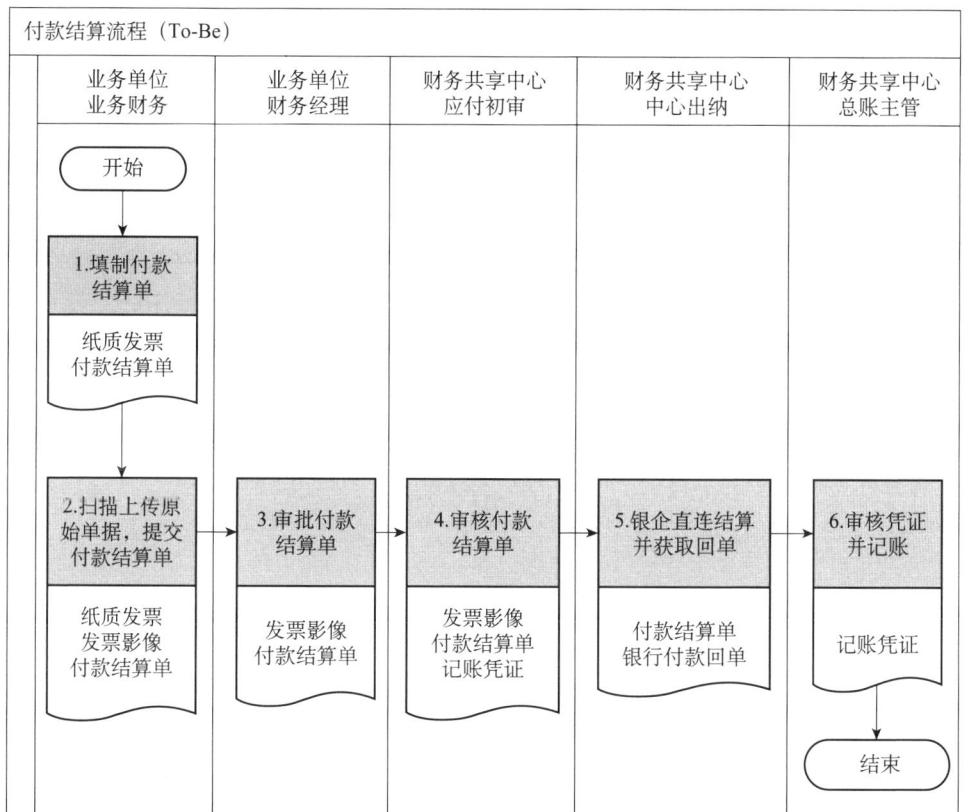

图 10 – 55　付款结算共享后操作指导

（2）收款结算共享后操作指导如图 10－56 所示。

收款结算流程（To-Be）

业务单位 业务财务	业务单位 财务经理	财务共享中心 应收审核	财务共享中心 中心出纳	财务共享中心 总账主管
开始 ↓ 1.填制收款结算单 银行收款回单 收款结算单 ↓ 2.扫描上传原始单据，提交收款结算单 银行收款回单 银行回单影像 收款结算单	3.审批收款结算单 银行回单影像 收款结算单	4.审核收款结算单 银行回单影像 收款结算单 记账凭证	5.确认收款 收款结算单	6.审核凭证并记账 记账凭证 ↓ 结束

图 10－56　收款结算共享后操作指导

10.5.2　付款结算业务构建测试

10.5.2.1　测试用例

2023 年 3 月 5 日，鸿途集团水泥有限公司向绿城物业服务集团有限公司缴纳上个月公司行政办公大楼水费，后者已经开具增值税专用发票，税率（征收率）为 3%。根据发票所记载的情况，上个月应缴纳的水费总金额为 36676.24 元（不含税金额为 35608.00 元）。

【注意】

增值税专用发票作为本课程的教辅资源，在上课时由教师以物理单证的形式发放给学生或者由学生自己下载电子版原始单据，打印并扫描上传。

10.5.2.2　操作步骤

（1）业务财务填制付款结算单。

①"业务财务角色"上岗，点击"开始任务"，将系统时间修改为"2023－03－05"，选择"付款结算"，并点击"新增"。结算财务组织选择"鸿途集团水泥有限公司"，单据日期选择"2023－03－05"，结算方式选择"网银"，付款银行账户选择"3726239319189278310"，交易对象类型选择"供应商"，供应商选择"绿城物业服务集团有限公司"，收款银行账户为绿城物业服务有限公司对应的账户，无税金额为 35608.00 元，税额为 1068.24 元，付款原币金额为

36676.24 元，部门选择"财务处办公室"，填写完之后，点击"保存"，如图 10 – 57 所示。

图 10 – 57 业务财务填制付款结算单

② 点击"更多"，选择"影像扫描"，将纸质发票等原始单据进行扫描上传，然后点击"提交"，如图 10 – 58 所示。

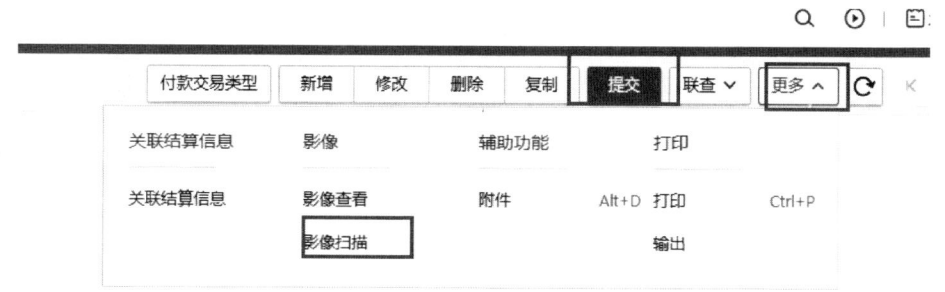

图 10 – 58 业务财务提交付款结算单

（2）财务经理审核付款结算单。

"财务经理角色"上岗，点击"开始任务"，选择"未处理"，点击待审核的付款结算单，检查无误之后，点击"财务经理角色〈批准〉"，如图 10 – 59 所示。

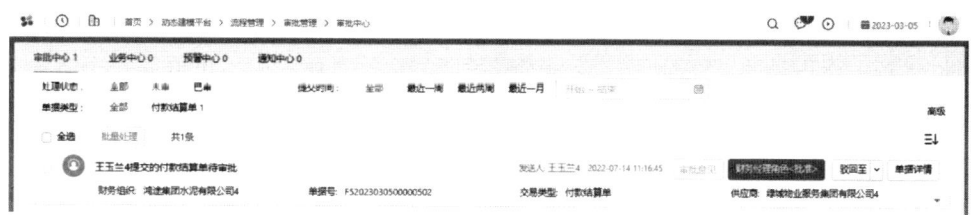

图 10 – 59 财务经理审核付款结算单

（3）应付初审岗审核付款结算单。

"应付初审岗角色"上岗，点击"开始任务"，选择"待提取"，点击右上角"任务提取"，点击待审核的付款结算单，并进行审核，无误之后，点击"批准"，如图 10 – 60 所示。

图 10-60　应付初审岗审核付款结算单

（4）中心出纳岗结算并获取回单。

"中心出纳岗角色"上岗，点击"开始任务"，选择"结算"，财务组织选择鸿途集团水泥有限公司的全部单位，日期选择"2023-03-05～2023-03-31"，点击"查询"，待结算处将会显示一张待结算单据。选择"待结算"，点击待结算的单据，勾选单据，点击"支付"，选择"网上转账"，系统会提示"确定进行网上支付？"，选择"确定"，系统会显示"结算成功"，如图10-61所示。

图 10-61　中心出纳岗结算

（5）总账主管审核记账凭证。

"总账主管岗角色"上岗，点击"开始任务"，选择"凭证审核"，财务核算账簿选择"基准账簿"，日期选择"2023-03-01～2023-03-31"，点击"查询"，双击待审核的记账凭证，检查记账凭证的金额、所附原始单据等是否有误，若无误，点击"审核"，如图10-62所示。

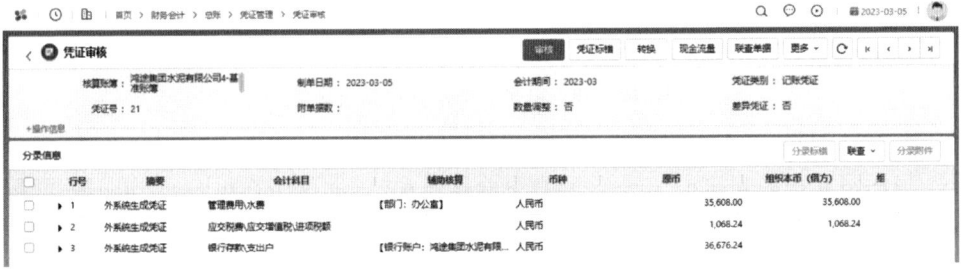

图 10-62　总账主管审核记账凭证

10.5.3 收款结算业务构建测试

10.5.3.1 测试用例

鸿途集团水泥有限公司综合办公室经理杨天波，在公司 2023 年 3 月 8 日召开的中层干部工作会议时无故缺席，被罚款 300 元。3 月 8 日，杨天波已经通过网银将罚款转入公司收入账户。

【注意】

罚款入账的纸质银行回单（电子版），作为本课程的教辅资源，在上课时由学生自行打印。

10.5.3.2 操作步骤

（1）业务财务填制收款结算单。

①"业务财务角色"上岗，点击"开始任务"，将系统时间修改为"2023 - 03 - 08"，点击"收款结算"，并点击"新增"，如图 10 - 63 所示。

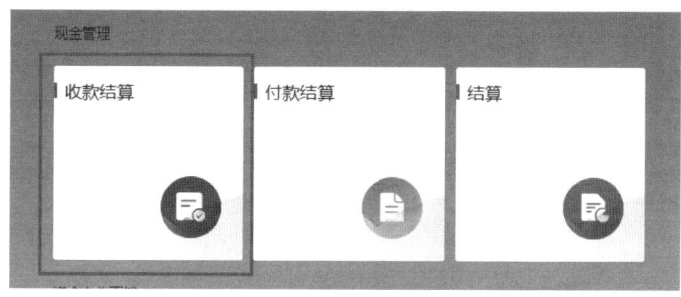

图 10 - 63 业务财务新增收款结算单

② 根据测试用例填写，结算财务组织为"鸿途集团水泥有限公司"，结算方式为"网银"，收款银行账户为"3701239319189278309"，交易对象类型为"人员"，部门为"综合办公室"，业务员为"杨天波"，付款银行账号为杨天波个人账号，收支项目为营业外收入—罚款净收入等信息，点击"保存"，如图 10 - 64 所示。

图 10 - 64 业务财务填写并保存收款结算单

③ 通过影像系统银行回单并上传影像，点击"提交"，如图 10-65 所示。

图 10-65　业务财务提交收款结算单

（2）财务经理审批收款结算单。

"财务经理角色"上岗，点击"开始任务"，点击"未处理"。选择收款结算单，审核详细信息无误后点击"批准"，如图 10-66 所示。

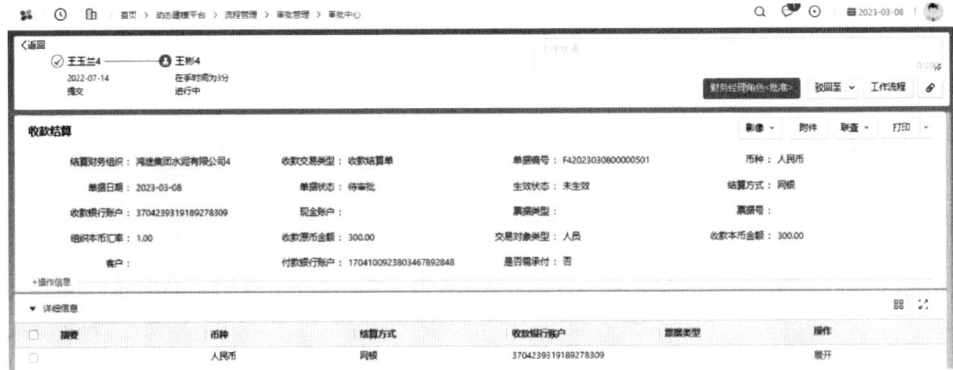

图 10-66　财务经理审批收款结算单

（3）应收审核岗审核付款结算单。

"应收审核岗"上岗，点击"开始任务"，点击"任务提取"，提取到收款结算单。审核收款结算单详细信息，无误后点击"批准"，如图 10-67 所示。

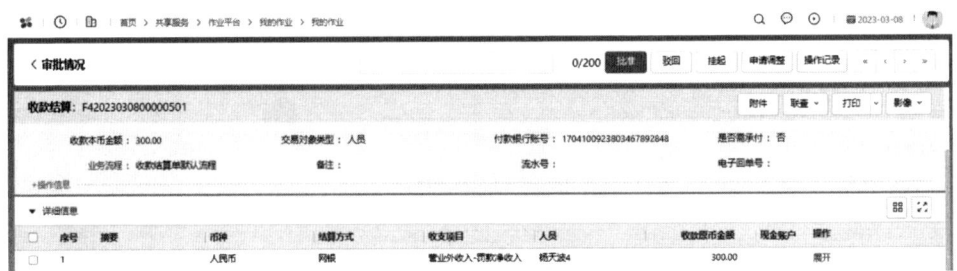

图 10-67　应收审核岗审核付款结算单

（4）中心出纳岗确认收款。

①"中心出纳岗角色"上岗，点击"开始任务"，点击"结算"，全选财务组织，点击"查询"，如图 10-68 所示。

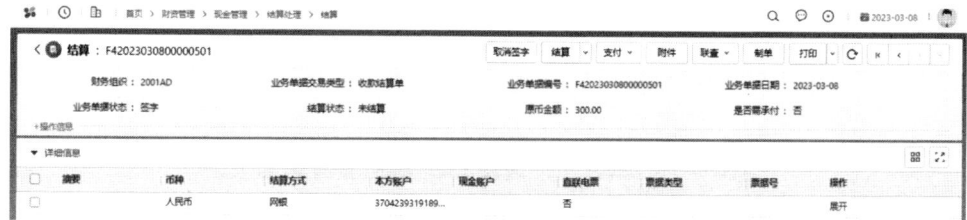

图 10 – 68　中心出纳岗查询付款结算单

② 选择收款结算单,点击"结算",如图 10 – 69 所示。

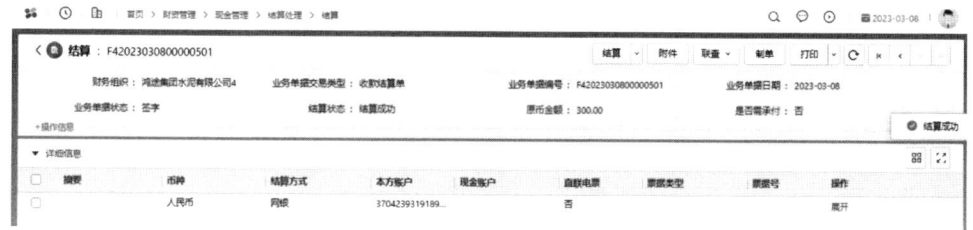

图 10 – 69　中心出纳岗确认收款

(5) 总账主管岗审核凭证。

"总账主管岗角色"上岗,点击"开始任务",点击"凭证审核"。选择"基准账簿",查询到该应付单,核对无误后点击"审核",业务结束,如图 10 – 70 所示。

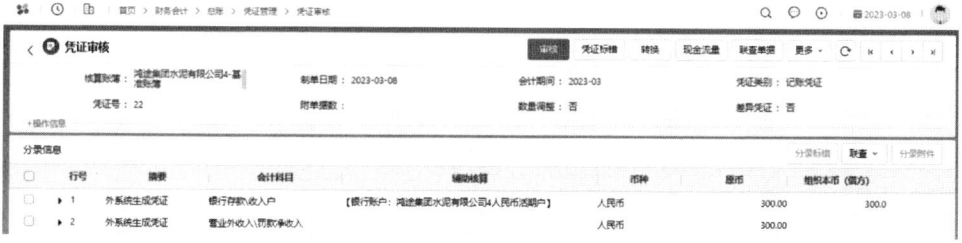

图 10 – 70　总账主管岗审核凭证

第 11 章 财资管理共享

[学习目标]
  掌握财资管理的相关概念；
  了解资金集中管理的 8 种模式；
  掌握资金上收下拨业务的操作流程；
  掌握外部委托付款业务的操作流程。

11.1 财资管理业务概述

11.1.1 财资管理业务基本知识

11.1.1.1 资金管理的概念

在企业生产经营过程中，企业管理者利用各种管理工具与方法，实现对"人、财、物"的有效控制与管理。其中，"财"即"资金"，既是企业生存所需的资源，也是企业的经营成果，贯穿企业整个生产经营活动过程中，是企业管理活动的核心。

资金管理是企业（财务）管理的重要组成部分，是通过精确的组织、计划、控制、信息和考核等管理手段，对企业资金运动的全过程进行有效的管理，包括合理地筹集资金，高效率地运用资金，有效地控制资金、降低资金成本，进而帮助企业获得竞争优势、实现企业价值最大化。

11.1.1.2 资金管理的职能框架

企业资金管理的职能框架如图 11-1 所示。

资金管理职能框架				
报告分析	预警报告	统计报告	流量分析	存量分析
资金平衡	资金计划	融资管理	付款排程	头寸管理
日常结算	付款管理	收款管理	票据管理	现金管理
基础管理	账户管理	数据设置	银企直联	档案管理

图 11-1 企业资金管理的职能框架

11.1.1.3 集团资金管理职能

集团资金管理职能及其在财务职能体系中的定位，如图 11-2 所示。

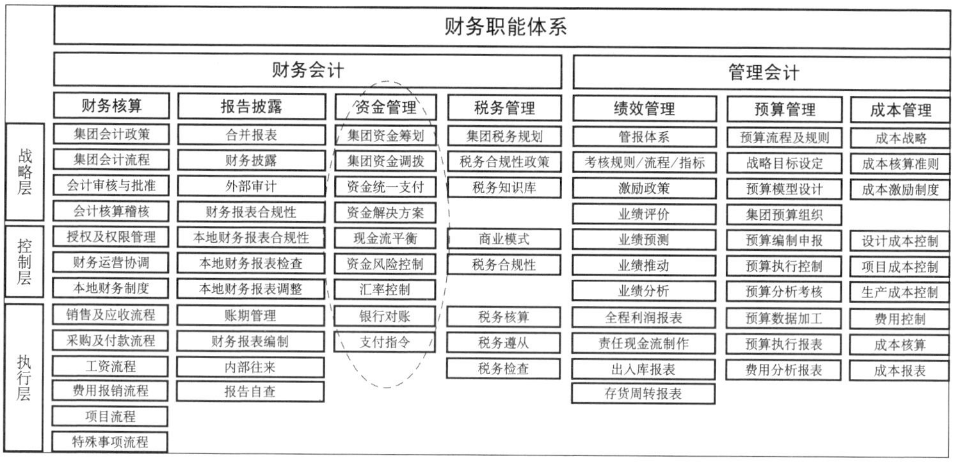

财务职能体系							
财务会计				管理会计			
	财务核算	报告披露	资金管理	税务管理	绩效管理	预算管理	成本管理
战略层	集团会计政策	合并报表	集团资金筹划	集团税务规划	管报体系	预算流程及规则	成本战略
	集团会计流程	财务披露	集团资金调拨	税务合规性政策	考核规则/流程/指标	战略目标设定	成本核算准则
	会计审核与批准	外部审计	资金统一支付	税务知识库	激励政策	预算模型设计	成本激励制度
	会计核算稽核	财务报表合规性	资金解决方案		业绩评价	集团预算组织	
控制层	授权及权限管理	本地财务报表合规性	现金流平衡	商业模式	业绩预测	预算编制申报	设计成本控制
	财务运营协调	本地财务报表检查	资金风险控制	税务合规性	业绩推动	预算执行控制	项目成本控制
	本地财务制度	本地财务报表调整	汇率控制		业绩分析	预算分析考核	生产成本控制
执行层	销售及应收流程	账期管理	银行对账	税务核算	全程利润报表	预算数据加工	费用控制
	采购及付款流程	财务报表编制	支付指令	税务遵从	责任现金流制作	预算执行报表	成本核算
	工资流程	内部往来		税务检查	出入库报表	费用分析报表	成本报表
	费用报销流程	报告自查			存货周转报表		
	项目流程						
	特殊事项流程						

图 11-2　集团资金管理职能及其在财务职能体系中的定位

11.1.1.4 常见的资金集中管理模式

（1）统收统支模式。企业的现金收付活动集中在集团或某一主体的财务部和统一的银行账户，各分支机构或子公司不单独设立账户，所有的收款全部归入统一的银行账户，所有的现金支出都通过财务部指定的账户付出，现金收支完全集中在集团总部。

（2）收支两条线模式。企业的资金收入和资金支出分别使用互相分离的流程、组织或资金流动路径，以达到保证资金安全、有效监控现金流动的目的。收支两条线模式要求收到的资金直接进入回款账户，支付时需要经过审批，才能对外支出，不得"坐收坐支"。

（3）备用金模式。企业按照一定的期限或金额，拨给所属分支机构和子公司一定数额的资金，以备使用。各分支机构或子公司发生实际资金支出后，持有关凭证到企业财务部报销以补足备用金。

（4）结算中心模式。通常在集团财务部门设立结算中心，专门办理集团内部各成员公司的资金收付及往来结算业务。各成员公司根据结算中心预核定的资金存量限额，必须将高于限额的资金转入结算中心的银行账户，结算中心集中管理集团和各成员公司的资金。结算中心核定各成员公司日常所需资金后，统一拨付至各成员公司，监控货币资金的使用。为获得更好的银行服务与融资，结算中心需统一对外协调银行关系和筹措资金，办理各成员公司之间的往来结算，以减少资金沉淀，提高资金利用效率和效益。另外，各成员公司都有自己的财务部门，有独立的账号（通常是二级账号）进行独立核算。因此，结算中心模式并不意味着将各成员公司的全部资金完全集中到集团总部，而是资金流动、投资和融资、关联结算等事项的决策集中化,各成员公司依然拥有较大的资金经营权和决策权。

(5) 内部银行模式。内部银行模式是企业集团下属子公司常用的资金集中管理模式,是较结算中心更为完善的内部资金管理机构。内部银行引进商业银行的信贷、结算、监督、调控、信息反馈职能,发挥计划、组织、协调作用,并成为企业和下属单位的经济往来结算中心、信贷管理中心、货币资金的信息反馈中心。各分子公司与集团实行相对独立核算、自负盈亏。另外,各成员公司无权对外融资,必须由内部银行统一对外筹措资金,并根据集团公司为各成员公司核定的资金和费用定额,结合其实际需要发放贷款,进行统一运作,合理调度资金。

(6) 财务公司模式。集团财务公司,是专门从事集团公司内部资金融通业务的非银行性金融机构,须由政府监管机构批准,是大型企业集团或跨国公司投资设立的一个独立的子公司法人实体。财务公司经营的金融业务,大体上可以分为融资、投资和中介三部分。融资业务包括经批准发行财务公司债券、从事同业拆借等;投资业务包括承销成员单位的企业债券、对金融机构的股权投资、成员单位的消费信贷、买方信贷、融资租赁、贷款等;中介业务包括对成员单位交易款项的收付、对成员单位提供担保、办理票据承兑与贴现、办理成员单位之间的内部转账结算等。

(7) 资金池(cash pooling)模式。资金池模式也称为现金池模式,是由跨国公司的财务部门与国际银行合作开发的资金管理模式,统一调拨集团的全球资金,以最大限度地降低集团持有的净头寸。资金池管理模式,根据是否实际划拨资金分为两种:"实体资金池"和"名义或虚拟资金池"。在"实体资金池"结构中,企业在同一家银行设立一个母账户和若干个子账户。银行每日定时将子账户的资金余额上划到母账户中,资金上划后,子公司账户上保持零余额(ZBA)或目标余额(TBA)。这个限额的设定,通常是由企业根据自身资金管理的需求和现金存量的额度,与银行协商确定。

11.1.1.5 常见的资金集中管理模式比较

常见的资金集中管理模式比较如表 11-1 所示。

表 11-1 常见的资金集中管理模式

管理模式	模式特点	优点	缺点	适用场景
统收统支	结算活动在某一主体设统一账户;分支机构不设账户	有助于实现资金平衡;提升资金使用效率;减少资金沉淀;防范控制风险	管理方式不够灵活,影响分支机构业务运作	分支机构少;业务简单;资金流向规律
收支两条线	收入和支出使用不同的账户,收入户只收不付,支出户只付不收,不得坐支	收支分离,便于资金监控,保证资金安全	账户开立数量增多,账户管理成本增加	业务相对复杂,收付业务量较大

续表

管理模式	模式特点	优点	缺点	适用场景
拨付备用	按照一定期限或金额拨付分支机构定额资金供其使用；资金使用后持凭证进行报销补充备用金；分支机构一般不独立设置财务部门	方便支取使用；管理相对规范	资金使用存在上限；容易产生较大沉淀	个人、部门、办事处、简单分公司；复杂分公司和子公司不适用
结算中心	在公司内部建立；统一进行账户管理；统一资金调度（根据情况本地可保留必要的收付职能）；统一协调银行关系，筹集资金；各成员企业保留财务部门；成员企业拥有较大决策和自主权	统一支付结算，提高结算效率；集中资金监控，确保资金安全；资金集中管理，降低资金沉淀	组建和管理成本相对较高；账户体系和资金运转复杂；复杂资金业务难以处理；作为成本中心不易评价结算中心效益	适用于集团具有大量分子公司，账户数量多，结算量大，复杂投融资业务较少的集团公司；不适用于投融资活动频繁、业务特殊的大型集团公司
内部银行	引入商业银行职能和管理方式；具备结算、信贷、外汇管理等职能（统一结算、统一信贷、统一融通）；独立考核内部银行的效益	统一信贷管理，降低融资成本；引入商业银行模式，管理更为科学高效；独立核算自负盈亏，便于考核	目前无相关法律法规进行明确，存在政策和法律风险；引入商业银行运作模式，运行成本较高	一般而言，企业内部银行适用于具有较多责任中心的企事业单位，特别是无法建立财务公司而通过结算中心无法满足企业管理需要时
财务公司	依法成立非银行金融机构，具备独立法人资格；可以从事融资、投资、金融中介等服务内容；将资金管理、金融服务市场化，机制更加健全	可以进行资金整合控制，加强资金监管；承担集团资金理财职责，丰富理财手段；加速内部资金结算和周转速度；提供担保、资信、咨询等更全面的金融服务	成立难度大，成本高；管理难度大，专业性强；需要接受金融监管机构的监管	大型集团公司，大量分子公司等责任主体；公司业务复杂，投融资事务较多，具备成立的资质和条件
资金池	基于委托贷款模式；最大限度地归集资金，降低资金头寸；满足设定账户余额，并及时补充，维持在设定的余额水平	最大限度地降低资金头寸，高效利用资金；通过自动归集，补充（归还）余额，降低资金管理成本和资金沉淀成本	账户体系要求较高，较多地依赖大型商业银行的服务	大型跨国集团公司；资金管理需要跨国（区域）进行集中管理

11.1.1.6　结算中心模式下的内外部账户

（1）结算中心外部账户：是在集团外部商业银行开立的，结算中心用来统收成员单位资金的总账户，初始金额为0。

（2）成员单位外部账户：是成员单位在集团外部商业银行开立的，用于对外部进行资金收付的账户。

（3）成员单位内部账户：是成员单位在结算中心开立的，用于记录成员单位存放于结算中心的资金变动的账户，初始金额为0。

(4) 恒等式：

成员单位的银行存款余额 = 其外部账户和内部账户余额之和
结算中心外部账户资金余额 = 各成员单位的内部账户资金余额之和

【注意】
（1）成员单位委托结算中心进行的外部收支：二者等额增加或等额减少。
（2）上收下拨：二者等额增加或等额减少。
（3）成员单位间通过内部账户进行的结算或调拨：结算中心外部账户资金余额不变，不同成员单位的内部账户等额增减。

11.1.2 资金上收下拨业务的相关知识

11.1.2.1 相关理论知识

（1）资金计划的含义。
① 资金计划，是对未来一定时期内的资金结存、流入、流出、盈缺、筹措进行统筹安排。
② 编制资金计划，可以形成资金的事前控制。
③ 在计划执行过程中，根据事先核准的支出对资金流出进行提示或控制，形成事中控制。
④ 计划执行后，将执行情况与计划进行对比分析，找出差异和原因，可以做到事后分析。
（2）资金上收下拨的含义。
① 资金上收，也称资金归集，指资金组织或上级组织，将成员单位或下级组织外部银行账户的资金，归集到本组织外部银行账户的业务处理。
② 资金下拨，指资金组织或上级组织，将本组织外部银行账户的资金，划拨到成员单位或下级组织外部银行账户的业务处理。
③ 资金上收和下拨，是集团资金管理中进行资金调度的重要手段。资金下拨时，可以按照资金计划的金额下拨，也可以由业务单位在资金计划范围内申请下拨。
（3）资金上收下拨的不同业务场景。
① 按资金计划下拨。结算中心根据资金计划下拨资金到成员单位。
② 按付款排程下拨。结算中心根据成员单位已批准的付款排程进行资金下拨。
③ 自动下拨资金业务。结算中心设置自动下拨规则，系统定时自动下拨资金到成员单位，保证成员单位的资金需求。
④ 单位申请下拨资金业务。成员单位需要资金时，可通过下拨申请提交到结算中心，结算中心核准、审批后将资金下拨到成员单位。这种场景可解决成员单位的临时资金需要。
⑤ 委托付款回拨支付下拨资金业务。结算中心先将中心账户的款项下拨到单位账户，同时将下拨到单位账户的资金再支付给单位的客商，既解决了客商款

项及时支付问题,又避免了资金在成员单位长期停留甚至被挪用的问题。

11.1.2.2 财务共享服务下各职能岗位的职责分工

财务共享中心的建立,将企业的财务管理分为三个层级,分别是战略财务、业务财务与共享财务,不同层级的财务组织分工协作,履行各自的管理职责,共同推动集团财务工作的开展。具体业务职责分工如表 11-2 所示。

表 11-2　　　　　　　　　　业务流程职责划分

业务	业务部门	业务财务	战略财务	共享财务
费用报销业务	(1) 发票收集、整理、粘贴; (2) 报销单填报、审批	初步审核员工报销单据及原始附件	(1) 制定员工报销流程和制度; (2) 制定员工备用金管理的流程和制度	(1) 审核报销单据并入账; (2) 借款/备用金处理; (3) 提供咨询服务
采购到付款业务	(1) 执行发票预处理(收集、整理、传递); (2) 发票等文件扫描; (3) 预付款申请; (4) 入库通知单(非业财一体化)	(1) 推送挂账申请表(附相应附件); (2) 提交付款申请	审定采购流程和政策中涉及财务部分	(1) 审核过账(非业财一体化); (2) 审核挂账申请表及相关附件; (3) 对付款失败业务重新处理; (4) 应付清账; (5) 应付关账; (6) 每月生成管理报表,如应付账龄分析表; (7) 提供咨询服务
销售到收款业务	(1) 应收账龄跟进; (2) 业务认领; (3) 催款单; (4) 开票申请; (5) 建立信用管理、流程和信用政策; (6) 流程和信用政策; (7) 定期审查客户供货商信用	(1) 推送挂账申请表(附相应附件); (2) 定期的客户对账单; (3) 坏账计提申请; (4) 属地开票业务; (5) 发票管理; (6) 开票及发票快递		(1) 推送挂账申请表(附相应附件); (2) 定期的客户对账单; (3) 坏账计提申请; (4) 属地开票业务; (5) 发票管理; (6) 开票及发票快递
固定资产业务	提出资产相关账务处理申请	(1) 审核政策合规性; (2) 初步审核申请单及原始附件	(1) 制定固定资产管理流程和政策; (2) 减值评估; (3) 重分类/处置处理	(1) 资产相关的账务处理(减值准备、盘盈、盘亏、报废处理等); (2) 资产折旧入账; (3) 提供咨询服务
总账业务	(1) 预提需求申请; (2) 薪酬计算	(1) 预提需求审核; (2) 月结申请; (3) 生产成本归集; (4) 税务处理—待抵扣对账(如业务范围内的税务结转); (5) 汇兑损益测算	(1) 会计政策; (2) 财务制度; (3) 关联交易管理; (4) 存货跌价计提申请	(1) 手工凭证处理; (2) 营业外收支; (3) 分摊处理(如采购成本差异分摊); (4) 汇率维护; (5) 汇兑损益处理; (6) 月结关账; (7) 长投/融资业务记账; (8) 薪酬计提/核算/发放; (9) 总账关键科目对账及问题解决; (10) 提供咨询服务

续表

业务	业务部门	业务财务	战略财务	共享财务
税务业务	(1) 提出涉税业务税务筹划建议； (2) 向业务财务提出涉税协助申请； (3) 执行国家税收政策	(1) 税金计提； (2) 关税； (3) 关税数据准备； (4) 业务开票； (5) 增值税发票认证； (6) 个人所得税审批； (7) 公司所得税税务申报准备； (8) 其他税种申报准备； (9) 审批后的税务申报	(1) 涉税政策解读； (2) 涉税筹划； (3) 协调涉税事项	(1) 税金申请审核； (2) 税金支付； (3) 提供咨询服务
资金业务	业务人员请款	(1) 应收、应付账龄管理； (2) 存货资金占用管理； (3) 提出银行利息申请； (4) 票据管理	(1) 制定资金管理的流程和政策； (2) 银行关系及账户管理； (3) 融资与贷款管理； (4) 制定银行对账流程（分、子公司银行对账）； (5) 金融资产的评估和管理； (6) 资金和债务的预测和评估	(1) 银行收付款； (2) 银行对账； (3) 银行余额调节表； (4) 提供咨询服务

11.1.3　外部委托付款的相关理论知识

(1) 外部委托付款的含义。外部委托付款，简称委托付款，是指由成员单位在内部账户上发起的，经审批后由结算中心外部账户实际对外支付的支付方式。

① 外部委托付款需要从内部账户发起，发起后内部账户暂时冻结相应金额。

② 当结算中心外部账户实际付款成功时，扣减委托方内部账户相应金额。

(2) 外部委托付款的业务场景。

① 从发起方角度划分，委托付款业务主要包括业务单位发起委托付款、结算中心发起委托付款、多结算中心下的委托付款。

② 从付款结算方式角度划分，委托付款业务主要包括转账支付、票据支付、现金支付、代发工资等。

③ 委托付款与银企直联集成后，能够支持以下事项。在支付信息确认单审核后再支付。合并支付处理，即单张委托付款书可以存在多条支付记录、合并向银行发送一笔网银支付指令。在确认支付失败后，通过支付信息变更单进行变更，变更后再次支付。

11.2 鸿途集团财资管理现状

鸿途集团目前采用的资金管理模式是以分散管理为主的资金管理模式。在该种模式下,其资金管理现状主要表现为以下三点。

(1) 各子公司作为独立法人主体,均独立开设银行账户用于各种资金结算业务。

(2) 各子公司有权独立办理各种资金结算业务,包括资金的收取、资金的支付等,拥有独立的资金支配权和使用权。

(3) 各子公司拥有独立的融资权,可以独立通过银行借款等手段进行融资,并可独立取得银行的授信。

11.2.1 鸿途集团账户情况

集团及下属单位的银行账户分散在多家银行,开户行分别在中国农业银行、中国建设银行、交通银行、中国工商银行、包商银行、农村信用合作社、农村商业银行、光大银行等。

各子公司账户的开设、变更、销户业务均需通过集团公司审批通过;各子公司的账户信息需要在集团公司备案。

本次集团纳入资金管理范围的银行账户共计262个账户、76家企业、11个行别,涉及币种均为人民币。

11.2.2 鸿途集团管理目标

(1) 建立资金集中监控系统。采用先进的技术手段,通过对集团内部的资金集中管理,做到上级机构对下级机构的资金运行数据的即时查询、及时审计,使资金的运转得到有效监管与控制。为企业搭建起一个跨银行的资金集中监控平台,集中反映整个集团的资金动态情况,掌控资金管理的主动权。

(2) 建立一套完整的集团资金操作、管理、分析和决策体系,全面整合集团内结算、融资、票据、预算、投资等各业务条线和各相关系统资源,结合外部商业银行的产品和服务支持,加强集团性企业对集团资金的整体调控能力,降低集团资金运作成本,有效控制财务风险。

(3) 成立资金结算中心管理集团资金,资金计划、资金调拨、资金集中、对外结算、内部结算等业务均通过结算中心统筹完成。

(4) 建设符合资金结算中心制度要求和管理规范的系统平台,将集团的战略思想和管理思路融合到系统流程中去,规范资金业务,规避风险,提高效率。

11.2.3 银行手续和流程

(1) 银行账户开户。鸿途集团首批计划将鸿途水泥板块的各个子公司纳入结算中心模式的集团资金集中管理范围。

鸿途集团各子公司在多家银行均已开立账户,为简化实训起见,现以与中国工商银行合作进行结算中心运营为例。

鸿途集团结算中心在中国工商银行开具资金总账户。

经过鸿途集团结算中心批准,首批纳入集团资金结算中心服务范围的所有子公司均已在中国工商银行开具基本账户、收入账户,并同时将中国工商银行开具的基本账户指定为鸿途集团各子公司的支出户。

(2) 签署相关协议。结算中心与银行签署《集团账户管理协议》;各纳入集中管理的子公司,与银行签署《集团账户参加管理协议》;结算中心与银行签署《管理单位业务申请书》,基于上述两类协议申请开通银行金融服务。

11.3 操作流程现状

11.3.1 资金上收下拨业务操作流程

(1) 资金上收业务(对外收款—银行收款)操作流程如图 11-3 所示。

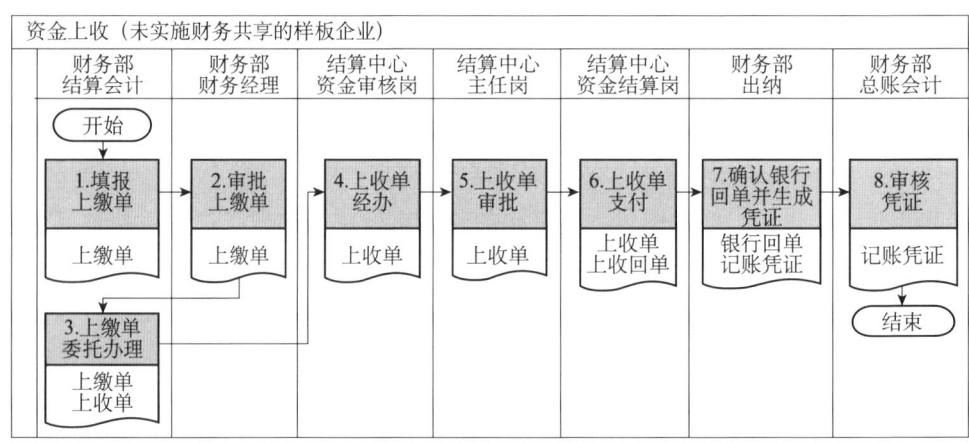

图 11-3 资金上收业务操作流程

(2) 资金下拨业务操作流程如图 11-4 所示。

11.3.2 外部委托付款业务操作流程

外部委托付款业务操作流程如图 11-5 所示。

第 11 章 财资管理共享

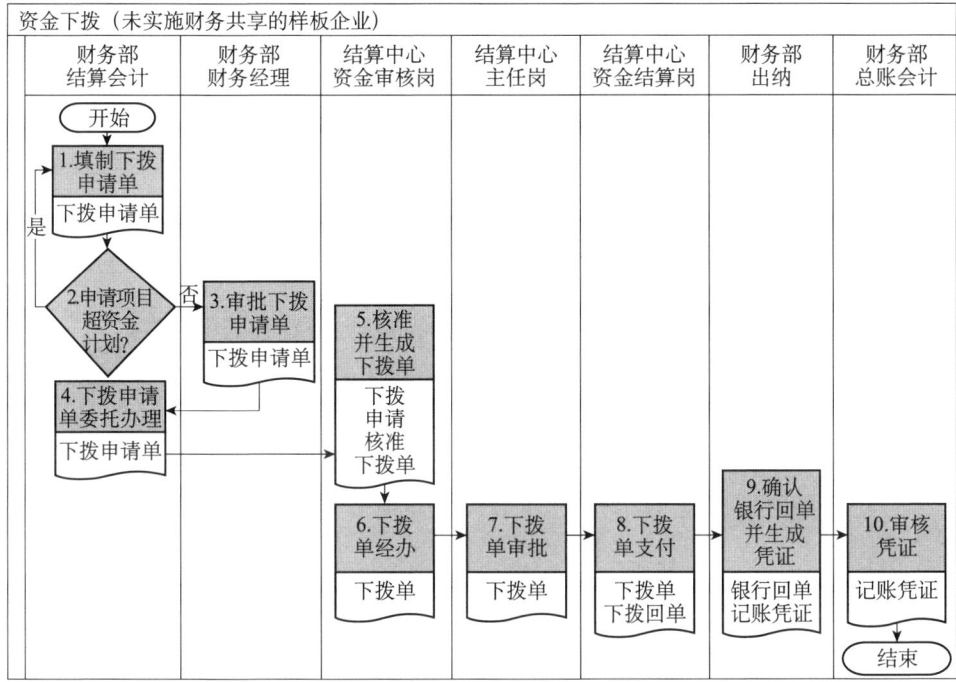

图 11-4　资金下拨业务操作流程

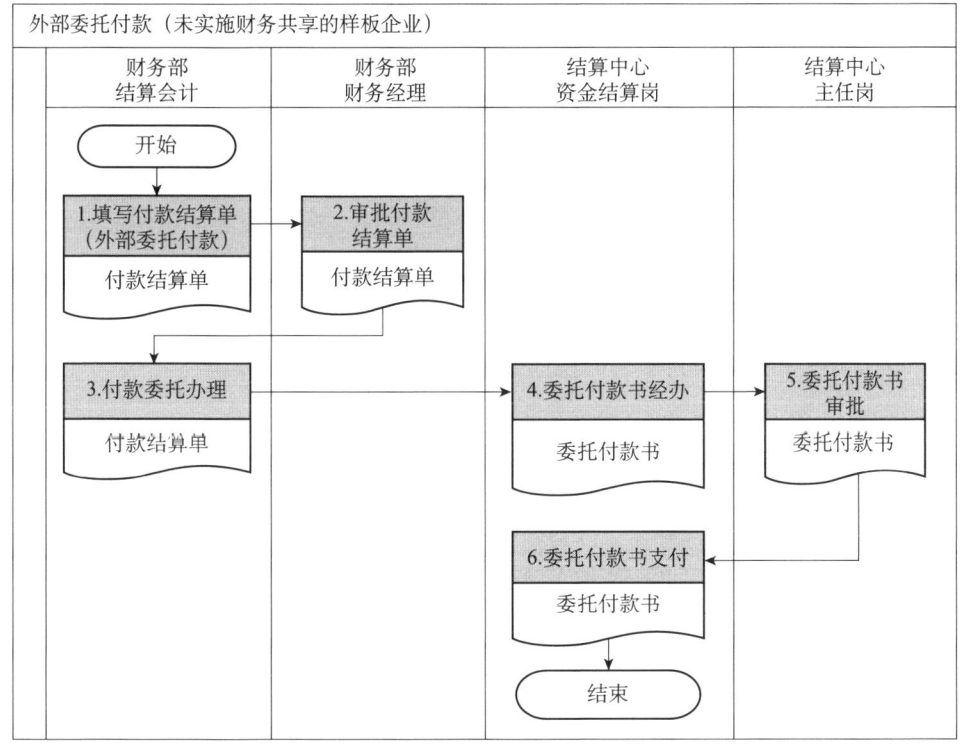

图 11-5　外部委托付款业务操作流程

11.4 资金上收下拨业务

11.4.1 规划设计

11.4.1.1 需求假设

(1) 建立财务共享服务中心后,尽量保持现状业务流程的稳定性。

① 根据传递到 FSSC 的业务单据,确定流程中业务单位与 FSSC 的边界,该业务单据都需要经过 FSSC 的审核或初审。

② FSSC 接收业务单据所随附的原始凭证,均由制单人在制单后立即扫描上传;此后要审核该业务单据的环节,均同时审核该业务单据的原始单据影像。

③ 保留在业务单位的工作,流程和职责不变,但原业务单位财务部的工作除财务经理职责外均由业务财务承担。

(2) 案例企业鸿途集团的所有收付款,均以网银(银企直联)方式完成。

(3) 案例企业鸿途集团最终选择的是单共享中心模式。

(4) 为了让共享中心审核有据,所有进入 FSSC 审核的业务单据,必须随附外部原始凭证的影像。

① 走作业组的业务单据,用影像上传的方法随附影像。

② 不走作业组而走重量端的业务单据,用拍照后添加附件的方法随附影像。

(5) 为了简化学生的构建测试工作,共享后流程中审批环节最高只设计到子公司总经理。

11.4.1.2 共享后流程所用到的业务单据

资金上收下拨业务共享后流程业务单据如表 11-3 所示。

表 11-3　　　　　资金上收下拨业务共享后流程业务单据

序号	名称	是否进 FSSC	是否属于作业组工作	流程设计工具
1	上缴单	N	—	审批流
2	上收单	N	—	审批流
3	上收回单	N	—	审批流
4	下拨申请单	N	—	审批流
5	下拨申请核准	N	—	审批流
6	下拨单	N	—	审批流
7	下拨回单	N	—	审批流

注:N 代表"否"。

11.4.2 构建测试

11.4.2.1 资金计划编制测试

情景介绍:

(1) 资金计划编制操作指南。"业务财务"登录系统,进入"技术实现",点击"资金计划编制",点击"任务指南",进入相应界面即可看到示例操作视频,具体如图 11-6 所示。

图 11-6 资金计划编制示例视频

(2) 测试用例。鸿途集团水泥有限公司 2025 年 3 月的资金计划如下所示。

薪酬支出: 3000000.00 元;

费用支出: 500000.00 元。

操作步骤:

(1) 业务财务编制资金计划表。

①"业务财务角色"先将系统登录日期修改成"2023-03-10",如图 11-7 所示。

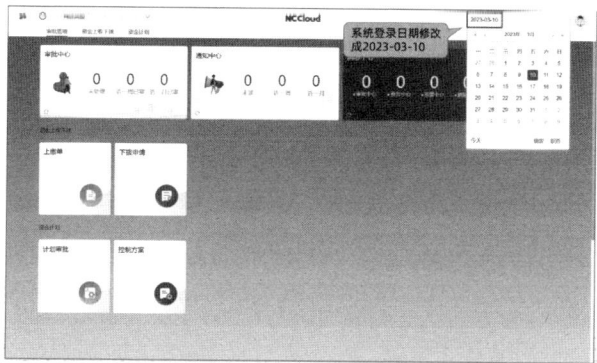

图 11-7 修改系统日期

②"业务财务角色"进入资金计划页面,并打开资金计划编制,如图11-8所示。

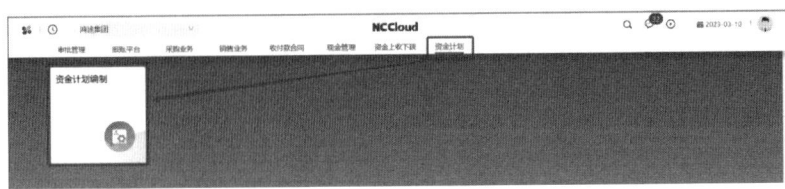

图11-8 打开资金计划编制

③"业务财务角色"选择"资金支出月度计划(薪酬费用)",会计期间选择"2023年",会计月选择"3月",下拨付款单位选择"鸿途结算中心",下拨收款单位选择"鸿途集团水泥有限公司",如图11-9所示。

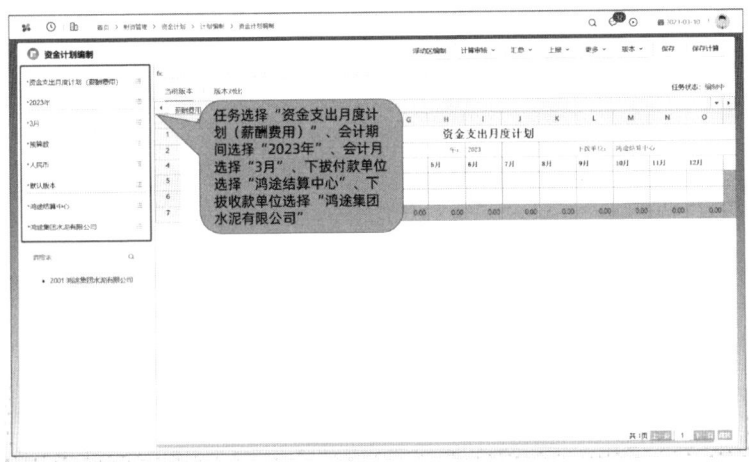

图11-9 选择任务、期间、单位

④"业务财务角色"根据实训任务的测试用例中的计划支出金额填写,并点击"保存"按钮,如图11-10所示。

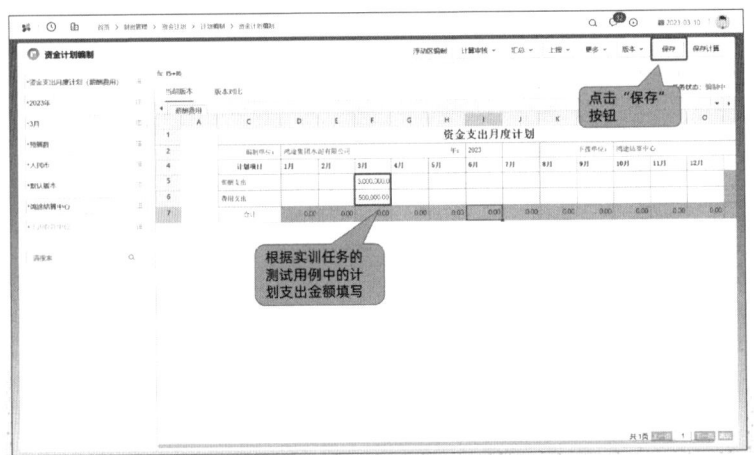

图11-10 保存资金计划编制

⑤ "业务财务角色"点击"上报"按钮,如图 11-11 所示。

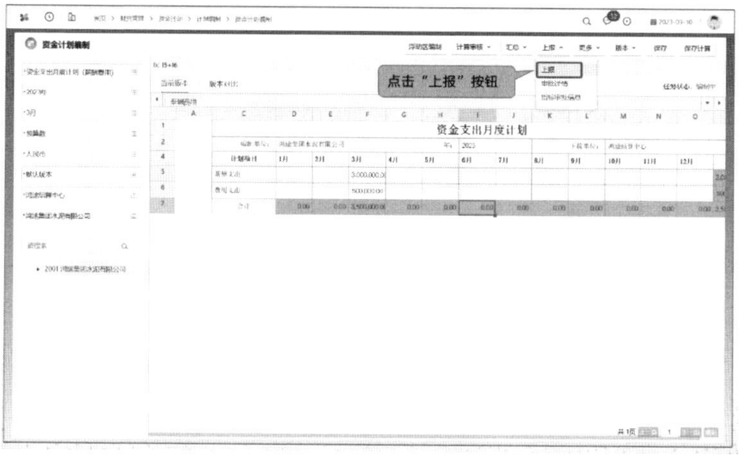

图 11-11 上报

(2) 财务经理。

① "财务经理角色"选中"资金计划",打开"计划审批"节点,如图 11-12 所示。

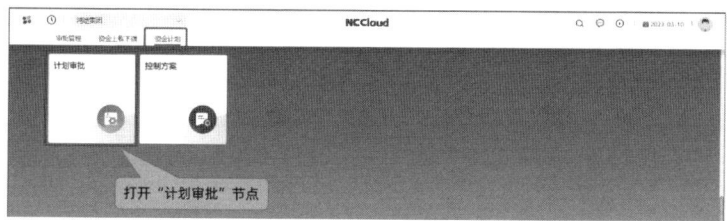

图 11-12 计划审批

② 进入计划审批页面,任务选择"资金支出月度计划(薪酬费用)",会计期间选择"2023 年",会计月选择"3 月",下拨付款单位选择"鸿途结算中心",下拨收款单位选择"鸿途集团水泥有限公司",如图 11-13 所示。

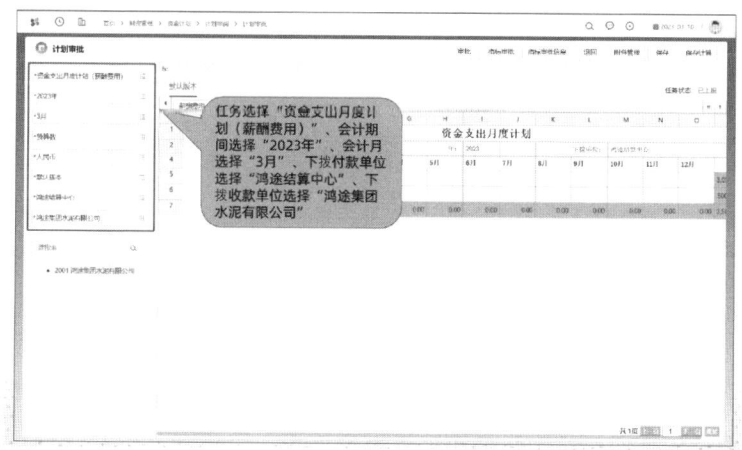

图 11-13 选择任务、期间、单位

③ 点击"审批"按钮，如图 11-14 所示。

图 11-14　点击审批

④ 弹出"审批后无法退回，是否继续审批"的对话框，在"请输入审批意见"中输入"同意"，并点击"确定"按钮，如图 11-15 所示。

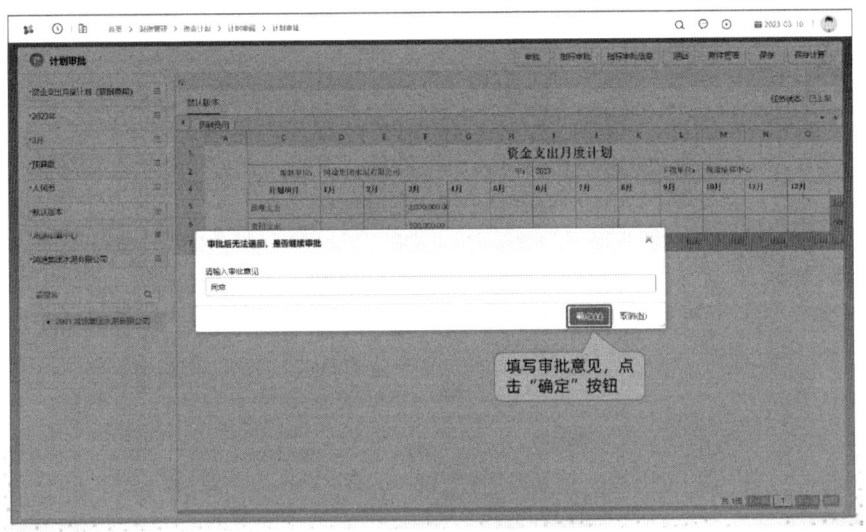

图 11-15　资金计划审批通过

11.4.2.2　资金上收测试

情景介绍：

2023 年 3 月 10 日，鸿途集团各成员公司收到客户回款明细如表 11-4 所示，各公司收到客户款项后，按照集团资金管理规定，将全部款项归集到各公司在结算中心的总账户。

表 11-4　　　　　　　　　　客户回款明细

业务内容	鸿途集团水泥有限公司
客户名称	天海销售有限责任公司
收到货款（元）	5 231 500.00
上缴资金（元）	5 231 500.00

【注意】

（1）收入户收款入账的银行回单打印件，作为本课程的教辅资源，在上课时以物理单证的形式发放给学生。

（2）结算中心的资金结算岗在 NCC 轻量端点击"支付"按钮后，由于教学系统没有真实连接银行，需要增加一个动作：在 NCC 轻量端桌面的快捷方式"支付指令状态"下，点击"状态确认按钮"并按照界面提示信息操作，最后提交确认，单据才会变成支付成功状态，自动生成成员单位的记账凭证。

（3）财务共享中心出纳岗在单位上收回单界面中点击"记账"完成单位上收凭证生成。

资金上收操作指导如图 11-16 所示。

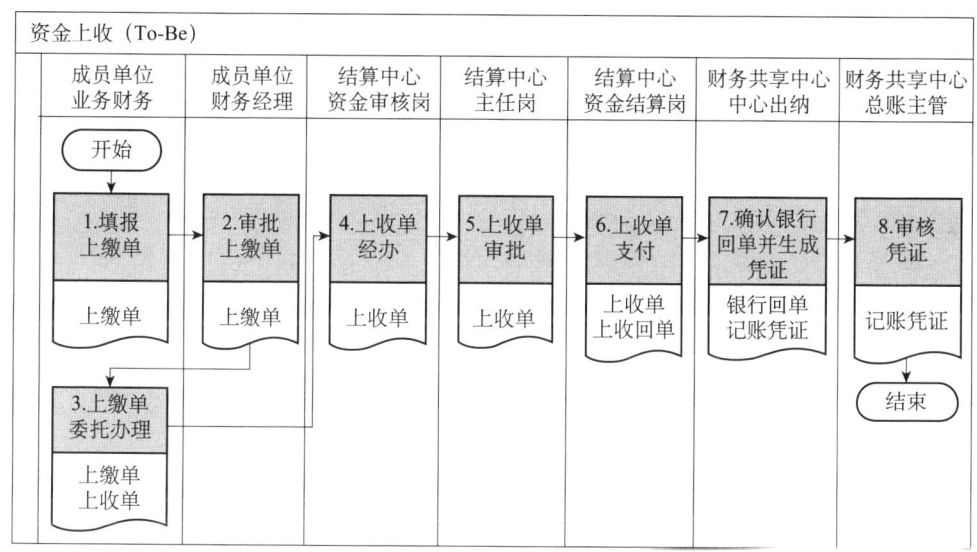

图 11-16　资金上收操作指导

操作步骤：

（1）业务财务填制上缴单。

①"业务财务角色"将系统登录日期修改成"2023-03-10"，并选择"上缴单"，如图 11-17 所示。

②单击"上缴单"，点击"新增"。财务组织选择"鸿途集团水泥有限公司"，上收组织选择"鸿途结算中心"，交易类型选择"中心上收"，上缴银行账户选择3701239319189278310，上收银行选择结算中心外部账户3701208519230589026，申请上缴金额5231500.00元，填写完成之后点击"保存提交"，如图 11-18 所示。

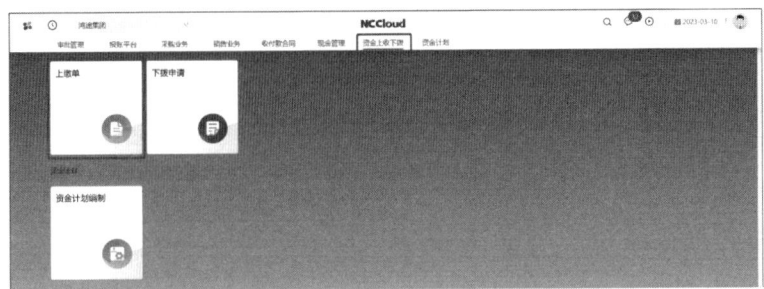

图 11-17　业务财务进入上缴单

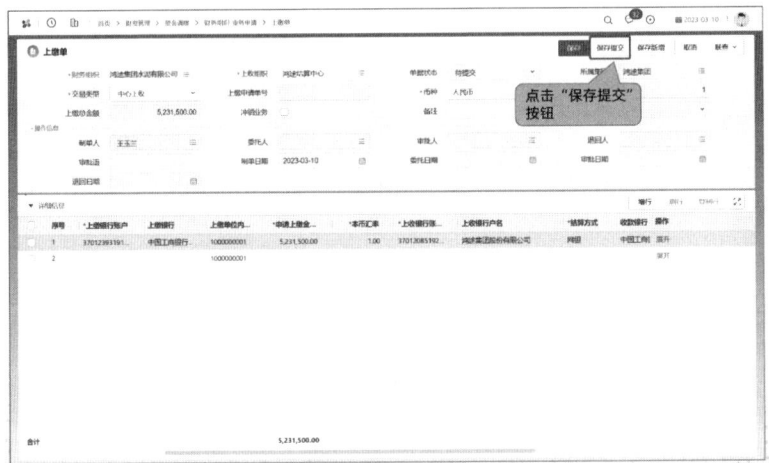

图 11-18　业务财务新增上缴单并保存提交

温馨提示：截图上的金额是为演示操作步骤方便写成 100.00，在实际上课时，请按照案例中的金额进行填写，截图仅为参考。

（2）财务经理审批上缴单。

①"财务经理角色"点击"未处理"，如图 11-19 所示。

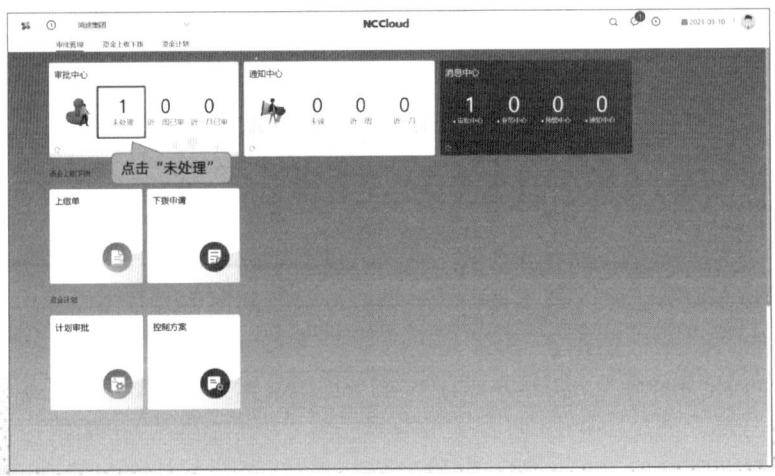

图 11-19　财务经理进入系统

② 查看单据中上缴银行、上收银行、上缴金额等，若无误，点击"批准"，如图 11 - 20 所示。

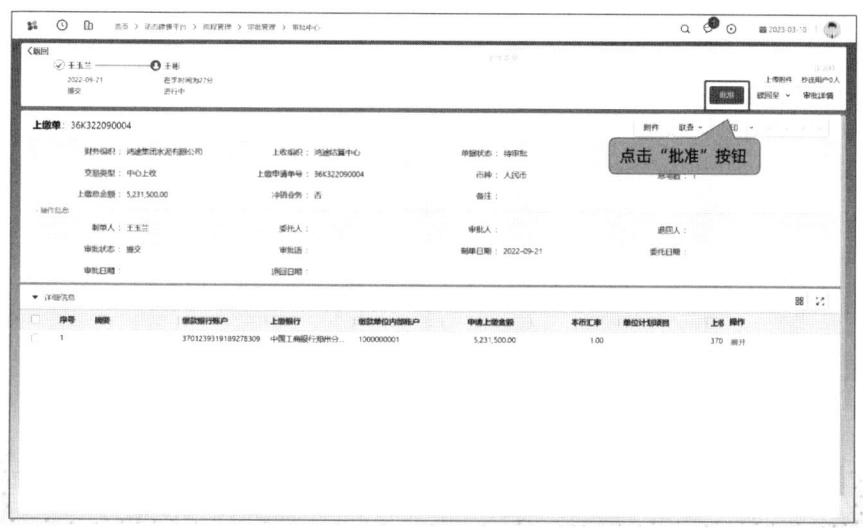

图 11 - 20　财务经理审批上缴单

（3）业务财务进行上缴单委托办理。

"业务财务角色"进入系统，选择上缴单。上缴单位选择"鸿途集团水泥有限公司"，点击"查询"，单击代委托的上缴单，勾选代委托的上缴单，点击"委托办理"，如图 11 - 21 所示。

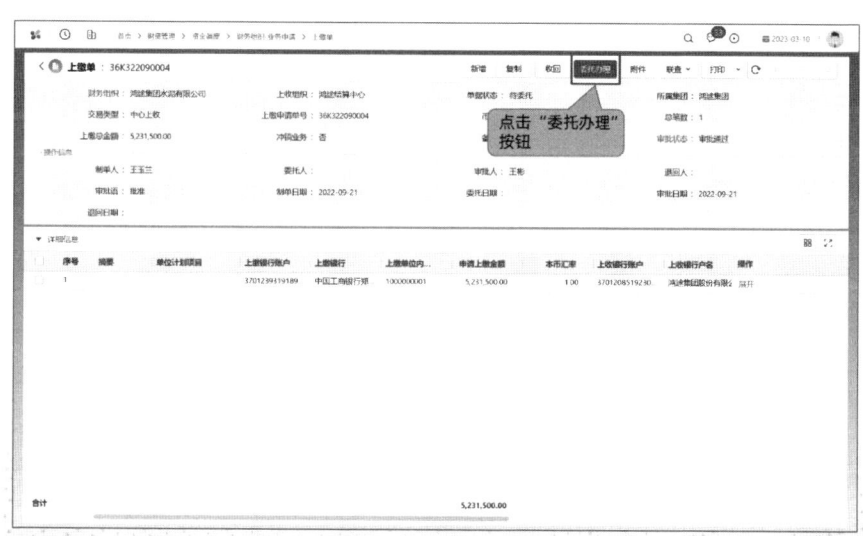

图 11 - 21　业务财务委托办理上缴单

（4）结算中心资金审核岗办理上收单。

①"资金审核岗角色"进入系统，选择"资金上收"，修改日期选择"2023 - 03 - 10 ~ 2023 - 03 - 10"，点击"查询"，如图 11 - 22 所示。

图 11-22　资金审核岗查询上收单

② 上缴单审批之后，会自动生成上收单，如果需要对上收单进行修改，需要点击"经办"，如果不需要，直接点击"提交"，如图 11-23 所示。

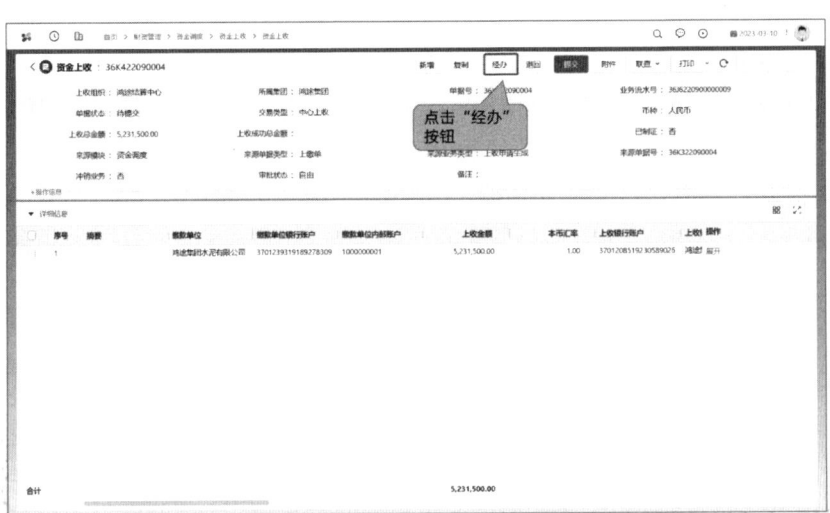

图 11-23　资金审核岗提交上收单

(5) 结算中心主任审核上收单。

①"结算中心主任角色"进入系统，点击"未处理"，如图 11-24 所示。

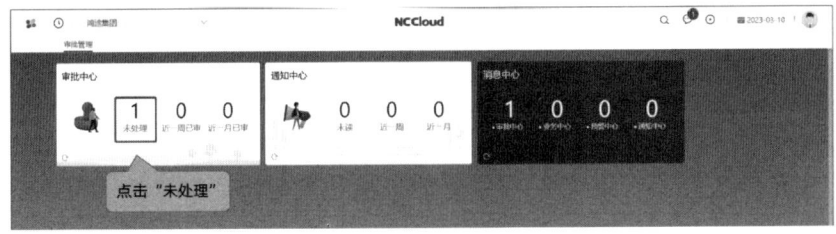

图 11-24　结算中心主任进入系统

② 审核上收单的金额、上缴单位、上收单位等信息，若无误，点击"批准"，如图 11-25 所示。

图 11-25　结算中心主任审批上收单

（6）资金结算岗支付上收单。

①"资金结算岗角色"进入系统，点击"资金上收支付"，点击"查询"，选择待支付的单据，如图 11-26 所示。

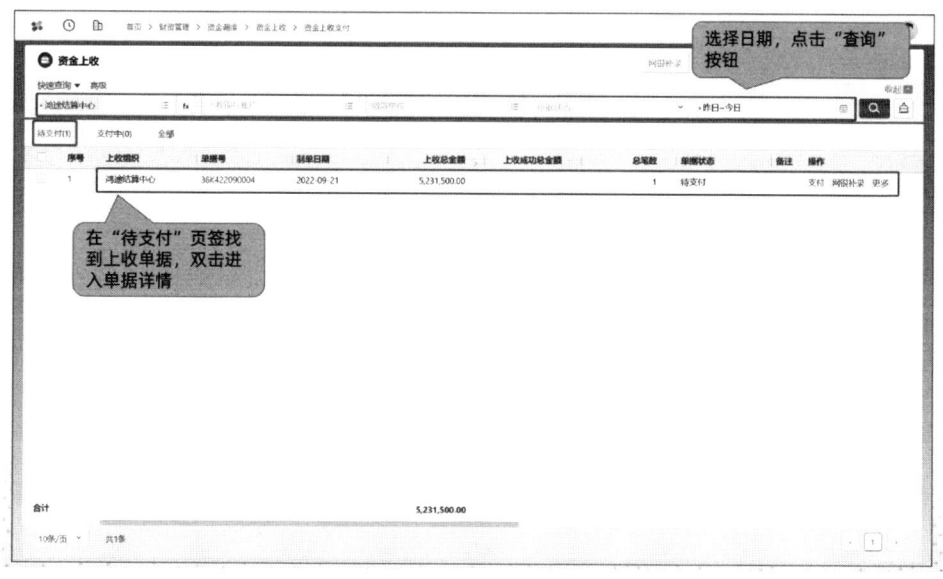

图 11-26　资金结算岗进入资金上收支付界面

②点击"网银补录"。

③补全转账类型，如果是上收业务，则转账类型选择"归集"，如果是下拨

业务,则转账类型选择"下拨"。此处应选择"归集",检查无误之后点击"确定",如图 11 – 27 所示。

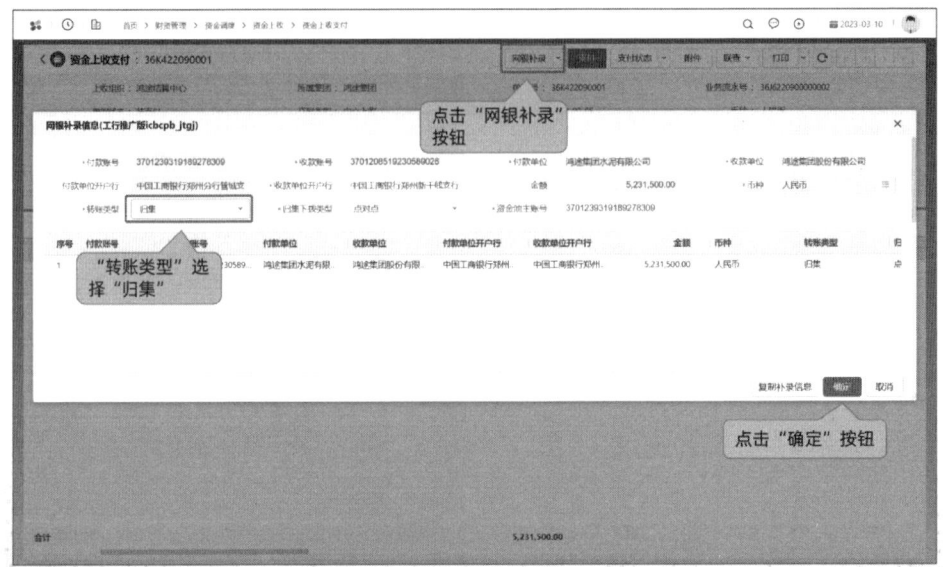

图 11 – 27 网银补录—补全转账类型

④ 点击"支付",系统显示支付成功,如图 11 – 28 所示。

图 11 – 28 资金结算岗支付成功

温馨提示:由于系统没有连接真正的银行支付系统,所以需要对支付指令状态进行一定的手动操作。

⑤ "资金结算岗角色"进入系统,选择"支付指令状态",如图 11 – 29 所示。

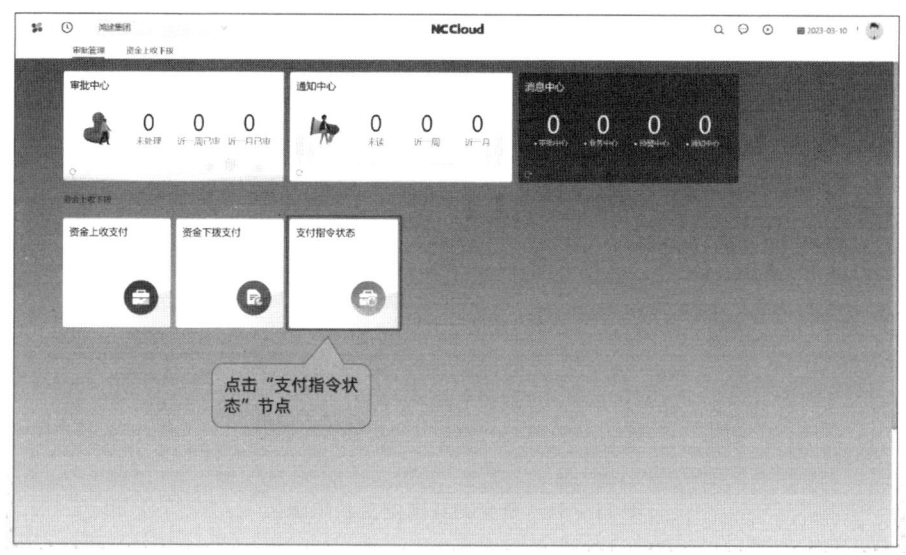

图 11 – 29　资金结算岗查询支付指令状态

⑥ 选择财务组织鸿途结算中心，点击"查询"，选择对应单据，点击"状态确认"按钮，如图 11 – 30 所示。

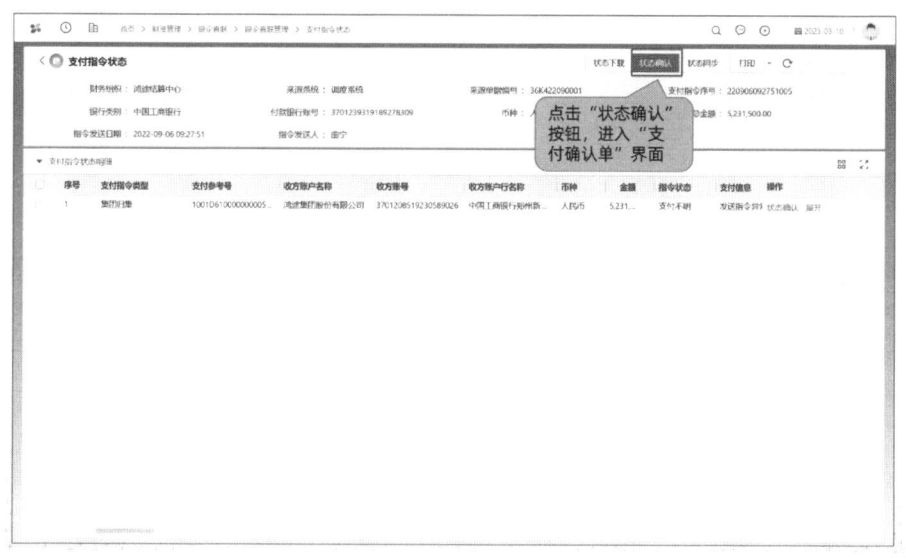

图 11 – 30　资金结算岗进行状态确认

⑦ 将银行确认支付状态改为"成功"，点击"保存""提交"，如图 11 – 31 所示。

⑧ 对于弹出框的提示信息，点击"确定"，如图 11 – 32 所示。

（7）中心出纳岗确认银行回单、生成记账凭证。

"中心出纳岗角色"进入系统，点击"单位上收回单"。付款组织选择"鸿途集团水泥有限公司"，点击"查询"，选择对应单据，点击"记账"，如图 11 – 33 所示。

图 11–31　资金结算岗提交状态确认

图 11–32　确认支付状态

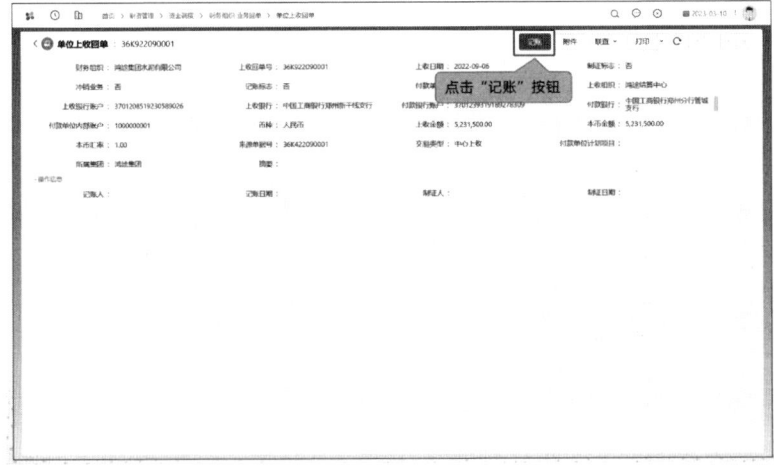

图 11–33　中心出纳岗记账

(8) 总账主管进行凭证审核。

"总账主管角色"进入系统,点击"凭证审核"。输入核算账簿基准账簿,点击"查询",审核记账凭证金额、借贷方科目等,无误之后点击"审核",业务结束,如图 11-34 所示。

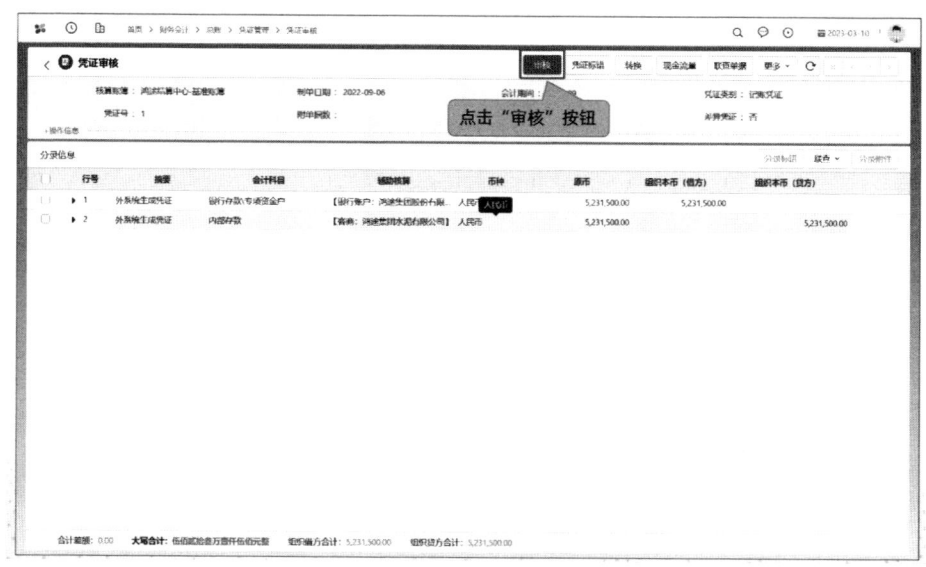

图 11-34　总账主管岗审核记账凭证

11.4.2.3　资金下拨测试

情景介绍:

为满足 2023 年 3 月 25 日薪酬费用支付需求,各成员单位发起申请内部结算账户下拨资金到本地支出户,并在收到下拨款后完成社保支付。社保支付明细如表 11-5 所示。

表 11-5　社保支付明细

业务内容	鸿途集团水泥有限公司
薪酬支出(元)	2 500 000.00

【注意】

(1) 结算中心的资金结算岗在 NCC 轻量端点击"支付"按钮后,由于教学系统没有真实连接银行,需要增加一个动作:在 NCC 轻量端桌面的快捷方式"支付指令状态"下,点击"状态确认按钮"并按照界面提示信息操作,最后提交确认,单据才会变成支付成功状态,自动生成成员单位的记账凭证。

(2) 财务共享中心出纳岗在单位下拨回单界面中点击"记账"完成单位下拨凭证生成。

资金下拨操作指导如图 11-35 所示。

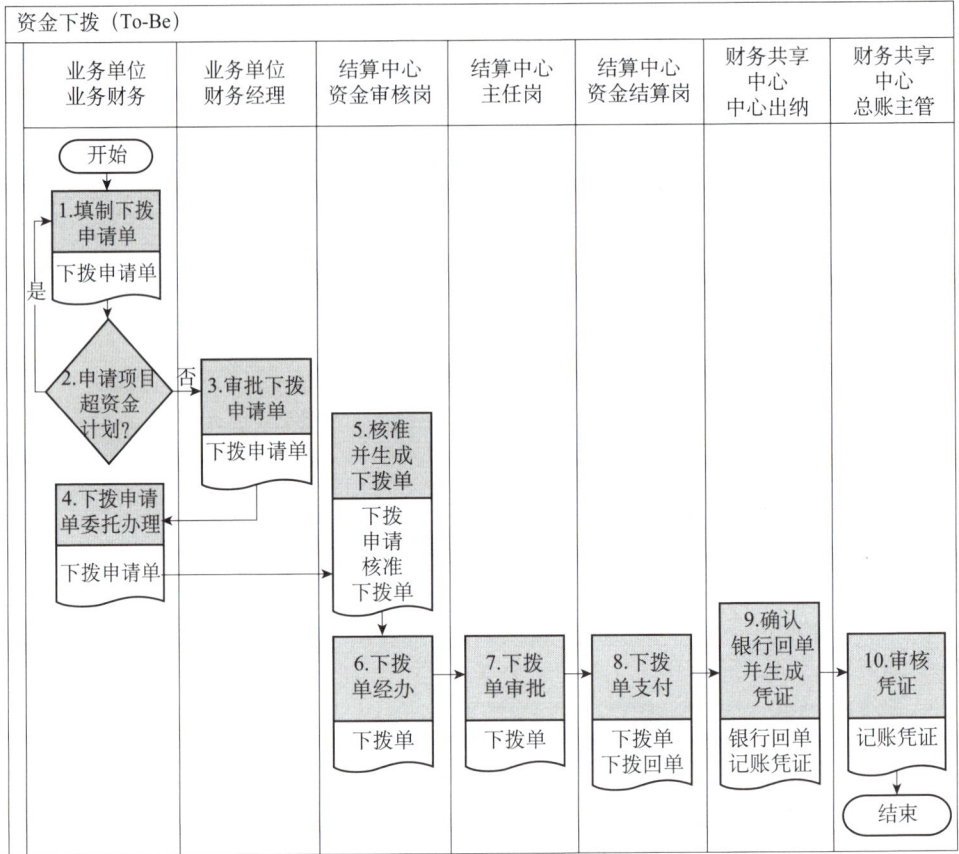

图 11-35 资金下拨操作指导

操作步骤：

（1）业务财务填制下拨申请单。

① "业务财务角色"进入 NCC 轻量端，选择"下拨申请"，如图 11-36 所示。

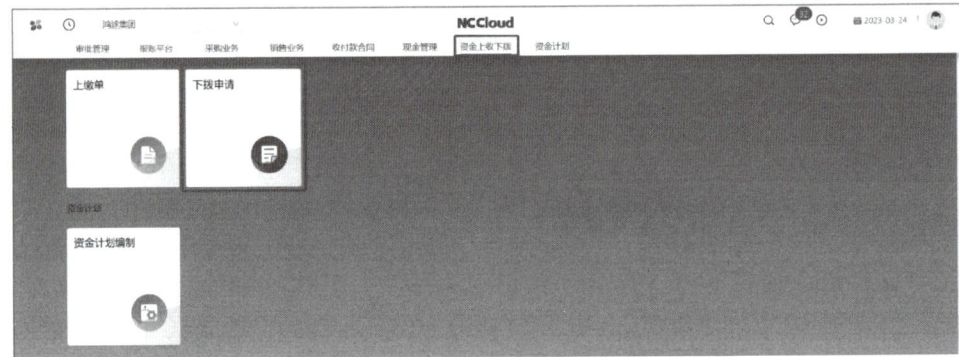

图 11-36 业务财务填写下拨申请单

② 点击"新增"，财务组织选择"鸿途集团水泥有限公司"，下拨组织选择"鸿途结算中心"，下拨类型选择"中心下拨"，收款单位计划支出项目选择"薪

酬支出",收款银行选择3701239319189278310,结算方式选择网银等,全部填写完之后,点击"保存提交",如图11-37所示。

图11-37 业务财务保存提交下拨申请单

(2) 财务经理审批下拨申请单。

"财务经理角色"进入系统,点击审批中心的"未处理"。查看申请单详细信息,确认无误之后点击"批准",如图11-38所示。

图11-38 财务经理审批下拨申请单

(3) 业务财务进行下拨申请单委托办理。

①"业务财务角色"进入NCC轻量端,选择"下拨申请",下拨单位勾选全

部,点击"查询",在"待委托"位置找到单据,如图 11-39 所示。

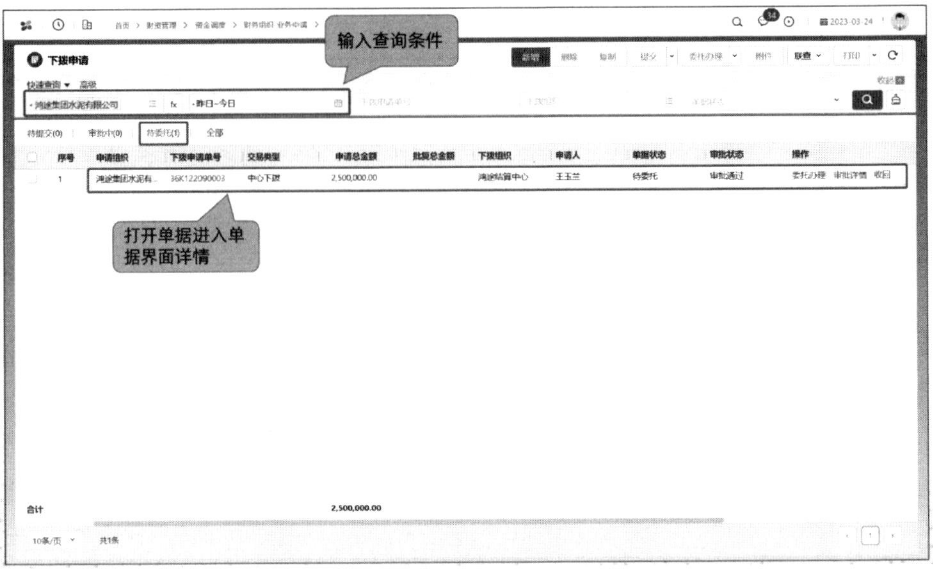

图 11-39 业务财务查询下拨申请单

② 双击待委托办理的单据,点击"委托办理",如图 11-40 所示。

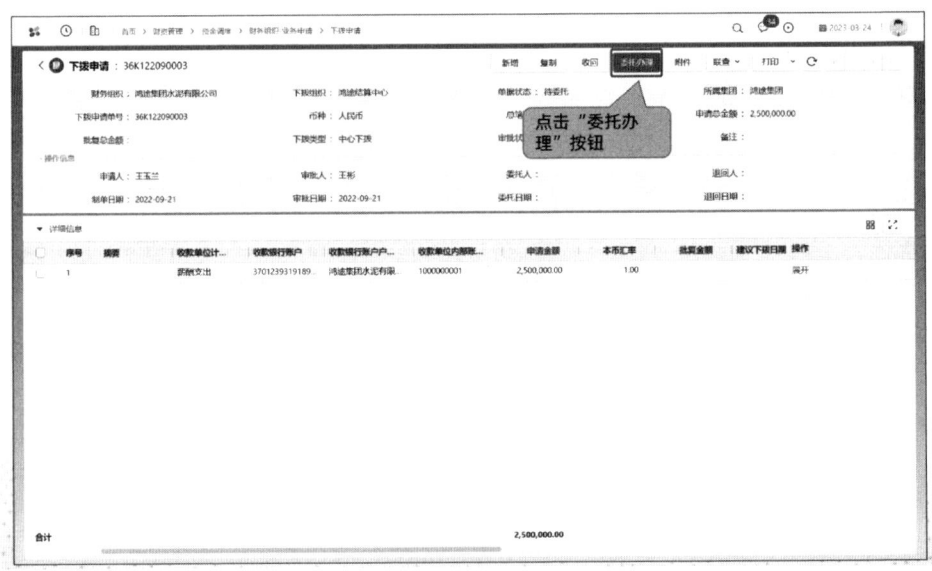

图 11-40 业务财务委托办理下拨申请单

(4) 资金审核岗核准并生成下拨单。

① "资金审核岗角色"进入系统,选择"下拨申请核准"。下拨组织选择"鸿途结算中心",日期选择"2023-03-01~2023-03-31",点击"查询",核对详细信息,无误后勾选该下拨申请核准单据并点击"提交",如图 11-41 所示。

第11章 财资管理共享 311

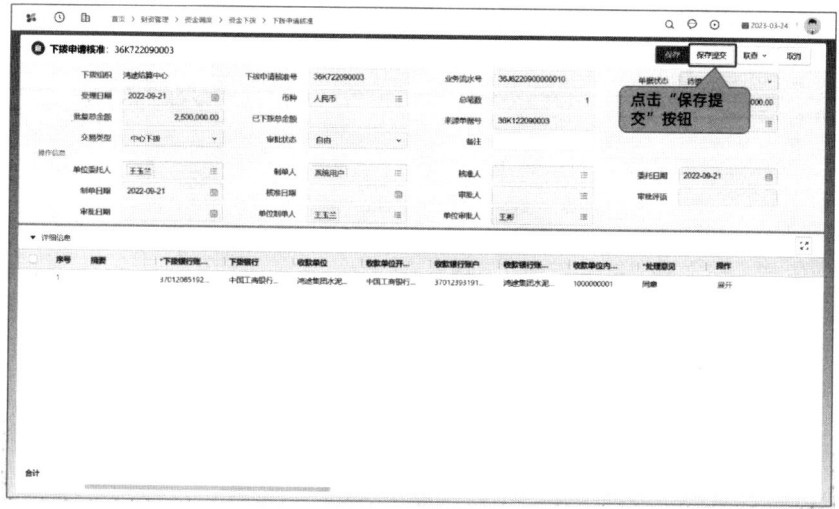

图 11-41 资金审核岗查询下拨申请单

② 打开该下拨申请核准单，点击"生成下拨单"，如图 11-42 所示。

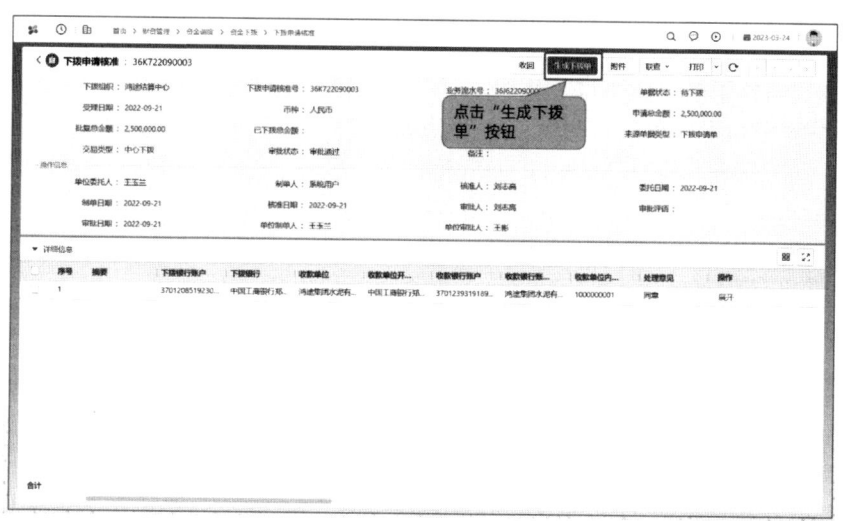

图 11-42 资金审核岗生成下拨单

③ "资金审核岗角色"回到主页面，选择"资金下拨"，如图 11-43 所示。

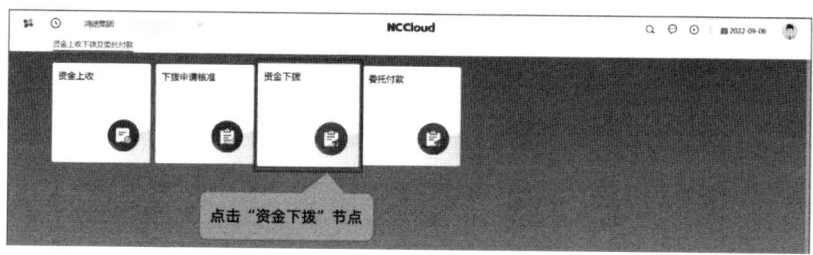

图 11-43 资金审核岗进行资金下拨

④ 点击"查询",核对详细信息,无误后点击"提交",如图 11-44 所示。

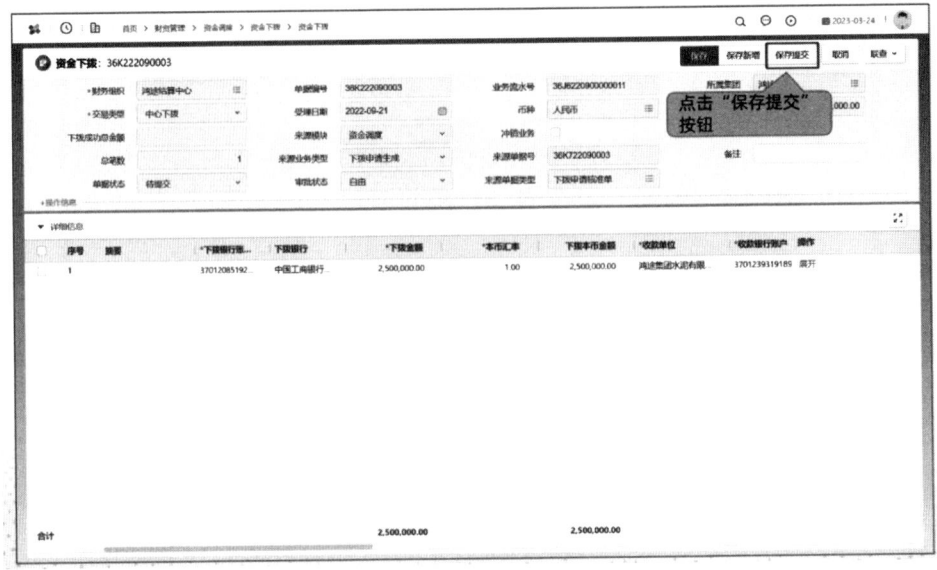

图 11-44　资金审核岗提交下拨单

(5) 结算中心主任审批下拨单。

"结算中心主任角色"进入系统,点击审批中心处的"未处理"。核对单据无误后,点击"批准",如图 11-45 所示。

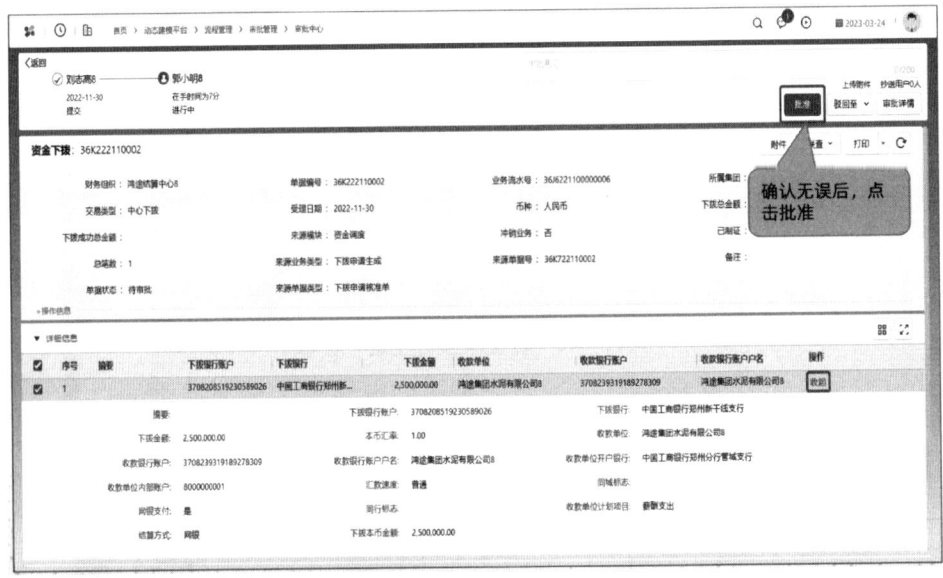

图 11-45　结算中心主任审批下拨单

(6) 资金结算岗支付下拨单。

① "资金结算岗角色"进入系统,选择资金下拨支付。下拨组织选择"鸿途结算中心",点击"查询",如图 11-46 所示。

第 11 章 财资管理共享 313

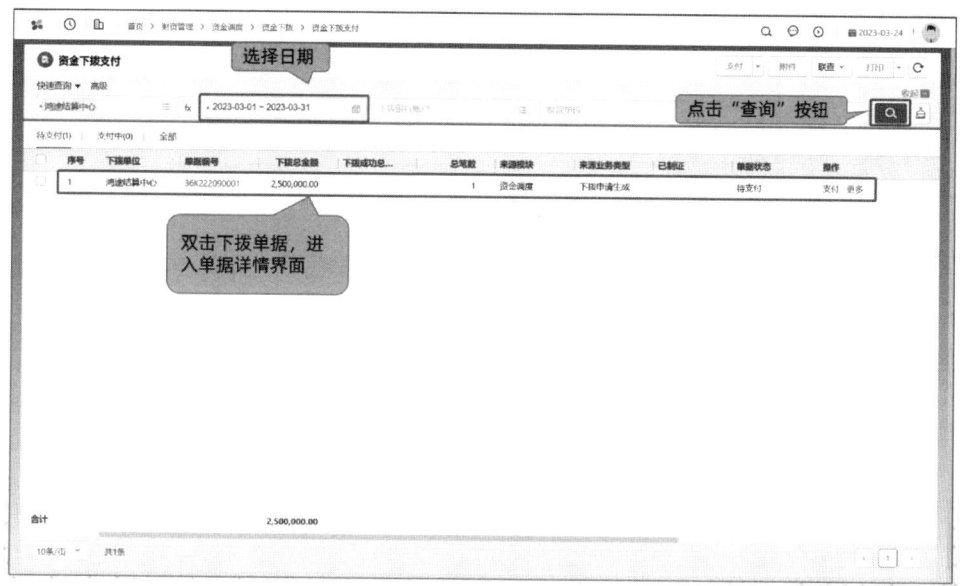

图 11-46 资金结算岗查询下拨单

② 选择下拨单，先进行网银补录。

③ 点击"网银补录"，将"转账类型"改为"下拨"，点击"确定"，如图 11-47 所示。

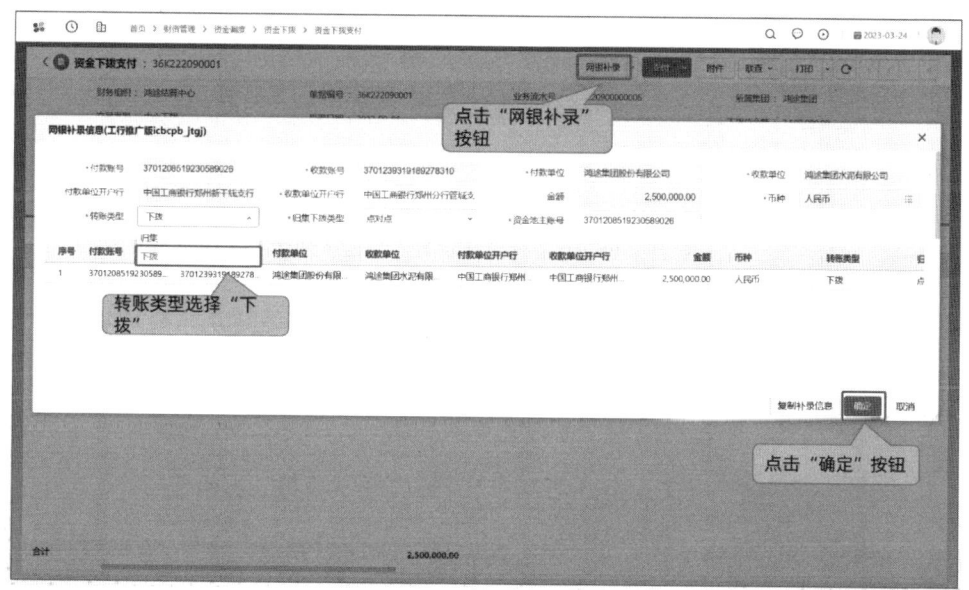

图 11-47 资金结算岗修改网银信息

④ 再次点击"支付"，系统会显示"支付成功"，如图 11-48 所示。

⑤ 回到系统主页面，选择"支付指令状态"，如图 11-49 所示。

⑥ 财务组织选择"鸿途结算中心"，点击"查询"，如图 11-50 所示。

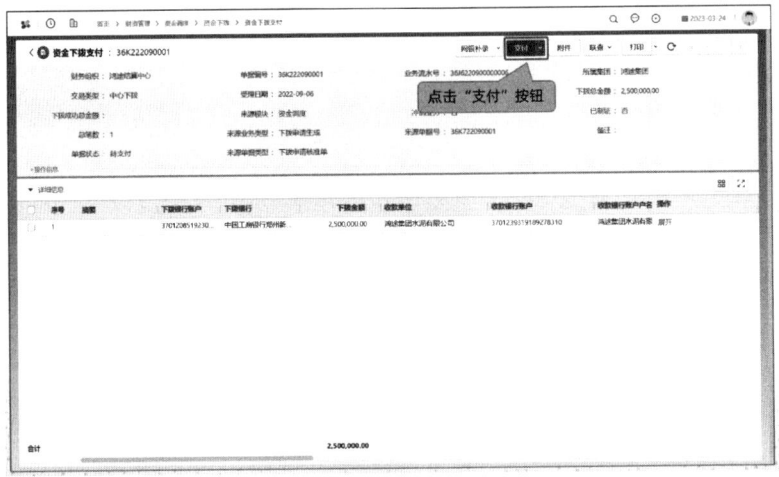

图 11-48 资金结算岗支付下拨单

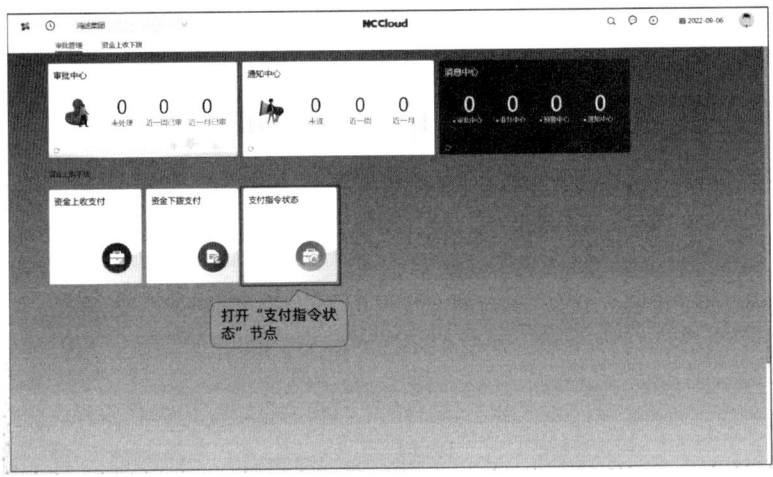

图 11-49 资金结算岗查看交付指令状态

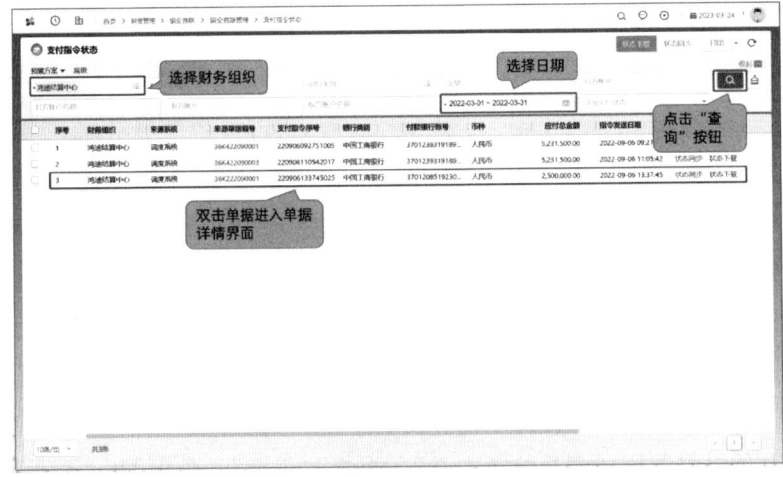

图 11-50 资金结算岗查询下拨单

⑦ 点击对应下拨单,点击"状态确认",修改"支付状态",然后点击"保存"和"提交"。会出现提示信息对话框,选择"确定",如图 11 – 51、图 11 – 52、图 11 – 53 所示。

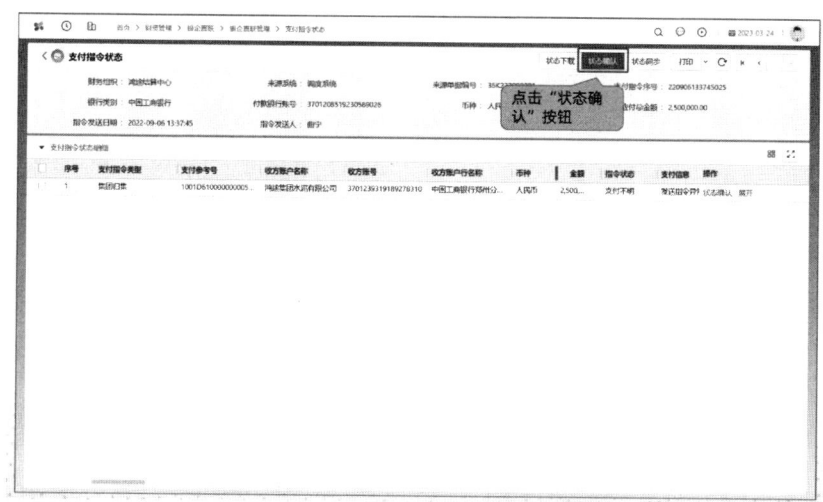

图 11 – 51　资金结算岗修改支付状态

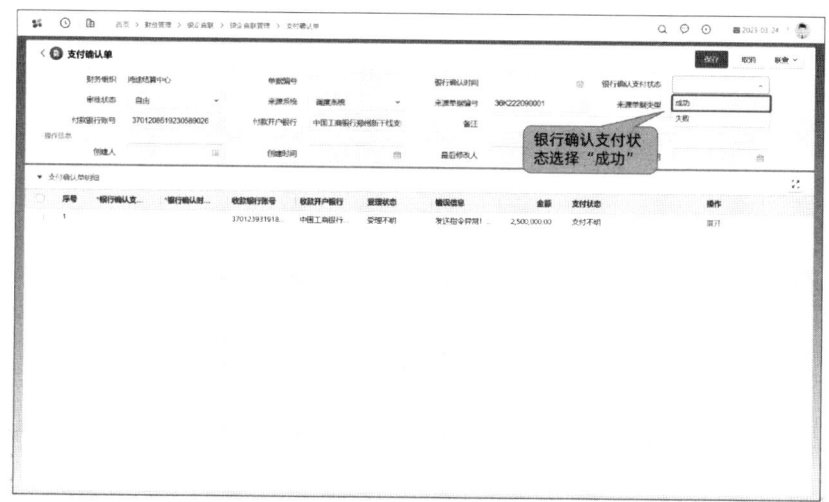

图 11 – 52　资金结算岗保存提交支付状态

(7) 中心出纳确认回单并生成凭证。

"中心出纳岗角色"进入系统,选择"单位下拨回单"。收款单位勾选鸿途集团全部单位,点击"查询",核对信息无误后点击"记账",如图 11 – 54 所示。

(8) 总账主管审核凭证。

"总账主管角色"进入系统,选择"凭证审核"。选择"基准账簿",单击"查询",审核无误后勾选该记账凭证,点击"审核",业务结束,如图 11 – 55 所示。

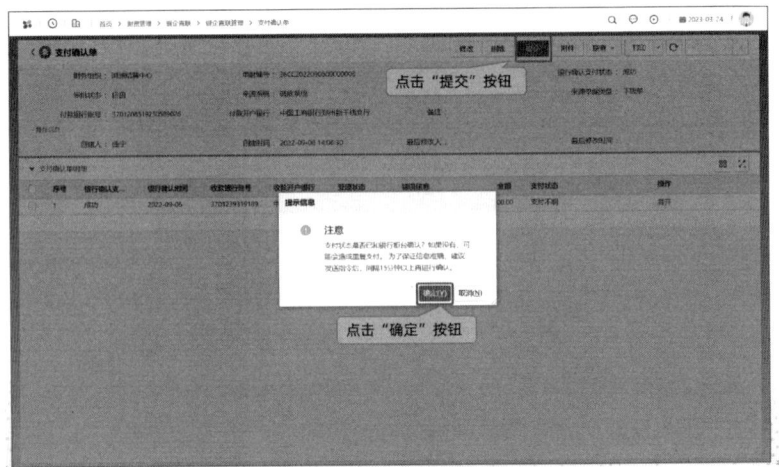

图 11-53 资金结算岗确认支付状态

图 11-54 中心出纳岗确认单位下拨回单

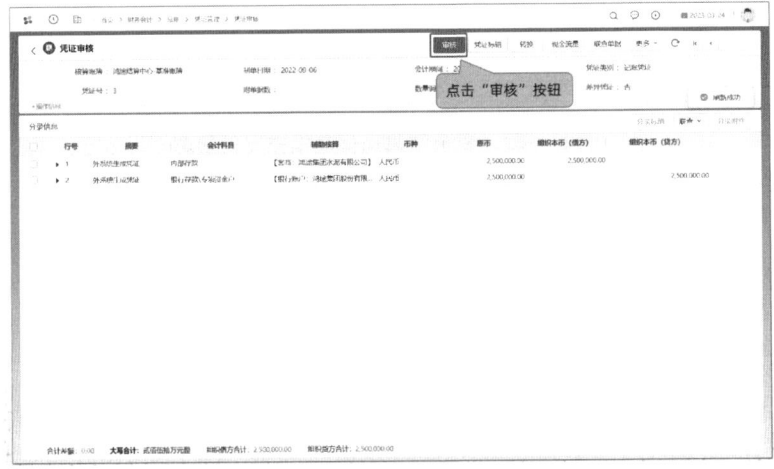

图 11-55 总账主管审核凭证

11.5 外部委托付款业务

11.5.1 规划设计

11.5.1.1 需求假设

(1) 建立财务共享服务中心后,尽量保持现状业务流程的稳定性。

① 根据传递到 FSSC 的业务单据,确定流程中业务单位与 FSSC 的边界,该业务单据都需要经过 FSSC 的审核或初审。

② FSSC 接收业务单据所随附的原始凭证,均由制单人在制单后立即扫描上传;此后要审核该业务单据的环节,均同时审核该业务单据的原始单据影像。

③ 保留在业务单位的工作,流程和职责不变,但原业务单位财务部的工作除财务经理职责外均由业务财务承担。

(2) 案例企业鸿途集团的所有收付款,均以网银(银企直联)方式完成。

(3) 案例企业鸿途集团最终选择的是单共享中心模式。

(4) 为了让共享中心审核有据,所有进入 FSSC 审核的业务单据,必须随附外部原始凭证的影像。

① 走作业组的业务单据,用影像上传的方法随附影像。

② 不走作业组而走重量端的业务单据,用拍照后添加附件的方法随附影像。

(5) 为了简化学生的构建测试工作,共享后流程中审批环节最高只设计到子公司总经理。

(6) 行政性费用(如办公楼水电费)支出。

① 费用归口于"综合办公室"。

② FSSC 系统中采用"管理费用"下面的详细收支项目(如"管理费用——水费")。

11.5.1.2 共享后流程所用到的业务单据

外部委托付款共享后流程业务单据如表 11-6 所示。

表 11-6 外部委托付款共享后流程业务单据

序号	名称	是否进 FSSC	是否属于作业组工作	流程设计工具
1	付款结算单	Y	Y	工作流
2	委托付款书	Y	N	工作流 + 审批流

注:Y 代表"是",N 代表"否"。

11.5.1.3 操作指导

外部委托付款业务操作指导如图 11-56 所示。

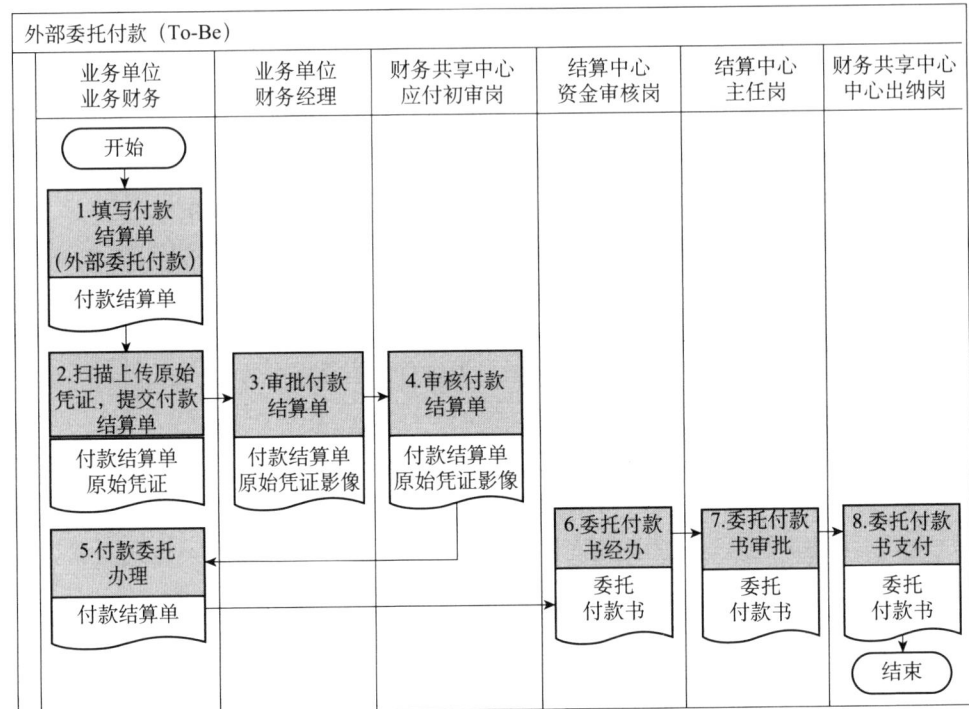

图 11-56 外部委托付款业务操作指导

11.5.2 构建测试

11.5.2.1 测试用例

2023 年 3 月 5 日，卫辉市鸿途水泥有限公司向绿城物业服务集团有限公司缴纳上个月公司行政办公区水费，后者已经开具增值税专用发票，税率（征收率）为 3%。根据发票所记载的情况，上个月应缴纳的水费总金额为 29426.07 元（不含税金额为 28569.00 元）。

因本公司支出户余额不足，卫辉市鸿途水泥有限公司通过外部委托付款流程进行付款。

【注意】

（1）增值税专用发票作为本课程的教辅资源，在上课时由教师以物理单证的形式发放给学生，或者由学生自己下载电子版原始单据，打印并扫描上传。

（2）该项业务由综合办公室负责。

（3）中心出纳岗在 NCC 轻量端点击"支付"按钮后，由于教学系统没有真实连接银行，需要增加一个动作：在 NCC 轻量端桌面的快捷方式"支付指令状态"下,点击"状态确认按钮"并按照界面提示信息操作,最后提交确认。

11.5.2.2 操作步骤

(1) 业务财务填写付款结算单。

① "业务财务角色"进入系统,将系统时间修改为"2023-03-05",选择"付款结算",如图 11-57 所示。

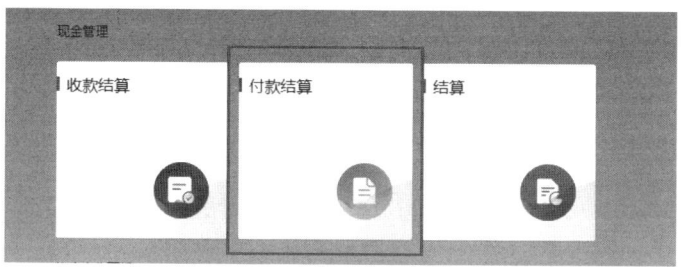

图 11-57 业务财务进入付款结算页面

② 设置"付款交易类型:外部委托付款",如图 11-58 所示。

图 11-58 业务财务修改付款交易类型

③ 点击"新增",结算财务组织选择"卫辉鸿途水泥有限公司",结算方式选择"委托收付款",付款银行账户选择"结算中心账户4000000005",交易对象选择"供应商",收支项目选择"管理费用-水费",部门选择"综合办公室—0101办公室"等信息,点击"保存",如图 11-59 所示。

④ 通过影像系统上传扫描件原始单据,点击"提交",如图 11-60 所示。

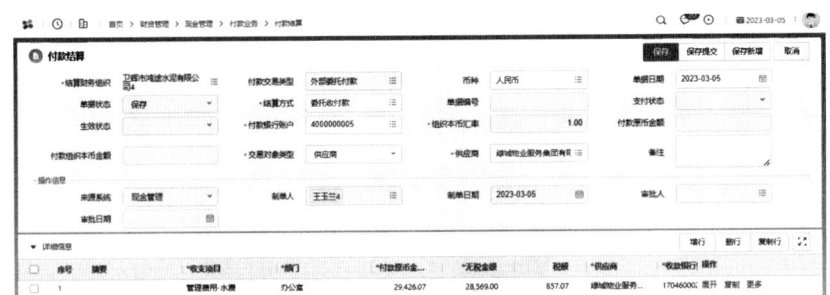

图 11-59　业务财务保存付款结算单

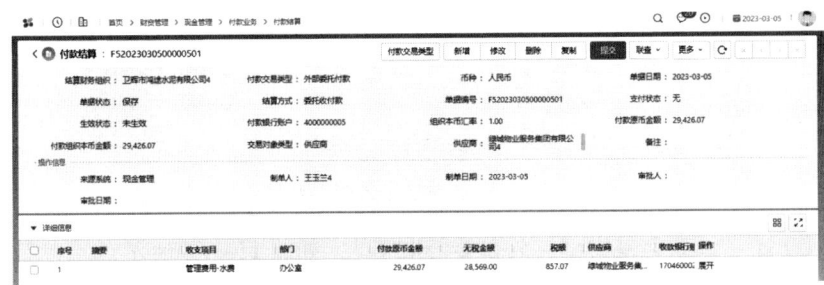

图 11-60　业务财务提交付款结算单

（2）财务经理审批付款结算单。

"财务经理角色"进入系统，点击审批中心的"未处理"。审核信息无误之后，点击"财务经理角色＜批准＞"，如图 11-61 所示。

图 11-61　财务经理审批付款结算单

（3）应付初审岗审核付款结算单。

"应付初审岗角色"进入系统，点击"提取任务"。核对信息无误后点击"批准"，如图 11-62 所示。

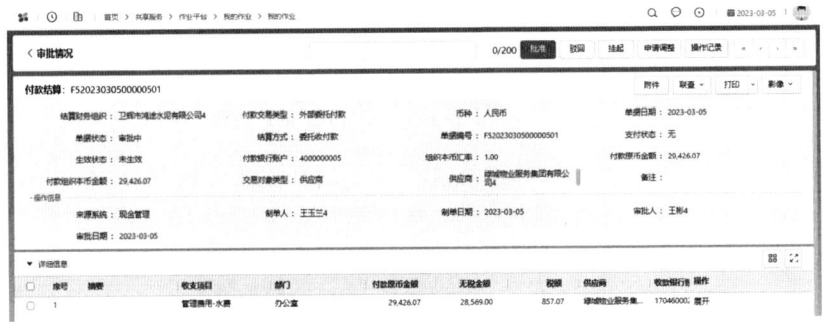

图 11-62　应付初审岗审核付款结算单

(4) 业务财务办理委托付款。

①"业务财务角色"进入系统,点击"结算"。财务组织选择"卫辉市鸿途水泥有限公司",点击"查询",找到需要委托付款的单据,如图 11 – 63 所示。

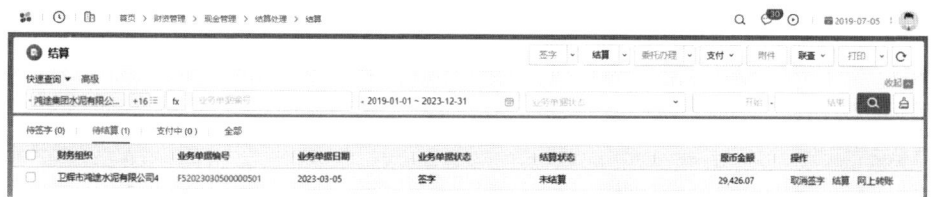

图 11 – 63 业务财务查询付款结算单

② 核对信息无误后,点击"委托"(注意:只有账号选择结算中心账号才会出现"委托"选项,否则没有),如图 11 – 64 所示。

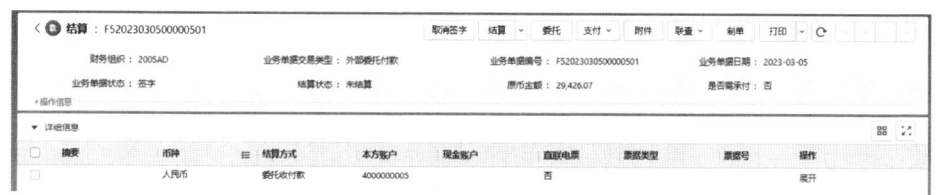

图 11 – 64 业务财务委托付款

(5) 资金审核岗经办委托付款书。

①"资金审核岗角色"进入系统,选择"委托付款",点击"查询",选择金额为 29426.07 元的委托付款单,进入委托付款页面,点击"经办",如图 11 – 65 所示。

图 11 – 65 资金审核岗查询委托付款单

② 添加"支付银行账号(选择结算中心的外部账户)",点击"确定"和"保存",如图 11 – 66 所示。

(6) 结算中心主任审批委托付款书。

"结算中心主任角色"进入 NCC 轻量端,点击审批中心的"未处理",审核信息无误后,点击"批准",如图 11 – 67 所示。

(7) 中心出纳进行支付。

①"中心出纳岗角色"进入系统,选择"委托付款支付"。财务组织选择"鸿途结算中心",点击"查询",选择金额为 29426.07 元的单据,如图 11 – 68 所示。

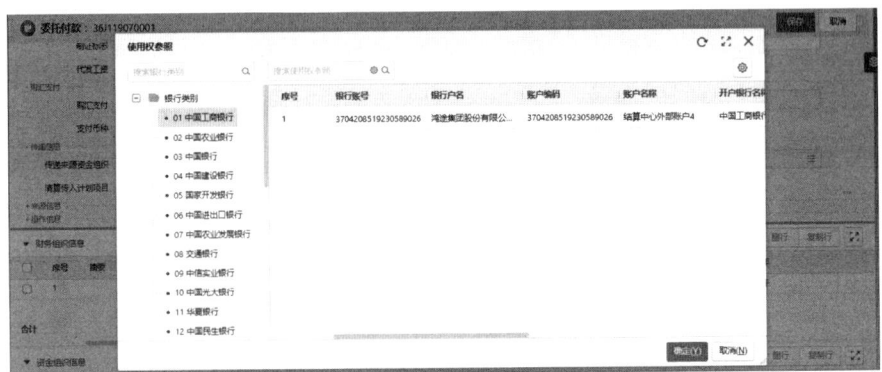

图 11-66 资金审核岗添加支付银行账号

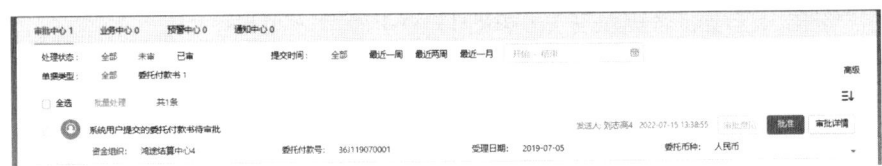

图 11-67 结算中心主任审批委托付款书

图 11-68 中心出纳岗查询委托付款

② 点击"网银补录",收款地区名选择"工行地区代码",然后点击"确定",如图 11-69 所示。

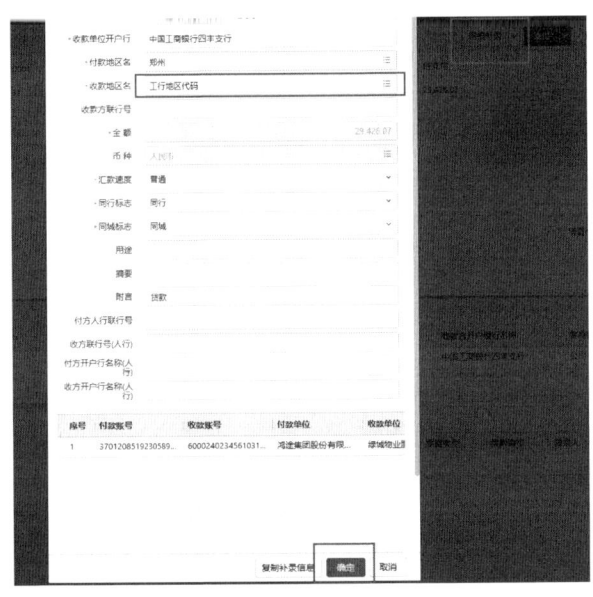

图 11-69 中心出纳岗补充收款地区名

③ 点击"支付",右侧会显示"支付成功",如图 11 – 70 所示。

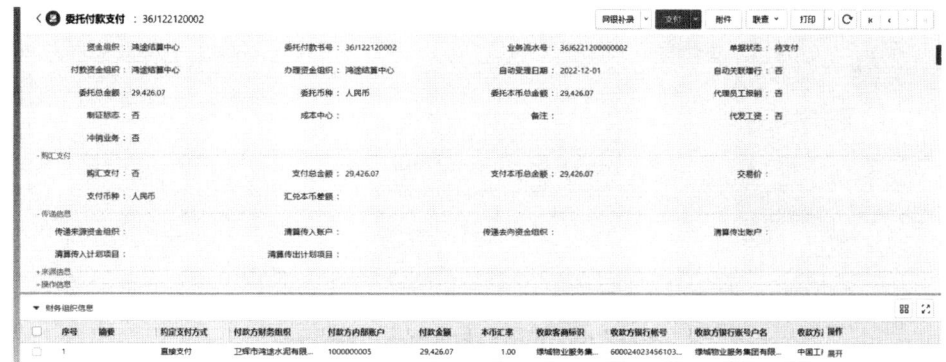

图 11 – 70　中心出纳岗支付委托付款

④ 回到 NCC 主页面,点击"支付指令状态",如图 11 – 71 所示。

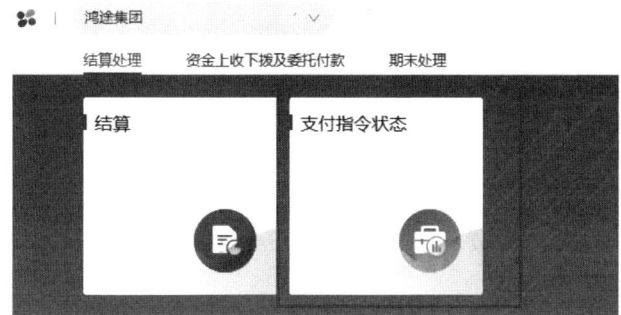

图 11 – 71　中心出纳岗进入支付指令状态页面

⑤ 选择财务组织(全部勾选),单击"查询",选择金额为 29426.07 元的单据,如图 11 – 72 所示。

图 11 – 72　中心出纳岗查询支付状态

⑥ 点击"状态确认",修改银行确认支付状态为:成功,点击"保存",如图 11 – 73 所示。

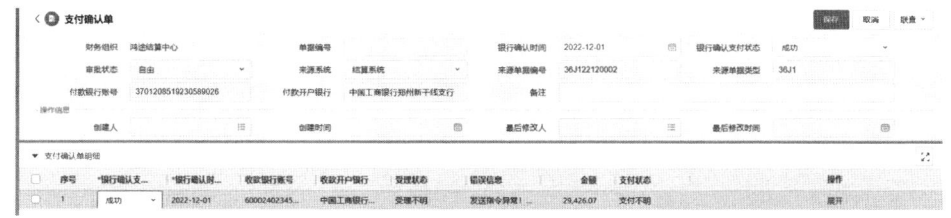

图 11 – 73　中心出纳岗修改并保存支付状态

⑦ 点击"提交",提示信息选择"确定",业务结束,如图 11-74 所示。

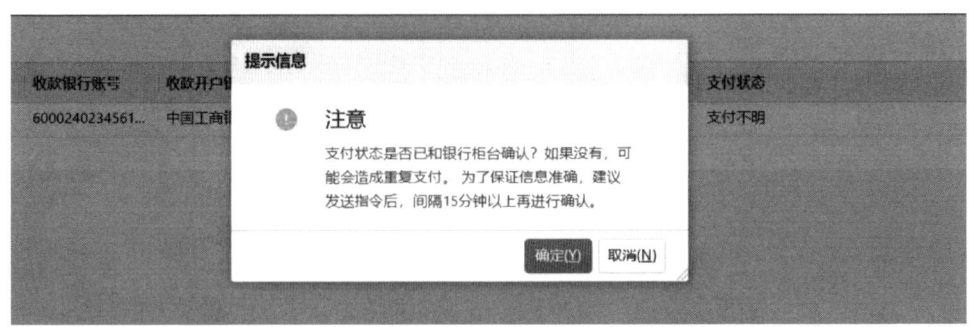

图 11-74 中心出纳岗提交支付状态

【注意】

(1) 业务单位业务财务根据原始凭证填制付款结算单,付款类单据选择"外部委托付款"交易类型,付款单位账户选择成员单位的内部账户。

(2) 业务单位业务财务上传付款原始凭证(如发票等)。

(3) 业务单位财务经理审批付款结算单。

(4) 财务共享中心应付初审岗审核付款结算单。

(5) 业务单位业务财务对"结算"下的付款结算单执行"委托办理",提交结算中心并自动生成付款委托书。

(6) 结算中心资金审核岗对委托付款书填写支付银行信息等并执行"经办"。

(7) 结算中心主任岗对委托付款书执行"审批"。

(8) 财务共享中心出纳岗对委托付款书执行"支付",提交银行付款指令。

第 12 章　固定资产共享

[学习目标]

理解固定资产管理过程；

了解财务共享对固定资产管理产生的影响；

了解固定资产管理循环的业务流程所涉及的单据；

掌握固定资产在财务共享模式下的典型业务操作流程。

12.1　固定资产管理过程

固定资产是企业最重要的经济资源之一，同时也是企业能够实现再生产和持续经营的保障。强化固定资产的控制和管理，挖掘其深层潜力提高利用效率，不仅有利于保障企业的财产安全，而且是实现企业降低成本、提高企业核心竞争力的关键方式。企业进行固定资产管理的路线与准则是固定资产管理流程，因此，流程的合理性是固定资产管理是否有效的最重要因素。

近几年，纵观我国大中型企业大多使用 ERP 系统实现对固定资产的管理，但是其固定资产的流程与传统流程没有较大差异，无法满足大数据时代下追求流程创新、模式创新的现代化集团企业要求。在这种情况下，云会计和大数据技术建立的大数据时代为固定资产管理提供了可能。

12.1.1　固定资产期初管理

固定资产新增是固定资产在管理过程中最常见的资产期初管理。常见的资产新增类型有以下四种。

（1）手工新增。不通过资产新增申请等业务流程，直接手工增加固定资产卡片。适用于对固定资产管理比较粗放的企业。

（2）资产购置申请。使用部门需要新增固定资产时，提交新增资产申请，由部门领导和主管部门经办人、领导审批后，增加固定资产。

（3）工程转固。工程项目竣工后，形成的产出物达到预计可使用状态，转为固定资产管理。

（4）盘盈新增。企业在定期的资产盘点中，如发现有盘盈资产，需要将盘盈的资产入账。

12.1.2　固定资产期中管理

固定资产期中管理主要涉及固定资产变动业务，是指固定资产在其全生命周期的管理过程中发生变化，如使用部门调整、管理部门调整、存放地点调整等。进一步可以分为以下情形。

（1）价值调整，是指固定资产原值调整，包括对设备技术改造或者维修过程中，发生的维修费用的资本化，以及项目产出物价值调整。

（2）资产追溯调整，当与固定资产相关的会计政策发生变更或出现重大的前期差错时，可能需要对资产进行追溯调整。

（3）使用部门调整，是指资产使用人的变化。

（4）其他变动，是指其他资产属性的变动业务。

其他变动中，常见的资产变动情况有资产维护、资产调拨、资产盘点等。其中，常见的资产维护情形有以下三种。

① 资产评估。当企业在进行上市、兼并、收购、抵押贷款、破产等业务时，通常需要对资产进行评估，即由专门的机构，通过严谨、科学的方法，出于特定的评估目的，对企业资产进行重新估价。资产评估是个复杂的过程，必须由专门的独立的机构完成。

② 资产减值。当企业外部财务、市场环境发生变化时，会给企业的固定资产带来减值风险，即固定资产的现值小于市场公允价值，为了规避这种风险，减少可能为企业带来的不利影响。

③ 资产减少。当固定资产由于磨损或陈旧，使用期满不能继续使用，或由于技术进步，必须由先进设备替代时，需要对固定资产进行报废处理。除资产报废以外，出售资产、捐赠资产等也是资产减少，退出企业的方式。

资产调拨是指集团环境下不同财务组织间进行资产所有权转移。此资产调拨是指资产的所有权发生转移，而不是使用权、使用部门、管理部门转移，非所有权发生的改变可以通过资产变动业务完成。

而资产盘点是保证固定资产实物与账务数据一致的重要业务，也是减少资产流失的重要手段。通常情况下，资产盘点过程会持续一段时间，特别是资产密集型企业。资产盘点不仅仅关注实物数量、价值信息，也关注存放位置、使用部门等信息。盘点结束后，输出盘盈、盘亏以及差异调整数据，并完成必要的调整，例如，盘亏需要做固定资产减少，盘盈则考虑新增固定资产，盘点差异则需要按照实际信息调整账面信息。

12.1.3 固定资产期末管理

固定资产折旧业务是固定资产期末管理的核心业务，也是财务会计的重要业务处理之一。事实上，固定资产折旧摊销过程涉及所有固定资产折旧数值的计算，实现按照不同口径的归集分摊，折旧计算过程需要考虑资产在会计期间内做的所有变动调整，最后将数据整理登账。

除了折旧业务，还会涉及月末结账和固定资产对账。月末结账业务是集中处理各类财务业务，同时将财务数据按照期间进行归类、划分、标识，为以后的数据统计、查询、分析提供规范的基础。而固定资产对账是指将固定资产模块的业务数据与总账中固定资产账务数据进行核对。对账业务通常发生在财务月末结账之前，因为一旦发觉业务系统与总账之间的数据不一致，通常情况下需要在月末结账之前查找原因，必要的情况下需要消除异常的差异。

12.2 鸿途集团固定资产管理现状

鸿途集团是重资产行业，主要资产集中于大型生产设施、设备，为了管理集团资产，目前已经部署了资产模块（综合办公室使用，建立资产/设备卡片）和固定资产模块，财务用来管理固定资产的新增、变动和处置、折旧核算等。

资产管理职能分为集团财务部资产管理处的政策管理、监督，水泥板块的生产设施新建、大修的管理监控，下属企业生产机动部分直接或间接资产实物管理、卡片登记，财务部门的固定资产价值管理职能。

（1）鸿途集团的固定资产类别。鸿途集团是重资产行业，主要资产集中于大型生产设施、设备。根据《固定资产管理制度》，鸿途集团固定资产分类如表 12 – 1 所示。

表 12 – 1　　　　　　　　　　固定资产分类

固定资产类别	折旧计提年限（年）
房屋及建筑物	25
机器设备	10
运输工具	5
办公设备	5
生活设备	5
电子设备	3

（2）鸿途集团固定资产管理的权责。鸿途集团固定资产的实物和价值管理分属不同部门负责，具体分工如图 12 – 1 所示。

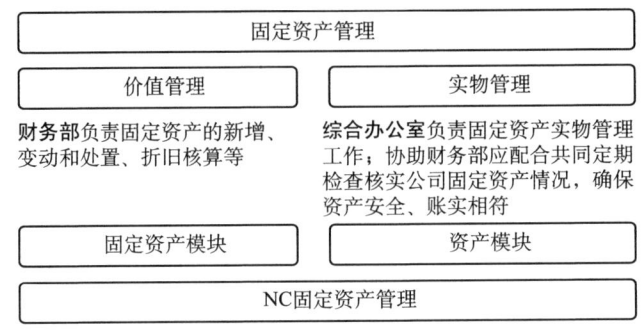

图 12 – 1 固定资产管理权限

12.3 操作流程现状

固定资产的管理主要涉及三个方面，即固定资产期初管理、期中管理和期末管理。

12.3.1 固定资产新增业务操作流程

固定资产期初管理主要涉及固定资产新增业务，其工作流程如图 12 – 2 所示。

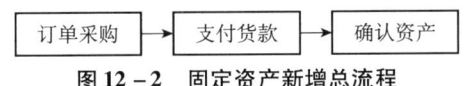

图 12 – 2 固定资产新增总流程

（1）订单采购流程如图 12 – 3 所示。

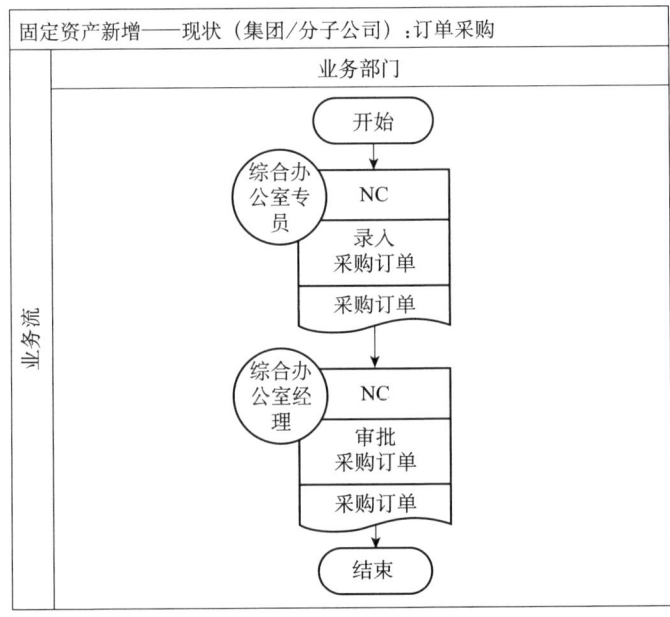

图 12 – 3 订单采购流程

(2) 支付货款流程如图 12-4 所示。

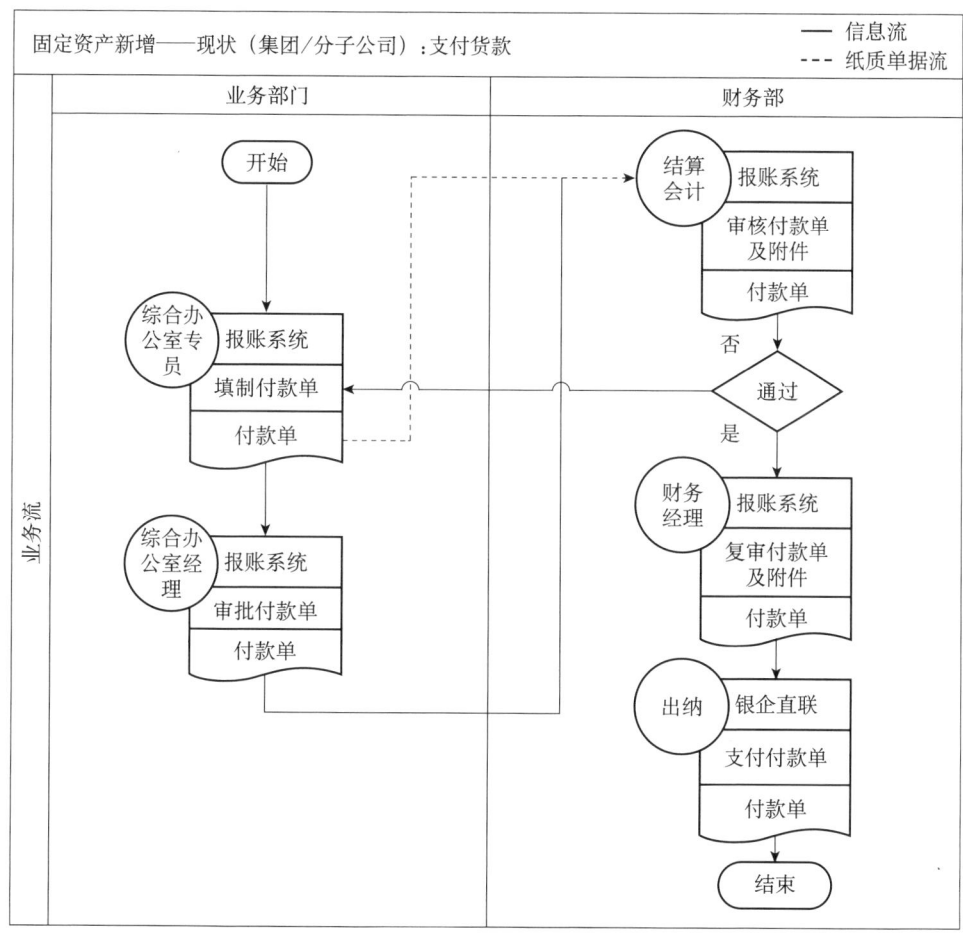

图 12-4 支付货款流程

(3) 确认资产流程如图 12-5 所示。

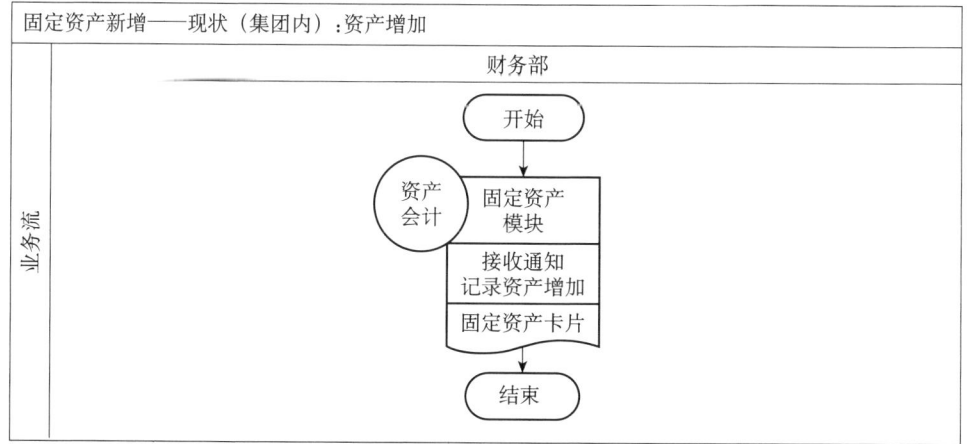

图 12-5 确认资产流程

12.3.2 固定资产变动业务操作流程

固定资产期中管理主要涉及资产变动业务,具体工作流程总结如图12-6所示。

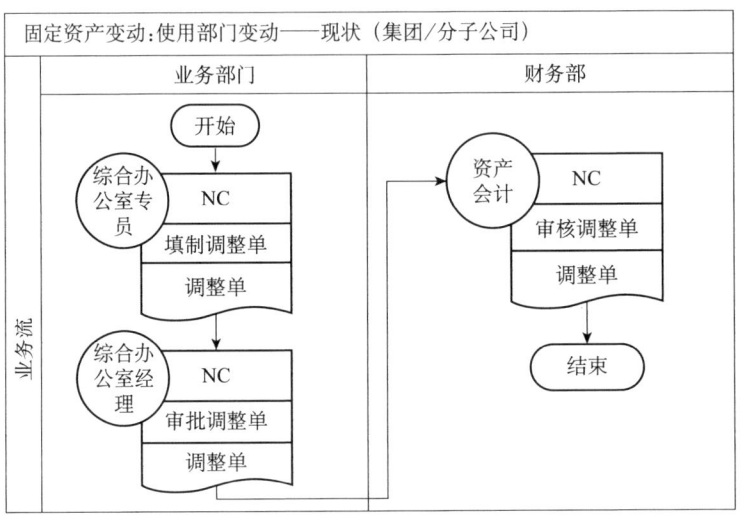

图12-6 固定资产变动工作流程

12.3.3 固定资产折旧业务操作流程

固定资产期末管理主要是折旧业务处理,流程如图12-7所示。

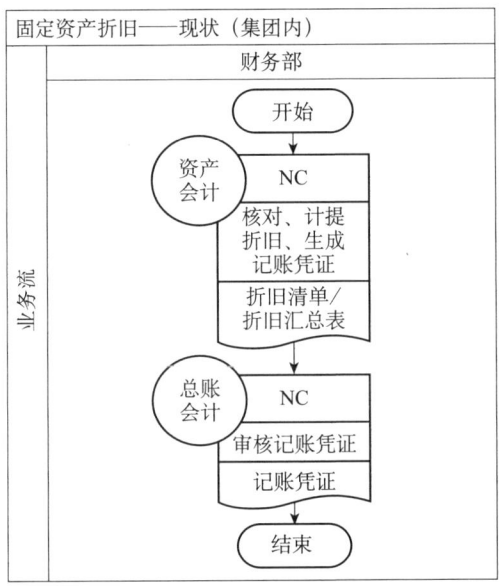

图12-7 固定资产折旧流程

12.3.4 固定资产减少业务操作流程

固定资产减少流程如图12-8所示。

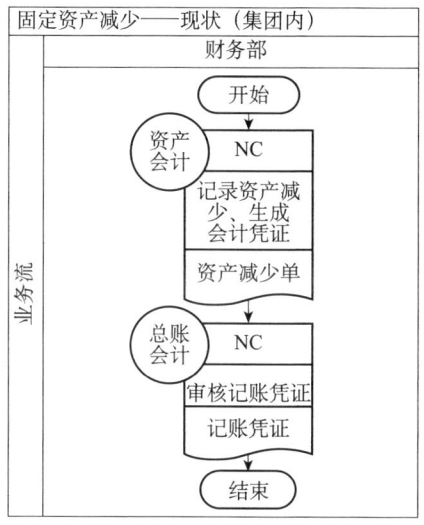

图12-8 固定资产减少流程

12.4 新增固定资产业务

固定资产新增主要涉及采购订单、支付订单和确认资产。固定资产的采购由综合办公室询价,向纳入集团内供应商档案的合作方发起订单申请。

12.4.1 规划设计

12.4.1.1 需求假设

(1) 建立财务共享服务中心后,尽量保持现状业务流程的稳定性。

① 根据传递到 FSSC 的业务单据,确定流程中业务单位与 FSSC 的边界,该业务单据都需要经过 FSSC 的审核或初审。

② FSSC 接收业务单据所随附的原始凭证,均由制单人在制单后立即扫描上传;此后要审核该业务单据的环节,均同时审核该业务单据的原始单据影像。

③ 保留在业务单位的工作,流程和职责不变,但原业务单位财务部的工作除财务经理职责外均由业务财务承担。

(2) 案例企业鸿途集团的所有收付款,均以网银(银企直联)方式完成。

(3) 案例企业鸿途集团最终选择的是单共享中心模式。

（4）为了让共享中心审核有据，所有进入 FSSC 审核的业务单据，必须随附外部原始凭证的影像。

① 走作业组的业务单据，用影像上传的方法随附影像。

② 不走作业组而走重量端的业务单据，用拍照后添加附件的方法随附影像。

（5）为了简化学生的构建测试工作，共享后流程中审批环节最高只设计到子公司总经理。

（6）采购订单。固定资产的采购由综合办公室询价，向纳入集团内供应商档案的合作方发起订单申请。

（7）固定资产卡片。案例企业鸿途集团的生活设备的残值率为 0。

12.4.1.2 共享后流程所用到的业务单据

新增固定资产共享后流程所用到的业务单据如表 12-2 所示。

表 12-2 新增固定资产共享后流程所用到的业务单据

序号	名称	是否进 FSSC	是否属于作业组工作	流程设计工具
1	采购订单	N	—	审批流
2	采购发票	N	—	审批流
3	应付单	Y	Y	工作流
4	付款单	Y	Y	工作流
5	固定资产卡片	Y	Y	审批流

注："Y"代表"是"，"N"代表"否"。

12.4.1.3 操作指导

（1）确认应付操作指导如图 12-9 所示。

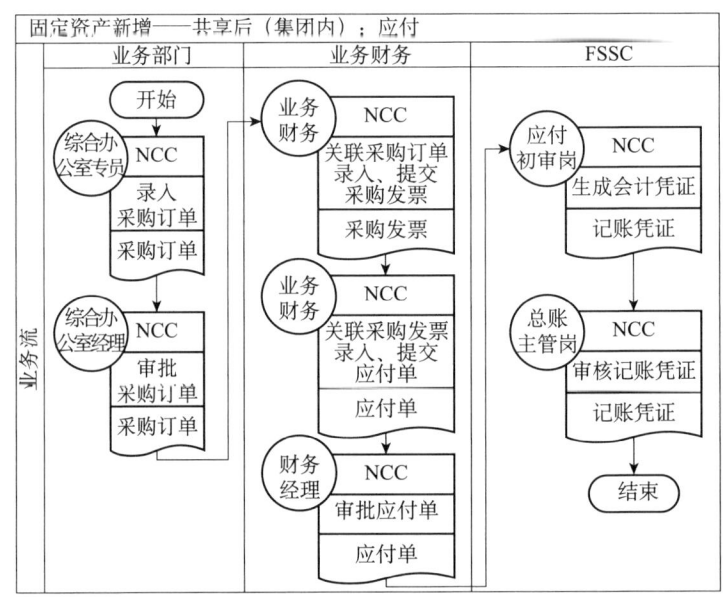

图 12-9 鸿途集团固定资产新增业务共享后流程——确认应付

(2) 支付货款操作指导如图 12-10 所示。

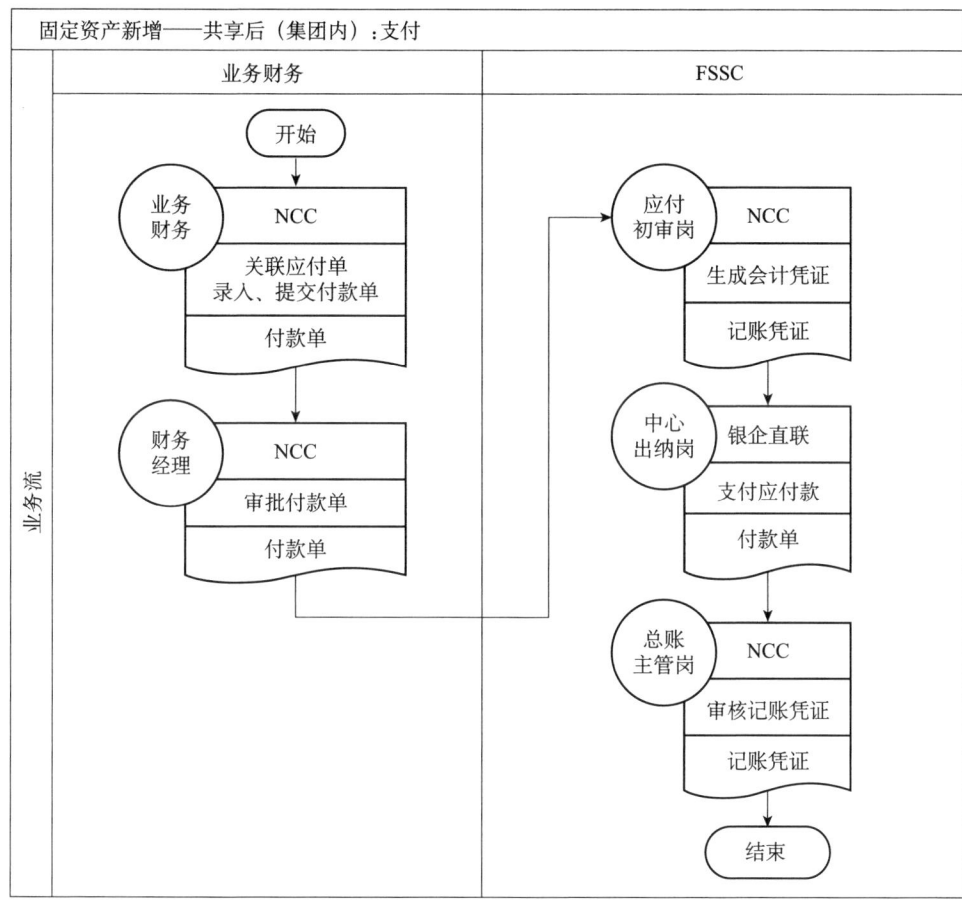

图 12-10　鸿途集团固定资产新增业务共享后流程——支付货款

(3) 确认资产操作指导如图 12-11 所示。

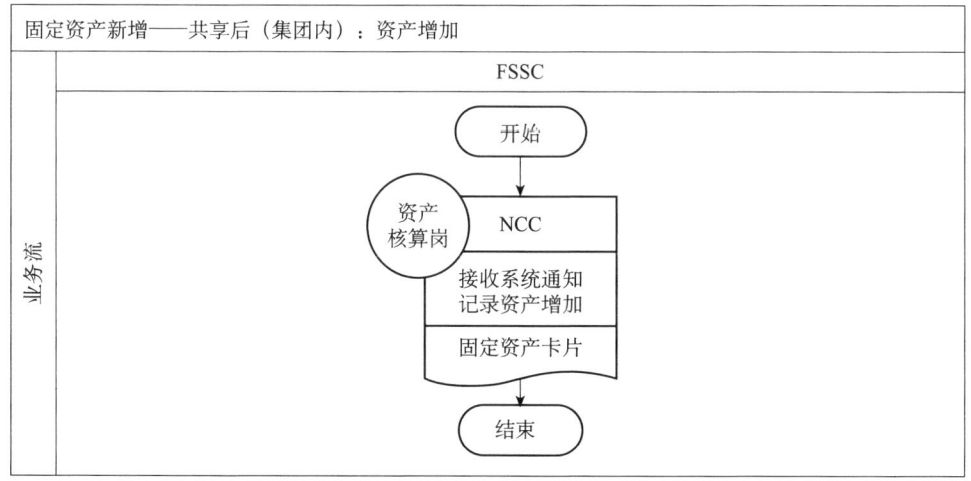

图 12-11　鸿途集团固定资产新增业务共享后流程——确认资产

12.4.2 构建测试

12.4.2.1 测试用例

2023年3月15日,鸿途集团水泥有限公司质控处办公室需购置一台空调(属于生活设备),经OA审批通过后,具体由综合办公室向庆峰五金贸易公司发起采购申请。请购信息如表12-3所示(其中,单价含有13%的增值税;无税单价:1769.03元;税额229.97元)。

表12-3　　　　　　　　　　　请购信息

商品名称	商品产地	变频/定频	商品匹数	物料分类	含税价格
空调	中国大陆	定频	1.5匹(15~25平方米)	壁挂式空调	1999元

2023年3月20日收到货物和发票并进行了会计处理,3月25日支付了全额款项。

2023年3月31日记录了资产新增,资产编码为202303310001。

【注意】

(1)原始凭证(采购发票等)作为本课程的教辅资源,在上课时可以下载电子版原始单据并打印,通过影像扫描上传到平台。

(2)付款回单若要作为原始凭证存档,教学平台将提供银行回单查询及打印功能。

12.4.2.2 操作步骤

(1)确认应付款。

第一步:综合办公室专员录入采购订单。

① 组长先分配角色,分配完角色之后对应角色成员登录系统,点击【固定资产共享-固定资产新增】→【技术实现】→【确认应付】。"综合办公室专员角色"上岗,点击"开始任务",将系统时间修改为"2023-03-15",点击"采购订单维护",进入采购订单页面,如图12-12所示。

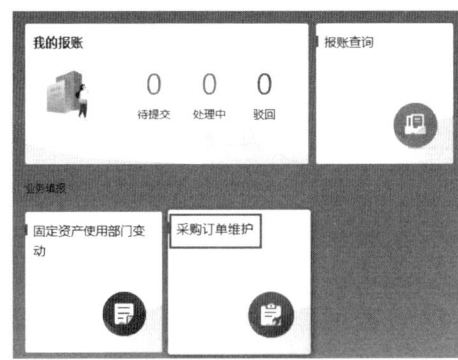

图12-12　综合办公室专员进入采购订单维护页面

② 在采购订单中，单击"新增"，选择"自制"，采购组织选择"鸿途集团水泥有限公司"，订单类型选择"固定资产采购"，订单日期选择"2023 – 03 – 15"，供应商选择"外部供应商 – 庆峰五金贸易公司"，采购部门选择"07 质控处 – 0701 质控处办公室"，物料编码选择"空调"，数量填写"1"，无税单价填写"1769.03"，含税单价填写"1999"，填写完毕之后，单击"保存提交"，如图 12 – 13 所示。

图 12 – 13　综合办公室专员新增并保存提交采购订单

第二步：综合办公室经理审批采购订单。

"综合办公室经理角色"上岗，点击"开始任务"，单击"审批中心"，进入"审批中心"页面，选中待审批的采购订单，单击"批准"，如图 12 – 14 所示。

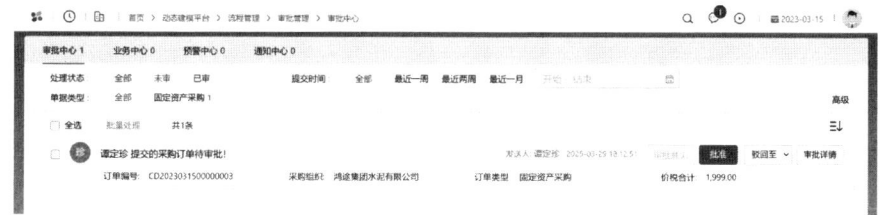

图 12 – 14　综合办公室经理审批采购订单

第三步：业务财务人员提交采购发票。

"业务财务角色"上岗，点击"开始任务"，修改系统时间为"2023 – 03 – 20"，单击"采购发票维护"，选择"新增 – 采购收票"，进入"选择订单/入库单"页面。财务组织选择"鸿途集团水泥有限公司"，日期选择"2023 – 03 – 15 ~ 2023 – 03 – 15"，点击"查询"，找出对应的采购订单，选中该采购订单，单击"生成发票"，进入"采购发票"页面，单击"保存提交"，如图 12 – 15、图 12 – 16 所示。

第四步：业务财务人员提交应付单。

"业务财务角色"上岗，点击"开始任务"，点击"待提交"。进入"应付单"页面，单击"提交"，如图 12 – 17 所示。

图 12-15 业务财务生成采购发票

图 12-16 业务财务保存提交采购发票

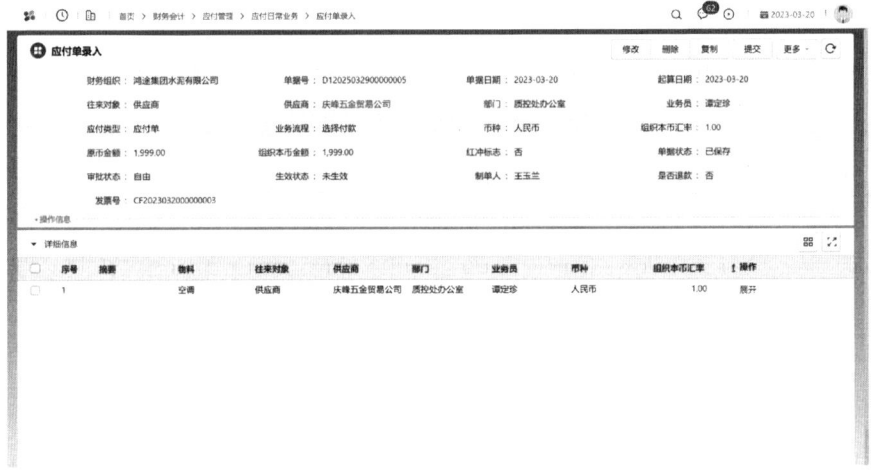

图 12-17 业务财务提交应付单

第五步：财务经理审批应付单。

"财务经理角色"上岗，点击"开始任务"，在"审批中心"中显示未处理单据，点击"未处理"，进入"审批中心页面"，出现一笔未审批的应付单，点击"财务经理角色〈批准〉"，即完成了财务经理审批，如图 12-18 所示。

图 12-18　业务经理审批应付单

第六步：应付初审岗生成会计凭证。

"应付初审岗角色"上岗，点击"开始任务"，进入"我的作业"页面，出现"待提取任务"，点击"提取任务"，双击制作的"应付单"，进入"应付单"的审批情况页面，点击"批准"，如图 12-19 所示。

图 12-19　应付初审岗审批应付单

第七步：总账主管岗审核记账凭证。

①"总账主管岗角色"上岗,点击"开始任务",点击"凭证审核",财务核算账簿选择"基准账簿",日期选择"2023-03-20～2023-03-20",点击"查询",出现符合条件的记账凭证,如图12-20所示。

图12-20 总账主管查询记账凭证

②单击符合条件的记账凭证,进入"凭证审核页面",仔细审核记账凭证,若审核无误,点击"记账",如图12-21所示。

图12-21 总账主管审核记账凭证

(2)支付货款。

第一步:业务财务录入、提交付款单。

①"业务财务岗角色"上岗,点击"开始任务",将系统时间修改为"2023-03-25",点击"付款单管理",单击"新增-应付单",进入"选择应付单"页

面,财务组织选择"鸿途集团水泥有限公司",日期选择"2023 – 03 – 20 ~ 2023 – 03 – 20",选中审核通过的应付单,点击"生成下游单据",如 12 – 22 所示。

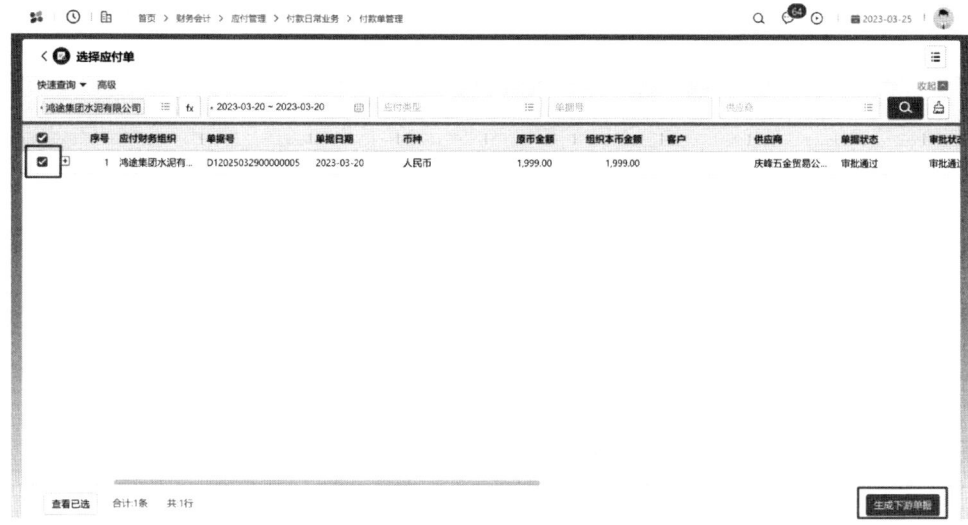

图 12 – 22　业务财务生成付款单

② 进入"付款单"页面,结算方式选择"网银",付款银行账户选择"13701239319189278310",如图 12 – 23 所示,补充完整之后,点击"保存提交"。

图 12 – 23　业务财务保存提交付款单

第二步:财务经理审批付款单。

"财务经理角色"上岗,点击"开始任务",在"审批中心"中显示未处理单据,点击"未处理",进入"审批中心页面",出现 1 笔未审批的付款单,点击"财务经理角色〈批准〉",即完成了财务经理审批,如图 12 – 24 所示。

图 12-24　财务经理审批付款单

第三步：应付初审岗生成会计凭证。

"应付初审岗角色"上岗，点击"开始任务"，进入"我的作业"页面，出现有"待提取任务"，点击"提取任务"，双击对应的"付款单"，进入到"付款单"的审批情况页面，点击"批准"，如图 12-25 所示。

图 12-25　应付初审岗审核付款单

第四步：中心出纳岗支付应付款。

①"中心出纳岗角色"上岗，点击"开始任务"，点击"结算"，财务组织选择"鸿途集团水泥有限公司"，日期选择"2023-03-25 ~ 2023-03-25"，设置完毕之后点击"查询"，在"待结算"中查询到相应的"付款单"，如图 12-26 所示。

图 12-26　中心出纳结算付款单

② 点击"付款单"，核对单据，若核对无误，点击"支付"，选择"网上转账"，点击"确认"，即完成转账操作，如图 12-27 所示。

图 12-27　中心出纳确认支付

第五步：总账主管岗审核记账凭证。

"总账主管岗角色"上岗，点击"开始任务"，点击"凭证审核"，财务核算账簿选择"基准账簿"，日期选择"2023-03-25～2023-03-25"，设置完毕之后点击"查询"，出现符合条件的记账凭证，点击待审核的记账凭证，仔细审核记账凭证的借贷方科目、金额等，若审核无误，点击"审核"，如图 12-28 所示。

（3）确认资产——资产核算岗记录资产增加。

第一步："综合办公室专员角色"上岗，点击"开始任务"，将系统时间修改为"2023-03-31"，点击"新增资产审批单维护"，点击"新增"，按照测试用例要求录入资产审批单，填写完毕后点击"保存提交"，如图 12-29 所示。

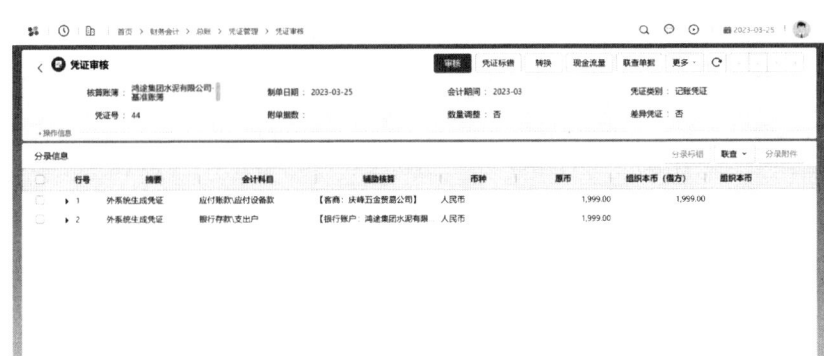

图 12-28　总账主管审核记账凭证

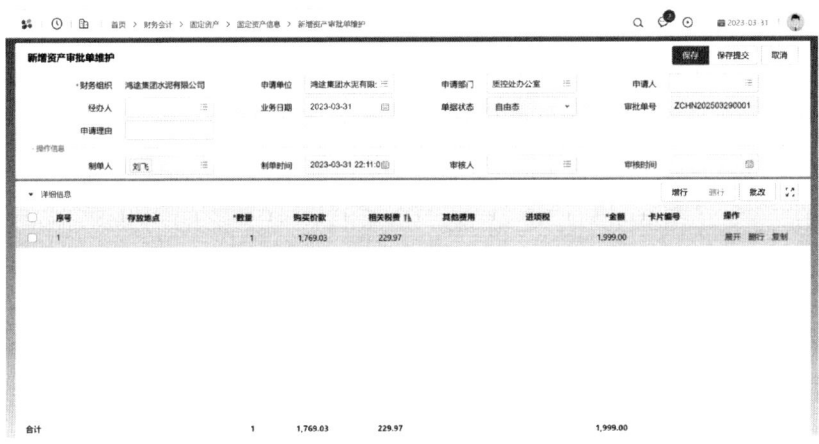

图 12-29　新增资产审批单

第二步:"综合办公室经理角色"上岗,点击"开始任务",点击"审批中心"下"未处理",点击改审批单,检查无误后点击"批准",如图 12-30 所示。

图 12-30　综合办公室经理审批资产审批单

第三步:"资产核算岗角色"上岗,点击"开始任务",点击"待提取",跳转到"我的作业"界面,点击"任务提取",点击显示的单据编号,查看单据详细信息,检查无误后,点击"批准",如图 12-31 所示。

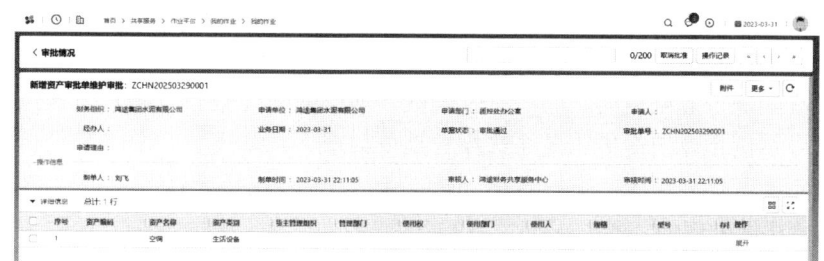

图 12-31 资产核算岗审核资产审批单

第四步:"资产核算岗角色"上岗,点击"开始任务",点击左上角图标,点击"财务会计"下"固定资产",在"固定资产信息"中选择"待生成固定资产卡片"。输入查询条件,点击"生成固定资产卡片",选择增加方式和使用状况,点击"保存"。退出当前页面,点击"固定资产卡片维护",输入查询信息,双击打开固定资产卡片,检查无误后点击"新增",如图 12-32 所示。

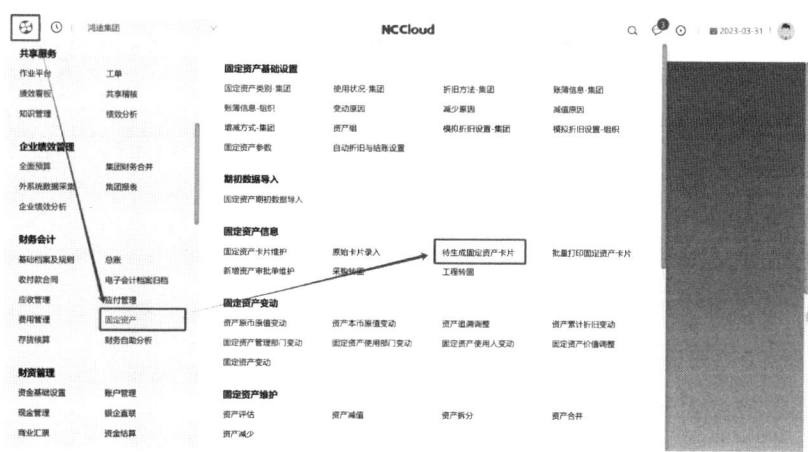

图 12-32 资产核算岗确认固定资产新增

12.5 固定资产变动业务

12.5.1 规划设计

12.5.1.1 需求假设

(1) 建立财务共享服务中心后,尽量保持现状业务流程的稳定性。
① 根据传递到 FSSC 的业务单据,确定流程中业务单位与 FSSC 的边界,该

业务单据都需要经过 FSSC 的审核或初审。

② FSSC 接收业务单据所随附的原始凭证，均由制单人在制单后立即扫描上传；此后要审核该业务单据的环节，均同时审核该业务单据的原始单据影像。

③ 保留在业务单位的工作，流程和职责不变，但原业务单位财务部的工作除财务经理职责外均由业务财务承担。

（2）案例企业鸿途集团的所有收付款，均以网银（银企直联）方式完成。

（3）案例企业鸿途集团最终选择的是单共享中心模式。

（4）为了让共享中心审核有据，所有进入 FSSC 审核的业务单据，必须随附外部原始凭证的影像。

① 走作业组的业务单据，用影像上传的方法随附影像。

② 不走作业组而走重量端的业务单据，用拍照后添加附件的方法随附影像。

（5）为了简化学生的构建测试工作，共享后流程中审批环节最高只设计到子公司总经理。

12.5.1.2 共享后流程所用到的业务单据

固定资产变动后共享流程业务单据如表 12-4 所示。

表 12-4　　　　　固定资产变动后共享流程业务单据

序号	名称	是否进 FSSC	是否属于作业组工作	流程设计工具
1	使用部门调整单	Y	Y	工作流

注：Y 代表"是"。

12.5.1.3 操作指导

鸿途集团固定资产变动业务共享后操作指导如图 12-33 所示。

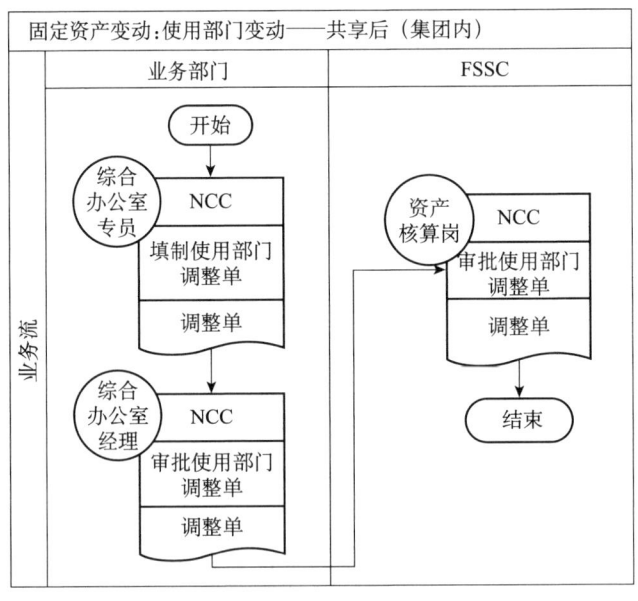

图 12-33　鸿途集团固定资产变动业务共享后流程

12.5.2 构建测试

12.5.2.1 测试用例

2023年3月12日，鸿途集团水泥有限公司原销售服务办公室（部门编码：0501）使用的一台笔记本电脑（属于电子设备）调整至供应处办公室（部门编码：0601）。具体笔记本电脑信息如表12-5所示。2023年3月31日，鸿途集团水泥有限公司资产核算岗完成当月固定资产折旧的计提。

表 12-5　　　　　　　　　　案例信息

商品名称	屏幕尺寸	系列	分类	原值	累计折旧
ThinkPad 翼 480	14.0 英寸	ThinkPad – E 系列	轻薄本	4900 元	816.66 元（半年）

12.5.2.2 操作步骤

（1）综合办公室专员填制使用部门调整单。

① 组长先分配角色，分配完角色之后登录系统，点击【固定资产共享 – 固定资产变动与折旧】→【技术实现】→【固定资产变动系统操作】。"综合办公室专员角色"上岗，点击"开始任务"，将系统时间修改为"2023 – 03 – 12"，点击"固定资产变动"，进入"固定资产变动"页面，如图12 – 34所示。

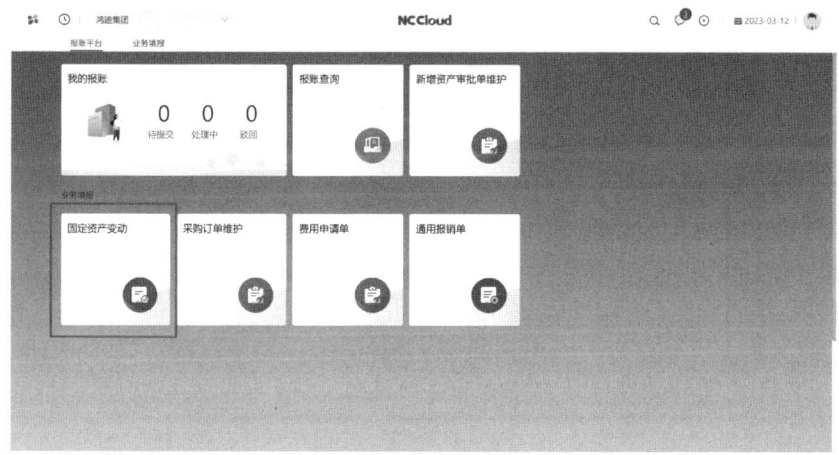

图 12 – 34　综合办公室专员进入固定资产变动页面

② 进入"固定资产变动"页面，点击"新增"，财务组织选择"鸿途集团水泥有限公司"，变动项目选择"使用部门"，依据测试用例填写相关信息，检查无误后，点击"保存提交"，如图12 – 35所示。

（2）综合办公室经理审批使用部门调整单。

"综合办公室经理角色"上岗，点击"开始任务"，点击"审批中心"，选中待审批的部门调整单，点击"批准"，如图12 – 36所示。

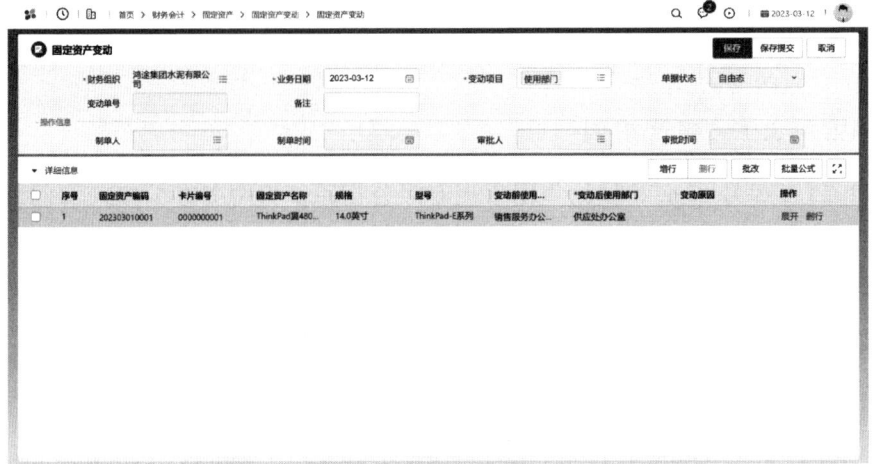

图 12-35　综合办公室专员新增资产使用部门变动

图 12-36　综合办公室经理审批资产使用部门调整单

（3）资产核算岗审批部门调整单。

"资产核算岗角色"上岗，点击"开始任务"，点击"审批中心-未处理"，选中待审批的部门调整单，点击"批准"，如图 12-37 所示。

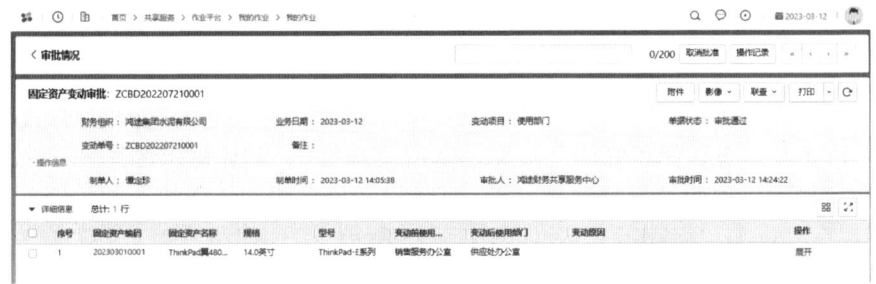

图 12-37　资产核算岗审批资产使用部门调整单

第 13 章 总账共享

[学习目标]
　　了解机器人流程自动化（RPA）；
　　了解电子档案的归档范围与处理原则。

13.1 总账与 RPA 应用业务

13.1.1 总账概述

总账管理系统主要用于记账凭证的编制、总账及明细账等账簿的查询以及各种报表的生成等。具体包括初始建账、凭证处理、出纳业务、账表查询、月末处理等基本账务功能。总账管理系统还支持数量核算、单一外币及多外币核算、多账簿管理、现金管理等，能够满足各单位账务核算及管理的需要。

13.1.2 RPA 简介

RPA 的全称为机器人流程自动化（robotic process automation），是一款软件产品，可模拟人在电脑上不同系统之间的操作行为，替代人在电脑前执行具有规律性与重复性高的办公流程。因其可以将办公室工作自动化，7×24 小时全天候待命，提高生产效率，彻底消除人为错误，非侵入性程序及可高度扩展性，而受到了很多发达国家企业的青睐。

当前，RPA 正在席卷全球各行各业，从金融到医疗再到零售，多种重复有规律的工作流程正在被替代，基本上在各种岗位上都或多或少地有对 RPA 的需求，并且这些企业也在积极地探索、尝试、开展以 RPA/AI 为基础的数字化转型。通过 RPA 的实施，将员工从简单、重复的工作中解放出来，使他们得以更专注于具有更高附加值的数据分析、决策和创新工作，以此提高企业在市场中的竞争力，实现共赢。

小友 RPA 通过用户界面使用和理解企业已有的应用，将基于规则的常规操作自动化，如读取邮件和系统、计算、生成文件和报告、检查文件等，是可以记录人在计算机上的操作，并重复运行的软件。

13.1.2.1 NCC RPA 类型及特点

（1）月结机器人。根据单位范围结账，并自动记录结账中的问题。

（2）发票验伪机器人。业务人员收到纸质发票后，拍照上传到固定文件夹，发票机器人将定时启动针对文件夹中的纸质发票进行 OCR 识别，并自动进行验伪。

（3）发票认证机器人。发票认证机器人定时启动后，可以自动对采购发票进行认证。

（4）三单匹配机器人。入库单匹配机器人针对验伪通过的发票，与 NCC 中的采购入库单进行智能匹配，匹配成功后自动生成 NCC 中的采购发票，且自动进行采购结算，并可以自动生成应付单，确定应付账款。

（5）预算报表填报机器人。可以将多个单位多张报表进行批量导入，自动捕获异常信息并生成报告。

（6）总账月结检查机器人。根据所提供账簿以及会计期间自动检查人工检查项的完结情况，并可以进行自动结账及生成结账报告。

（7）内部交易对账机器人。根据查询条件自动进行查询并进行对账，同时记录对账结果。

（8）银行对账机器人。根据对账参数文件中的内容进行自动对账，并生成对账报告。

13.1.2.2 NCC RPA 功能

（1）月结机器人。

① 设置待结账单位清单。

② 由机器人按待结账单位清单自动结账，结账过程中的问题自动生成结账报告。

（2）发票验伪机器人。

① 支持业务员收到纸质发票，进行拍照，存放在固定的文件夹里，机器人手工或者定时调取该文件夹的发票图片，导入 OCR 扫描记录，同时根据电子底账记录进行发票验伪，验伪通过后，生成收票数据。

② 对于验伪不通过的发票，只会生成 OCR 扫描记录数据。

③ 对于验伪中的发票，机器人会重复操作"生成发票"，直到返回验伪结果，停止此操作。

④ 支持设置验伪接收人，同时在验伪结束后，给接收人发送验伪结果，验伪结果可查看验伪失败原因及生成收票失败原因等明细信息。

（3）发票认证机器人。

① 支持设置接收人邮箱，以及本月需认证税额合计。

② 支持查询出 360 天内待认证的发票，自动勾选满足条件的发票进行直连

认证；其中须按日期从小到大勾选待认证发票，所勾选待认证发票税额合计小于等于机器人设置的本月需认证的税额合计。

（4）三单匹配机器人。

① 支持对验伪通过且生成收票的发票进行智能匹配入库单，智能勾选，确认匹配结果，自动生成供应链审核态的采购发票，自动结算，是否自动上传应付单据需要根据业务流程配置。

② 本次入库匹配的发票范围："验伪通过发票"文件夹下的"验伪通过发票清单"内已生成收票的发票。

③ 支持给接收人发送匹配结果，匹配结果可查看匹配失败的原因。

（5）久其预算报表填报机器人。

① 可以将多个单位多张报表进行批量导入。

② 自动捕获异常信息并生成报告。

（6）总账月结检查机器人。

① 设置待结账单位 Excel 清单。

② 设置待结账单位检查项相关的 Excel 清单信息。

③ 由机器人按以上清单自动检查出厂提供的月结检查项清单中的检查项，执行检查操作。

④ 做完上述检查操作后，由机器人按待结账单位清单自动执行结账，结账过程中的问题自动生成结账报告。

（7）内部交易对账机器人。

① 在自动对账报告 Excel 清单中设置对账单位以及对账条件。

② 由机器人按自动对账报告 Excel 清单中的设置自动执行对账，对账执行情况自动生成内部交易对账结果报告。

（8）银行对账机器人。

① 根据对账参数文件中的内容进行自动对账。

② 对账完成后，自动生成对账报告。

13.2　总账月末处理

13.2.1　测试用例

鸿途集团财务共享中心总账主管岗同意对纳入共享中心的所有单位的总账记账、月末结转、总账与业务系统对账业务处理。

要求：在财务共享平台上对"鸿途集团水泥有限公司、大连鸿途水泥有限公司、鸿途集团京北水泥有限公司、辽阳鸿途水泥有限公司、鸿途集团金州水泥有限公司、天津鸿途水泥有限公司、京北鸿途水泥有限公司、辽宁辽西水泥集团有限公司"2023年3月的凭证记账、月末损益结转，同时完成鸿途集团水泥有限公司的总账与业务系统对账处理工作。

13.2.2 操作步骤

（1）总账主管岗月末损益结转。

①"总账主管角色"上岗，点击"开始任务"，进入平台，修改系统日期为"2023-03-31"，点击"自定义转账执行"，如图13-1所示。

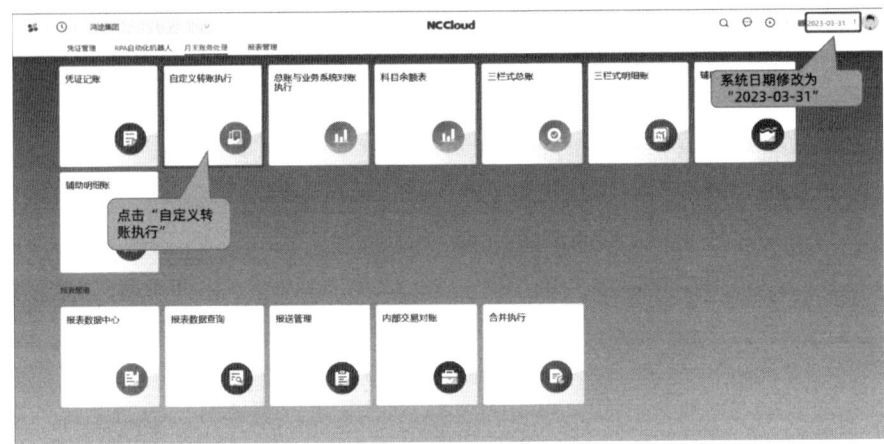

图13-1 总账主管进入报账平台

②进入"自定义转账执行"页面，财务核算账簿选择"鸿途集团水泥有限公司—基准账簿"，会计期间选择"2023-03"，设置完毕之后，勾选"包含未记账凭证"，勾选相关转账规则，点击"批量结转"，确认"核算账簿"是否正确，确认无误之后点击"批量结转结果报告"，如图13-2~图13-4所示。

③进入"凭证生成"页面，勾选相关凭证，确认无误之后点击"保存"，如图13-5、图13-6所示。

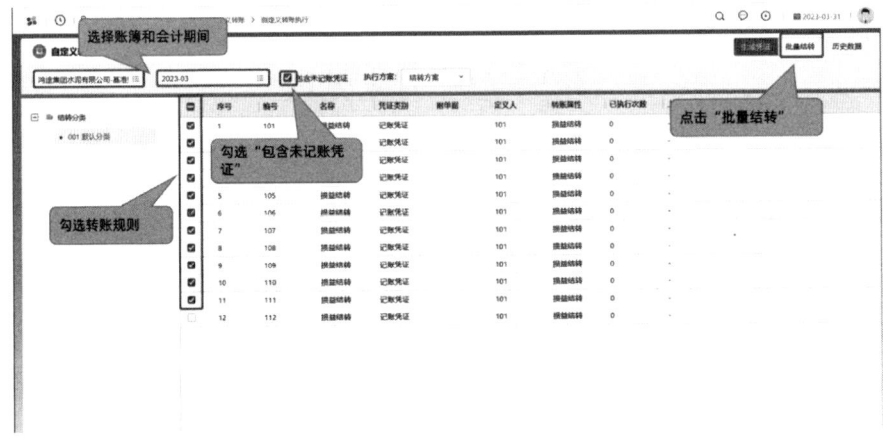

图13-2 总账主管查询凭证

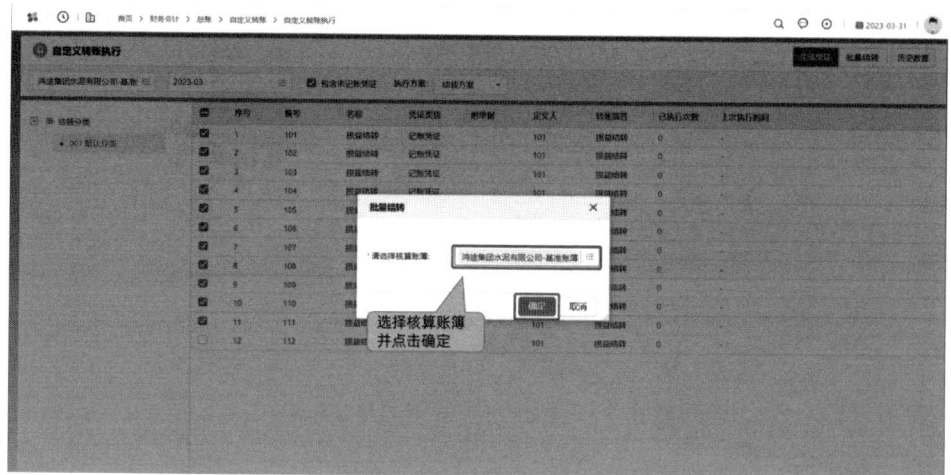

图 13-3 总账主管确认账簿

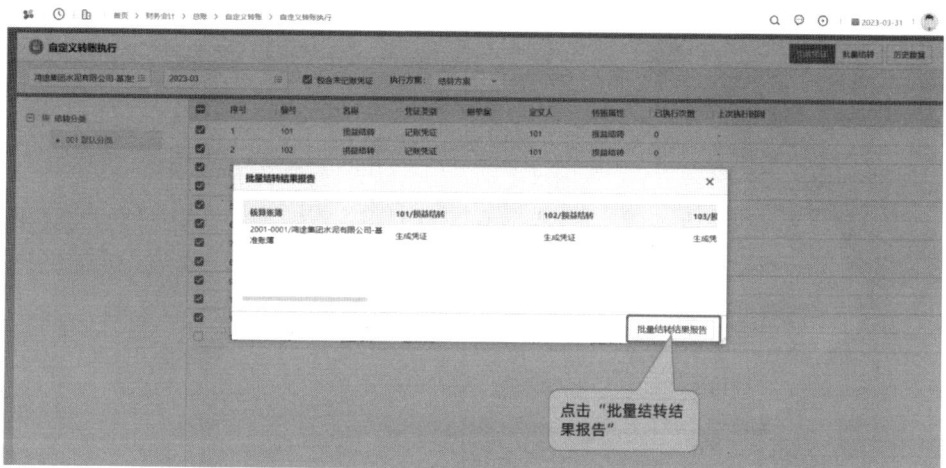

图 13-4 生成批量结转结果报告

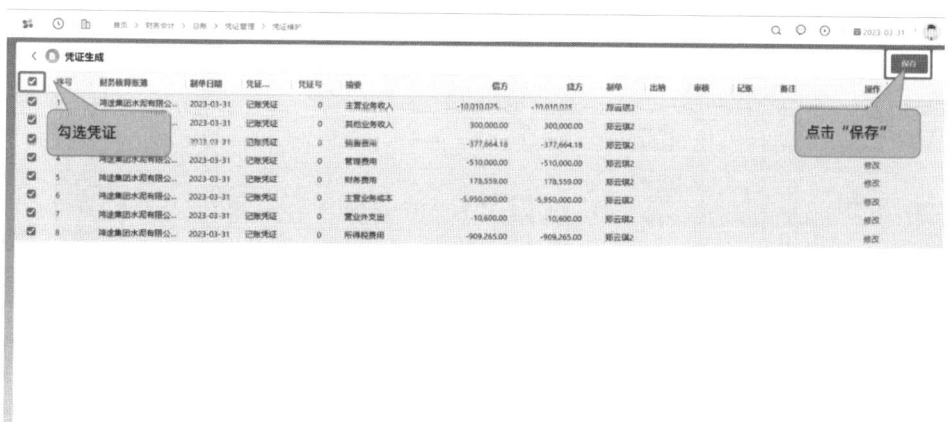

图 13-5 凭证生成

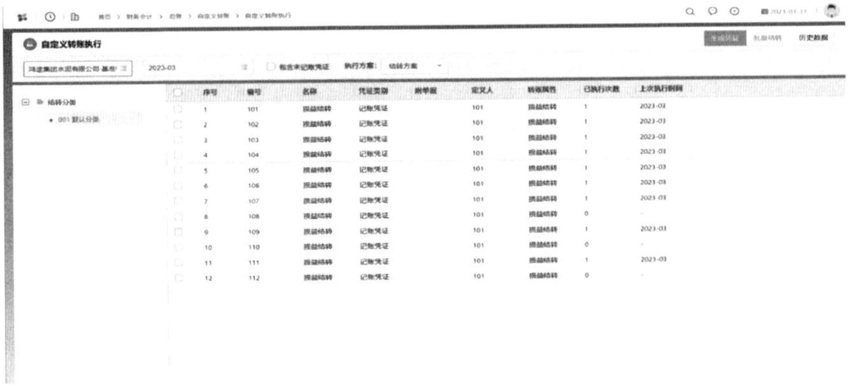

图13-6 总账主管完成月末损益结转

（2）财务经理审核凭证。

①"财务经理角色"上岗，点击"开始任务"，进入平台，点击左上角四叶草图标，点击"财务会计-总账"，选择"凭证管理-凭证审核"，如图13-7、图13-8所示。

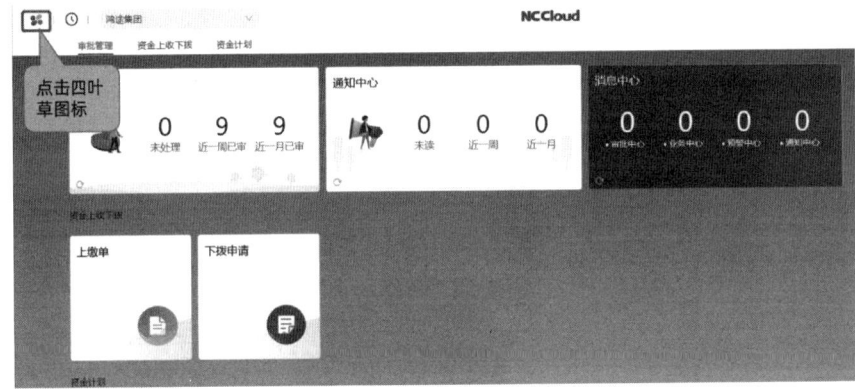

图13-7 财务经理进入平台

图13-8 进入凭证审核页面

② 财务核算账簿选择"鸿途集团水泥有限公司—基准账簿",日期选择"2023-03-01~2023-03-31",审核状态选择"未审核",点击"查询",将未审核的凭证全部勾选,点击"审核",如图13-9所示。

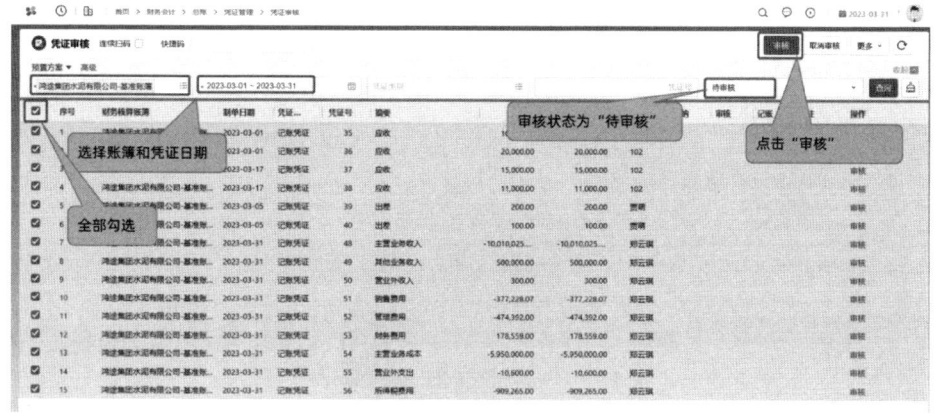

图13-9 财务经理审核凭证

(3) 总账主管岗进行总账月末处理。

① "总账主管岗角色"上岗,点击"开始任务",进入平台,点击"凭证记账",如图13-10所示。

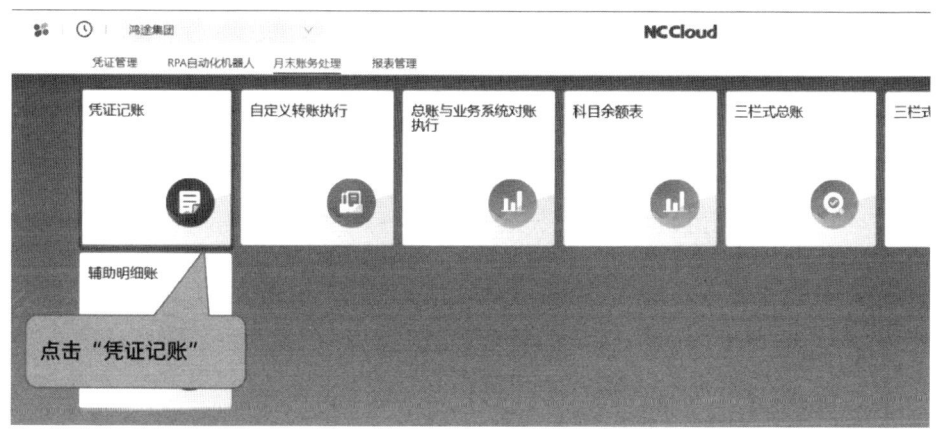

图13-10 总账主管岗进入平台

② 财务核算账簿选择"鸿途集团水泥有限公司-基准账簿",日期选择"2023-03-01~2023-03-31",点击"查询",将未记账的凭证全部勾选,点击"记账",如图13-11所示。

③ 回到平台,点击"总账与业务系统对账执行",进入"总账与业务系统对账执行"页面,财务核算账簿选择"鸿途集团水泥有限公司-基准账簿",业务系统选择"固定资产",对账规则选择"固定资产系统对账",勾选"未记账凭证",确认无误之后点击"确定",点击右上角"执行对账",如图13-12~图13-14所示。

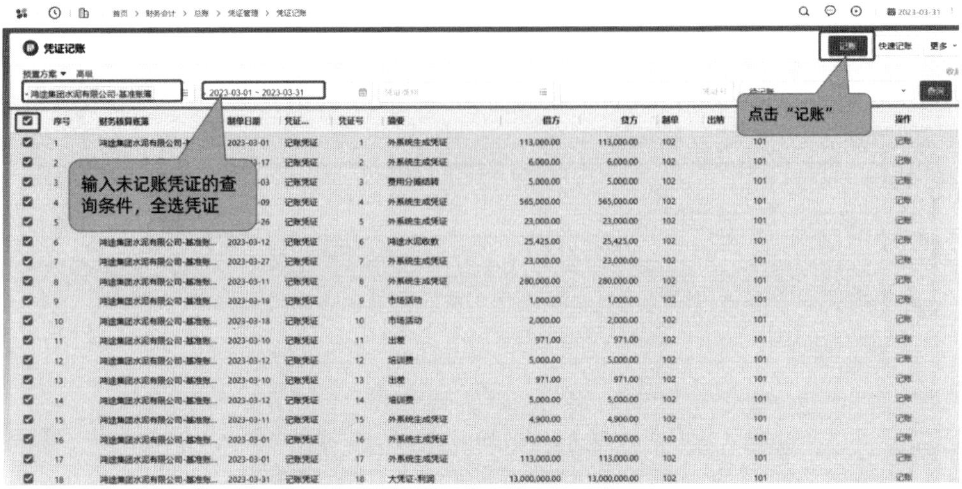

图 13-11 总账主管进行凭证记账

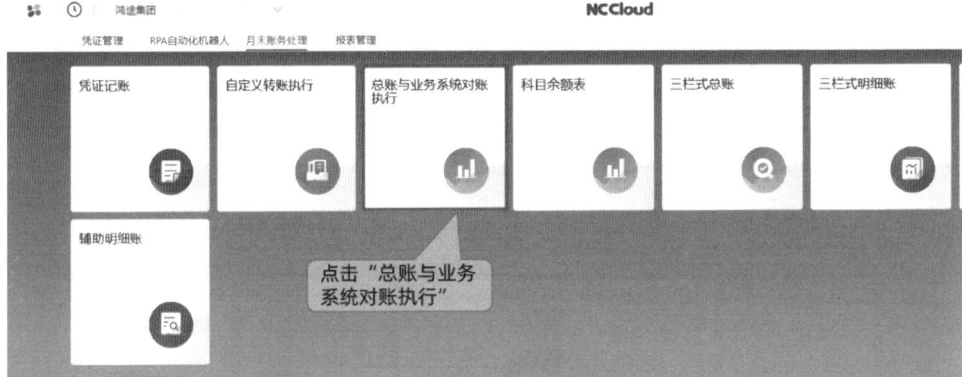

图 13-12 进入总账与业务系统对账执行页面

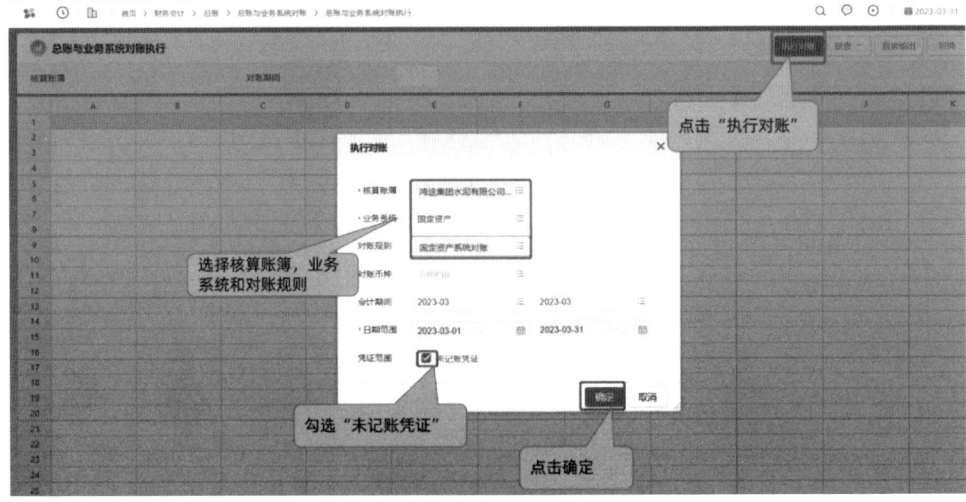

图 13-13 总账主管岗填写并确认执行对账

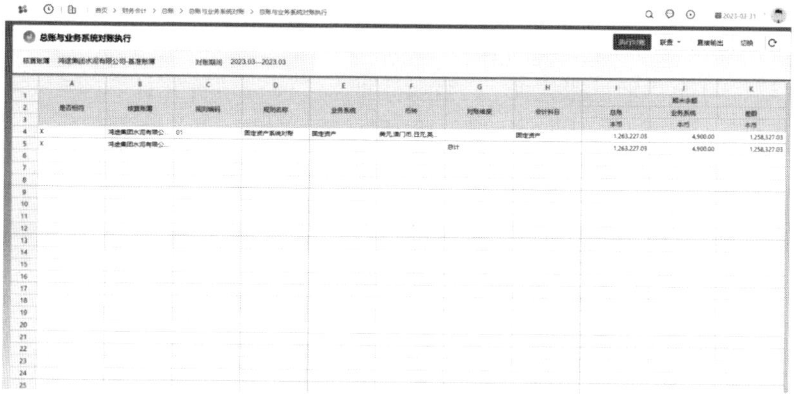

图 13-14 总账主管岗执行对账

④ 回到平台，点击"科目余额表"，进入"科目余额表"页面，财务核算账簿选择"鸿途集团水泥有限公司 – 基准账簿"，会计期间选择"2023 – 03 ~ 2023 – 03"，勾选"未记账凭证""错误凭证""损益结转凭证"，确认无误之后点击"查询"，如图 13 – 15、图 13 – 16 所示。

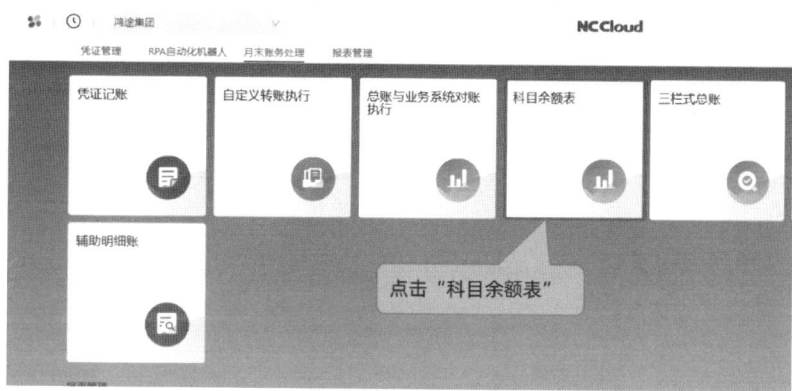

图 13 – 15　进入"科目余额表"页面

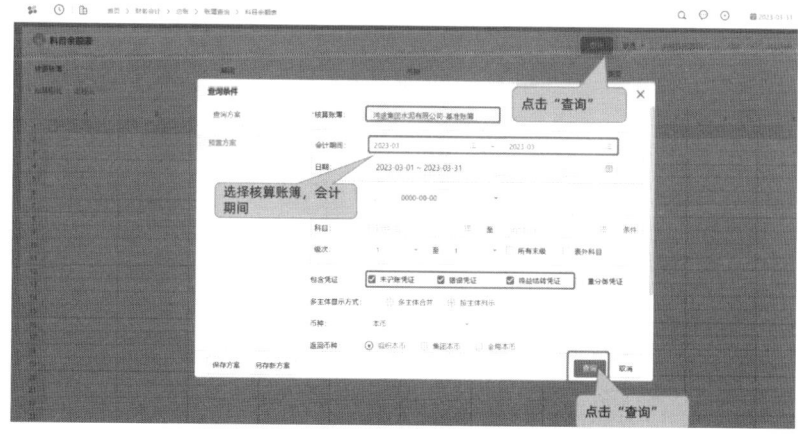

图 13 – 16　查询相关凭证

⑤ 回到平台，点击"三栏式总账"，进入"三栏式总账"页面，财务核算账簿选择"鸿途集团水泥有限公司 - 基准账簿"，会计期间选择"2023 - 03 ~ 2023 -03"，勾选"未记账凭证""错误凭证""损益结转凭证"，确认无误之后点击"查询"，如图 13 - 17、图 13 - 18 所示。

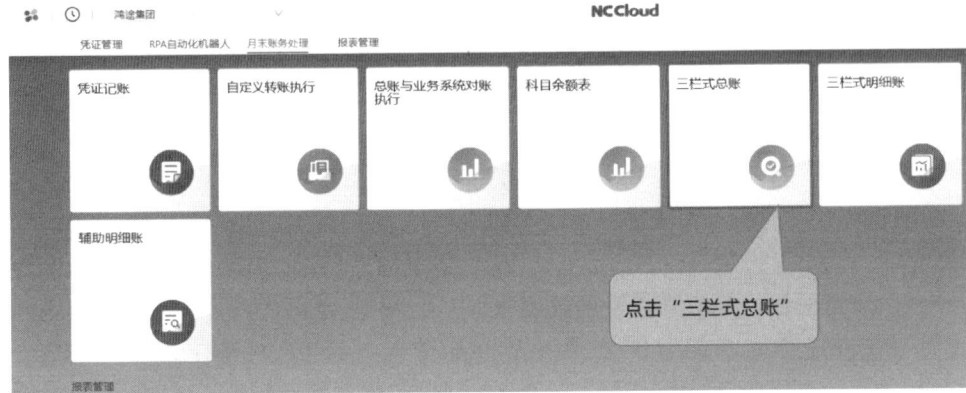

图 13 - 17　进入三栏式总账页面

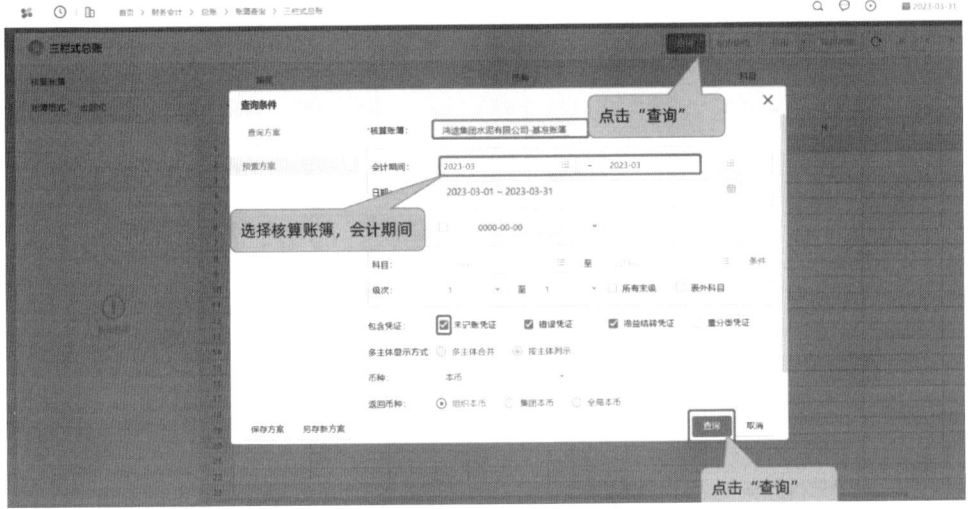

图 13 - 18　查询相关凭证

13.3　RPA 总账月结

13.3.1　客户端管理

（1）"总账主管岗角色"上岗，点击"开始任务"。
（2）点击"自动化机器人" >>"客户端管理"菜单（见图 13 - 19）。

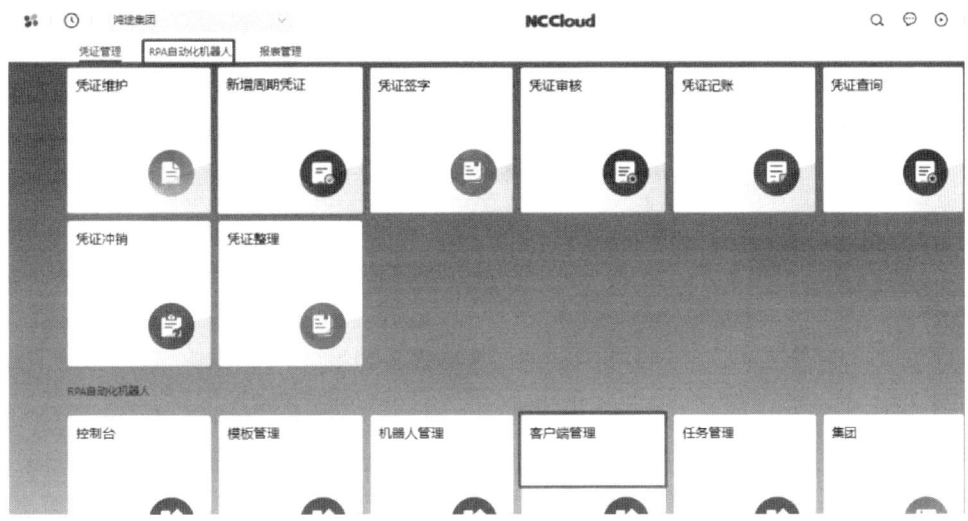

图 13-19　NCC 自动化机器人的客户端管理入口菜单

（3）下载并安装 NCC 自动化机器人客户端（见图 13-20）。

图 13-20　NCC 自动化机器人客户端下载入口

下载完成后解压，双击该安装程序，安装完成后，桌面应该会增加一个名为"小友 RPA 客户端 NCCloud 专版"的客户端（见图 13-21）。

图 13-21　NCC 自动化机器人客户端快捷方式图标

（4）启动小友 RPA 客户端，点击设置按钮（见图 13-22），配置 RPA 服务器地址（见图 13-23）。

图 13-22　RPA 客户端设置按钮

图 13 – 23 配置 RPA 服务器地址

注意：该地址在每个院校进行系统安装时确定，由主讲老师告知。

（5）选择企业账号（需要登录的 NCC 数据源），输入相应的用户名和密码（用户名为 z0**004，**代表团队组别，例如第二组学生为 z002004，以此类推，密码均为 qwe123），进行登录，如图 13 – 24 所示。

图 13 – 24 填写信息

【注意】NCC 数据源查看方法为，在新道云教学班级首页，点击如图 13 – 25 所示图标可查看 NCC 数据源名称。

图 13 – 25 查询 NCC 数据源

(6) 登录成功后，状态栏出现 RPA 客户端图标，同时，客户端管理菜单中也出现 RPA 客户端信息，如图 13-26、图 13-27 所示。

图 13-26　RPA 客户端状态栏图标

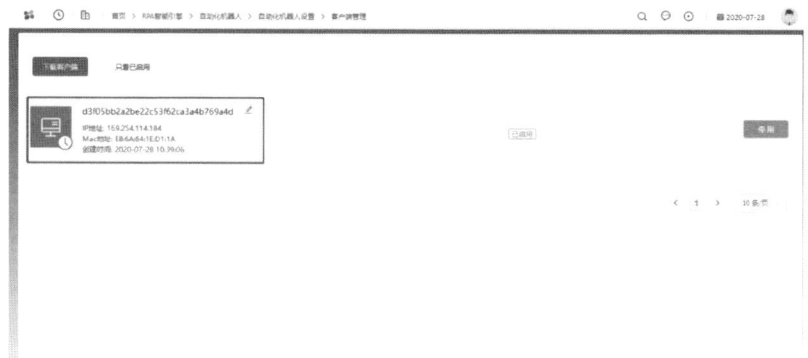

图 13-27　客户端管理菜单信息

13.3.2　机器人管理

(1) 登录 NCC 系统，选择"自动化机器人">>"机器人管理"菜单（见图 13-28）。

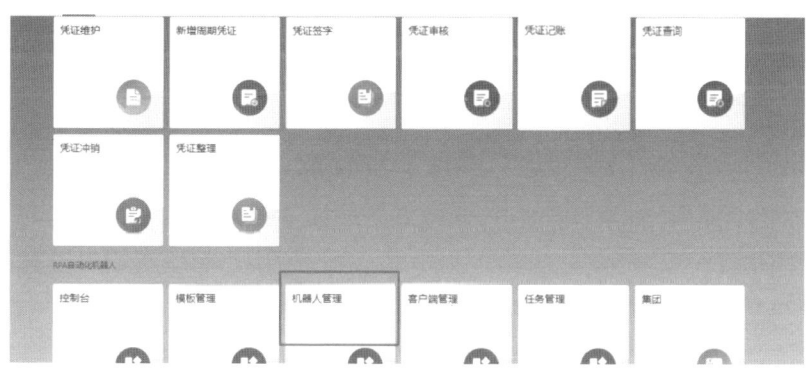

图 13-28　NCC 自动化机器人的机器人管理入口菜单

(2) 点击"创建机器人"按钮（见图 13-29）。

图 13-29　NCC 自动化机器人创建入口

（3）录入机器人基本信息，选择机器人运行的客户端（见图13-30）。操作完成后，点击"下一步"。

图13-30 机器人基本信息录入

（4）选择"月结机器人"模板（见图13-31）。操作完成后，点击"下一步"。

图13-31 选择"月结机器人"模板

（5）修改NCC服务器IP（IP为NCC网址冒号前面部分），端口为IP后面的内容，如图13-32所示。将查询到的NCC服务器IP地址和端口号分别替换图13-33中NCC服务的IP地址和NCC服务的端口号。

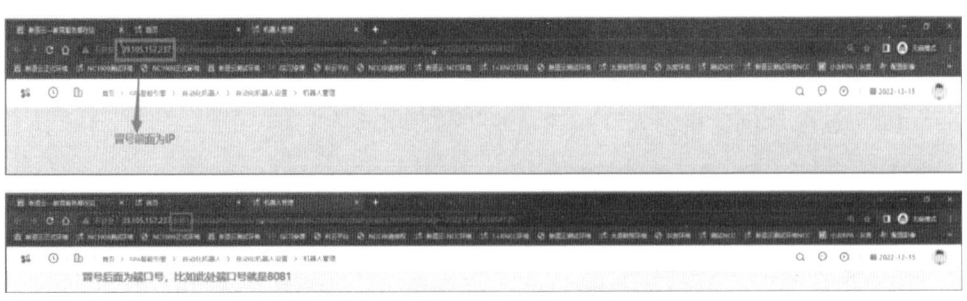

图13-32 查询NCC服务器IP及端口

图 13-33 修改 NCC 服务器 IP 及端口

（6）在新道云教学班级首页，点击图 13-34 所示图标可查看 NCC 数据源名称，根据查询结果修改图 13-35 中的 NCC 数据源名称。

图 13-34 查询 NCC 数据源

图 13-35 修改 NCC 数据源

（7）编辑 NCC 集团编码，根据组别修改相应的值，第一组为 HTJT，第二组为 HTJT2，第三组为 HTJT3，第四组为 HTJT4，以此类推，如图 13-36 所示。

图 13-36　编辑 NCC 集团编码

（8）输出结果路径：在本地建立文件夹路径，D 盘下新建命名为"rpa"的文件夹，rpa 文件夹下新建命名为"result"的空白 excel 文件（后缀是 xlsx），如图 13-37、图 13-38 所示。

图 13-37　创建输出结果路径

图 13-38　编辑输出结果路径

（9）月结报告路径：在本地建立文件夹路径，D 盘下新建命名为"rpa"的文件夹，rpa 文件夹下新建命名为"月结报告"的空白 excel 文件（后缀是 xlsx），如图 13-39 所示。

图 13-39 编辑月结报告路径

（10）月结账簿列表需要从【任务指南】-【任务资料】或新道云教学平台-首页上方的【教学应用】-【资源】中进行下载，下载后放到 D 盘下的 rpa 文件夹下，如图 13-40 所示。

图 13-40 下载月结账簿列表

（11）修改月结账簿列表里面的内容：对于结账单位账簿编码及结账单位账簿名称，学生需要修改成自己组 NCC 系统对应的账簿信息，如图 13-41 所示。

（12）提供 api 的地址：IP 同 NCC 服务器 IP，IP 后面为固定值（:28289/rpaserver），如图 13-42 所示。

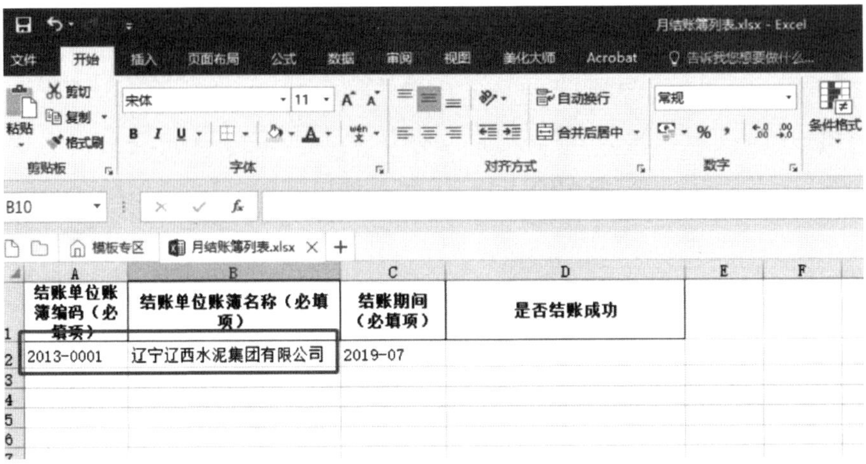

图 13-41 结账报告（用户填写）工作簿

图 13-42 设置 api 地址

（13）录入用户名和密码（用户名为 z0**004，**代表团队组别，例如第二组学生为 z002004，以此类推，密码均为 qwe123），如图 13-43 所示。

图 13-43 录入用户名和密码

(14) 点击"下一步",如图 13-44 所示。

图 13-44　完成设置数据集

(15) 再次点击"下一步",维护收件人姓名和邮箱(学生自己邮箱),点击"是否启用"按钮启用报告接收,点击"完成",总账月结检查机器人创建结束,如图 13-45 所示。

图 13-45　报告接收人填写完成

13.3.3　运行总账月结检查机器人

(1) 点击"待机"下拉选择"运行",机器人开始自动执行总账月结检查操作,如图 13-46 所示。

(2) 机器人运行结束后邮箱可收到运行结果报告,如图 13-47 所示。

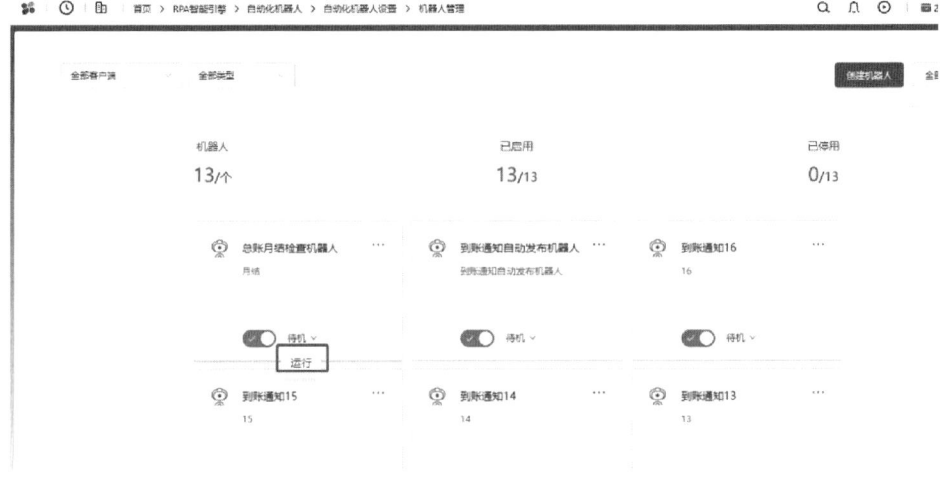

图 13-46 机器人的"运行"按钮

图 13-47 查询运行结果报告

13.4 电子会计档案

13.4.1 电子会计档案背景介绍

13.4.1.1 传统档案管理无法满足信息化要求

(1) 纸质凭证输出,造成成本转嫁,耗材成本高。

(2) 核算系统形成会计资料归档保管，空间占用和人工管理成本高。
(3) 财务会计资料不能自动归档，手工装册归档工作量巨大。
(4) 实体纸质档案搜索效率低、调阅不方便，使用后归档，重复工作。

13.4.1.2 传统会计档案不符合长期保管、备份要求

会计档案保管要求要有备份机制，以应对意外事故、自然灾害、人为破坏等情况。

(1) 建立电子会计档案备份制度，能够有效防范自然灾害、意外事故和人为破坏的影响。
(2) 使用的电子档案管理系统能够有效接收、管理、利用电子会计档案，符合电子档案的长期保管要求。

13.4.1.3 电子会计档案与纸质会计档案的关系

(1) 应建立电子会计档案与纸质档案的索引关系，记录存储位置。
(2) 准确查询，提高查询使用效率。
(3) 根据纸质档案快速查询电子会计档案信息，在线浏览。

13.4.1.4 电子会计档案大势所趋

电子会计档案大趋势如图 13-48 所示。

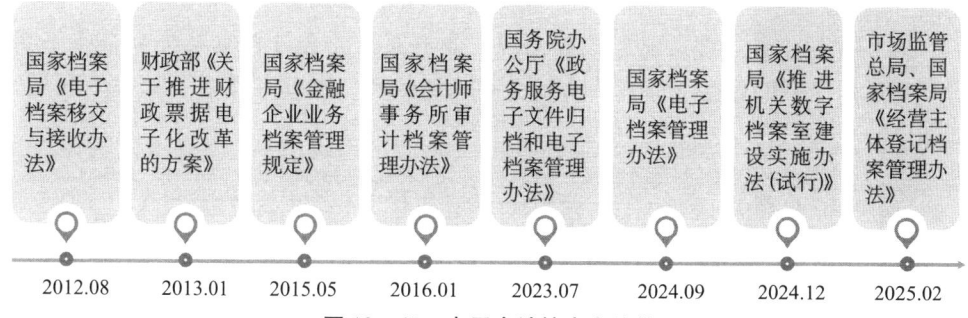

图 13-48 电子会计档案大趋势

13.4.1.5 《会计档案管理办法》

2015 年 12 月 14 日财政部、国家档案局发布了《会计档案管理办法》，意义重大。

(1) 相关重要规定。该办法中明确规定以下三点。

① 满足本办法第八条规定条件，单位从外部接收的电子会计资料附有符合《中华人民共和国电子签名法》规定的电子签名的，可仅以电子形式归档保存，形成电子会计档案。

② 单位可以利用计算机、网络通信等信息技术手段管理会计档案。

③ 单位内部形成的电子会计资料和从外部接收的电子会计资料在满足一定

条件时可以仅以电子形式归档保存,形成电子会计档案。

(2) 该办法对归档的要求有以下几点。

① 归档范围。

a. 会计凭证,包括原始凭证、记账凭证。

b. 会计账簿,包括总账、明细账、日记账、固定资产卡片及其他辅助性账簿。

c. 财务会计报告,包括月度、季度、半年度、年度财务会计报告。

d. 其他会计资料,包括银行存款余额调节表、银行对账单、纳税申报表、会计档案移交清册、会计档案保管清册、会计档案销毁清册、会计档案鉴定意见书及其他具有保存价值的会计资料。

② 归档时间。

a. 当年形成的会计档案,在会计年度终了后,可由单位会计管理机构临时保管一年,再移交单位档案管理机构保管。因工作需要确需推迟移交的,应当经单位档案管理机构同意。

b. 单位会计管理机构临时保管会计档案最长不超过三年。

13.4.2 电子会计档案建立方案

构建电子会计档案的三个关键方面:优化业务流程、系统间数据对接和归档范围。

(1) 优化业务流程。财务核算系统、业务系统、会计档案系统为企业档案管理全过程提供信息化支撑,从收单、制单到归档,再到存储以及档案的利用,如图13-49所示。

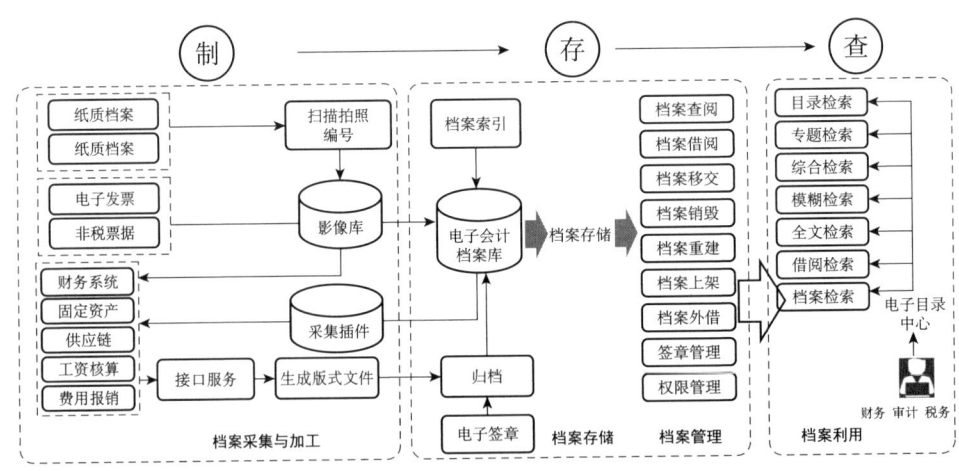

图13-49 企业档案管理全过程的信息化支撑

(2) 电子会计档案与ERP数据接口。核心是总账、报表(合并)系统(见图13-50左侧部分),其次是生成记账凭证的原始凭证所在系统(见图13-50

右侧部分)。

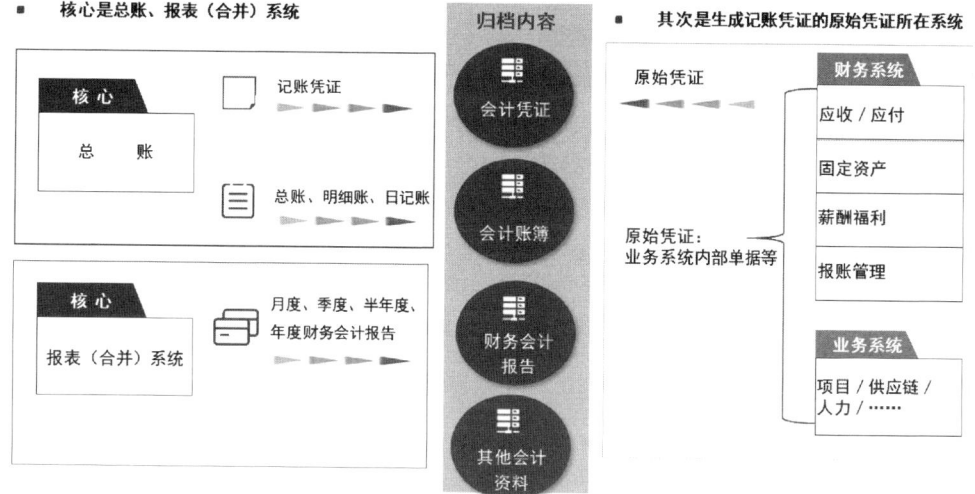

图 13-50　电子会计档案与 ERP 数据接口

(3) 归档范围与处理原则。电子会计档案的归档范围如图 13-51 所示。

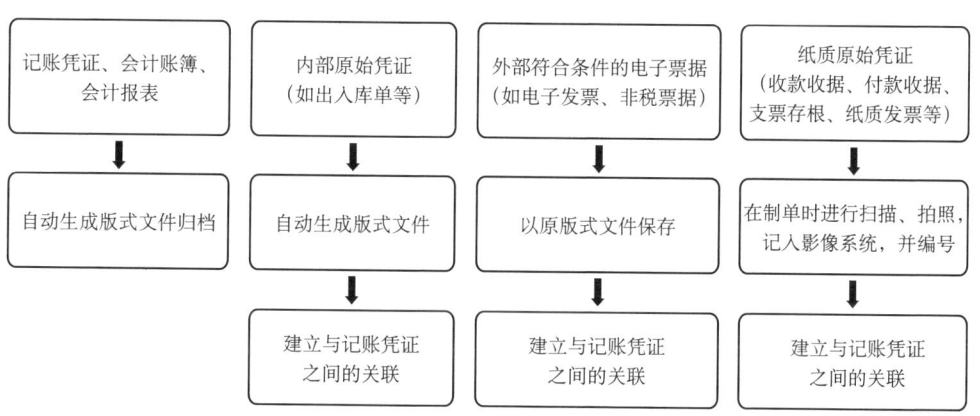

图 13-51　电子会计档案归档范围

电子会计档案管理的总体原则是通过加密、索引、数字签名、数字版权等技术保证电子文件的安全性以及可用性。

13.4.3　电子会计档案应用场景

电子会计档案的应用场景包括：影像件采集，装册、归档、上架，检索，档案管理，索引，反查找。

13.4.3.1　影像件采集

影像件采集的总体过程如图 13-52 所示。根据影像件采集的地点和时间，还可以分为多种采集方式。

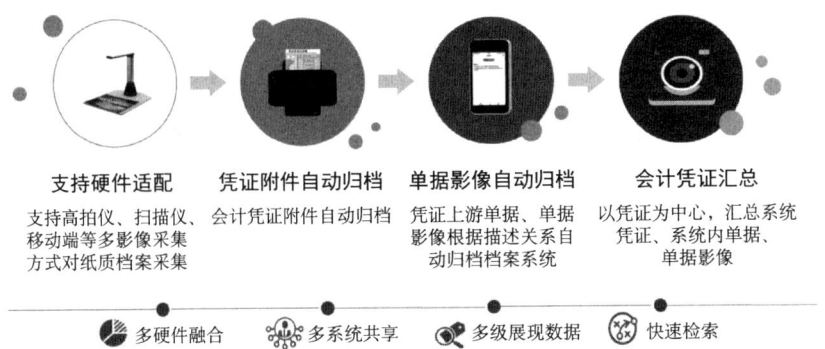

图 13 – 52　影像件采集的总体过程

（1）报销人影像采集。由报销人（报账人）在制单后立即自助扫描影像并上传，如图 13 – 53 所示。

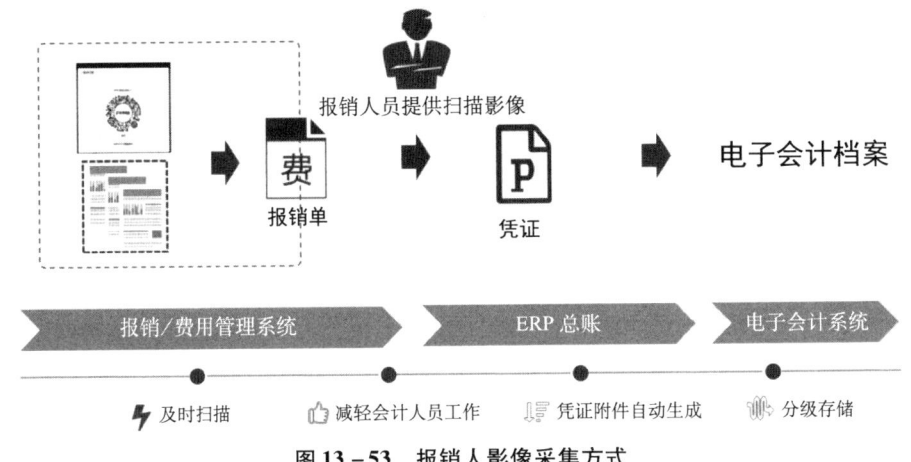

图 13 – 53　报销人影像采集方式

（2）电子会计档案系统补扫采集。在业务系统处理完所有工作后，由专职扫描人员补扫影像并上传电子会计档案系统，如图 13 – 54 所示。

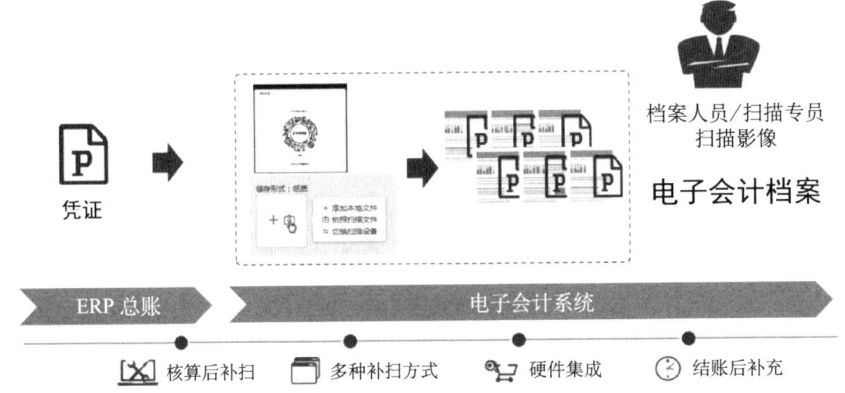

图 13 – 54　电子会计档案系统补扫采集方式

(3) 业务系统实时采集。在单据由业务系统（采购、销售、应收、应付、合同等）处理完毕，转至 ERP 的财务系统处理环节，指定扫描专岗或专人扫描影像并上传，如图 13-55 所示。

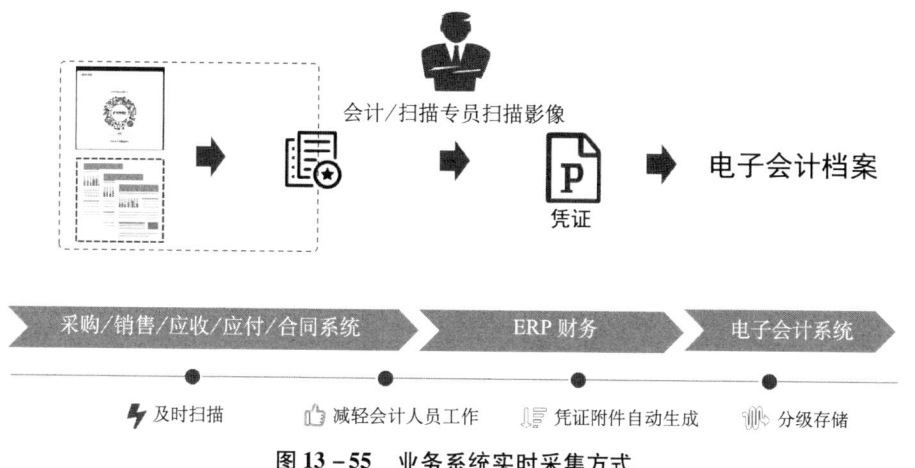

图 13-55 业务系统实时采集方式

13.4.3.2 自动装册、归档、上架

（1）自动装册。凭证以及影像文件的不同维度、不同方式装册、拆册、浏览。

（2）自动归档。档案装册完成，所有已装册的档案盒自动归档。

（3）自动上架。归档的档案盒对应的纸质档案自动上架到档案保管位置，方便调阅。

13.4.3.3 多维度检索

系统支持对会计凭证、账簿、报表、其他会计资料的信息检索。

用户可以在电子会计档案系统对会计档案进行检索查阅，检索时在不同节点支持不同查询条件，例如，题名、文号、关键字、摘要、责任人、凭证号、册号等条件进行快速检索。

可进行全文检索、模糊检索、综合检索和目录检索。

13.4.3.4 严格档案管理

档案管理，是指档案的查阅、借阅、移交等。

对档案管理员工的要求有以下四点。

（1）严格区分用户、角色、单位可操作档案范围。

（2）权限外使用须审批通过。

（3）移交须申请通过。

（4）档案系统记录行为日志。

对高层使用档案的要求有以下三点。

（1）对各类审批进行审批处理。
（2）定期检查、监督档案管理工作。
（3）档案利用。
对外部人员使用档案的要求有以下四点。
（1）外部人员在线查阅须申请。
（2）纸质档案外借须审批。
（3）纸质档案到期未归还系统催还。
（4）档案系统记录行为日志。

13.4.3.5　建立电子会计档案与纸质档案索引

（1）归档成功后档案按照企业管理要求上架到指定档案室。
（2）系统记录上架的档案室信息。
（3）上架的档案支持外借申请等。
（4）外借后支持归还、催还等。
建立电子会计档案与纸质档案索引如图13-56所示。

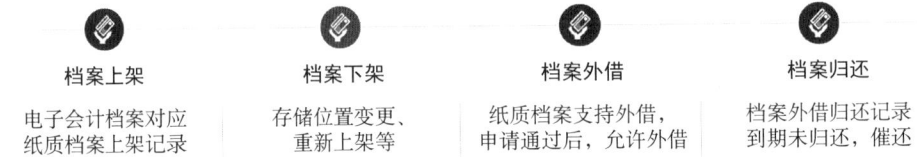

图13-56　建立电子会计档案与纸质档案索引

13.4.3.6　纸质档案反向查找电子会计档案

（1）凭证生成二维码，扫描识别二维码批扫纸质文件。
（2）打印二维码与纸质档案装订，并且支持扫描二维码查找电子会计档案。

第14章 税务共享

[学习目标]
  了解税务云基本知识;
  了解税务云与 FSSC 融合场景;
  了解税务云产生的价值;
  掌握税务共享的操作流程。

14.1 税务云基本知识

14.1.1 税务云产生的背景介绍

在新的税务政策实施、金税三期系统监管和电子发票普及的大背景下,纳税人企业财务、税务、发票管理必须适应国税监管和企业财税转型的需要。借助"互联网+税务"契机,规范企业发票管理,打通"业财税"管理流程,实现税务集中管理,成为更多企业"财税数字化"的切入点。具体包括以下内容。

作业方式:从手工到自动开票、查验、认证、申报自动化。
税务管理:从粗放到规范报销流程、三单匹配、申报来源规范。
信息共享:从分散到销项、进项、申报数据的集中。
风险管理:从被动到主动防止虚开、杜绝不合规发票、防范稽查风险。
税务云产生的背景如图 14-1 所示。

14.1.2 税务共享介绍

税务共享,作为财务共享业财税一体化业务的一部分,与业务及财务紧密相连。根据不同企业多样的涉税业务、财务等多方面流程及制度设计,以及税务监管方的要求,税务共享业务在一定框架内保证其方案的灵活性。

对应财务共享的应收管理,税务共享主要涉及共享开票服务及发票信息共享;应付管理主要涉及税务信息采集、发票查验、三单匹配等;费用报销主要涉及税务信息采集、发票查验、发票查重等；进项发票认证主要涉及批量认证、进项税转出处理等；纳税申报主要涉及数据抽取、申报表生成及导出等。

图 14-1　税务云产生的背景

共享模式下的税务管理，可以根据具体企业的实际情况，实现税务集中开票、自助开票、自动查验查重、发票关联业务和财务、集中认证、辅助纳税申报等，进而达到提升用户体验、提高效率、控制涉税风险等效果。

14.2　税务云与 FSSC 融合场景

14.2.1　税务云与 FSSC 融合场景——进项管理流程

进项管理流程具体如图 14-2 所示。

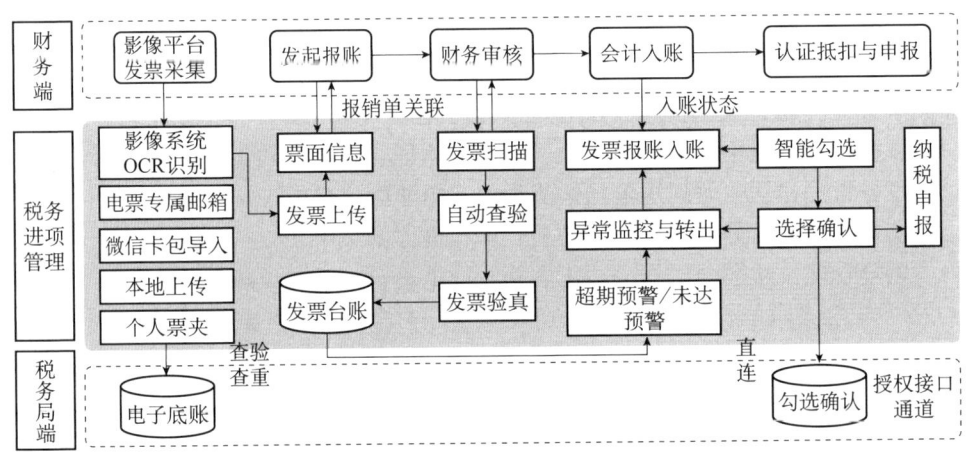

图 14-2　进项管理流程

14.2.2　税务云与 FSSC 融合场景——加速报销

加速报销流程具体如图 14-3 所示。

图 14-3 加速报销流程

企业在报销的过程中,面临的痛点如下。

其一,电子发票怎么还打印报销呢?纸质发票经常被开错。

其二,报销单填报数据多,贴票累心又劳力。

其三,人工查验躲不过,电票重复打印、篡改怎么办?不合规发票防不胜防。

因此,加速报销流程进行场景重塑,接入税务服务,实现自动归集、一键报销、自动查验查重、异常发票监控的功能。

14.2.3 税务云与 FSSC 融合场景——企业报销认证流程优化

企业报销认证流程优化具体如图 14-4 所示。

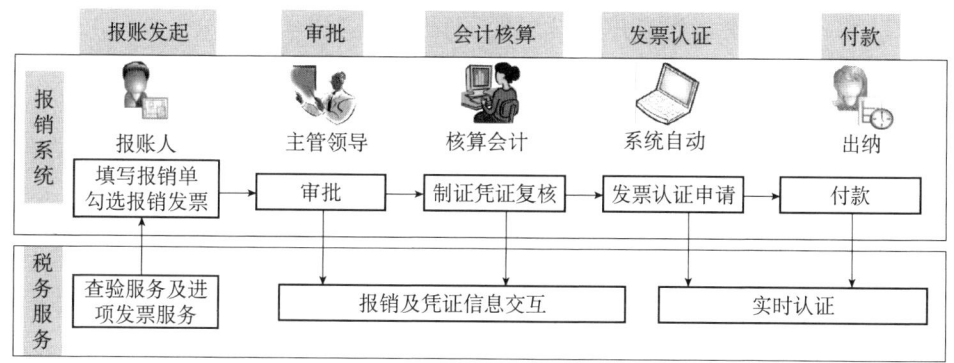

图 14-4 企业报销认证流程优化

企业报销认证流程优化产生如下价值。

其一,降低企业发票风险。企业报账系统与税务云对接,税务云可提供发票真伪查验及票面信息查询功能。

其二,体验及管理提升。发票池为报销系统提供数据,报账人可直接在报销系统勾选发票,报账系统可管理更多的发票信息,方便统计。

其三,一点灵活自动认证。财务系统与税务云认证接口对接,企业可根据实际情况,实现即时的自动勾选认证,无须登录税务局选择确认平台。

14.2.4 税务云与 FSSC 融合场景——进项管理

现行增值税征管方式是"以票控税",因此建立企业进项发票台账,就是进项管理的基础。企业提供税局端接口实现发票主动归集、扫发票面二维码归集、增值税发票 OCR 影像解析、供应商税盘即时抽取开票数据等多种发票数字化手段形成企业发票池，逐张数据重复性校验，防止重复，这是企业进项管理的关键步骤。发票池中均为开票的真实数据，为报销和分析提供数据基础。

14.2.5　税务云与 FSSC 融合场景——极简开票

极简开票流程具体如图 14-5 所示。

图 14-5　极简开票流程

企业在开票的过程中，面临的痛点如下。

其一，抬头税号记不住，输入错误怎么办？销货清单项目那么多，查找不完怎么办？

其二，线上业务，线下开票，货票不同行，邮递成本高。

其三，开票网点多，无法防止虚开错开，监控难。

其四，开票信息不能回写和记账，月末销项开票数据统计难。

因此，极简开票流程进行场景重塑，接入税务服务，实现直连税控、一键开票、实时监控、智能入账的功能。

14.2.6　税务云与 FSSC 融合场景——税务开票

集中受理：根据管控和共享服务需要，税务云与 ERP 销售系统对接，集中受理分支机构或网点的开票申请。

职责分离：发票开具与发票打印分离，发票开具与开票流程、结果处理紧密结合，集中化处理"发票打印"操作并保留在属地，由当地的纸质发票管理员定期批量化打印即可；电子发票直接开具推送客户。

风险控制：一方面提高发票开具效率，标准化服务流程；另一方面对发票开具风险进行管控。

14.2.7　税务云与 FSSC 融合场景——一键申报

一键申报流程具体如图 14-6 所示。

企业在申报的过程中，面临的痛点如下。

其一，每月申报最抓狂，财务未结账，认证结果未反馈。

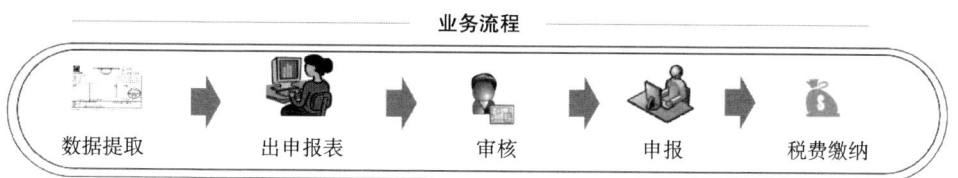

图 14-6　一键申报流程

其二，数据核对少不了，人工填报劳心又劳力。

因此，一键申报流程进行场景重塑，接入税务服务，实现数据抽取、申报生成、申报比对预警一键申报的功能。

14.2.8　税务云与 FSSC 融合场景——智能认证

智能认证流程具体如图 14-7 所示。

图 14-7　智能认证流程

企业在认证的过程中，面临的痛点如下。

其一，专票信息手工录入，费时费力，容易出错。

其二，人工核对发票、入库单和采购单工作量大、易出错、处理不及时。

其三，月末专票量大，入账和认证不及时，核对工作量大。

其四，进项转出发票没标识，转出记账麻烦多。

因此，智能认证流程进行场景重塑，接入税务服务，实现提前获取、三单匹配、智能勾选、进项转出的功能。

14.2.9　税务云与 FSSC 融合场景——风险预警

风险预警流程具体如图 14-8 所示。

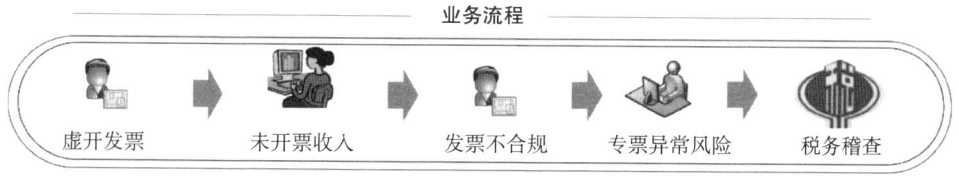

图 14-8　风险预警流程

企业在风险预警的过程中，面临的痛点如下。

其一，网点多，难管控，开票与实际业务不符。

其二，未开票收入的统计和核对不准确，存在隐收入风险。

其三，不合规发票报账有隐患，逾期、未达、异常发票有损失。

其四，面对金税系统、申报比对被稽查风险，企业需要建立自身风险预警体系。

因此，风险预警流程进行场景重塑，接入税务服务，实现严控虚开、发票合规检查、发票异常监控、风险指标预警的功能。

14.3 税务云产生的价值

14.3.1 税务云与 FSSC 融合总体解决方案

税务云与 FSSC 融合总体解决方案如图 14-9 所示。

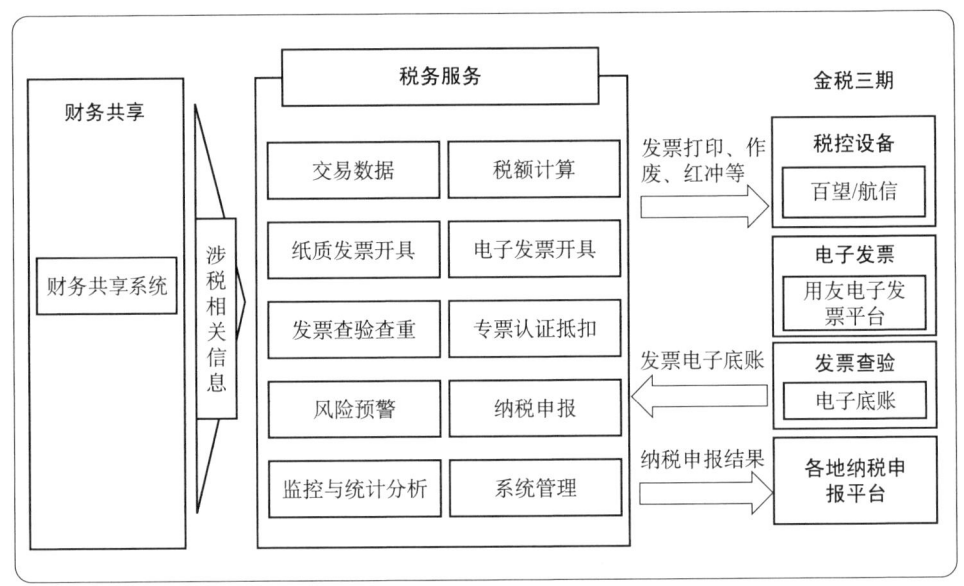

图 14-9 税务云与 FSSC 融合总体解决方案

（1）销售平台对接：适配各个行业多种开票方式；对接前端业务系统，具备成熟稳定的接口方案。

（2）销项纸电票一体化解决方案：支持两家税控设备，直连开票；发票的全生命周期管理；多场景、集中化的开票申请与受理流程。

（3）进项发票管理方案：T+1 进项发票及时获取；自动查验查重，获取全票面信息；提供扫码枪、手机或 OCR 影像，采集发票信息；实现智能勾选和集中认证。

（4）增值税纳税申报：申报数据的自动获取、智能校验；支持集中申报、异地申报；可集成财务共享平台，完成税务局电子申报的填报。

14.3.2 税务云与 FSSC 融合的应用价值概述

其一,一键开票、自助开票提效率,提升客户体验;
其二,自动查验、查重,建立发票池,控制不合规风险;
其三,对接报销、采购、财务,提高财务进项发票处理效率;
其四,智能认证提效率,对未达、逾期和异常预警,降低损失;
其五,辅助纳税申报,提高申报效率,控制申报比对风险。

最终,税务云与 FSSC 融合能提高 98% 的开票效率,提高 50% 的发票入账效率,减少 96% 的进项认证时间,增加 150% 的发票统计准确率,增加 94% 的发票查验效率,减少 80% 的异常发票风险。

14.3.3 税务云与 FSSC 融合产生的应用价值详细描述

(1) 多场景的发票开具服务。支持与财务共享系统对接实现一键开票,支持扫描开票、支付开票、App 开票、公众号开票、预约开票等多种开票场景,同时支持纸票和电票开具,支持企业销项发票集中管理和监控。

(2) 深度融合的税务服务。支持发票信息;支持与财务共享系统对接,实现电票报销和发票查验查重;支持与选择确认平台对接,与财务共享中的应收应付、供应链销售发票和采购发票的深度融合,实现在财务共享系统直接开具发票,并回写实现 T+1 进项发票获取,智能勾选认证;支持财务数据抽取、进销项发票管理,辅助生成纳税申报表。

(3) 集团化的税务管理解决方案。其包括集团企业的发票管理、增值税管理、所得税管理、影像及 OCR 系统对接、纳税申报管理、税务风险管理、税务共享服务解决方案等。

14.4 税务共享业务

14.4.1 税务共享业务操作指导

税务共享业务操作指导如表 14-1 所示。

表 14-1　　　　　　　　税务共享业务操作指导

流程	操作系统	操作岗位	操作业务
1	新道云税务云	税务会计	开具发票
2	新道云税务云	税务会计	发票查验
3	新道云税务云	税务会计	报销受票

续表

流程	操作系统	操作岗位	操作业务
4	新道云税务云	税务会计	采购受票
5	新道云税务云	税务会计	进项税认证
6	新道云税务云	税务会计	增值税申报表填写
7	新道云税务云	税务会计	附加税申报表填写
8	新道云税务云	财务经理	增值税与附加税申报
9	新道云税务云	税务会计	个税申报

14.4.2 构建测试

14.4.2.1 测试用例

用例一：开具增值税专用发票。

2023 年 3 月 1 日，鸿途集团水泥有限公司销售经理周进代表公司与天海中天精细化工有限公司签订销售合同，销售 1000 吨天然石膏，约定发货时间为 2023 年 3 月 6 日。客户开票信息如下。

客户名称：天海××××有限公司；

纳税人识别号：91141022254836101T；

地址、电话：山西省××××、0357－49××××18；

开户行及账号：中国工商银行××××。

按照销售订单（见图 14－10）和出库单（见图 14－11）信息，财务共享服务中心的税务会计岗统一开具增值税专用发票。

销　　售　　订　　单

合同日期：2023年3月1日　　合同编号：SC20190182
卖方：[illegible]　　销售订单号：HDGXS202003153031
买方：[illegible]　　交货日：2023年3月6日
付款条件：　　开票情况：3月6日发货时开出销售发票
付款情况：

序号	名称	编码	单位	数量	无税单价	无税金额	税额	金额
1	天然石膏	SG-001	吨	1000.00	200.00	200,000.00	26,000.00	226,000.00
合计						200,000.00	26,000.00	226,000.00

图 14－10　销售订单

出　　库　　单

2023 年 3 月 5 日　　编号：3214537001

序号	名称	规格	单位	数量	单价	含税单价	实发数量	备注
1	天然石膏	SG-001	吨	1000	200	226	226000	销售给天海[illegible]有限公司

制单：[illegible]　　复核：[illegible]　　经办人：[illegible]

图 14－11　销售出库单

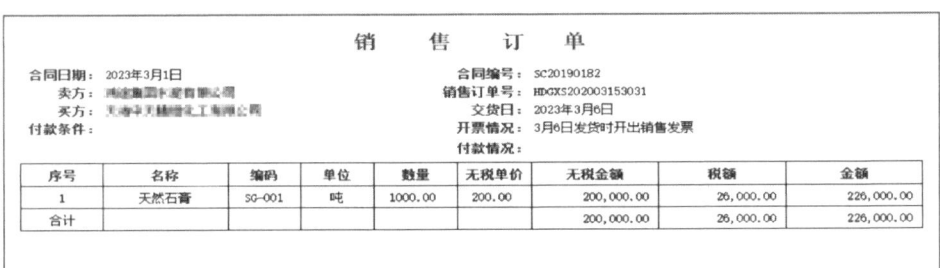

用例二：发票查验。

财务共享服务中心的税务会计岗针对前面备品备件采购业务中的发票进行查验。

用例三：报销受票。

税务会计岗根据前面的报销业务进行报销受票。

用例四：采购受票。

税务会计岗根据前面的采购业务进行采购受票。

用例五：进项税认证。

税务会计完成进项税认证。

用例六：增值税纳税申报表填写。

税务会计岗登录财务共享平台税务共享系统进行进项税认证，然后点击"纳税申报"，选择"增值税申报表"进入增值税纳税申报表页面，填写增值税申报表。

鸿途集团水泥有限公司是一般纳税人，一般纳税人增值税纳税申报表可分为主表、附表一、附表二、附表三、附表四，共 5 张表，对应 5 个页签。在企业开票、受票、抵扣、认证等数据都在财务共享税务云服务上维护与管理的情况下，点击"取数"，系统可以自动生成增值税纳税申报表的相关内容。

用例七：附加税费申报表填写。

税务会计岗登录财务共享平台税务共享系统，完成附加税费申报表的填写。

用例八：增值税与附加税费申报和缴纳。

财务经理审核增值税与附加税费申报表并填写数据，完成申报。

用例九：个税申报。

根据《工资薪金表》填写《个税人员信息表模板》和《正常工资薪金所得模板》，完成案例企业个税计算和个人所得税的纳税申报。

14.4.2.2 操作步骤

（1）共享模式下开票。

① 税务会计点击"企业开票"后选择"开具蓝票"，再选择"增值税专用发票"或者直接点击"开具增值税专票"，如图 14-12 所示。

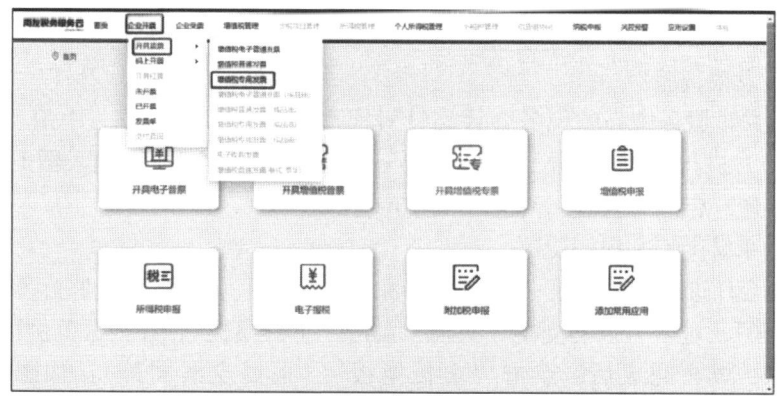

图 14-12　税务会计岗开具增值税专用发票

② 税务会计根据测试用例填写发票信息，如图 14 – 13 所示。

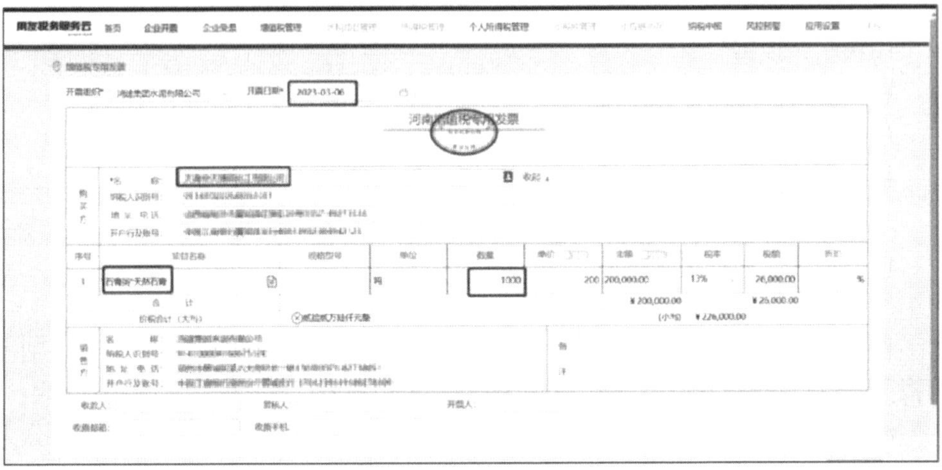

图 14 – 13　税务会计岗填写发票信息

③ 税务会计填写完发票信息后，点击"开票"，如图 14 – 14 所示。

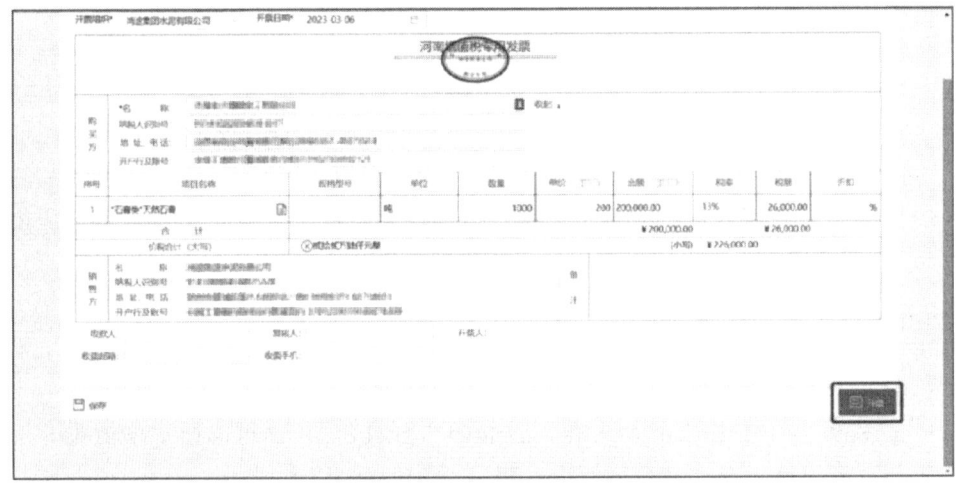

图 14 – 14　税务会计岗开票

（2）发票查验。

财务共享服务中心的税务会计岗针对前面备品备件采购业务中的发票（见图 14 – 15）进行查验。点击"企业受票"，选择"发票查验"，输入图 14 – 15 中的发票信息，点击"查验"，如图 14 – 16 所示。

（3）采购受票和报销受票。

税务会计进行企业受票（采购受票和报销受票）。点击"企业受票"，选择"采购台账"，进入"采购受票"页面，点击"下载模板"，并根据范例填写采购发票信息，填写完成后，点击"上传模板"（报销受票同理），如图 14 – 17 所示。

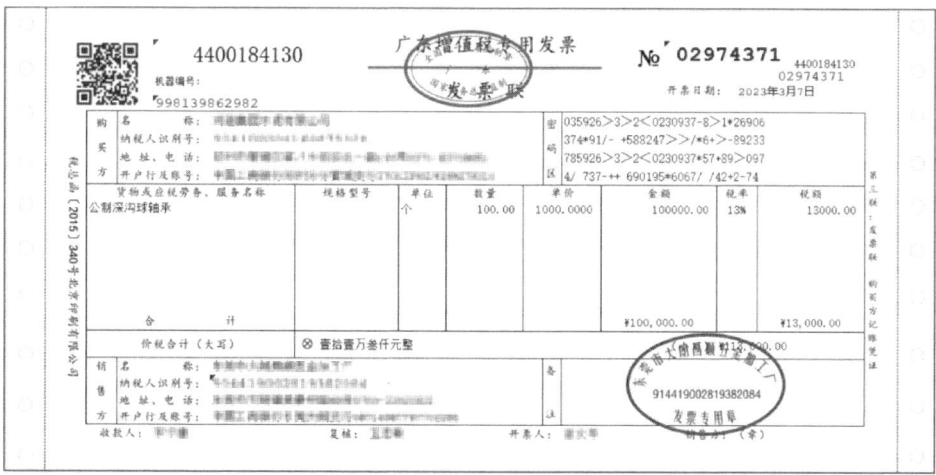

图 14-15　备品备件采购业务中的发票

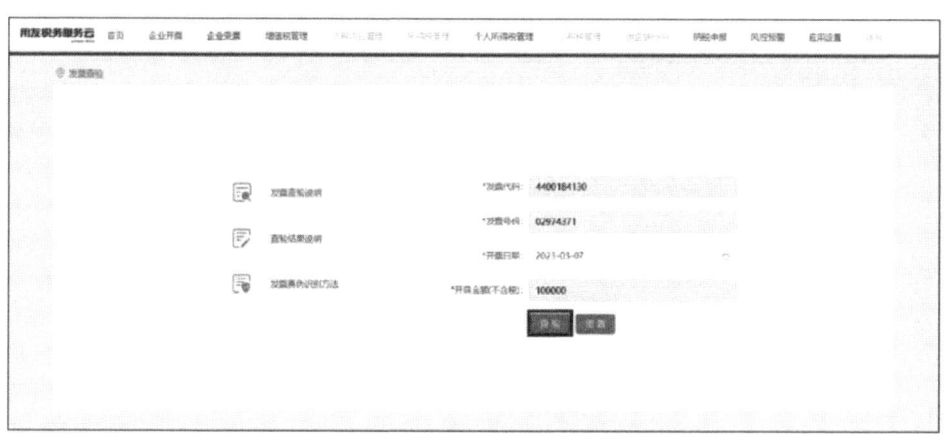

图 14-16　税务会计岗发票查验

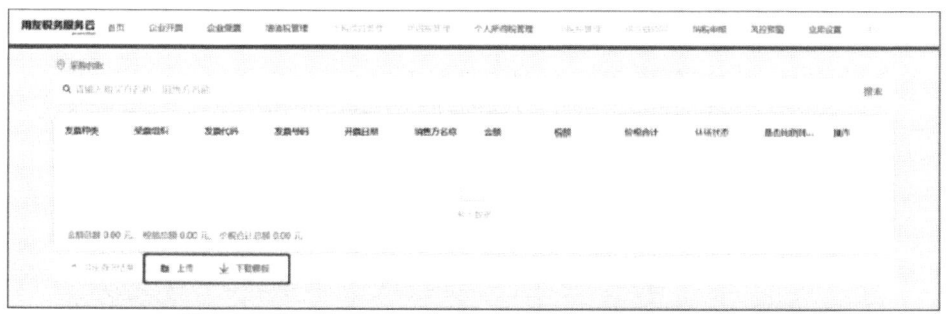

图 14-17　税务会计岗采购受票

（4）进项税认证。

① 税务会计进项税认证。进入税务云系统，点击"增值税管理"，选择"进项认证管理"，并选择"发票勾选"，如图 14-18 所示。

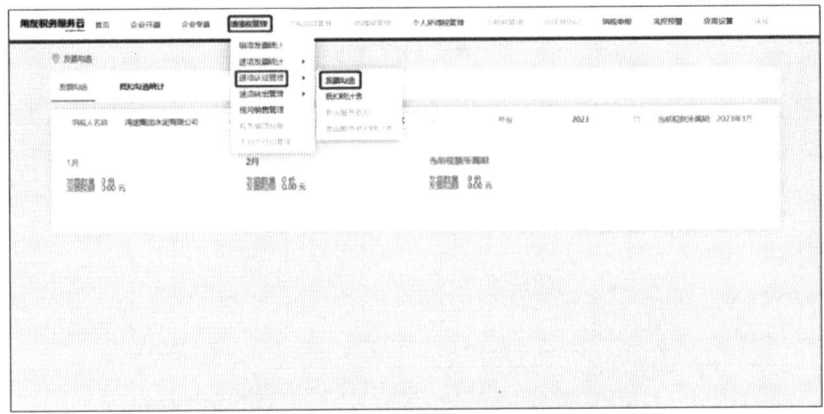

图 14-18　税务会计岗进项认证

②税务会计根据任务描述，选择案例企业纳税人名称，点击"抵扣勾选统计"，选择"发票勾选"，如图 14-19 所示。

图 14-19　税务会计岗发票勾选

③税务会计勾选相应发票，点击"勾选保存"，如图 14-20 所示。

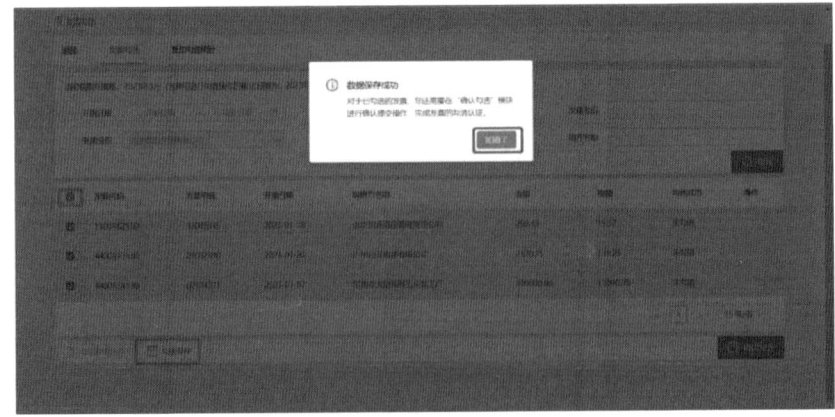

图 14-20　税务会计岗勾选保存

④ 税务会计选择勾选状态为"已勾选未确认",点击"查询",如图 14 – 21 所示。

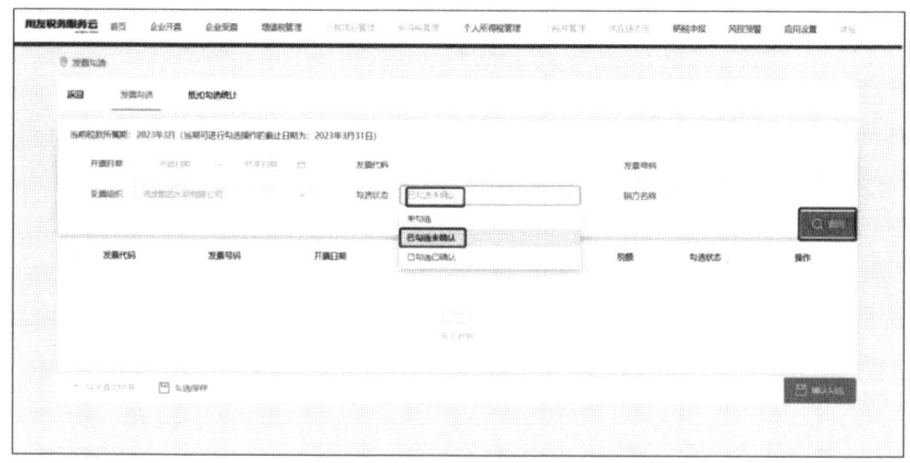

图 14 – 21 税务会计岗查询

⑤ 勾选相应发票,点击"确认勾选",点击"确定",如图 14 – 22 所示。

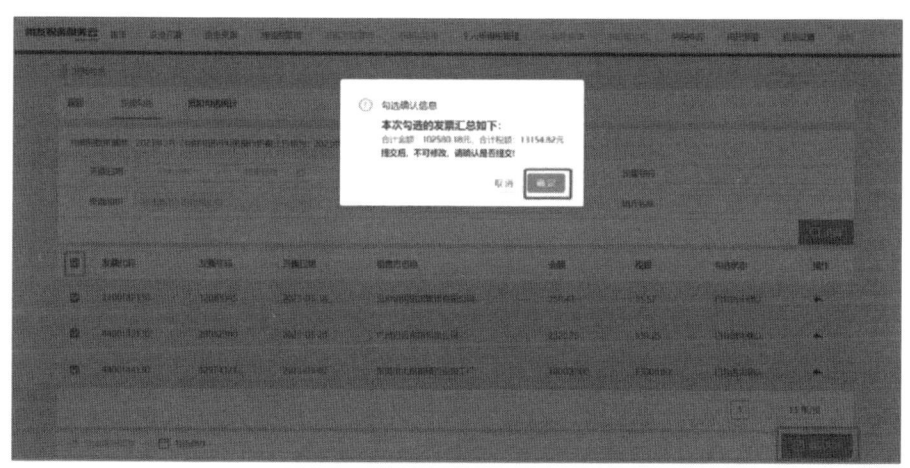

图 14 – 22 税务会计岗认证成功

(5) 增值税纳税申报表。

① 税务会计点击"纳税申报",选择"增值税申报表",进入增值税纳税申报表页面。根据选择的纳税人性质不同,页面显示的内容不同。一般纳税人的页面如图 14 – 23 所示,小规模纳税人的页面如图 14 – 24 所示。

鸿途集团水泥有限公司是一般纳税人,以下以一般纳税人为例介绍增值税纳税申报表的编制与查询。一般纳税人增值税纳税申报表可分为主表、附表一、附表二、附表三、附表四,共 5 张表,对应 5 个页签。在企业开票、受票、抵扣、认证等数据都在财务共享税务云服务上维护与管理的情况下,系统可以自动生成增值税纳税申报表的相关内容。

图 14-23　一般纳税人增值税纳税申报表

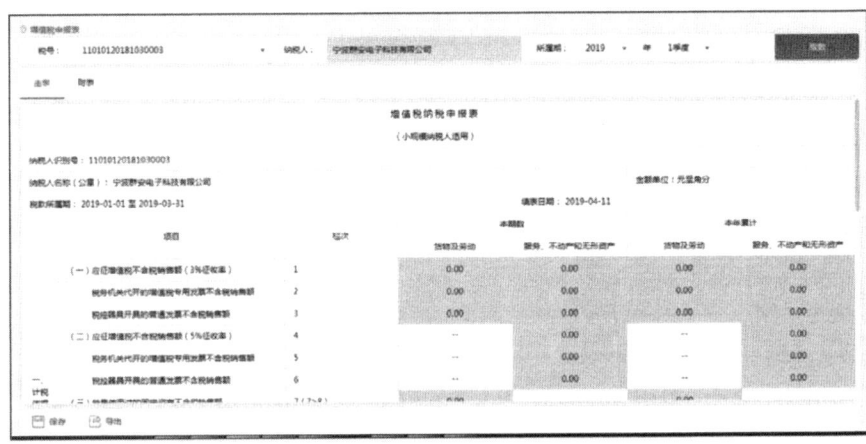

图 14-24　小规模纳税人增值税纳税申报表

② 税务会计在"增值税申报表"页面点击"主表"页签，如图 14-25 所示，点击"取数"可自动生成增值税纳税申报表主表数据。

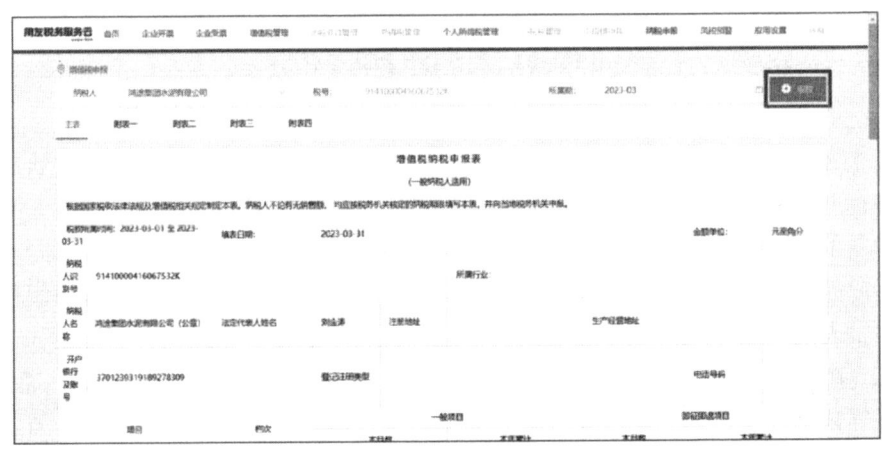

图 14-25　增值税纳税申报表主表

③ 税务会计在"增值税申报表"页面点击"附表一"页签，如图 14-26 所示，点击"取数"可自动生成增值税纳税申报表附表一的数据，即增值税纳税申报表附列资料（一）本期销售情况明细，将查询期间的销售数据按照不同的报表项目和维度进行取值计算，从而得到报表结果数据。

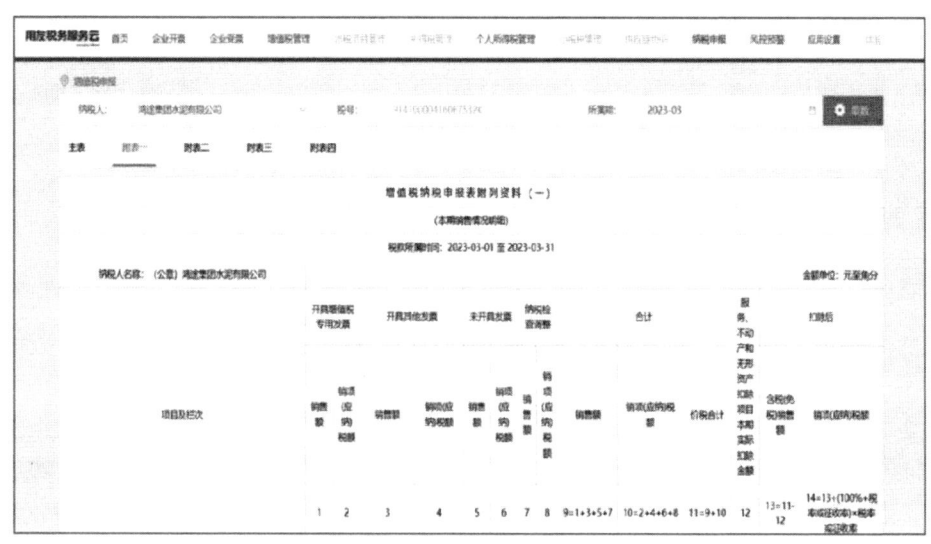

图 14-26 增值税纳税申报表附表一

④ 税务会计在"增值税申报表"页面点击"附表二"页签，如图 14-27 所示，点击"取数"可自动生成增值税纳税申报表附表二的数据，即增值税纳税申报表附列资料（二）本期进项税额明细，将查询期间的进项税数据按照不同的报表项目和维度进行取值计算，从而得到报表结果数据。

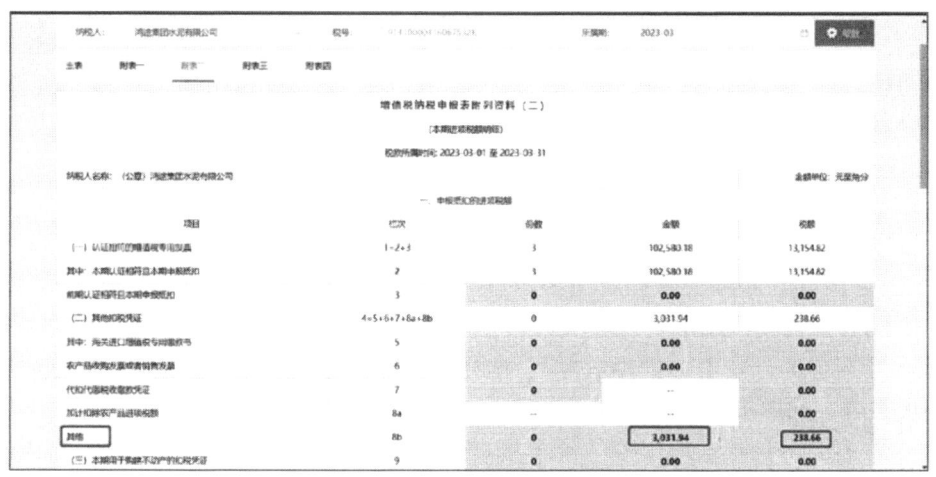

图 14-27 增值税纳税申报表附表二

⑤ 税务会计在"增值税申报表"页面点击"附表三"页签，如图 14-28 所示，点击"取数"可自动生成增值税纳税申报表附表三的数据，即增值税纳税

申报表附列资料（三）服务、不动产和无形资产扣除项目明细，将查询期间的服务、不动产和无形资产扣除项目数据按照不同的报表项目和维度进行取值计算，从而得到报表结果数据。

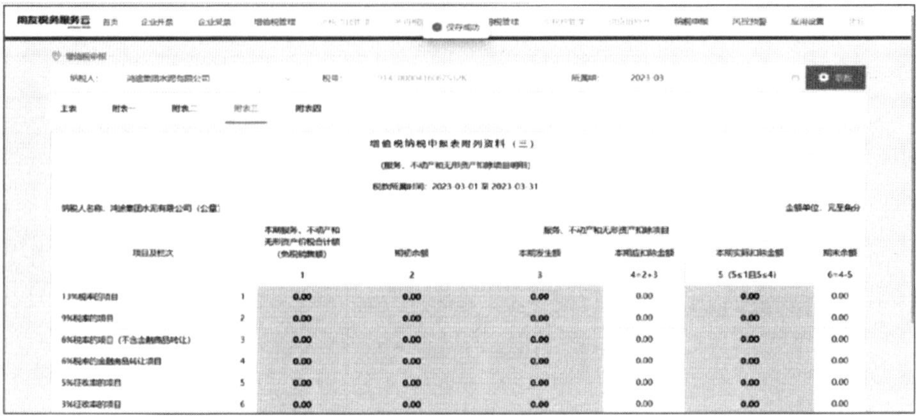

图 14-28　增值税纳税申报表附表三

⑥ 税务会计在"增值税申报表"页面点击"附表四"页签，如图 14-29 所示，点击"取数"可自动生成增值税纳税申报表附表四的数据，即增值税纳税申报表附列资料（四）税额抵减情况表，将查询期间的税额抵减数据按照不同的抵减项目和维度进行取值计算，从而得到报表结果数据。

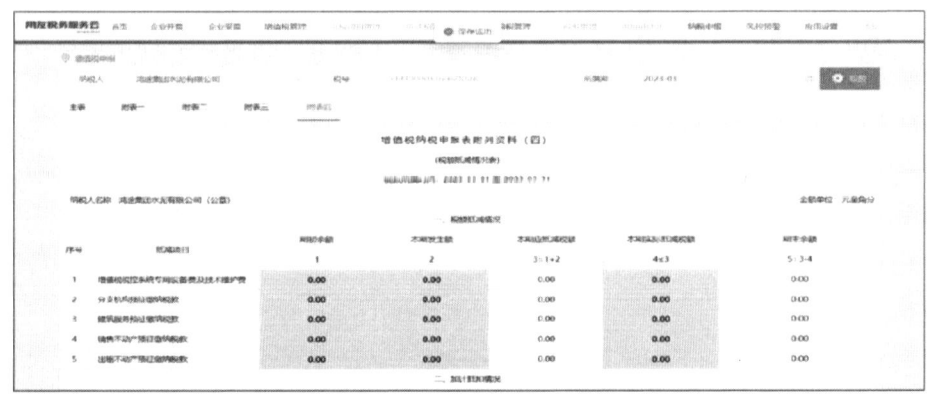

图 14-29　增值税纳税申报表附表四

（6）附加税纳税申报表。

① 税务会计点击"纳税申报"，选择"附加税费申报表"进入附加税纳税申报表页面，如图 14-30 所示。

② 税务会计根据增值税纳税申报表数据填写附加税费申报表，填写完成后点击"保存"，如图 14-31 所示。

（7）增值税与附加税申报。

① 财务经理点击"纳税申报"，选择"电子报税"进入申报界面，点击"申报"完成税费申报，如图 14-32 所示。

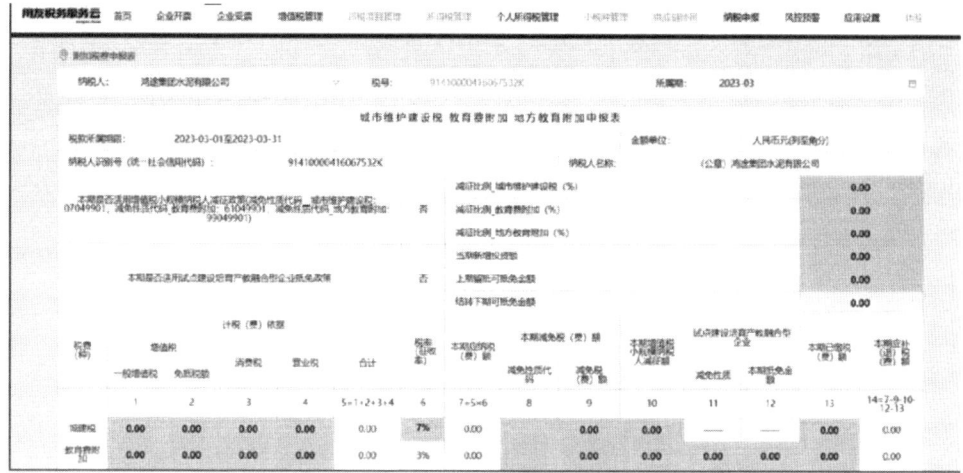

图 14-30 附加税费申报表

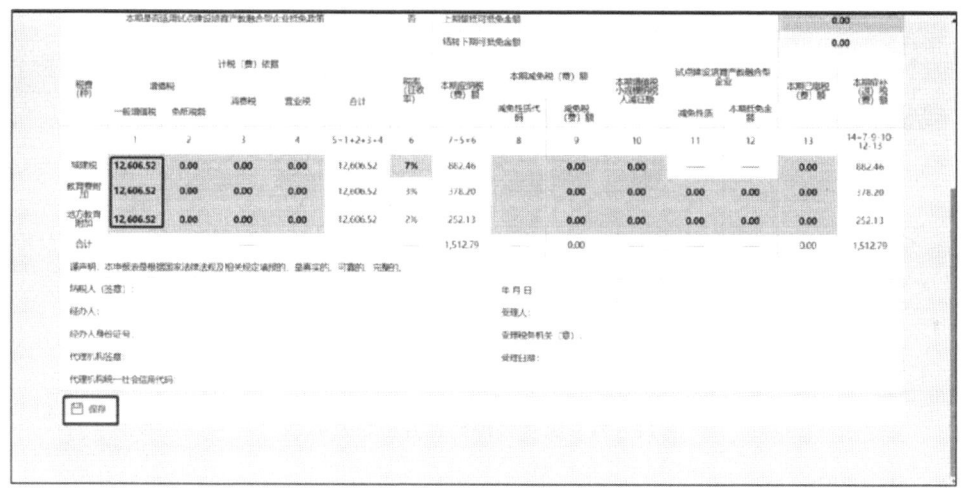

图 14-31 保存附加税费申报表

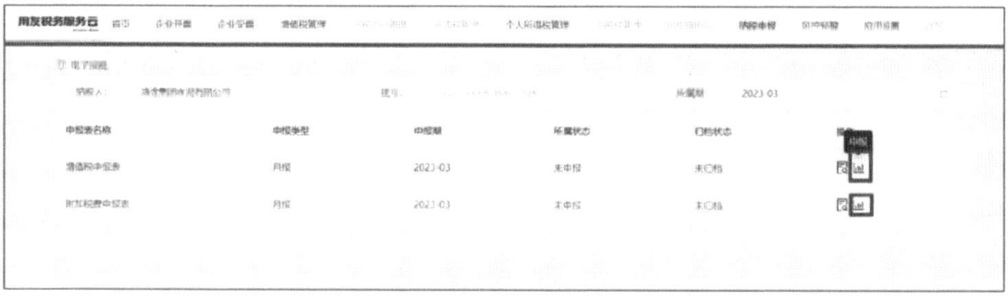

图 14-32 财务经理岗税费申报

② 财务经理点击"纳税申报",选择"电子税务局"进入税务局界面,完成税款缴纳(见图 14-33~图 14-36),企业账号登录采用纳税人识别号:91410000416067532K,密码:123456。

图14-33　财务经理岗登录电子税务局

图14-34　财务经理岗税费申报及缴纳

图14-35　财务经理岗勾选要缴纳的款项

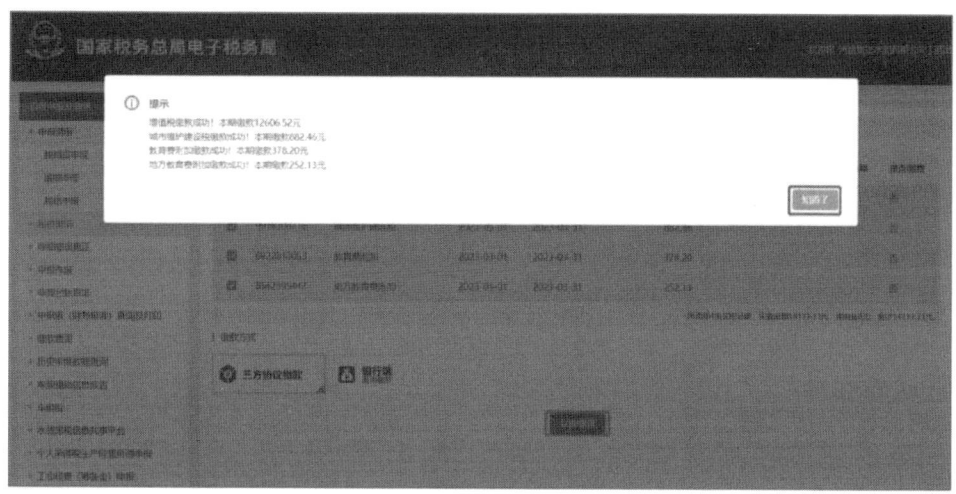

图 14 – 36　财务经理岗税费缴纳成功

（8）个税申报。

① 税务会计点击"个税申报"任务，输入企业纳税人识别号和密码，企业纳税人识别号：91410000416067532K，密码：12345，登录自然人税收管理系统扣缴客户端，如图 14 – 37 所示。

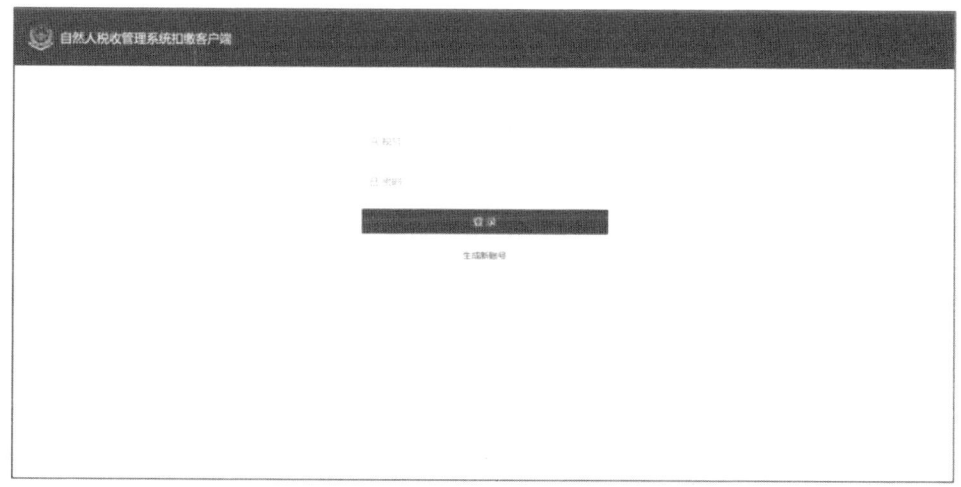

图 14 – 37　税务会计岗登录自然人税收管理系统扣缴客户端

② 税务会计点击"人员信息采集"，根据所给资料填写信息，进行人员信息采集，并点击"报送"，如图 14 – 38、图 14 – 39 所示。

③ 税务会计在"人员信息采集"之后，点击"综合所得税申报"，然后点击"收入及减除填写"，并选择"正常工资薪金所得"的编写，接着选择"税款计算"，计算完成后点击"申报表报送"，如图 14 – 40 ~ 图 14 – 42 所示。

图 14-38　税务会计岗填写人员信息并申报

图 14-39　税务会计岗人员信息采集

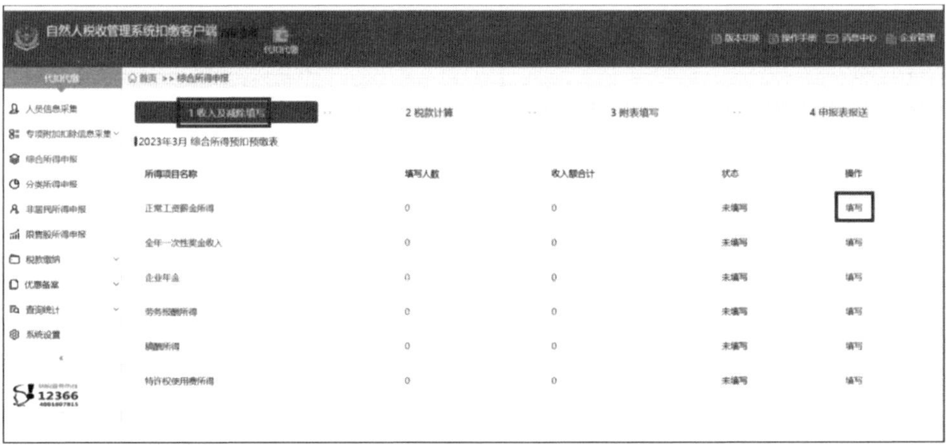

图 14-40　税务会计岗综合所的申报—录入工资薪金所得

图 14-41 税务会计岗税款计算

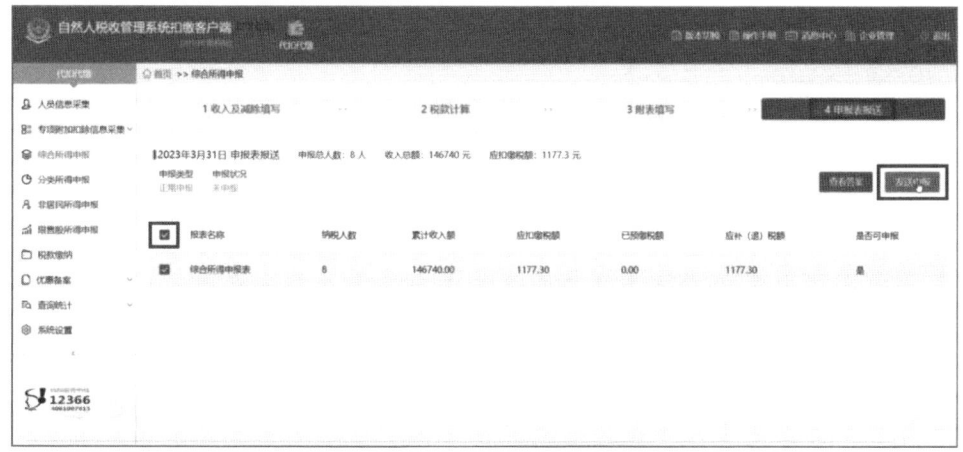

图 14-42 税务会计岗发送申报

第 15 章 报表共享

[学习目标]

了解报表共享基本内容;
了解合并报表概述;
了解报表共享应用;
了解报表业务的总体流程;
掌握报表共享的操作流程。

15.1 报表共享基本内容

财务共享服务中心根据业务构成设 9 个专业处室,包括薪酬核算处、费用报销处、采购核算处、销售核算处、成本核算处、资产税务处、资金结算处、运营管理处、总账报表处。其中,总账报表处主要负责制定核算办法,进行各单位总账报表统一编制、上报、查询,进行报表内部往来对账和各单位数据对比分析,如图 15—1 所示。

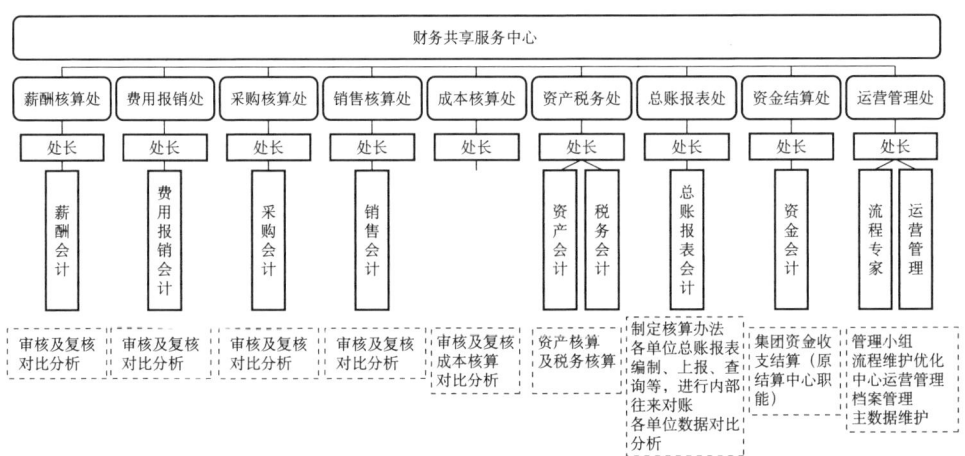

图 15—1 财务共享服务中心组织结构设计

15.2 合并报表概述

15.2.1 合并财务报表

合并财务报表，是指反映由母公司和其全部子公司形成的企业集团整体财务状况、经营成果和现金流量的财务报表。

母公司，是指控制一个或一个以上主体（含企业、被投资单位中可分割的部分，以及企业所控制的结构化主体等）的主体。

子公司，是指被母公司控制的主体。

合并财务报表至少应当包括下列组成部分。

(1) 合并资产负债表；
(2) 合并利润表；
(3) 合并现金流量表；
(4) 合并所有者权益（或股东权益）变动表；
(5) 附注。

企业集团中期期末编制合并财务报表的，至少应当包括合并资产负债表、合并利润表、合并现金流量表和附注。

15.2.2 合并程序

母公司应当以自身和其子公司的财务报表为基础，根据其他有关资料，编制合并财务报表。母公司编制合并财务报表，应当将整个企业集团视为一个会计主体，依据相关企业会计准则的确认、计量和列报要求，按照统一的会计政策，反映企业集团整体财务状况、经营成果和现金流量。

(1) 合并母公司与子公司的资产、负债、所有者权益、收入、费用和现金流等项目。

(2) 抵销母公司对子公司的长期股权投资与母公司在子公司所有者权益中所享有的份额。

(3) 抵销母公司与子公司、子公司相互之间发生的内部交易的影响。内部交易表相关资产发生减值损失的，应当全额确认该部分损失。

(4) 站在企业集团角度对特殊交易事项予以调整。

合并程序如图 15-2 所示。

15.2.3 合并报表相关会计科目

(1) 内部股权投资抵销业务，包括实收资本、长期股权投资、资本公积、

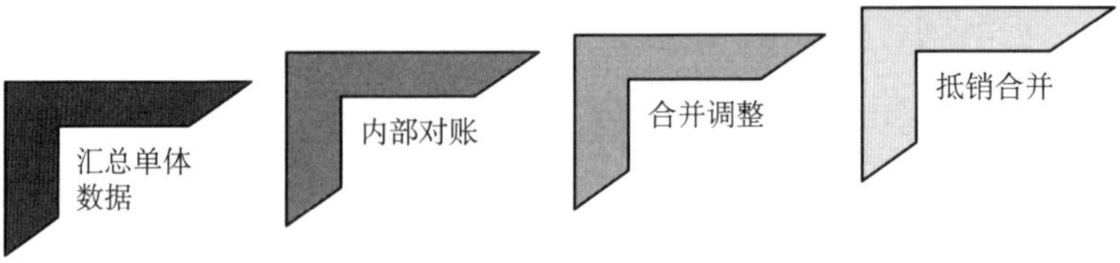

图 15-2　合并程序

交易性金融资产、盈余公积、投资收益、未分配利润、其他综合收益等会计科目。

（2）内部债权债务抵销业务，包括应收账款、应付账款、应收票据、应付票据、预付账款、预收账款、应收股利、应付股利、其他应收款、其他应付款、应收利息、应付利息。

（3）内部交易及融资抵销业务，包括营业收入、营业成本、存货、营业外收入、固定资产/在建工程、管理（销售）费用、无形资产、投资性房地产、应付债券、短期借款、资产减值损失。

（4）内部现金流抵销业务，包括库存现金、银行存款、其他货币资金。

15.3　报表共享应用

15.3.1　报表共享应用

企业的基础财务报表主要包括资产负债表、利润表、现金流量表和所有者权益变动表。上了报表共享之后不再由各个子公司自己编制报表并上报，而是在财务共享平台上由总账报表处的人员统一对集团及成员单位的基础财务报表进行数据采集、审核、上报、查询等相关工作，实现企业报表的自动取值与全面管理，为合并报表提供准确的财务报表数据。

合并报表共享后要求企业统一对账及合并规则，将合并业务规则化、标准化、模块化。

该工作领域的具体工作有：

（1）资产负债表编制、审核、上报、查询、合并；

（2）利润表编制、审核、上报、查询、合并；

（3）现金流量表编制、审核、上报、查询、合并。

15.3.2　单体报表编制流程

第一步：单体报表数据采集，包括自动取数（外系统数据集成、表单业务函数取数、系统自动重分类调整）和手工填报（Web端直接录入）两种方式。

第二步：单体报表数据调整，包括调整规则自动生成、手工制作调整凭证、手工表单调整数据。

第三步：单体报表数据上报，包括编制流程上报、报送管理上报（见图 15 – 3）。

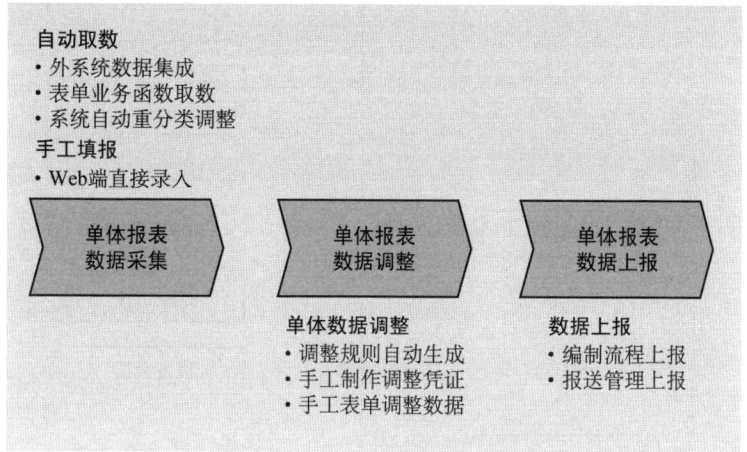

图 15 – 3　单体报表编制流程

15.3.3　合并报表编制流程

第一步：合并调整，包括成本法转权益法调整、单体公允价值调整、其他合并层面调整、可设置调整规则自动生成调整凭证、可手工制作调整凭证。

第二步：内部对账，包括内部交易对账、内部权益对账、可设置对账规则自动生成对账凭证、可手工制作对账凭证。

第三步：抵销合并，包括可根据对账结果自动生成抵销凭证、可一键合并、自动抵销合并。

第四步：合并报告展现，包括对外上市披露、发债披露报告、内部管理分析报告、报送政府部门报告。

15.4　报表共享前流程

15.4.1　集团报表流程

集团报表流程具体如图 15 – 4 所示。

15.4.2　合并报表流程

合并报表流程具体如图 15 – 5 所示。

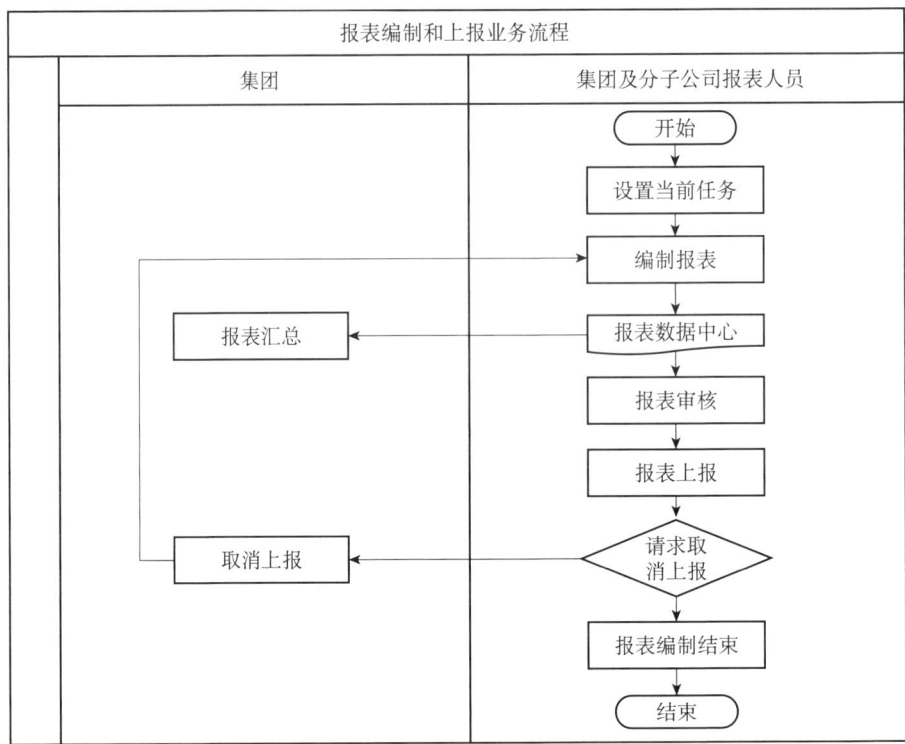

图 15-4 集团报表流程

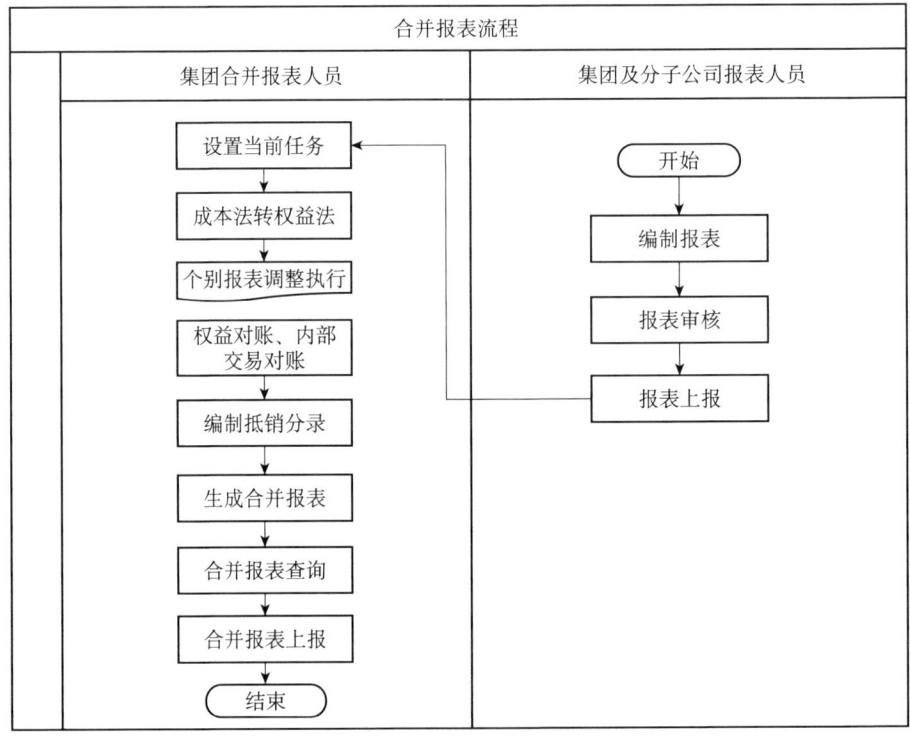

图 15-5 合并报表流程

15.5　报表共享后流程

报表共享流程具体如图15-6所示。

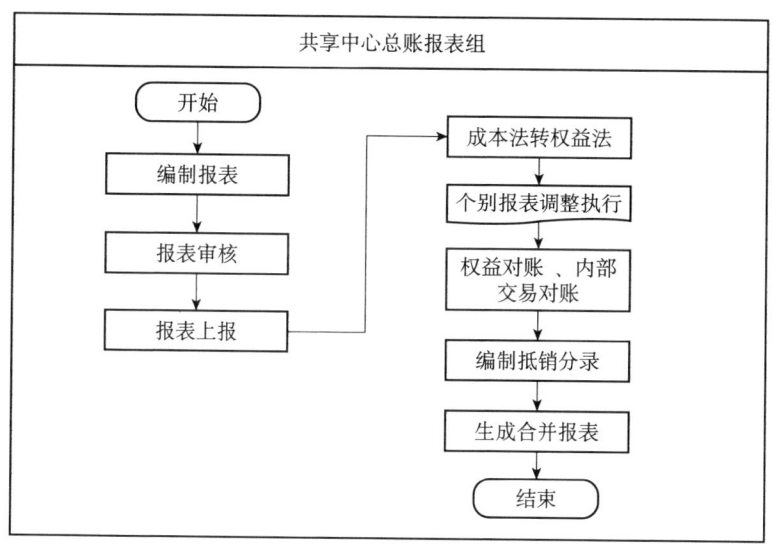

图15-6　报表共享流程

15.6　集团报表业务

15.6.1　测试用例

鸿途集团财务共享中心总账主管岗统一对纳入共享中心的所有单位的企业报表进行编报业务处理及合并报表业务处理。

要求：在财务共享平台上对"鸿途集团水泥有限公司、大连鸿途水泥有限公司、鸿途集团京北水泥有限公司、辽阳鸿途水泥有限公司、鸿途集团金州水泥有限公司、天津鸿途水泥有限公司、京北鸿途水泥有限公司、辽宁辽西水泥集团有限公司"2023年3月的鸿途集团月报任务（资产负债表、利润表、现金流量表、内部交易表）进行集团报表的编制、上报；集团合并报表的内部交易对账、编制抵销分录、合并报表。

15.6.2　操作步骤

（1）总账主管岗进入"报账平台"页面，修改系统日期为"2023-03-21"，如图 15-7 所示。

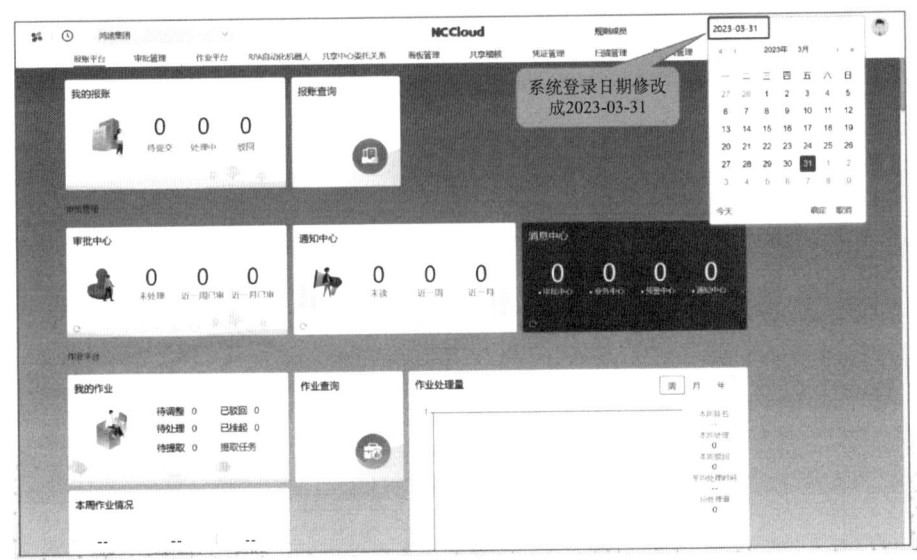

图 15-7 总账主管岗修改登录日期

（2）总账主管岗选择"企业绩效管理"下的"集团报表"，并点击"报表数据中心"，如图 15-8 所示。

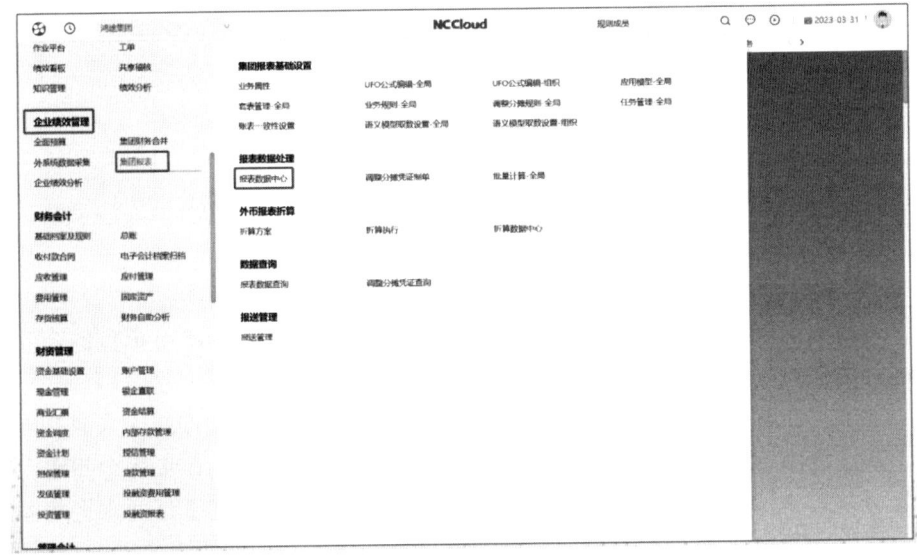

图 15-8 总账主管岗打开报表数据中心

（3）总账主管岗上岗，任务选择"鸿途集团月报"、会计期间选择"2023年"、会计月选择"3月"、币种选择"人民币"，如图 15-9 所示。

（4）总账主管岗点击"保存计算"按钮，如图 15-10 所示。

（5）总账主管岗分别查看资产负债表、利润表、现金流量表、内部交易表计算结果，如图 15-11 所示。

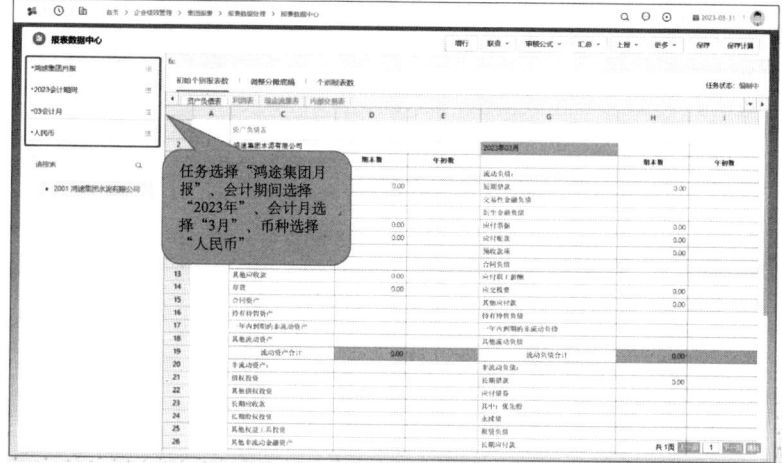

图 15-9　总账主管岗选择任务、期间、币种

图 15-10　总账主管岗保存计算

图 15-11　总账主管岗查看计算结果

(6) 总账主管岗检查无误后点击"上报"按钮,如图 15-12 所示。

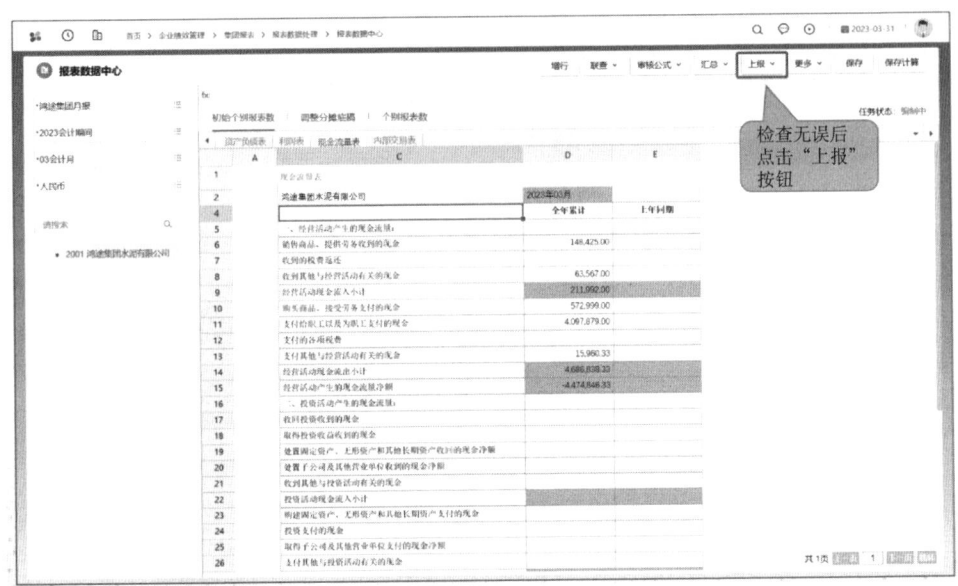

图 15-12 总账主管岗报表上报

(7) 总账主管岗鼠标定位单元格,单击左键,选择"公式追踪",如图 15-13 所示。

图 15-13 总账主管岗公式追踪

(8) 总账主管岗查看"取数结果"和"报表取数公式展示",并点击计算的值,联查数据来源,如图 15-14、图 15-15 所示。

(9) 总账主管岗点击"取联查明细数",如图 15-16 所示。

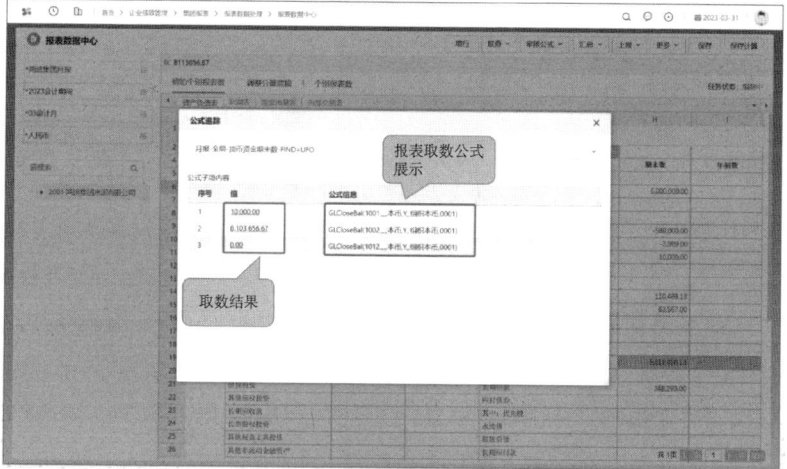

图 15-14　总账主管岗查询结果

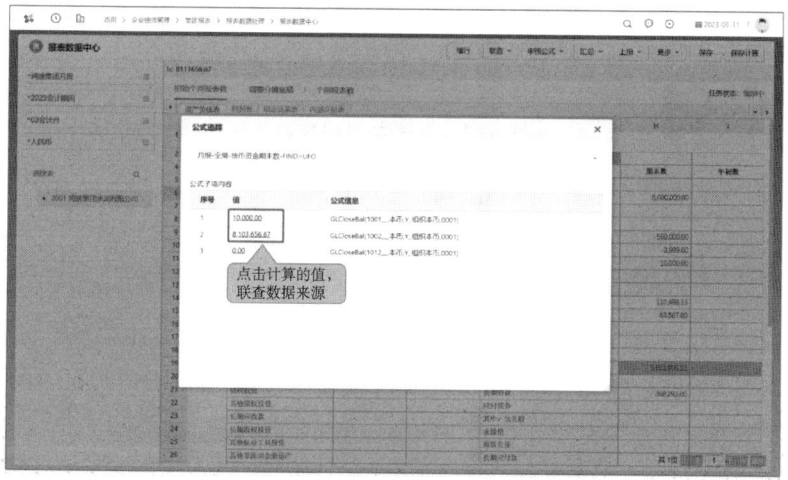

图 15-15　总账主管岗查询数据来源

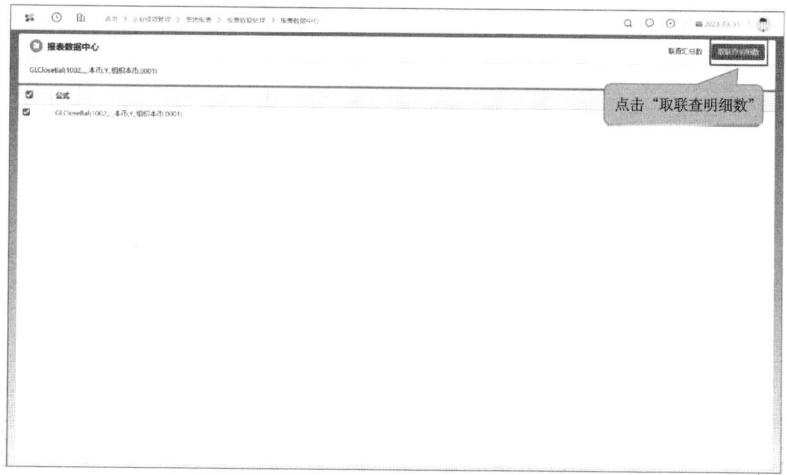

图 15-16　总账主管岗联查明细数结果

(10) 总账主管岗点击"联查凭证",如图 15-17 所示。

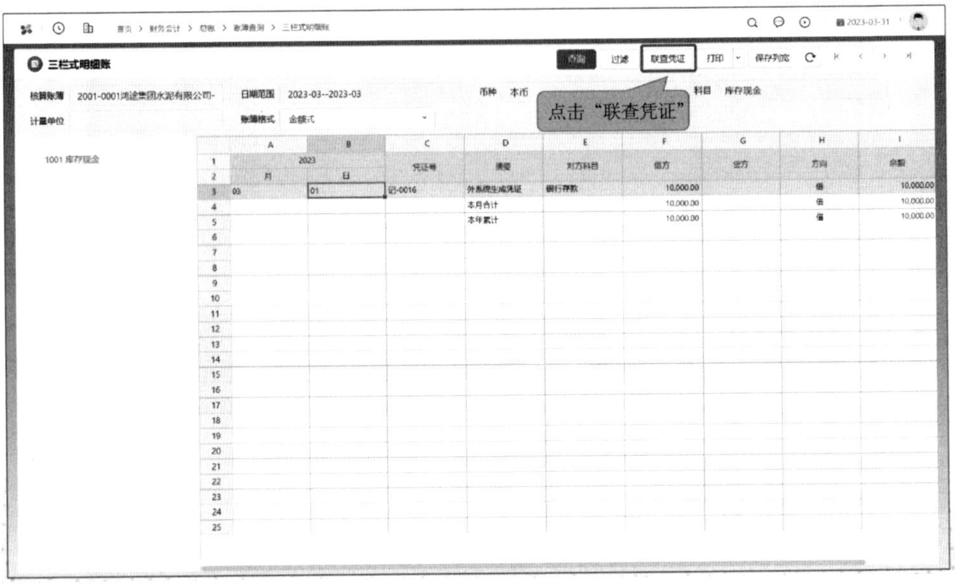

图 15-17 总账主管岗联查凭证

(11) 总账主管岗点击"联查单据"查看数据来源,如图 15-18 所示。

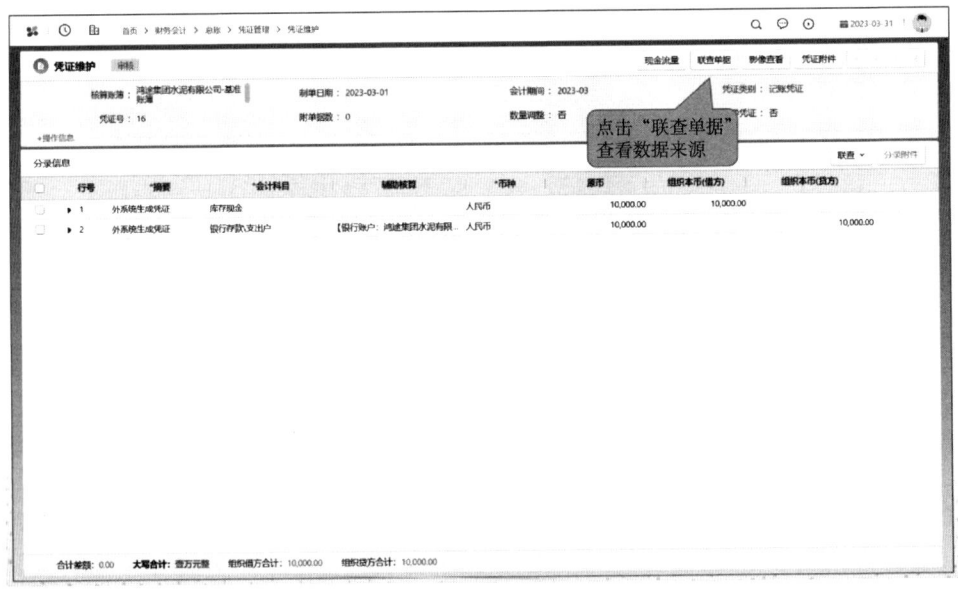

图 15-18 总账主管岗联查单据

(12) 总账主管岗点击"联查汇总数",如图 15-19 所示。

(13) 总账主管岗可根据需求联查明细、总账、辅助,如图 15-20~图 15-23 所示。

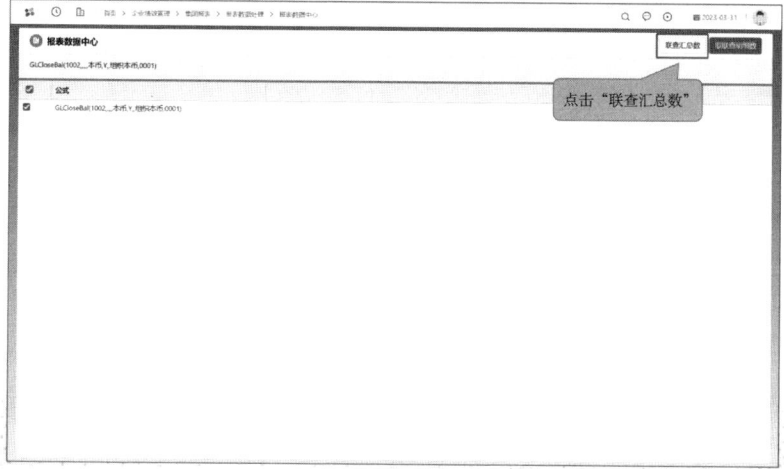

图 15-19　总账主管岗联查汇总数

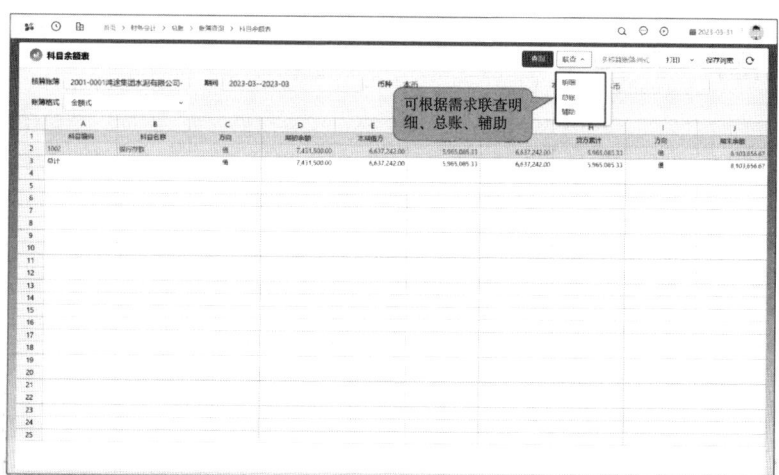

图 15-20　总账主管岗联查明细、总账、辅助

图 15-21　总账主管岗联查汇总数——明细

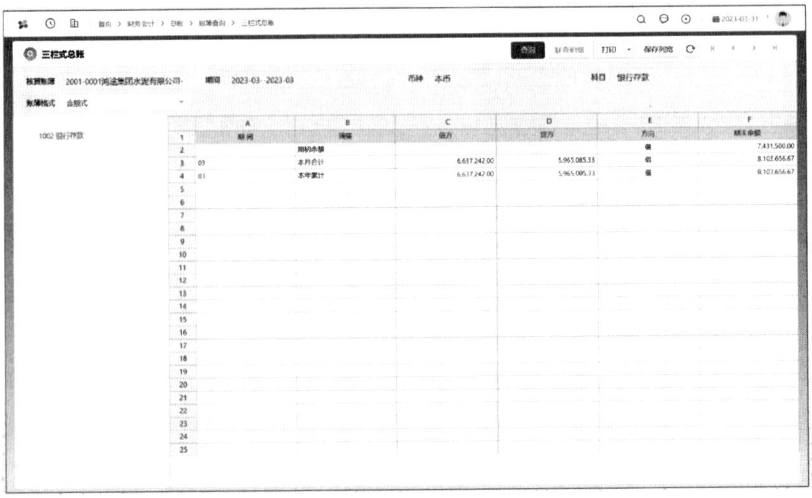

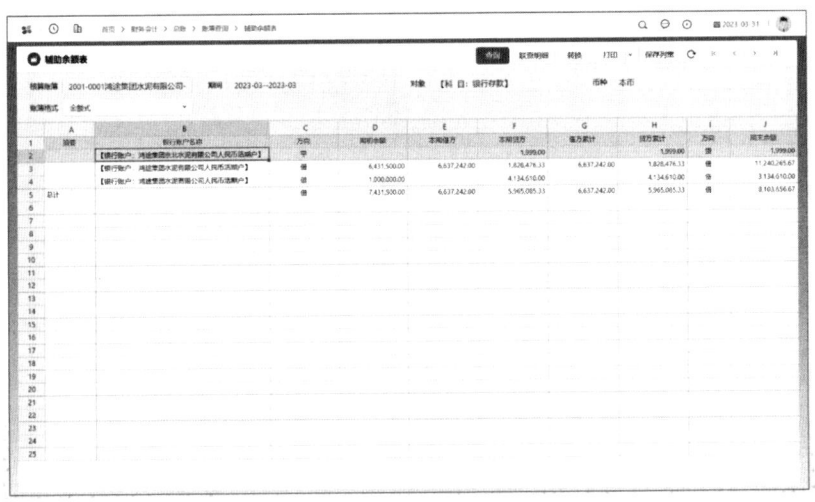

图 15-22　总账主管岗联查汇总数——总账

图 15-23　总账主管岗联查汇总数——辅助

15.7　合并报表业务

15.7.1　测试用例

鸿途集团财务共享中心总账主管岗统一对纳入共享中心的所有单位的企业报表进行编报业务处理及合并报表业务处理。

要求：在财务共享平台上对"鸿途集团水泥有限公司、大连鸿途水泥有限公司、鸿途集团京北水泥有限公司、辽阳鸿途水泥有限公司、鸿途集团金州水泥有限公司、天津鸿途水泥有限公司、京北鸿途水泥有限公司、辽宁辽西水泥集团有限公司"2023年3月的鸿途集团月报任务（资产负债表、利润表、现金流量表、内部交易表）进行集团报表的编制、上报；集团合并报表的内部交易对账、编制抵销分录、合并报表。

15.7.2 操作步骤

（1）总账主管岗进入"报账平台"页面，修改系统日期为"2023-03-31"，如图15-24所示。

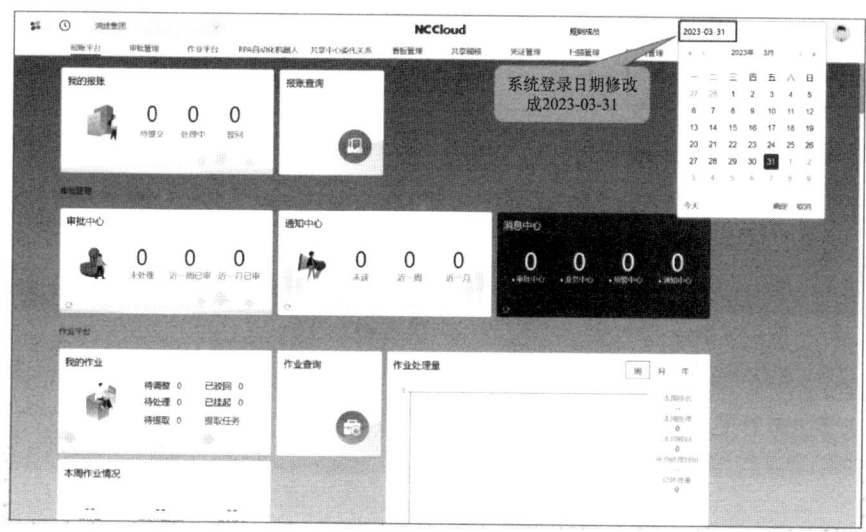

图15-24 总账主管岗修改登录日期

（2）总账主管岗选择"企业绩效管理"下的"集团财务合并"，并点击"内部交易对账"，如图15-25所示。

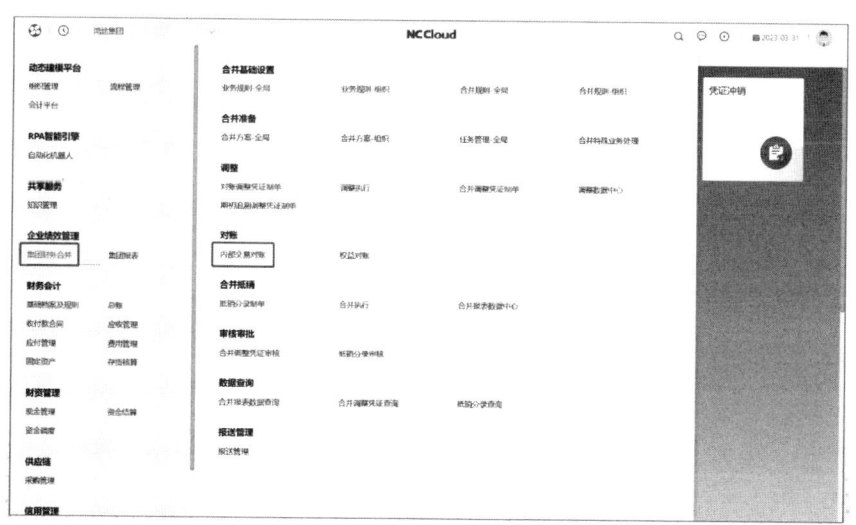

图15-25 总账主管岗打开内部交易对账

(3)总账主管岗选择"多对多对账",如图15-26所示。

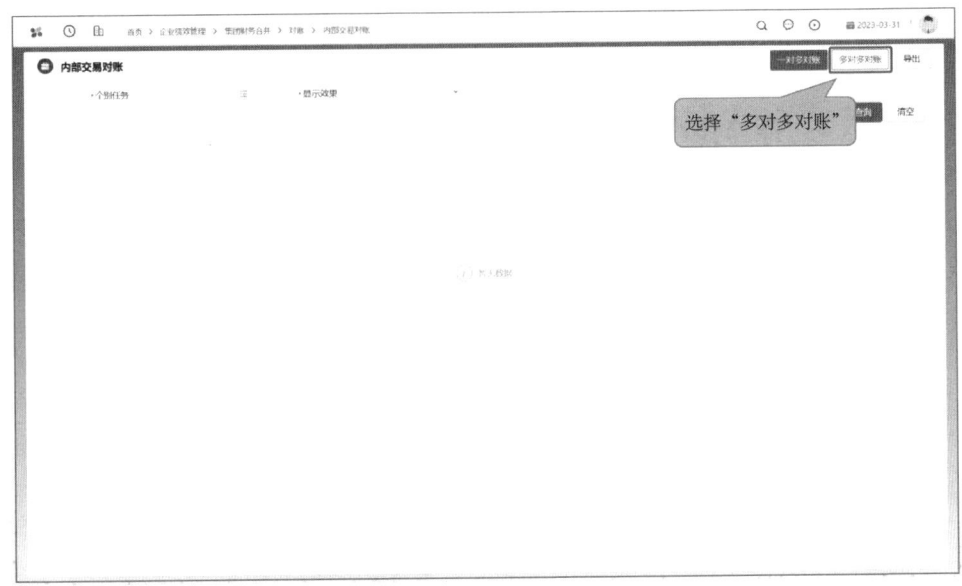

图15-26 总账主管岗对账

(4)总账主管岗选择"个别任务""会计期间""会计月""币种""对账规则""本方主体""对方主体",如图15-27所示。

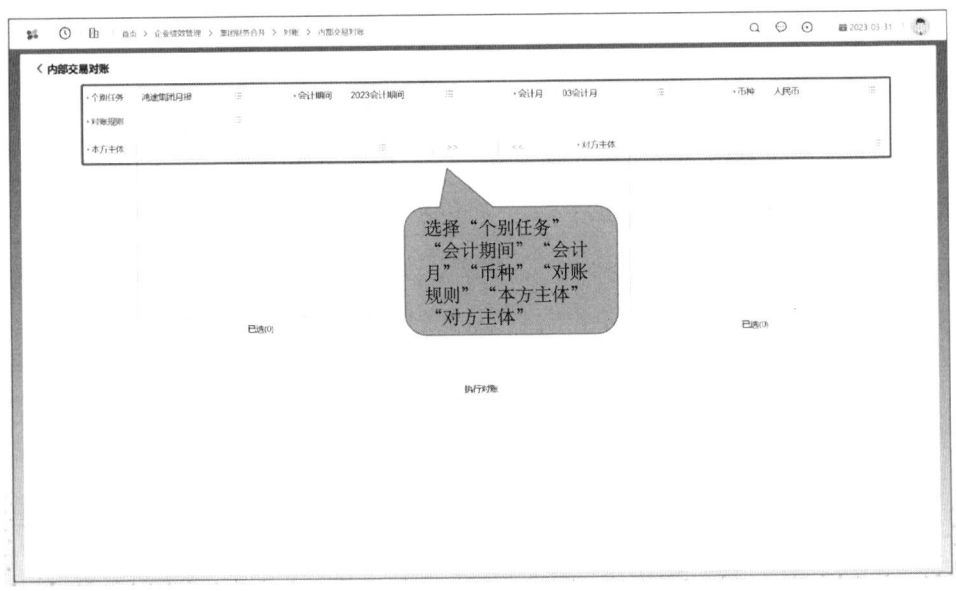

图15-27 总账主管岗选择任务、期间、币种

(5)总账主管岗关于对账规则选择对应集团规则,如第五个集团,对账规则选择"收入成本抵销5""其他应收其他应付抵销5""应收应付抵销5""预收预付抵销5",如图15-28所示。

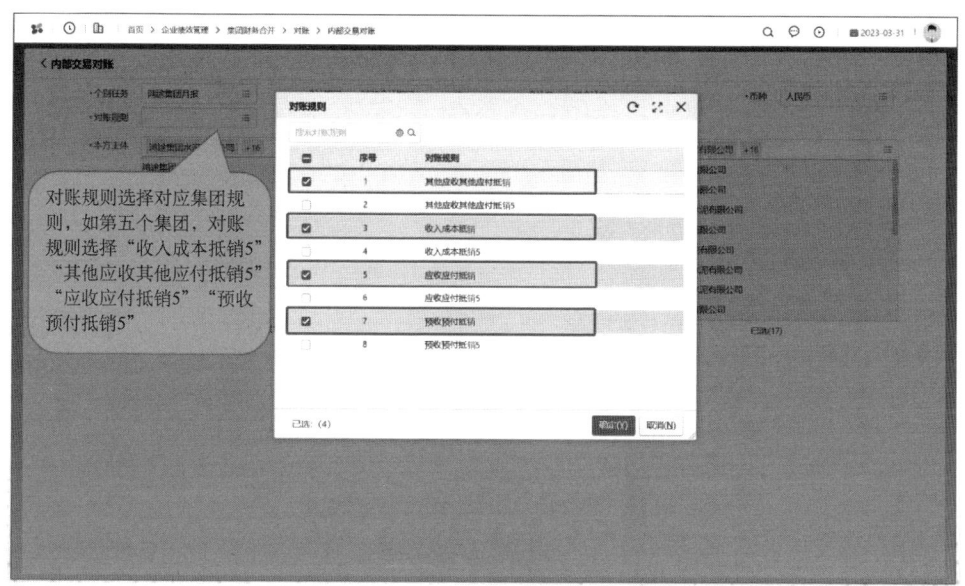

图 15-28 总账主管岗选择对账规则

（6）总账主管岗点击"执行对账"按钮，接着根据提示信息点击"确定"按钮，如图 15-29、图 15-30 所示。

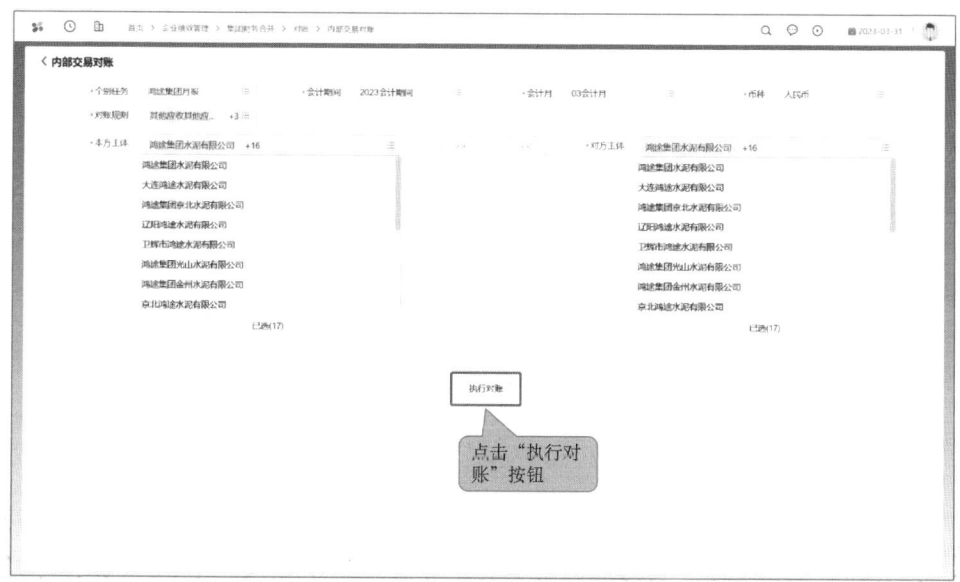

图 15-29 总账主管岗执行对账

（7）总账主管岗查看对账结果，已对符用"√"表示，未对符用"×"表示，如图 15-31、图 15-32 所示。

（8）总账主管岗点击"企业绩效管理"下的"集团财务合并"，选择"合并执行"，如图 15-33 所示。

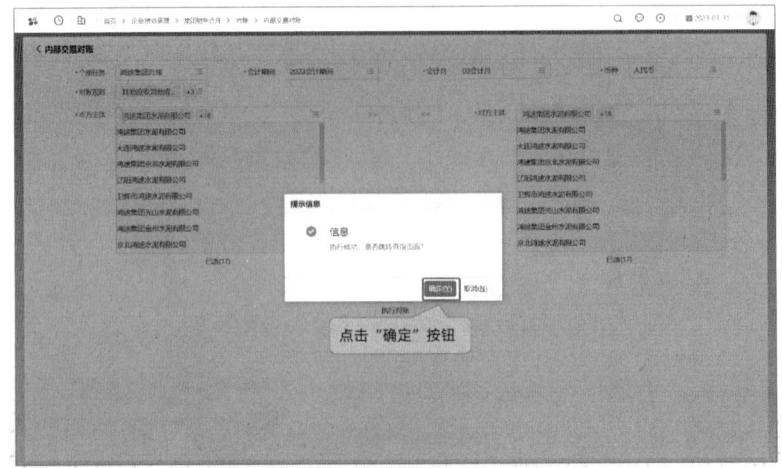

图 15-30　总账主管岗执行对账确定

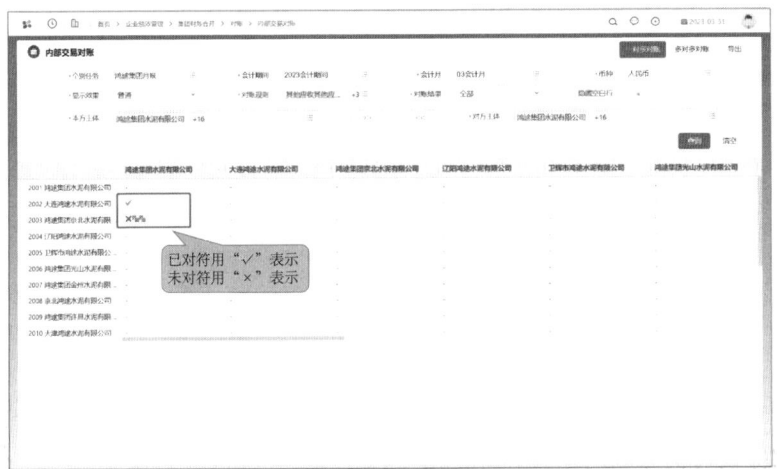

图 15-31　总账主管岗对账结果

图 15-32　总账主管岗已对符结果

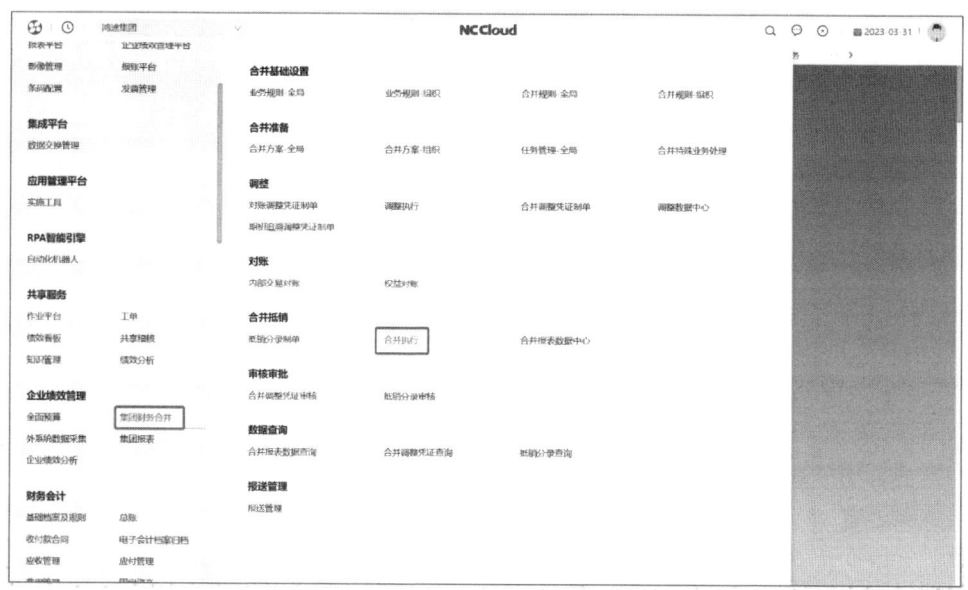

图 15-33 总账主管岗打开合并执行

(9) 总账主管岗选择合并方案、会计期间、会计月,选择"HTJT 鸿途集团合并(HB)",如图 15-34 所示。

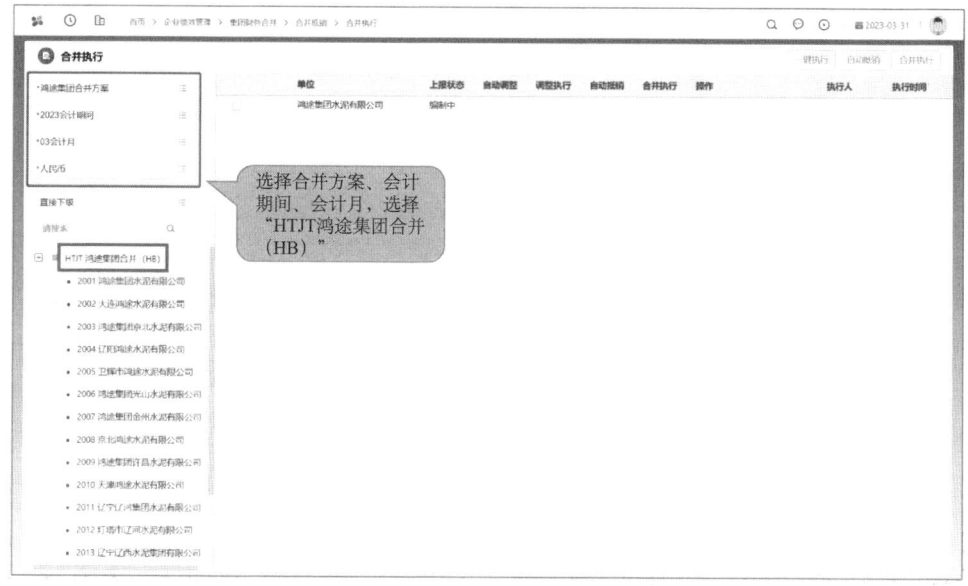

图 15-34 总账主管岗合并执行

(10) 总账主管岗点击"抵销分录"可查看生成的抵销分录,点击"自动抵销"按钮,如图 15-35 所示。

(11) 总账主管岗查看生成的抵销分录,如图 15-36 所示。

(12) 总账主管岗点击"数据追踪"可穿透查询,如图 15-37 所示。

图 15-35　总账主管岗自动抵销

图 15-36　总账主管岗查看抵销分录

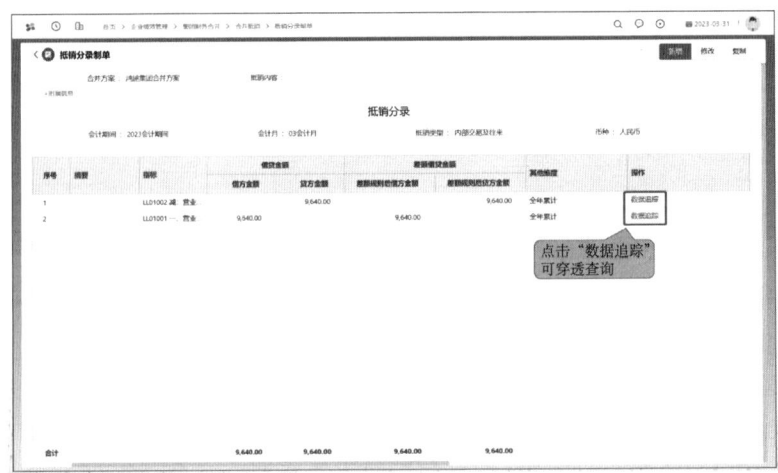

图 15-37　总账主管岗数据追踪

(13) 总账主管岗点击"金额"可查看来源，如图 15 – 38、图 15 – 39 所示。

图 15 – 38　总账主管岗查看数据来源 1

图 15 – 39　总账主管岗查看数据来源 2

(14) 总账主管岗点击"合并数据"可查看合并报表数据，并点击"合并执行"按钮，如图 15 – 40 所示。

(15) 总账主管岗依次查看"合并数""汇总底稿""净表底稿"，如图 15 – 41 所示。

(16) 总账主管岗联查汇总底稿，如图 15 – 42 所示。

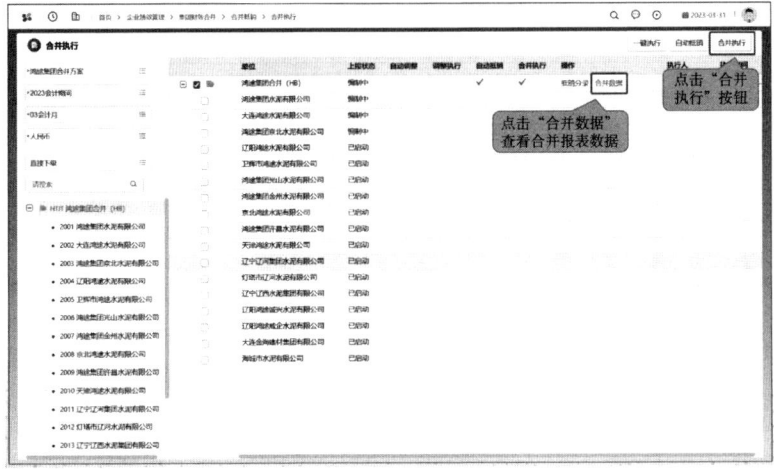

图 15-40　总账主管岗合并执行

图 15-41　总账主管岗联查合并结果

图 15-42　总账主管岗联查汇总底稿

（17）总账主管岗点击"联查凭证"可联查抵销分录，如图 15-43 所示。

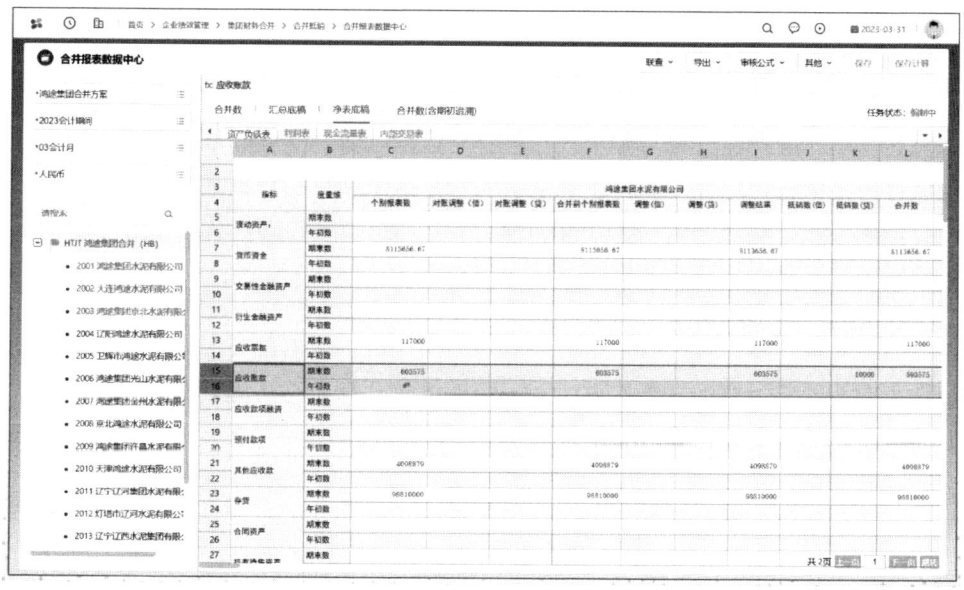

图 15-43　总账主管岗联查凭证

（18）总账主管岗联查净表底稿，如图 15-44 所示。

图 15-44　总账主管岗联查净表底稿

附录1 本科课程标准

"财务共享服务中心实训"课程标准(大纲)

课程编码		课程名称		财务共享服务中心实训
课程英文名称		Training of Financial Shared Service Center		
开课单位	新道	总学时	64	总学分	4
先修课程		会计信息系统,会计学原理,管理会计		
适用专业		会计学,财务管理		

一、课程性质和任务

本课程是云财务管理会计师专业方向的专业特色课程,属于必修的集中性实践教学课程。其先修课程是会计学原理、管理会计、会计信息系统。

通过本课程的学习,让学生能够了解财务共享服务的基本概念、岗位职责分工与共享中心的建设过程与方法;并用一个集团企业的财务共享服务中心规划构建项目为案例进行综合实训,让学生全面实践这个项目的建设战略与目标、共享中心组织与人员规划、试点服务范围确定、7大核心流程的优化、信息系统建模与测试、绩效看板与质量稽核的设计与配置等。

二、教学目标及要求

课程通过对企业财务共享服务中心案例的剖析、各岗位的业务操作,系统讲解共享中心的建设要点和工作方法,让学生了解共享中心从无到有的全过程,掌握共享中心的规划与构建方法,并能够在一款主流的财务共享服务管理信息系统中实施和测试。

本课程具体的教学目标及要求包括以下三点。

(1) 能够阐述财务共享服务的基本概念和理论,描述财务共享服务中心构建的9个核心要素及其含义;

(2) 根据案例企业的现状描述,总结整理出企业的分层流程目录、当前财务组织结构,并根据财务共享服务中心构建方法论进行案例企业财务共享服务中心的规划设计;

(3) 能够根据核心端到端业财一体化的流程现状,规划共享后的流程,并在主流信息系统(如用友NCC)中加以实施、通过测试。

三、实验内容与学时分配

序号	项目名称	实验目的与内容	学时（小时）（理论+实践）	主要仪器设备
1	认知课程及财务共享服务	目的：能够阐述财务共享服务的基本概念和理论。 内容：课程内容、硬件工具、软件系统和考核方式介绍；组长推荐、团队组建、团队文化建设；财务共享的发展历程和趋势，财务转型的价值（业财融合、管理会计、价值创造），理论知识随堂测验；用友 NCC 财务共享服务信息系统，IT 技术推动共享服务，NCC 用到的黑科技	2+2	新道 VBSE 财务共享服务实践教学平台 V2.0（以下简称 V-FSSC2.0）；用友 NCC 系统；高影仪、扫码枪、双屏分屏器、打印机等
2	财务共享服务规划与设计	目的：熟悉案例企业的业务范围、组织，尤其是财务组织和人员现状、流程目录清单，用沙盘规划和构建案例企业财务共享服务，并在用友 NCC 中进行财务共享中心构建配置。 内容：认知案例企业，梳理现状流程清单；研读案例企业需求，确定案例企业财务共享中心战略定位与建设模式选择；确定案例企业共享后财务组织架构、人员三定（定岗、定责和定编）；共享试点流程范围确定、服务水平协议 SLA、关键流程环节在不同财务组织的重新配置，以 IT 技术可能的应用环节；NCC 中的配置：创建共享中心，设置委托关系，配置作业组工作，配置作业组用户，配置提取规则，设置任务优先级	4+12	V-FSSC2.0；新道 FSSC 沙盘；用友 NCC
3	EER 费用共享	目的：认知企业费用报销的全业务场景，应用差旅费用和专项费用业务共享，应用商旅服务及讨论设计社会化服务产品。 内容：认知 EER 费用报销业务，认知案例企业的费用管理制度；案例企业差旅费用报销的痛点和现状流程，差旅业务改善流程的规划设计，差旅业务改善流程的 NCC 构建测试；智能商旅服务模式与价值，智能商旅服务内容规划设计，智能商旅服务内容的 NCC 构建测试，社会化服务产品的讨论与设计；专项费用管理内容和现状流程，专项费用报销流程的规划与设计，专项费用报销流程的 NCC 构建测试，会展社会化服务的设计	2+8	V-FSSC2.0；用友 NCC；高影仪、扫码枪、双屏分屏器、打印机等
4	PTP 采购管理—应付共享	目的：了解案例企业的采购到应付、付款的业务现状，规划设计共享后的原燃料与备品备件采购流程，并进行构建测试。 内容：认知 PTP 采购到应付和付款业务；案例企业备品备件采购管理痛点，备品备件采购业务流程的规划设计，备品备件采购业务流程的 NCC 构建测试，集团集采业务与第三方 2B 采购平台服务方案设计；案例企业大宗材料采购痛点，原燃料采购业务流程的规划设计，原燃料采购业务流程的 NCC 构建实施，案例企业大宗物资无人值守系统	1+5	V-FSSC2.0；用友 NCC；高影仪、扫码枪、双屏分屏器、打印机等

续表

序号	项目名称	实验目的与内容	学时（小时）（理论+实践）	主要仪器设备
5	OTC销售管理—应收共享	目的：认知OTC销售到应收和收款业务，了解案例企业产成品和其他产品的销售、收款现状，设计共享后流程并在NCC中进行构建测试。 内容：企业销售业务场景；案例企业销售业务现状，共享后产成品和其他商品的销售流程规划设计，共享后产成品和其他商品销售流程的NCC构建测试；赊销过程中的信用问题，税务云和电子发票系统的应用场景	1+5	V-FSSC2.0；用友NCC；高影仪、扫码枪、双屏分屏器、打印机等
6	TR资金结算共享	目的：理解收付款合同的概念和适用条件，完成案例企业共享后收付款合同业务流程、资金结算业务的设计与构建。 内容：收付款合同的概念和适用条件；案例企业收付款合同现状和管理痛点，案例企业共享后收付款合同业务流程的规划设计，案例企业共享后收付款合同业务流程的NCC构建测试；资金结算业务的概念，税费缴纳、薪酬、其他收款付款结算的业务场景，案例企业资金结算业务现状和管理痛点，案例企业共享后资金结算业务流程的规划设计，案例企业共享后资金结算业务流程的NCC构建测试	1+3	V-FSSC2.0；用友NCC；高影仪、扫码枪、双屏分屏器、打印机等
7	财务管理	目的：学习集团资金管理的理论知识，完成案例企业共享后财资管理业务流程的设计与构建，理解集团企业司库管理的基本概念。 内容：资金管理基本概念，常见的资金管理模式，企业结算中心的运营模式；资金计划及其编制，结算中心资金上收下拨理论知识，案例企业财资管理现状，案例企业共享后资金上收下拨业务流程的规划设计，案例企业共享后资金上收下拨业务流程的NCC构建测试；结算中心模式下外部委托付款业务的概念，案例企业外部委托付款现状，案例企业共享后外部委托付款业务流程的规划设计，案例企业共享后外部委托付款业务流程的构建测试；集团企业司库管理的基本概念，结算中心模式财资管理与司库管理的差异	1+5	V-FSSC2.0；用友NCC；高影仪、扫码枪、双屏分屏器、打印机等
8	FA固定资产共享	目的：学习固定资产管理的业务场景，了解案例企业的固定资产管理制度，完成案例企业共享后固定资产新增、变动等业务流程的设计与构建。 内容：固定资产业务场景，案例企业的固定资产管理制度；新增固定资产管理内容和案例企业现状流程，案例企业新增固定资产的管理要求，案例企业共享后新增固定资产业务流程的规划设计，案例企业共享后新增固定资产业务流程的NCC构建测试；案例企业固定资产变动的管理要求，固定资产变动的管理内容及案例企业现状流程，案例企业共享后固定资产变动业务流程的规划设计，案例企业共享后固定资产变动业务流程NCC构建测试	1+3	V-FSSC2.0；用友NCC；高影仪、扫码枪、双屏分屏器、打印机等

续表

序号	项目名称	实验目的与内容	学时（小时）（理论＋实践）	主要仪器设备
9	RTR 总账共享	目的：能够学会 RPA 月结机器人设置与测试，理解电子会计档案的基本概念。内容：RTR 总账共享的含义；NCC RPA 应用场景，NCC 月结检查机器人的创建、设置、运行操作，NCC 月结检查机器人操作结果的接收和查看；电子会计档案管理知识及随堂测验	1＋1	V－FSSC2.0；用友 NCC
10	财务共享作业绩效	目的：了解财务共享绩效看板的功能与内容，根据案例企业需求设计财务共享绩效看板展示方案，并对方案进行实现与展示。内容：NCC 财务共享绩效看板的功能、内容与配置方法；案例企业财务共享绩效看板需求及展示方案设计，案例企业财务共享绩效看板方案测试分享	0＋2	V－FSSC2.0；用友 NCC
11	财务共享作业稽核	目的：了解财务共享稽核的内容与方法，根据案例企业需求设计财务共享稽核方案，并对方案进行实现与展示。内容：NCC 财务共享服务中心作业稽核的内容与配置方法；案例企业财务共享作业稽核需求及方案设计，案例企业财务共享作业稽核方案测试分享	0＋2	V－FSSC2.0；用友 NCC
12	实训总结	目的：在课程即将结束时，让学生能够重温整个课程学习内容和过程，整理完整的实训报表并上交。内容：实训报告撰写，实训报告组内讨论修订，实训报告上传教学平台，分组团建并分享心路历程	0＋2	V－FSSC2.0
合计课时			14＋50	

四、考核及成绩认定

本课程的考核方案分四个维度：测评考核（测评题）默认 25%，学习行为考核（签到、学习时间、学习次数）默认 25%，作业考核（老师评价、互评）默认 25%，实训成果考核（实训报告）默认 25%。除了"实训成果考核"为教师主观评判外，其余维度均由教学平台自动评价。

主讲教师可以根据教学目标，对于考核权重进行调整，如下图所示。

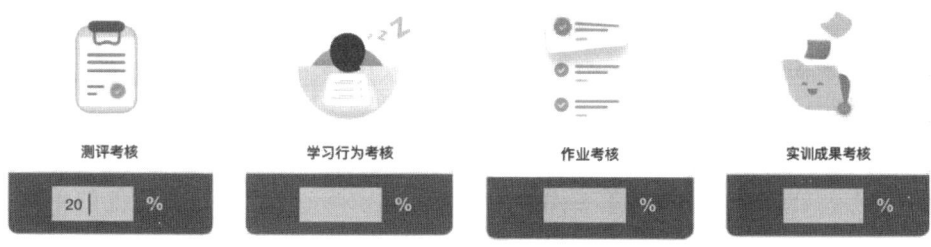

附录2 高职课程标准

"财务共享服务业务处理"课程标准(高职高专)

课程类别:专业核心课。
适用专业:会计学、财务管理。
学　　时:72(22+50)小时。
学　　分:4分。

一、课程定位

本课程是会计专业(云财务会计师方向)的专业核心课程。其先修课程是会计基础、财务会计和会计信息化。通过本课程的学习,让学生能够了解财务共享服务的基本概念、岗位职责分工与共享中心的建设过程方法,能借助财务共享服务中心信息系统和相关设备,完成财务共享服务中心的作业处理工作,实现组织对财务人员的集中与管理,为以后从事云财务模式下的财务共享服务中心会计核算工作打下理论和技能方面的基础。

二、设计思路

本课程按照"项目课程主体"的总体设计思路,从岗位工作任务分析入手,从工作结构中获得课程结构,并根据工作任务特点组织课程教学实施。本课程的课程结构以财务共享模式下的业务财务与共享财务工作流程为线索,将工作流程转化为工作任务,设计了财务共享服务中心认知、财务共享服务的规划设计、财务共享模式下企业端到端业务流程的测试运行、财务共享服务绩效与质量稽核等4类学习项目。在财务共享服务的规划设计学习中,利用沙盘作为教学工具,让学生通过初始状态摆盘、共享服务规划设计推演、高阶规划方案撰写、沙盘复盘与高阶规划方案分享等环节,让学生能够熟悉案例企业现状与共享需求、能够描述财务共享服务中心的建设方法、能够用文字和语言表达财务共享服务中心的建设方案;在企业端到端业务流程的测试运行过程中,学生通过角色扮演,业务、业务财务与共享财务线上线下多岗协同,物理电子单证结合,让学生能够在产业界主流的企业信息系统(用友 NCC 1903)上执行费用报销共享、采购到付款共享、销售到收款共享、资金结算共享、财资管理共享、资产共享等核心业务;在共享服务绩效与质量稽核学习中,让学生能够完成绩效看板与质量稽核的设计,并在用友 NCC 系统中完成配置。各教学项目的设计遵循成果导向原则，以学生掌握为目标，以解决财务共享服务环境下的业务和财务处理问题为出发点，通过丰富的岗位、仿真的工作情境和具体的工作数据，使教学过程工作化、工作过程系统化。

三、课程目标

本课程通过对企业财务共享服务中心案例的剖析、各岗位的业务操作，系统讲解共享中心的建设要点和工作方法，让学生了解共享中心从无到有的全过程，理解财务共享中心的规划与构建方法、沙盘模拟财务共享中心构建过程，并能够在一款主流的财务共享服务管理信息系统中进行共享模式下核心业务流程的多岗协同测试运营、财务共享中心的作业绩效管理与质量稽核。

本课程具体的教学目标及要求包括以下五点。

（1）能够陈述财务共享服务中心构建的核心要素及其含义。

（2）根据案例企业的现状描述，总结整理出企业的分层流程目录、当前财务组织结构，并根据财务共享服务中心构建方法论进行案例企业财务共享服务中心的规划设计辅助工作。

（3）能体验大数据、人工智能、移动互联网、云计算等新技术在共享财务模式下的应用。

（4）能操作真实的企业信息系统，完成财务共享模式下端到端的业务流程操作。

（5）能够完成财务共享中心绩效与质量管理规则的辅助设计工作，并能够在信息系统中进行配置和测试。

四、课程内容要求和课时分配

序号	教学内容	素质要求	知识内容要求	技能内容与要求	参考课时（理论+实践）
1	认知财务共享服务	书面和口头的沟通与表达能力；自我学习的能力；集体荣誉感和团队协作能力；分析与总结能力；严谨的工作态度；岗位竞争意识与抗压能力；绩效导向意识	（1）熟悉共享服务的基本概念，掌握财务共享服务的概念与实质；（2）了解集团企业财务转型的宏观背景；（3）了解企业集团化经营面临的困难，理解财务共享服务中心的定位和给大型企业带来的价值；（4）熟悉财务共享服务中心的模式；（5）了解IT技术如何影响FSSC运营，熟悉FSSC中常见的IT技术与信息系统；（6）掌握FSSC中常见的硬件设备	（1）能够描述高影仪、高速扫描仪、扫码枪、双屏、打印机等设备的用途和在共享模式下的主要应用情境；（2）能够阐述流程平台、影像系统、作业平台、移动报销系统等共享模式常用信息系统的含义和作用；（3）能够辨别不同的财务共享服务中心模式；（4）能够用图形描述财务共享中心的不同模式	2+2

续表

序号	教学内容	素质要求	知识内容要求	技能内容与要求	参考课时（理论+实践）
2	认知案例企业		(1) 熟悉一、二级流程清单整理方法； (2) 掌握 MicrosoftVisio 的基本图形绘制方法； (3) 理解鸿途集团的各业务板块及 2018 年的经营状况； (4) 熟悉鸿途集团水泥板块的组织结构； (5) 掌握鸿途集团财务组织设置情况； (6) 理解鸿途集团的财务人员的人数与职级情况	(1) 能够用 Visio 工具画出鸿途集团的组织架构； (2) 能够用 Visio 工具画出鸿途集团不同板块、不同层级的财务组织架构与岗位设置； (3) 能够用 Excel 和《现状流程清单模板》整理出鸿途集团的一、二级流程	2+2
3	FSSC 规划设计沙盘模拟		(1) 掌握新道 FSSC 沙盘盘面布局和卡片上信息的含义； (2) 熟悉财务共享服务中心构建方法论； (3) 理解 FSSC 战略定位及模式的概念及规划方法； (4) 理解 FSSC 3 种不同阶段组织职能定位的概念和特征； (5) 理解并熟悉 FSSC 选址的规划和评估方法； (6) 熟悉"三角财务组织"（战略财务、业务财务、共享财务）的总体职责划分； (7) 掌握财务共享服务中心"三定"概念； (8) 熟悉财务共享服务中心定责的原则； (9) 熟悉财务共享服务中心定岗的原则； (10) 理解财务共享服务中心定编的 3 种不同方法； (11) 理解流程优化路径的含义； (12) 熟悉"端到端"的概念； (13) 理解端到端业务流程设计原则	(1) 能够在盘面上进行战略规划区、组织规划区和流程规划区的初始状态摆盘； (2) 能够阅读案例资料，给出案例企业 FSSC 战略定位、组织职能定位、建设模式的建议； (3) 能够收集 FSSC 候选城市的相关信息，并使用"财务共享选址决策评分表"进行评估和选择； (4) 能够绘制多维度的雷达图； (5) 能够根据三角财务组织的职责边界，调整原有财务部门及其职责； (6) 能够给出案例企业 FSSC 部门、职责、岗位的设置建议； (7) 能够用 3 种不同的方法，推算 FSSC 不同人员的编制数量； (8) 能够给出案例企业财务共享流程优化路径的建议； (9) 可以编制案例企业共享后不同财务组织的《业务职责切分表》； (10) 能够基于动作、角色、单据实现一个首要优化流程设计的摆盘推演； (11) 能够列举不同流程环节所可能用到的 IT 技术、信息系统； (12) 能够根据沙盘模拟结果撰写 FSSC 高阶规划方案； (13) 能够呈现 FSSC 高阶规划方案	4+12

续表

序号	教学内容	素质要求	知识内容要求	技能内容与要求	参考课时（理论+实践）
4	费用报销共享业务处理		(1) 熟悉费用报销的基本概念、流程和应用场景； (2) 理解费用控制的要点； (3) 熟悉差旅费报销的应用场景； (4) 理解智能商旅的概念和对企业的价值； (5) 了解商旅服务协议的内容； (6) 理解专项费用报销和跨组织费用分摊的应用场景	(1) 能够阅读企业财务报销制度并整理出差旅费用报销相关规定； (2) 能够用 Visio 工具绘制跨职能流程图； (3) 能够用 Visio 绘制鸿途集团共享前和共享后的差旅费报销流程图； (4) 能够在用友 NCC 中利用测试用例完成差旅费用报销的完整流程； (5) 能够用测试用例、手机 App、用友 NCC 完成商旅服务的完整流程； (6) 能够用 Visio 绘制鸿途集团共享前和共享后专项费用跨组织分摊的报销流程图，能够在用友 NCC 中利用测试用例完成专项费用报销和跨组织分摊报销的完整流程	2+4
5	采购—应付共享业务处理		(1) 熟悉采购到付款业务的一般概念； (2) 理解不同采购场景； (3) 熟悉采购到付款业务的共性流程； (4) 理解鸿途集团的采购管理现状； (5) 熟悉鸿途集团备品备件采购的详细业务场景； (6) 理解案例企业大宗原燃料采购的详细业务场景	(1) 能够用 Visio 绘制鸿途集团共享前和共享后备品备件采购的端到端流程图； (2) 能够在用友 NCC 中利用测试用例完成鸿途集团备品备件采购的端到端流程； (3) 能够用 Visio 绘制鸿途集团共享前和共享后大宗原燃料采购的端到端流程图； (4) 能够在用友 NCC 中利用测试用例完成鸿途集团原燃料采购的端到端流程	2+8
6	销售—应收业务处理		(1) 理解销售到收款业务的一般概念； (2) 理解不同销售场景和共性流程； (3) 理解鸿途集团的销售管理现状； (4) 熟悉鸿途集团产成品销售和其他商品销售的详细业务场景； (5) 熟悉鸿途集团产成品和其他商品销售到收款的流程现状； (6) 熟悉电子发票的概念	(1) 能够用 Visio 绘制鸿途集团共享前和共享后产成品销售的端到端流程图； (2) 能够在用友 NCC 中利用测试用例完成鸿途集团产成品销售的端到端流程； (3) 能够用 Visio 绘制鸿途集团共享前和共享后其他商品销售的端到端流程图； (4) 能够在用友 NCC 中利用测试用例完成鸿途集团其他商品销售的端到端流程； (5) 能够模拟开票界面进行电子普通发票开具、邮箱邮寄操作	2+6

续表

序号	教学内容	素质要求	知识内容要求	技能内容与要求	参考课时（理论+实践）
7	资金结算共享业务处理		(1) 掌握收付款合同的概念和适用条件； (2) 熟悉案例企业收付款合同结算现状； (3) 理解银企直联的概念； (4) 理解资金结算业务的概念	(1) 能够用 Visio 绘制鸿途集团共享前和共享后付款合同结算的流程图； (2) 能够用 Visio 绘制鸿途集团共享前和共享后收款合同结算的流程图； (3) 能够在用友 NCC 中利用测试用例完成鸿途集团的收付款合同结算； (4) 能够查询网银并验证引起直联的功能； (5) 能够用 Visio 绘制鸿途集团共享前和共享后资金结算业务的流程图； (6) 能够在用友 NCC 中利用测试用例完成鸿途集团的资金结算业务	2+2
8	财资管理共享业务处理		(1) 熟悉资金管理基本概念，了解常见的资金管理模式； (2) 理解结算中心模式的银行账户体系； (3) 熟悉鸿途集团目前的资金管理现状； (4) 理解鸿途集团资金管理痛点及期望与诉求； (5) 理解结算中心职责； (6) 理解资金计划与资金上收下拨的概念； (7) 理解外部委托付款的概念	(1) 能够用 Visio 绘制鸿途集团共享前和共享后资金上收业务的流程图； (2) 能够用 Visio 绘制鸿途集团共享前和共享后资金下拨业务的流程图； (3) 能够利用测试用例、操作用友 NCC 来完成鸿途集团的资金计划录入； (4) 能够利用测试用例、操作用友 NCC 来完成鸿途集团的资金上收业务； (5) 能够利用测试用例、操作用友 NCC 来完成鸿途集团的资金下拨业务； (6) 能够用 Visio 绘制鸿途集团共享前和共享后外部委托付款业务的流程图； (7) 能够利用测试用例、操作用友 NCC 来完成鸿途集团的外部委托付款业务	2+6
9	固定资产共享业务处理		(1) 理解企业固定资产管理共享的业务场景； (2) 熟悉企业固定资产新增的业务场景； (3) 理解企业固定资产变动的业务场景； (4) 熟悉企业固定资产计提折旧共享的业务场景	(1) 能够用 Visio 绘制鸿途集团共享前和共享后固定资产新增业务的流程图； (2) 能够利用测试用例、操作用友 NCC 来完成鸿途集团的新增固定资产业务； (3) 能够用 Visio 绘制鸿途集团共享前和共享后固定资产变动业务的流程图； (4) 能够利用测试用例、操作用友 NCC 来完成鸿途集团的固定资产变动业务； (5) 能够操作用友 NCC 来完成鸿途集团下某一个子公司的期末固定资产计提折旧业务	1+3

续表

序号	教学内容	素质要求	知识内容要求	技能内容与要求	参考课时（理论＋实践）
10	总账共享业务处理		（1）理解 NCC 中总账月结检查机器人的基本功能； （2）熟悉电子会计档案的基本概念	（1）能够下载并安装用友 NCC 自动化机器人客户端软件； （2）能够用 NCC 自动化机器人客户端软件和 NCC 月结机器人模板创建新的机器人； （3）能够配置新创建机器人的运行参数和结果输出参数； （4）能够运行自己所创建的 NCC 自动化机器人	1＋2
11	财务共享绩效管理		（1）理解 NCC 财务共享绩效看板的功能和内容，熟悉 NCC 财务共享作业绩效看板的配置方法； （2）掌握鸿途集团财务共享作业绩效看板的需求	（1）能够根据鸿途集团的需求完成其财务共享服务中心绩效看板展示方案并形成文案； （2）能够当众呈现和分享绩效看板展示方案； （3）能够将绩效看板展示方案配置到 NCC 系统中； （4）能够测试所配置的绩效看板展示方案	1＋2
12	财务共享作业稽核		（1）理解财务共享作业质量稽核的概念； （2）熟悉用友 NCC 中财务共享服务中心作业稽核的内容与配置方法； （3）掌握鸿途集团财务共享作业稽核的需求	（1）能够根据鸿途集团的需求完成其财务共享服务中心作业稽核方案并形成文案； （2）能够当众呈现和分享财务共享服务中心作业稽核方案； （3）能够将财务共享服务中心作业稽核方案配置到 NCC 系统中； （4）能够测试所配置的财务共享服务中心作业稽核方案	1＋1
	合计				22＋50

五、教学条件

（一）师资条件

1. 专任教师。

（1）具有扎实的财务会计理论功底和一定的财务会计岗位经历，熟悉企业财务会计工作流程。

（2）对于财务共享服务有一定的理论知识，并具备一定的财务共享服务中心工作经验。

（3）能够指导学生采用案例教学法、角色扮演法、启发式教学法和任务驱动法等进行企业财务共享业务的示范教学。

2. 兼职教师。

（1）企业财务共享服务中心的会计人员，能进行影像系统、应收、应付、费用报账、资金、总账等内容的示范教学。

（2）财务共享模式下企业集团的业务财务人员，能进行影像系统、应收、应付、费用报账、资金、总账等内容的示范教学。

（二）实践教学条件

1. 实训场所：本课程需要使用网络接入、移动互联网信号畅通的财务共享服务中心实训室。实训室应配置双屏电脑等财务共享服务工具，配备仿真网络银行系统和银企直联平台，且能仿真地与外部互联网商旅平台连接，从而营造云化的财务共享业务处理工作环境。

2. 实训工具设备：涉税工作所需的办公文具，如办公设施、文具盒、打印机、扫描仪、VGA 分配器、计算器、文件柜及各种日用耗材；财务共享服务所涉及的设备，如高拍仪或扫描仪、扫描枪、双屏审单设备。

3. 仿真实训资料：各种原始凭证、单据、经济业务资料及其他相关资料。

4. 实训软件：财务共享服务信息系统，如用友 NCC、用友友报账等系统；第三方平台，如网络银行、电子税局、商旅服务平台等。

5. 实训指导资料：不同岗位（业务员、业务财务、共享中心各岗位等）的实训手册。

（三）教材及教学资源配备

1. 可依据本课程标准以及项目设计要求编写教材，教材应充分体现任务引领、工作过程导向的思想，将财务共享服务中心的各项工作，按照工作过程的逻辑顺序分解成典型的工作项目，按现行岗位操作规程组织教材内容。

2. 教材应与企业财务共享服务中心实际使用的真实信息系统相结合，表达应通俗易懂、图文并茂、精炼、准确、科学，既是教材又是软件操作说明书。

3. 教材内容应体现先进性、通用性、实用性，要将财务共享服务中心的最新技术、工具、管理理念等及时地纳入教材，教材内容应包括财务共享服务中心典型的主要岗位和相关业务，使教材更贴近各种类型企业业务发展和实际需要。

4. 配备课程网络教学资源。形成课程教学资源库，努力实现多媒体资源的共享，提高课程资源利用效率。

六、教学方法和教学手段

（一）教学方法

本课程教学方法主要包括任务驱动法、案例教学法、角色扮演法、启发式教学法、项目教学法等。

1. 任务驱动法。

本课程根据财务共享模式下的财务组织与岗位职责的变化，全程用任务驱动的方式来组织教学。既有个人全岗、业财融合的跨业务财务和共享财务全流程训练任务，也有分组、分岗的财务共享服务中心关键岗位抢单训练任务，从而既有助于个人职业判断能力的提升和探究精神的培养，也有助于集体荣誉感和团队合作精神的养成。

2. 案例教学法。

本课程引入了 3 个财务共享服务中心的实施案例，并以其中一个集团企业案例为蓝本，将其财务组织、业财一体化流程、财务共享软硬件设备和脱敏后的业务数据、财务共享服务中心的绩效管理手段等融入了教学过程之中。通过案例的学习，让学生能够具备一定的财务共享服务中心主要核算岗位实操能力。

3. 角色扮演法。

分角色实训有利于学生在工作中进行换位思考，有利于学生从不同角度得到技能的全面训练。虽然从总体上看，课程教学中学生的主要角色是财务共享服务中心的岗位，但是为了让学生理解业务财务和共享财务之间的流程协同与信息交互，学生在特定的教学时段还要扮演业务财务甚至业务子公司的业务类岗位。分角色实训有利于学生在工作中进行换位思考，也有利于学生从不同角度得到技能的全面训练。

4. 启发式教学法。

设计启发、诱导型的问题，将设问、答疑贯穿教学的每一个环节，在课程的里程碑阶段还引入行动学习（头脑风暴）方法，引发学生思考和讨论，启迪学生企业价值最大化的财会创新思维，进而促进学生积极主动地学习，更好地激发学生的学习兴趣，加深对课程的理解。

5. 项目教学法。

项目教学，是师生通过共同实施一个完整的项目工作而进行的教学活动。职业教育中的项目一般是来自职业实践的工作任务。项目教学法适合于复杂问题的分析和解决，本课程中"FSSC 规划设计沙盘模拟"这一教学内容，就采用了项目教学法。

（二）教学手段

本课程尽可能充分使用现代化教学手段，如多媒体技术、智适应教学平台和可连线企业现场的"双师课堂"。

1. 多媒体技术。

充分使用多媒体技术，如电子课件、投影、视频、音频等，为学生提供智能财务核算的操作过程演示，使学生对课程建立全面的认识，并能按照操作演示的指引完成模拟操作。

2. 智适应教学平台。

可选择使用智适应教学平台，平台不仅有可供随时随处访问的教学资源数字化，还具备有智能助教功能、行为监控与评价功能、自动甄别功能等，可进行教学全过程评价，并对教学结果进行横向和纵向的数据分析。

3. 交互式"双师课堂"。

可使用互联网直播、录播、多方实时协作的"双师课堂"，连线企业专家、业界名师，开展远程教学、协同教学、线上与线下互动教学，实现优质资源共享，缩短校企之间距离。

七、教学评价

本课程的考核方案分四个维度：测评考核（测评题）默认 25%，学习行为考核（签到、学习时间、学习次数）默认 25%，作业考核（老师评价、互评）默认 25%，实训成果考核（实训报告）默认 25%。除了"实训成果考核"为教师主观评判外,其余维度均由教学平台自动评价。教师可根据本校具体情况,在教学平台上自由调整各维度的考核权重。本考核方案主要考核评价学生对财务共享基本概念的理解、对各种业务财务和共享财务岗位职能和工作流程的掌握。

项目	平时成绩	期末考试
知识	由老师根据各项目的知识目标,根据平时作业、课堂抽查的评价,占10%	在试题库中进行组卷、闭卷笔试,占15%
技能	主要对实务操作、案例分析完成情况进行评价,由老师主观评价或学生主观互评,占25%	使用智能学习系统中的自动甄别功能,根据学生实训完成情况评分,占25%
素质	主要对素质素养进行评价,占25%,详见下表	—
合计	60%	40%

素质或素养的测试,可以依据下表进行考评。

素质测评考核项目		
项目	评价标准	分值
学习态度和课堂表现	课堂考勤,按时上课,不得迟到早退,占10%	20
	根据其在线学习的次数和时长,给出合理的分数,占10%	
发现问题、解决问题能力	项目报告或课程报告,根据学生自己的观点,给出合理的分数,占20%	20
团队合作能力	根据团队作业报告,给出合理的分数,占20%	20
创新能力	根据项目实训报告的创新性,给出合理的分数,占20%	20
演讲沟通能力	根据课程汇报、项目汇报的演讲效果、观众反应等给出合理的分数,占20%	20
共计		100

附录3 财务共享软件操作篇实验报告模板

	_____实验报告
一、实验目的	
二、实验内容	
三、实验步骤	
四、实验分析与结果	

敬 告 读 者

为了帮助广大师生和其他学习者更好地使用、理解、巩固教材的内容，本教材提供课件和案例测试所需原始单据，读者可关注微信公众号"会计与财税"获取相关信息。

如有任何疑问，请与我们联系。

QQ：16678727

邮箱：esp_bj@163.com

教师服务 QQ 群：606331294

读者交流 QQ 群：391238470

经济科学出版社
2025 年 8 月

会计与财税

教师服务 QQ 群

读者交流 QQ 群

经科在线学堂